Le Consommateur Averti

Montréal

www.smartshopping.net

par SANDRA PHILLIPS
Édité par Stan Posner

Neuvième ÉDITION 2003
Droits d'auteur 2003 de Sandra Phillips

DES RABAIS PEUVENT ÊTRE ACCORDÉS POUR LES LEVÉES DE FONDS ET LES ACHATS DE GRANDE QUANTITÉ.

Courriel : sandra@smartshopping.net

Première impression, juillet l986
Troisième impression (édition française), juillet l987
Cinquième impression (2ᵉ édition), août l988
Septième impression (2ᵉ édition française), août 1989
Huitième impression (3ᵉ édition), septembre 1990
Neuvième impression (3ᵉ édition française), mars l991
Onzième impression (4ᵉ édition), août 1992
Douzième impression (4ᵉ édition française), août 1993
Treizième impression (5ᵉ édition), août 1994
Quatorzième impression (5ᵉ édition française), août 1995
Quinzième impression (6ᵉ édition), août 1996
Seizième impression (6ᵉ édition française), août 1997
Dix-septième impression (7ᵉ édition), août 1998
Dix-neuvième impression (8ᵉ édition), août 2000
Vingtième impression (9ᵉ édition), août 2002
Vingt-et-unième impression (9ᵉ édition française), août 2003

Sandra Phillips
Le Consommateur Averti Montréal

1ʳᵉ édition - (1986)
Biennal.
ISSN 0844-4625
ISBN 0-9681026-7-0 (9ᵉ édition)

1. Magasinage—Québec (Province)—Montréal—Périodiques.
2. Points de vente—Québec (Province)—Montréal—Périodiques.
3. Magasins de rabais—Québec (Province)—Montréal—Périodiques.
I. Titre II. Smart Shopping Montreal (Firme).

TX337.M6P44   381'.45'00025714281   C89-031739-9 révision
Page couverture : Laura Krakoff
Imprimé au Canada

Remerciements

"Un voyage de mille lieues commence par un pas."

Lao-Tseu, Tao Te King (Verset 64)

Mes remerciements à:

Ness Welham, qui m'a gentiment poussée à faire le premier pas vers cette aventure.

Brandon qui, âgé de deux ans, m'a accompagnée tout au long de ce voyage et a inventé un nouveau terme : « travail de magasinage ».

Denny, qui m'a rendue cette aventure plus facile en veillant sur son petit frère, en préparant les repas et en voyant de façon positive la nouvelle expérience d'avoir une mère écrivain travaillant à la maison.

Stan, mon roc de Gibraltar, qui m'a encouragée à être moi-même et libre. Tu as enfin accompli ta mission et tu m'as transportée dans l'ère de l'électronique. Grâce à ton génie pour l'informatique, tu étais toujours là pour mettre de l'ordre dans mes données.

Tous mes amis et connaissances qui m'ont donnée leurs opinions concernant leurs endroits préférés pour le magasinage, ce qui m'a permise de tracer l'itinéraire pour mon voyage.

TABLE DES MATIÈRES

Avant-propos

Nous devons tous magasiner. Il n'y a aucune raison de perdre son temps à magasiner longuement lorsqu'on a déjà fait le travail pour vous. Dans ce livre, vous trouverez tous ces magasins d'escomptes où vous pouvez économiser de l'argent et sa lecture vous fera gagner du temps.

Ceux et celles d'entre vous ayant de moins en moins de temps pour magasiner prendront plaisir à lire ce livre dans le confort de votre foyer. Vous pouvez ainsi téléphoner aux magasins à l'avance pour poser des questions afin d'économiser du temps en planifiant où vous devez aller plutôt que de perdre des heures à vous balader dans des centres commerciaux avec des boutiques coûteuses. Pensez-y : en économisant un minimum de 20 % sur la plupart de vos achats, vous aurez l'impression d'avoir eu une augmentation de salaire. En effet, avec toutes ces économies, vous aurez un revenu disponible plus important.

Le grand succès de ce livre, qui connaît présentement sa vingtième impression, m'a emmenée sur des chemins intéressants : je suis devenue chroniqueuse de magasinage dans un grand quotidien et je reçois continuellement des appels pour donner des interviews à la télé ainsi que des invitations pour la radio afin de résoudre des problèmes de magasinage des auditeurs. Je donne également de nombreuses conférences, ici et là, tout au cours de l'année. La connaissance des bonnes adresses de magasinage est une denrée précieuse qui doit être partagée avec tous les consommateurs qui y sont intéressés.

Tout ce dont vous devez faire preuve pour devenir un consommateur averti est de savoir comment économiser de l'argent et du temps lors de votre magasinage. Si vous connaissez les magasins qui offrent des aubaines, des personnes qualifiées à contacter pour une réparation et les boutiques spécialisées pour acheter un article qui sort de l'ordinaire, vous serez enfin devenu un consommateur averti. Ce livre traite de ces trois aspects.

La chasse aux aubaines est enfin devenue un passe-temps respectable. La première partie de ce livre propose plus de 500 magasins et boutiques situées dans la ville de Montréal (en plus des 200 autres magasins situés dans des manufactures) où le consommateur averti peut économiser au moins 20 % sur les vêtements, les articles pour la maison, la nourriture et les articles pour les loisirs. Alors, pourquoi ne pas maximiser votre dollar ?

La seconde partie de ce livre aide le consommateur averti à résister au courant de pensée actuel voulant que tout bien est un bien jetable. Nous vous suggérons des réparateurs et des maîtres artisans qui peuvent réparer vos appareils ménagers ou vos objets précieux. Vous économiserez en retardant l'achat d'un bien neuf !

La dernière partie explore l'extraordinaire éventail de boutiques spécialisées, originales ou uniques, parfois un peu coûteuses, où vous pourrez fouiner ou faire vos achats. Le consommateur averti sait où ces boutiques se trouvent. Développez votre esprit d'aventure et votre curiosité : partez à la recherche de ces boutiques fantastiques à Montréal, une ville où l'on peut trouver un heureux mélange de raffinement européen, d'artisans talentueux et de savoir-faire américain.

La première aubaine sera l'acquisition de ce livre : grâce aux économies dont vous profiterez lors de votre premier achat dans l'un des magasins mentionnés, vous rembourserez le coût d'achat de ce livre.

I. LES MAGASINS D'ESCOMPTES

Dans les magasins d'escomptes, vous pourrez économiser au moins 20 % et souvent davantage sur la plupart de vos achats, en connaissant les bonnes adresses, surtout si vous y magasinez sur une base régulière. Évidemment, vous ne pourrez obtenir tous vos vêtements pour 10 $, mais vous saurez qu'effectuer un achat dans un magasin d'escomptes est aussi facile que d'aller chez un détaillant où vous payeriez beaucoup plus pour la même marchandise. Il faut toutefois garder en tête que plusieurs détaillants organisent parfois d'excellents soldes comme les ventes trottoir, en janvier et en juillet.

En minimisant les coûts d'administration, les magasins d'escomptes vous permettent d'économiser. Habituellement, ces magasins ne sont pas situés dans des centres commerciaux ou sur des grandes artères commerciales, mais ils ont plutôt pignon sur rue dans des sous-sols ou aux étages. Ces magasins consacrent très peu de ressources à la décoration ou la publicité. Il s'agit souvent d'une entreprise familiale; donc, vous profiterez d'un service plus personnalisé, comparativement à celui des boutiques des centres commerciaux. Vous ferez souvent affaire directement avec le propriétaire ou un proche parent de celui-ci, qui se soucie réellement de répondre à vos besoins. Le magasin d'escomptes ne survit que grâce au bouche à oreille. Un excellent service et des prix concurrentiels sont essentiels pour rendre un client heureux et lui donner le goût de magasiner de nouveau dans un commerce.

Après la lecture de ce livre, vous connaîtrez bientôt vos endroits préférés et, à chaque visite, vous vous sentirez de plus en plus à l'aise.

Quelques conseils pour devenir un consommateur averti

1. Que ce soit pour l'achat d'un téléviseur, d'un tapis ou de bottes, essayez autant que possible de vous informer du prix de détail ordinaire de l'article, c'est la seule façon de reconnaître s'il s'agit une aubaine ou non.

2. Le prix d'un article et sa qualité ne vont pas nécessairement de pair. Il est essentiel de faire la différence entre un article coûteux et un article moins cher en prenant le temps d'examiner la marchandise ou d'en faire l'essai, si possible. Des articles portant une étiquette « Solde » sont tout simplement bon marché et le bas prix est donc justifié. Quelquefois des articles sont plus coûteux seulement à cause de la marque.

3. Faites vos achats dans les magasins d'escomptes. La marchandise de marque coûtera alors beaucoup moins et vous n'aurez pas à attendre les soldes.

4. Dans les grands magasins, informez-vous des dates habituelles des soldes. Vous pouvez vérifier le calendrier d'achat dans ce livre. Le fait d'acheter pendant les soldes de fin de saison s'avère un moyen sûr d'économiser beaucoup d'argent. Quelle différence cela fait-il si les draps ou la laveuse sont des modèles de l'année dernière ? Demandez au personnel de vente les dates prévues pour les soldes spéciaux ou la date de réception de la nouvelle marchandise. Établir une relation avec le personnel de vente de vos rayons préférés vous aidera à obtenir les bons renseignements. Le personnel peut également vous informer des prochains articles qui seront bientôt en solde ou encore effectuer une mise de côté pour vous. Vérifiez fréquemment le coin des aubaines de chaque magasin (voir la section vêtements, Aubaines dans les grands magasins). Les grands magasins offrent souvent des vêtements griffés, qui sont en réalité des

copies de vêtements de grands couturiers, de même que des articles ménagers de marques connues offerts à prix réduit.

5. Maximisez votre temps et votre énergie. Au lieu de comparer les prix des champignons, consacrez plutôt votre temps à magasiner pour l'achat de gros appareils électroniques ou électroménagers en lisant des évaluations de consommateurs, en vérifiant l'accès au service de réparation, en comparant les prix, etc.

6. Lorsque vous devez magasiner, dressez un plan d'action. Achetez les articles de même nature en même temps. Par exemple, achetez des chaussettes pour toute la famille en même temps. Trouvez un magasin qui offre des bons prix et retournez-y. Ça ne vaut pas la peine de faire un marathon en courant ici et là pour des achats moins importants. Si cela est possible, faites vos approvisionnements d'articles de même nature pour un an au même endroit.

7. Il est important de toujours avoir sur soi une liste détaillée des tailles et des pointures de tous les membres de votre famille pour pouvoir saisir des occasions d'aubaines ou pour acheter en grande quantité. Remplissez le tableau de mesures à la fin de ce livre et conservez-le sur vous en tout temps.

8. Marge d'aubaine : un prix dérisoirement bas ne varie pas beaucoup si la demande est grande. Par contre, s'il s'agit d'un article qui sort un peu de l'ordinaire, le prix peut varier beaucoup plus.

9. Visitez tout le magasin. Jetez un coup d'oeil à la salle d'exposition d'abord au lieu de vous diriger vers un rayon. Les meilleurs achats peuvent parfois se trouver dans l'arrière-boutique ou dans un rayon spécial.

10. Si un détaillant d'appareils ménagers, de matelas, de vêtements ou un mécanicien vous offre un service gratuit (livraison, sommier de matelas, réparations, protection antirouille) avec votre achat et que vous ne l'utilisez pas, demandez un rabais pour la valeur estimée du service gratuit.

11. Optez pour les nouveaux articles qui ont été démarqués, endommagés, égratignés ou portant des marques non visibles ou dont l'utilisation ordinaire endommagera de toute façon cet article. Par exemple, les laveuses cachées dans le sous-sol, un canapé reculé contre le mur, un gant de baseball ou des valises.

12. Vérifiez si le magasin offre une garantie sur le prix le plus bas pour égaler les prix de la concurrence ou s'il donne le prix de solde sur un article que vous avez acheté au prix ordinaire avant le solde. Apportez l'article, l'annonce publicitaire ainsi que le contrat d'achat si vous voyez ce même article offert à un prix plus bas. S'il n'y a pas de telle garantie, vous pouvez toujours retourner l'article et en acheter un autre modèle moins cher, même si vous l'achetez dans le même magasin. Cela fonctionne également pour un billet d'avion, même en incluant le frais d'administration de 75 $ sur l'émission de nouveaux billets. Si vous achetez vos billets d'avion à 500 $ et qu'une promotion offre des prix à partir de 300 $, contactez le transporteur aérien et demandez de nouveaux billets au tarif plus bas. Vous économiserez tout de même 125 $ malgré le frais d'émission de nouveaux billets.

Définitions

*Grands magasins : ce type de magasins propose un vaste éventail de marchandise et ce type de magasin planifie sa publicité à l'échelle nationale. Les grands magasins sont habituellement situés dans les centres commerciaux. Attendez-vous à payer le prix ordinaire, sauf pendant les soldes. Ces derniers sont de l'ordre de 10 % à 30 %. Cependant, vous remarquerez que, pour les jours de solde, certains articles sont fabriqués uniquement aux fins de solde et ceux-ci peuvent être de moindre qualité ou leur ajustement peut être mauvais. **AVANTAGES :** vous pouvez vous faire rembourser ou échanger la marchandise, acheter à crédit, parfois profiter de* *la mise à côté, commander par la poste ou par téléphone. INCONVÉNIENTS : le prix de cette marchandise est réduit uniquement pendant les périodes de solde.*

***Chaîne de magasins** : établissements faisant partie d'un groupe de magasins affichant la même raison sociale. Des rabais de 10 % à 30 % sont offerts sur les articles en solde. **AVANTAGES** : vous pouvez acheter de la marchandise dans un magasin et les échanger dans un autre magasin de la même chaîne. La présentation de cette marchandise est attrayante. **INCONVÉNIENTS** : les magasins ne font pas la livraison et n'acceptent habituellement pas les commandes postales ou téléphoniques.*

***Boutique** : petit magasin spécialisé offrant habituellement un seul type de marchandise ou des articles très particuliers. Les escomptes peuvent varier entre 10 % et 50 % lors d'un solde. **AVANTAGES** : la boutique offre un service personnalisé et on y propose souvent d'autres services comme les retouches de vêtements. **INCONVÉNIENTS** : le prix de détail ordinaire est 100 % plus élevé par rapport au prix de gros. Il n'y a aucun service de livraison ou de commande téléphonique.*

***Magasin d'escomptes** : ce type de magasin vend de la marchandise à prix réduit (souvent des produits de marque) sur une base régulière. La sélection et la qualité peuvent varier : il peut y avoir des articles de bonne qualité ou de second choix ayant des défauts de fabrication. La marchandise peut provenir de surplus d'échantillons, de marchandise de liquidation ou de fins de série. Les rabais varient entre 20 % à 80 %. **AVANTAGES** : vous pouvez y acheter de la marchandise de marque réduite en tout temps pendant l'année. **INCONVÉNIENTS** : la marchandise peut être désordonnée et celle-ci peut être offerte dans un éventail de tailles très limité. Il se peut que le retour de marchandise ne soit pas accepté. Certains de ces magasins n'acceptent ni les chèques, ni les cartes de crédit.*

***Magasin-entrepôt** : fabricant de vêtements ou de toute autre marchandise destinée à la vente de gros qui maintenant vend au détail cette marchandise à prix réduit. Vous pouvez aussi y trouver des produits de marque provenant de différents fabricants (avec ou sans étiquette). Il s'agit souvent d'échantillons, d'articles de bonne qualité ou de second choix, de modèles de fins de série, d'articles hors saison ou d'articles ayant des défauts de fabrication. Ces magasins sont souvent situés à l'extérieur de la ville ou dans des quartiers où le prix de la location d'une salle est abordable. Les escomptes peuvent varier entre 30 % et 90 %. **AVANTAGES** : on peut y acheter des articles de qualité à des prix défiant toute concurrence. **INCONVÉNIENTS** : Il se peut que vous deviez payer en argent comptant. Le personnel de vente est peu nombreux. Il peut y avoir un manque d'intimité avec les cabines d'essayage communes. Il se peut même qu'il n'y ait aucune cabine d'essayage. L'éventail de tailles est très limité pour certains articles. Les heures d'ouverture peuvent également changer sans préavis.*

Glossaire pour les consommateurs avertis

***Achat en saison** : les détaillants habituellement achètent leur marchandise avant la saison. Les magasins d'escomptes se procurent les articles pendant la saison en cours afin de débarrasser le fabricant de son surplus de marchandise.*

***Achat spécial** : marchandise commandée dans un but spécifique (solde ou liquidation). Celle-ci peut ne pas être de la même qualité que la marchandise régulière.*

***Annulation (ou retour)** : commande de marchandise placée par un détaillant qui a été ensuite annulée auprès du fournisseur, habituellement à cause d'un retard de livraison. Habituellement, l'article est d'excellente qualité.*

***Copie** : copie exacte ou presque exacte d'un vêtement de designer connu, mais portant une marque différente, parfois celle du détaillant. Habituellement d'une excellente valeur d'achat.*

Par contre, la grande différence de prix est attribuée au tissu de moindre qualité et à une finition moins attrayante.

Fin de série : *modèle qui n'est plus fabriqué.*

Échantillon : *article conçu dans le but d'être montré à des marchands potentiels.*

Échantillon de plancher : *article en exposition ayant été touché par les clients.*

Endommagé pendant l'expédition : *parfois aux fins d'assurances, les détaillants étiquètent toute une livraison « Marchandise endommagée », même si seulement quelques articles ont été réellement endommagés. Les autres articles peuvent être offerts à rabais.*

Défauts de fabrication : *article ayant de légers défauts et dont l'apparence ou l'utilisation ne sont pas affectées (boutons brisés, couture de la bordure irrégulière, etc.) par ceux-ci.*

Liquidation : *marchandise à écouler par un fabricant ou un détaillant pour réduire le stock, à cause de la saison de vente, qui est terminée ou de la mode qui n'est plus actuelle.*

Liquidation du stock : *entreprise ayant des difficultés financières qui vend sa marchandise en stock à des magasins d'escomptes afin de liquider ses avoirs en échange d'argent comptant.*

Marchandise des saisons précédentes : *marchandise de l'an dernier.*

Marché gris : *articles électroniques, audio ou vidéo de marques réputées dont les prix ont été réduits de 20 % à 30 % par rapport aux vendeurs autorisés par le fabricant. Ces articles ne sont pas illégaux ni défectueux. Ils répondent aux mêmes normes de fabrication que les articles vendus chez les vendeurs autorisés. CEPENDANT, la garantie ne sera pas valide au Canada. Vous devrez expédier les articles nécessitant des réparations à l'extérieur du pays.*

Marchandise à perte : *article dont le prix est extrêmement bas pour attirer le client dans le magasin et l'encourager à faire des achats supplémentaires à prix ordinaire.*

Second choix : *articles mal étiquetés, mal taillés ou mal teints.*

Surplus de marchandise : *pour s'assurer de fabriquer des quantités suffisantes de marchandise, un fabricant produit habituellement beaucoup plus de marchandise que n'en exigent ses commandes. L'excédent de marchandise est vendu à des prix modiques.*

1. LES VÊTEMENTS

Aujourd'hui, une famille consacre au moins 20 % de son budget aux vêtements et aux accessoires. De plus, le monde de la mode s'assure que les modèles changent souvent, ce qui nous oblige à renouveler continuellement notre garde-robe. Les enfants ont également besoin de nouveaux vêtements chaque saison, ce qui explique que la plupart de notre magasinage touche l'habillement. Voilà pourquoi également une grande majorité des détaillants vendent des vêtements. Pour illustrer cette tendance, vous constaterez que la section des aubaines sur les vêtements occupe une plus grande place dans ce livre. Ainsi, si vous essayez de nouveaux magasins de vêtements dans différents secteurs, vous saurez mieux identifier ceux qui répondent aux besoins de votre famille. Bientôt, vous serez aussi à l'aise dans ces magasins d'escomptes que dans un centre commercial. Beaucoup de ces magasins sont des entreprises familiales; donc, le service y est plus amical et plus efficace que celui offert chez les détaillants ou dans les grands magasins. Alors, pourquoi se priver d'économies et d'un meilleur service ?

FAMILLE

Bikini Village Entrepôt

2727, boul. Taschereau, Saint-Hubert
Angle : boul. Marie
Tél. : 450-923-1754 ou 450-285-1212
Heures : régulières et dimanche de midi à 17h (avril à août); lundi au dimanche de 10h à 17h (septembre à mai)

Cet endroit est difficile à trouver, donc veuillez téléphoner à l'avance pour vous savoir comment vous y rendre. Nous vous suggérons de monter la rue Marie et ensuite de tourner à gauche sur le Grand boulevard. Par contre, vous serez récompensé avec des rabais de 10 % à 60 % sur les maillots de bain pour toute la famille (femmes 5 à 24 ans, hommes P à 3TG et enfants 2 à 16 ans) dans des marques connues comme Ann Cole, Nike, Tyr, Christina, Louis Garneau, Tommy, Shan et Speedo, Roxy, Mexx, Raisins, Aubade. Surveillez les promotions spéciales, les aubaines sur les vêtements décontractés pour hommes et les sous-vêtements pour femmes. Demandez au personnel de ventes où sont les articles dont les prix ont été démarqués, car ceux-ci changent souvent d'emplacement. Autre magasin : 6586, rue Saint-Hubert (271-5599) (moitié de la marchandise en solde). www.bikinivillage.com

Boutique Multi Bas

6560, boul. Léger, Montréal-Nord
Angle : boul. Albert-Hudon
Tél. : 322-4536
Heures : régulières et dimanche de 13h à 17h

Les personnes qui raffolent chouchouter leurs pieds aimeront fouiner parmi toutes les chaussettes pour toute la famille. Le plancher de ventes est rempli de contenants et les murs sont recouverts d'aubaines. Les marques en liquidation sont nombreuses, y compris Kodiak, Watsons, Fabusole, C.W. Gear, Wolfskins, Fubu et quelques chaussettes habillées pour hommes.

Brador

9600, rue Meilleur, suite 920
Angle : rue Louvain
Tél. : 381-8076
Heures : lundi au samedi de 8h à 17h, dimanche de 11h à 17h (fermé le samedi et le dimanche de mai à août)

Voilà un magasin incontournable où l'on vous offre des rabais de 40 % à 75 % sur tous les vêtements de ski alpin et de ski de fond ainsi que des planches à neige de marques connues. En plus, vous y trouverez des cols roulés, des tuques, des sous-vêtements, des chaussettes, des gants et des lunettes protectrices.

Centre d'Aubaine Éva

6677, rue Saint-Hubert
Angle : rue Saint-Zotique
Tél. : 270-5496
Heures : régulières

Quand viendra le temps d'habiller les enfants pour les fêtes, un baptême ou leur première communion, il faut venir ici pour voir tous ces rayons de jolies robes en tricot, en dentelle ou en organza et les jolies chaussettes en dentelle venant d'Italie. De plus, on trouve des complets pour garçons (même dans les grandes tailles) à prix vraiment avantageux. On y trouve aussi un grand choix d'articles réduits comme des sous-vêtements féminins de marque, des gaines et des soutiens-gorge ainsi que des tenues dans des tailles allant jusqu'à 24 1/2.

Centre d'escomptes Star

3653-B, boul. Saint-Laurent
Angle : rue Prince Arthur
Tél. : 288-6051
Heures : régulières et dimanche de 11h à 18h

Legs d'un père à ses enfants, voilà une autre entreprise familiale qui mise sur la tradition : vendre à prix modique aux familles ayant un faible revenu. On y trouve des vêtements de bonne qualité pour toute la famille : des habits de neige, des vêtements d'extérieur, des sous-vêtements, des pantoufles, des sacs pour espadrilles et de nombreux chapeaux (même Kangol). Vous y trouverez toujours des bas prix. Ici, vous pouvez également marchander.

Cohoes

409, rue Notre-Dame Ouest, Vieux-Montréal
Angle : rue McGill
Tél. : 849-1341
Heures : régulières et dimanche de midi à 17h

Depuis 46 ans, cette chaîne de magasins a acquis son excellente réputation en offrant des rabais sur les vêtements mode pour femmes, hommes et maintenant également pour enfants. Les prix des articles se vendant moins bien sont réduits de façon constante. Optez pour les penderies offrant des rabais époustouflants. Autres magasins : Centre d'achats Côte-Saint-Luc (489-3807); 1799, boul. Saint-Martin O. (450-682-7424); Les Promenades de la Cathédrale (982-2454); Centre Eaton (289-9963); Carrefour Angrignon (363-1437); Plaza Côte-des-Neiges (737-5839); 200, boul. d'Anjou, Châteauguay (450-698-0938); 6000, boul. Henri-Bourassa E. (327-7348). Magasins à grande surface : Centre Le Bazar, 3662, boul. Côte Vertu (334-6410); Carrefour Langelier (255-4558); Place Versailles (355-8410); Mail Carnaval

(450-671-0041); 4908, rue Jean Talon O. (739-4065); Dorval Gardens (636-3080); Galeries des Sources (685-3653).

H. Karmel

3624, boul. Saint-Laurent
Angle : rue Prince-Arthur
Tél. : 844-1751
Heures : lundi au jeudi de 8h45 à 18h, vendredi de 8h45 à 14h et dimanche de 9h30 à 14h

Ce magasin familial, qui existe depuis 42 ans, est un des plus anciens magasins de la rue. Il offre toujours des prix incroyables pour les chemises habillées pour hommes, les hauts, les chaussettes extensibles (1,50 $) et les sous-vêtements Mr. Brief, dont certains se vendent encore à 2 $ depuis les 20 dernières années. Vous trouverez des chandails pour femmes également. Les marques pour enfants (Val & Miki, Jo-Joe, Mickey Mouse, Classic Pooh, OshKosh, Absorba et Gusti) sont offertes à l'arrière de la boutique.

Jos. Shamie et Fils

3921, rue Ontario Est
Angle : rue Orléans
Tél. : 527-2477
Heures : lundi au mercredi de 9h30 à 17h30, jeudi au vendredi de 9h30 à 21h et samedi de 9h30 à 17h

Depuis 85 ans, ce magasin vous propose le plus grand éventail de tailles pour les vêtements pour hommes (tailles 60, 5TG et 19 1/2) et pour femmes (tailles 5 à 24 1/2). Vous y trouverez des sous-vêtements, des soutiens-gorge Wonderbra, Playtex et Daisy Fresh (tailles jusqu'à 50DD) réduits de 20 % à 40 %, des vêtements d'extérieur, des jeans (Lois, Santana, Levis, Parasuco, Manager entre 20 $ et 52,99 $), des pantalons, des chemisiers et des jupes de marques Point Zero, TanJay et Alia.

L'Aubainerie

1490, avenue Mont-Royal Est
Angle : rue Papineau
Tél. : 521-0059
Heures : lundi au vendredi de 9h à 21h, samedi et dimanche de 9h à 17h (pour le magasin de la rue Jean-Talon)

Vous serez agréablement surpris du nouveau concept de grand magasin. Vous trouverez des vêtements mode décontractés et colorés à prix modiques (Nathalie, Capuccino, Amérique-du-Nord, West Coast Connection, JG Outfitters, Tutti Chicca, Brouette et Trottinette) pour toute la famille (tailles 3 à 42 pour femmes). Ce magasin offre un éventail de layettes, de tenues de nuit et de sous-vêtements. Autres magasins : 4265, rue Jean-Talon E. (374-4230); 2315, ch. de Chambly, Longueuil (450-647-3236); 3824, boul. Côte-Vertu E. (334-0064); 5245, boul. Cousineau, Saint-Hubert (450-678-8598).

Mexx Entrepôt

550, rue Sauvé Ouest
Angle : rue Meilleur
Tél. : 385-6399
Heures : régulières et dimanche de midi à 17h

S'il s'agit d'une marque que vous aimez, vous raffolerez de ce magasin pour ses rabais de 40 % à 60 %, autant sur la marchandise pour hommes et femmes que celle pour enfants. Il y a des ceintures et des manteaux et de nombreux autres modèles de vêtements. Autre magasin : 3244, rue Jean-Yves, Kirkland (428-8366).

Mini-Prix

600, rue Jarry Est
Angle : rue Foucher
Tél. : 277-3383
Heures : régulières et dimanche de 11h à 17h

Avec un nom comme celui-ci, vous devez tenir parole. Vous y dénicherez des vêtements pour femmes (5 à 26 ans), pour hommes et pour enfants (6 mois à l6 ans). Vous trouverez des modèles traditionnels de bonne qualité : des robes, des manteaux, des jupes et des pantalons au prix du fabricant. Autres magasins : 6003, boul. Henri-Bourassa E. (327-5075); 8750, rue Hochelaga (351-3725). Marchandise semblable au magasin Hoda du 9800, boul. Saint-Laurent (384-4188).

Roots Entrepôt

3228, rue Jean-Yves, Kirkland
Angle : autoroute Transcanadienne
Tél. : 426-2433
Heures : régulières et dimanche de midi à 17h

Toutes les personnes qui apprécient cette marque de vêtements pourront enfin magasiner dans un magasin-entrepôt offrant des articles réduits. Prenez note que certains articles vendus dans ce magasin ne sont pas présentés dans les boutiques régulières. Il se peut que le coton soit plus léger ou que le logo soit imprimé plutôt que brodé. Autre magasin-entrepôt : 5415, rue des Jockeys (906-2823).

Sauvé/Club Garçon Entrepôt

6554, rue Saint-Hubert
Angle : rue Beaubien
Tél. : 273-6392
Heures : régulières et dimanche de midi à 17h

Si vous aimez la marchandise de ces deux chaînes de magasins, vous serez heureux de constater ces prix de liquidation qui remplissent la moitié du rez-de-chaussée : les imperméables qui se vendent habituellement 225 $ sont offerts à 99 $, les complets à partir de 99 $, les pantalons en velours côtelé à 30 $ et les chandails à 35 $. À l'étage, il y a des vêtements pour garçons en liquidation.

Schreter, J.

4358, boul. Saint-Laurent
Angle : rue Marie-Anne
Tél. : 845-4231
Heures : lundi au mercredi, vendredi de 9h à 18h, jeudi de 9h à 21h, samedi de 9h à 17h, dimanche de midi à 15h

Depuis 75 ans, ce magasin est l'endroit indispensable sur la *Main* pour habiller les hommes (y compris taille TTG) et les garçons (grandes tailles) et dénicher des chaussures (Nike, Reebok, Point Zero, Adidas). On y trouve de tout : des complets jusqu'aux jeans, sans oublier les sous-vêtements de marques très connues (Columbia, Point Zero, Mexx) à des prix incroyables. De nos jours, les femmes peuvent également trouver des vêtements de conditionnement physique, des vêtements décontractés et des sous-vêtements. Les clients apprécient énormément le personnel qui occupe le plancher de ventes en grand nombre qui les aide à trouver des bretelles, des combinaisons une-pièce, des mouchoirs et même des fixe-chaussettes. La devise du magasin est authentique : « Satisfaction garantie ou argent remis ». Que ce soit pour le camp d'été ou les uniformes scolaires, ce magasin est idéal pour tout trouver dans un seul endroit !

Sleepwear Entrepôt

165, rue Saint-Viateur
Angle : rue Casgrain
Heures : jeudi et vendredi de 11h30 à 13h

Si vous pouvez visiter le magasin durant les horaires limités, vous aimerez profiter des pyjamas et des robes de nuit à prix abordable (entre 5 $ et 20 $) pour les femmes (petit à 3TG) et les enfants. Si vous avez besoin de tenues de nuit pour la visite, vous pourrez les acheter ici.

Tyr Outlet

160, rue Saint-Viateur Est, suite 602
Angle : rue Casgrain
Tél. : 276-2000
Heures : jeudi et vendredi de 11h à 14h

Si vous aimez cette marque de maillots de bain qui propose également des shorts, des lunettes de natation et des t-shirts, vous apprécierez magasiner dans un seul endroit pendant quelques heures et dénicher des trucs pour toute la famille.

Winners

3207, boul. des Sources, D.-D.-O.
Angle : autoroute Transcanadienne
Tél. : 683-6260
Heures : lundi et mardi de 9h30 à 18h, mercredi au vendredi de 9h30 à 21h, samedi de 9h à 17h, dimanche de 11h à 17h

Économisez entre 20 % et 60 % sur les vêtements pour toute la famille en magasinant dans cette chaîne inspirée des magasins T.J. Maxx aux États-Unis. La marchandise, surtout fabriquée au Canada, provient de surplus de stock, d'annulation de commandes, de fins de série, de faillites et de liquidations. Seulement 1 % de la marchandise présente des petits défauts de fabrication. Vous trouverez même des grandes tailles ou de tailles petites pour femmes parmi les dix mille nouveautés qui arrivent chaque semaine. En plus, on y déniche de la literie, des articles pour le bain et des idées-cadeaux. Autres magasins : 1625, boul. Le Corbusier (450-978-5055); 2101, rue Dollard (595-5545); 2877, ch. Chambly (450-646-1096); Carré Décarie (733-4200); 3390, boul. Taschereau (450-923-2540); 4375, rue Jean-Talon E. (374-0880); Marché Central, 815, rue Chabanel O. (382-7510); 3610, boul. Côte-Vertu (334-6222); 3200, rue Jean-Yves, Kirkland (428-0633).

Z. Wolf

9066, boul. Saint-Laurent
Angle : rue Legendre
Tél. : 389-4670
Heures : régulières et dimanche de 11h à 17h

Depuis 36 ans, cette entreprise familiale offre un choix exceptionnel de jeans (Levis, Lois, Buffalo, X.O.X.O., Y.O.Y.O.) et de vêtements sport (Private Member, Point Zero) pour toute la famille à prix réduits. Les t-shirts et les robes d'été côtoient les chaussettes, les chandails en coton ouaté, les sous-vêtements et les vêtements d'extérieur. N'oubliez pas les penderies remplies d'aubaines entre 5 $ et 20 $ et de chandails à 2 pour 25 $.

Zara

1500, rue McGill College, Place Montréal Trust
Angle : rue Sainte-Catherine
Tél. : 281-2001
Heures : régulières et dimanche de midi à 17h

Montréal a été la première ville canadienne à offrir aux consommateurs cette chaîne de boutiques espagnole fort bien connue en Europe. Vous y dénicherez des vêtements mode, des manteaux, des chaussures et des robes de soirée à prix modique. L'étage supérieur est presque entièrement consacré à la mode féminine. Vous devrez fouiner au rez-de-chaussée

La *Main*

Chaque ville possède au moins une rue qui semble posséder son identité propre. À Montréal, c'est sans aucun doute le boulevard Saint-Laurent, affectueusement surnommé La Main. Depuis son existence, cette rue a connu bien des hauts et des bas : que ce soit pendant la prospérité des folles années 1890 quand une visite en tramway constituait la sortie du dimanche, ou l'époque de la Grande crise de 1929 qui lui valut l'appellation de « quartier des clochards ». Néanmoins, les marchands ont découvert que les articles démodés pouvaient devenir des objets de collection. Donc, les objets quasiment inutilisables qui accumulent la poussière pendant une génération deviendront des pièces de collection pour la génération suivante.

Cette rue a connu différentes vagues d'immigration et chacune d'entre elles y a laissé sa trace, créant ainsi une merveilleuse mosaïque des styles de vie de Montréal. Il eût un temps où ce fut un quartier juif. Ensuite, ce fut l'arrivée des immigrants grecs, portugais et vietnamiens qui marqua son histoire. Maintenant, c'est au tour de la communauté sud-américaine d'habiter le quartier.

Dans le quartier, les commerçants se sont toujours adressés à une clientèle à faible revenu, car les nouveaux immigrants désirent maximiser leur revenu et marchander pour obtenir les meilleurs prix possibles pour une marchandise de bonne qualité.

De plus, les magasins d'alimentation nous régalent la vue et l'odorat avec leurs produits exotiques en répondant aux exigences de toutes les communautés culturelles qui y magasinent. Il est surprenant de constater le nombre de magasins qui appartiennent à la même famille depuis leur constitution ou qui ont le même propriétaire après tant d'années.

Tout doucement, la rue s'est transformée en quartier chic, celui que nous connaissons aujourd'hui. L'abondance de nouveaux restaurants a entraîné une clique raffinée qui accourt sur la Main pour sa vie nocturne électrisante.

La Main est un théâtre vivant qui exige l'éveil constant de tous vos sens.

pour la mode masculine et enfantine. La grande aire ouverte vous donne l'impression de magasiner dans une boutique de luxe.

FEMMES

Additionelle Entrepôt

3233, autoroute 440 Ouest, Laval
Angle : boul. Chomedey
Tél. : 450-682-6054
Heures : régulières et dimanche de midi à 17h

Les passionnées de cette chaîne de magasins spécialisés dans les grandes tailles pour femmes ont maintenant un endroit pour profiter des rabais sur la marchandise de la saison dernière ou de l'année précédente. Autres magasins : 3839, boul. Taschereau (450-462-8962); 6809, rue Saint-Hubert (948-8007).

Aubaines Mignonne

2100, rue Rachel Est
Angle : avenue de Lorimier
Tél. : 523-2636
Heures : régulières et dimanche de midi à 17h

Cette petite chaîne de magasins offre des prix abordables (environ 25 % de rabais) sur les nouveaux modèles de tailleurs, de chemisiers et de vestes dans les tailles 3 à 17 ans. On y trouve des marques connues comme Conviction Sport, Macjac, Point Zero, Michael Phillips et Private Member et des petites tailles. Les jeans varient entre 29,99 $ et 45,99 $. Autres magasins : 2039, boul. Roland-Therrien, Longueuil (450-448-2772); 1160, boul. des Seigneurs E. (450-471-6592).

B.M.Z. Tex

9320, boul. Saint-Laurent, suite 103
Angle : rue Chabanel
Tél. : 383-1427
Heures : lundi au vendredi de 9h30 à 17h30, samedi de 7h30 à 16h

Situé dans une manufacture, ce magasin un peu désordonné pour femmes peut se permettre d'offrir des prix très bas. On y trouve des vêtements décontractés offerts dans un vaste éventail de tailles. Il y a aussi du tissu et des boutons. Autre magasin : 7234, rue Saint-Hubert (272-4334).

Boutique Anne-Marie

6712, rue Saint-Hubert
Angle : rue Saint-Zotique
Tél. : 273-5503
Heures : lundi au mercredi de 10h à 17h, jeudi et vendredi de 10h à 18h, samedi de 10h à 17h

Depuis 41 ans, cette petite boutique habille les femmes portant des grandes tailles (tailles 16 1/2 à 52) et les tailles régulières. On vous propose un vaste choix de manteaux, de tailleurs, de robes, de chemisiers, de vêtements sport, de maillots de bain, de sous-vêtements et de soutiens-gorge (tailles 32 à 54DDD). Des soutiens-gorge pour personnes ayant subi une mastectomie sont aussi réduits de 10 %. On peut également confectionner une gaine ou un soutien-gorge sur mesure ou effectuer des retouches. Sans aucun doute, vous trouverez quelque chose qui vous plaira.

Boutique Avantage-Plus

1264, rue Beaumont, Ville Mont-Royal
Angle : chemin Rockland
Tél. : 733-1185
Heures : lundi au vendredi de 10h à 18h, samedi de 10h à 17h

Ceux qui ont des idées préconçues à propos des magasins d'escomptes seront surpris de cette jolie boutique, son excellent service et de son éventail impressionnant de tailles (6 à 18 ans) et de marques connues : Jones N.Y., Liz Claiborne, Spanner, Mr. Jax, Studio J, Nygard (tailles régulières et petites). On vous offre des vêtements carrière et pour le week-end.

Boutique Bessie

5200-B, rue de la Savane
Angle : boul. Décarie
Tél. : 344-0047
Heures : mardi au samedi de 10h à 17h

Depuis 32 ans, la boutique Bessie a été un secret bien gardé par ses fidèles clientes. Vous pouvez maintenant profiter de rabais fantastiques (à partir de 25 %) sur les meilleures collections de vêtements sport ou carrière (Gerry Weber, Jax, Spanner, Brax, Olsen, Hucke, Hammer), de chemisiers Tru, de manteaux Hilary Radley dans les tailles 4 à 20 ans. N'oubliez pas de fouiner dans l'arrière-boutique : vous y dénicherez des aubaines sur la marchandise de la saison dernière.

Boutique Clic Clic

1256-A, rue Beaumont, Ville Mont-Royal
Angle : ch. Rockland
Tél. : 342-2594
Heures : lundi au vendredi de 10h à 18h et dimanche de midi à 17h; vendredi 10h à 15h (hiver)

On les retrouve un peu partout en ville ces petites boutiques qui offrent les grands noms de la mode à prix d'aubaine. Ce magasin propose des jupes, des chemisiers, des tailleurs habillés, de pantalons et des robes de marques connues comme Hammer, Tru, Lucia, Eugen Klein, Steilman, Cavita, Brax et des importations françaises dans les tailles 6 à 18 ans.

Boutique Emerance

3195, rue Notre-Dame, Lachine
Angle : 32e avenue
Tél. : 634-1037
Heures : régulières

Cette boutique offre des retouches gratuites et inclut les taxes dans le prix de sa marchandise. On y trouve des vêtements mode pour femmes dans les tailles 4 à 20 ans de marques comme Jones N.Y., Lucien Daunois, Joseph Ribkoff, Spanner, Farouche, Louben, Anne Klein, Teenflo, Jex, Kasper et Simon Chang ainsi que des soutiens-gorge et des sous-vêtements (Chanterelle, Grenier).

Boutique Francine Castonguay

2953, boul. Saint-Charles, Kirkland
Angle : boul. Kirkland
Tél. : 630-7829
Heures : lundi au vendredi de 10h à 18h, samedi de 10h à 17h, dimanche de 11h à 17h (fermé à partir de la mi-juin jusqu'à la fin de juillet)

Pour celles qui adorent les vêtements Simon Chang, cette boutique vous propose toute la collection de ce designer et des rabais à partir de 15 %. On réduit davantage les articles au fur et à mesure que la saison avance. Vous pouvez vous procurer une autre griffe dans cette boutique, Gerry Weber, ainsi que d'autres collections canadiennes et européennes (tailles 4 à 16 ans).

Boutique Le Liseron

1984, boul. des Laurentides, Laval
Angle : rue Richard

Tél. : 450-669-2768
Heures : mardi et mercredi de 10h à 17h30, jeudi et vendredi de 10h à 20h, samedi de 10h à 17h (du 12 août au 30 décembre et du 11 février au 30 juin)

C'est plaisant de trouver ces petites boutiques qui sortent des sentiers battus et qui attirent les femmes avec leurs aubaines fantastiques sur les tenues carrière, les manteaux et les vêtements de golf. Ouverte depuis 26 ans, cette boutique propose des marques comme Conrad C, Proportion Petite, Lania Lee dans les tailles 2 à 20 ans, des prix réduits d'environ 30 % par rapport aux boutiques de luxe ainsi qu'un service hors pair. Lors de leur solde de fin de saison, la boutique réduit tous les prix de 70 %.

Boutique Manon et Carolle

697, ch. Bord-du-Lac, Dorval
Angle : rue Mimosa
Tél. : 633-9585
Heures : régulières et dimanche de midi à 17h (sauf en juillet)

Cette charmante maison blanche et grise située au coin de la rue abrite une boutique remplie de collections de vêtements décontractés, de vêtements carrière et habillés (Elljay, Jeanne Pierre, Sophisticate, Michael Phillips, Frank Lyman design, Conrad C, Mac & Jac, Point Zero) dans les tailles régulières, les tailles petites et les grandes tailles à des prix abordables. Inscrivez-vous à la liste de clientes pour prendre part à leur solde anniversaire en novembre, où pendant une journée, la boutique offre les prix de 1980, leur date d'ouverture.

Boutique Mary Seltzer

7380, ch. Côte-Saint-Luc
Angle : rue Robert-Burns
Tél. : 369-1579
Heures : lundi au samedi de 10h à 17h et sur rendez-vous

Ouverte depuis 57 ans, cette entreprise familiale est reconnue pour ses bons prix. Parfois, vous pouvez économiser 30 % ou plus sur les marques comme Simon Chang, Franco Valeri, Olsen, Spanner, Conrad C et bien d'autres. Autre magasin : Boutique Trendee, 4557, boul. des Sources, Salon Deninno (685-9696). Ouvert du mercredi au samedi de 9h30 à 16h et sur rendez-vous.

Boutique Maude

545, rue Hauterive, Duvernay
Angle : boul. Lévesque
Tél. : 450-669-8221
Heures : lundi de 10h à 17h30, mardi et mercredi 9h30 à l8h, jeudi et vendredi 9h30 à 21h, samedi 9h à 17h (ouvert de la mi-août à novembre et de mars à mai)

Leur façon de faire est la même depuis 34 ans : ouvrir pendant les six mois les plus occupés de l'année et offrir un service hors pair. On y trouve des salles remplies de tailleurs, de coordonnés, de robes (quelques robes de soirée), de vêtements de golf, de manteaux (tailles régulières et petites 2 à 20 ans) qui attirent les jeunes avec des rabais de 35 %. La marchandise est vendue à 30 % de rabais. Les meilleures aubaines se font à la fin de chaque saison quand tout le stock (Anne Klein, D'Oraz, Lucien Daunois, Jex, Albert Nipon, David Brooks, Huis Clos, Kasper, Conrad C., Orly, Scene, Utex, Fennelli, Apropos) est vendu en quelques jours à des prix extrêmement bas. www.boutiquemaude.com

Boutique Nadia

3845, boul. Saint-Laurent
Angle : rue Roy
Tél. : 284-9554
Heures : lundi au mercredi de 10h30 à 17h30, jeudi et vendredi de 10h30 à 19h30 et samedi de 10h à 17h

Depuis 18 ans, cette boutique de la *Main* offre aux femmes des économies sur les marques connues (Rino Rossi, Debbie Schuchat, Ça va de soi, Fred David, Como, Script, Me-Jay) de chandails pour tailleurs, de chemisiers, un bon choix de manteaux d'hiver haut de gamme et des échantillons réduits jusqu'à 50 %.

Boutique Noëlla

8750, rue Lajeunesse
Angle : boul. Métropolitain
Tél. : 388-6922
Heures : lundi au mercredi de 10h à 17h30, jeudi et vendredi de 10h à 18h, samedi de 10h à 16h

Cette boutique ouverte depuis 44 ans n'est pas située dans un endroit commercial, mais elle vaut la peine d'être découverte pour ses économies ! La lingerie féminine est réduite d'environ 20 %, que ce soit pour des robes de nuit, des peignoirs (Diamond Tea, Alepin, Papillon Blanc, Claudel) ou des soutiens-gorge (Chantelle, Warners, LeJaby, Triumph, Grenier, Wonderbra, Passionata). On y trouve également des maillots de bain (Grenier, Christina, Diva, Monica). Il y a un service de retouches pour les tailles régulières et les tailles spécialisées (44H).

Boutique Rickie Green

6130, ch. Côte-Saint-Luc
Angle : avenue Hingston
Tél. : 369-0847
Heures : lundi au samedi de 10h à 17h et sur rendez-vous

Montez l'escalier menant à cette charmante boutique et vous y trouverez une sélection de vêtements mode griffés (Ellen Tracy, Eugen Klein, Hucke, Basler, Le Gardeur, Jobis, Michelle) en provenance d'Europe (Allemagne, Finlande Irlande, Italie). Il y a des tailleurs et des coordonnés dans les tailles 4 à 18 ans, y compris les tailles petites. Cette boutique mise surtout sur les tenues habillées et les robes de soirée.

Bridalane

333, rue Chabanel Ouest, suite 201
Angle : rue Jeanne-Mance
Tél. : 384-2451
Heures : lundi au vendredi de 9h à 16h sur rendez-vous, samedi de 9h à midi

Vous avez de la chance, car ce fabricant de robes (Bridalane, Bill Levkoff, New Image, Champagne Formals, Nite Time, Tutto Bene) ouvre ses portes au public. Pour une robe de mariée (tailles 4 à 30 ans) ou une robe pour assister à un mariage, vous trouverez certainement la robe pour vous parmi les 150 modèles contemporains ou traditionnels présentés dans ce magasin chaque saison. Il y a également ment des robes pour le bal de fin d'études et des robes de soirée offertes dans plus de 50 couleurs. www.bridalane.com

Carley's

1818, rue Sainte-Catherine Ouest
Angle : rue Saint-Mathieu
Tél. : 932-2628
Heures : régulières et dimanche de midi à 17h (sauf janvier et février)

Un magasin d'escomptes au coeur du centre-ville ! Un endroit parfait pour les jeunes femmes qui adorent les marques connues comme

Axara, Echo, Fooks, Helios, Mudd, Musso, BB Max, Parasuco, Hollywood, Buffalo, Guess, Dex, Groggy, DKNY, Point Zero, Calvin Klein, Mexx). *Vous aurez un plaisir fou à fouiner dans ce magasin rempli de vêtements de marque.* Autres magasins : Place Dupuis (840-8493); 486-A, rue Sainte-Catherine O. (954-4316).

Charlette

3237, boul. des Sources, Galeries des Sources
Angle : autoroute Transcanadienne
Tél. : 683-0254
Heures : régulières et dimanche de midi à 17h

Si vous cherchez des aubaines pour les marques de vêtements connues comme Spanner, Simon Chang, Aminale, Hilary Radley, Franco Valeri, Jones N.Y., Conrad C, Utex, Nuage, dirigez-vous dans ce magasin. Ce grand magasin écoule des vêtements sport aux manteaux dans les tailles petites jusqu'à 18 ans. Autres magasins : Centre d'achat Le Boulevard, 4166-70, rue Jean-Talon E. (374-3349); Centre Laval (450-681-9322).

Designer Discount Lingerie

2615, avenue Van Horne, suite 218 (entrer sur Wilderton)
Angle : rue Wilderton
Tél. : 345-1249
Heures : lundi au jeudi de 11h à 16h30, dimanche 11h30 à 16h, vendredi et soirées sur rendez-vous

Si vous aimez vous gâter avec des superbes robes de nuit et des peignoirs magnifiques, nul besoin de payer le prix de détail ordinaire. Cette petite boutique nichée à l'étage sera accessible en entrant par la porte de côté (rue Wilderton) du centre commercial. Vous pourrez y acheter des marques de qualité comme Natori, Alepin, Diamond Tea et Calida (Suisse) et Nanso (Finlande) en plus de profiter d'au moins 25 % de rabais. Il y a également des ensembles pour la mariée, des tenues de nuit de maternité, des soutiens-gorge à bonnets ouvrants, des culottes de maintien, des jupons et des camisoles. Il est possible de faire des retouches. Cette boutique se spécialise dans les soutiens-gorge réduisant la poitrine (bonnets A à G). Une conseillère vous aidera pour l'ajustement. On y trouve des bonnes marques : Chantelle, Bali, Lilyette, Wacoal, Rago, Playtex, Grenier ou Edith Lances. N'oubliez pas les

penderies de solde (jusqu'à 60 %).

Gabri-Elle

1038, avenue Bernard Ouest, Outremont
Angle : rue Durocher
Tél. : 274-3337
Heures : lundi au jeudi de 11h30 à 18h, vendredi de 11h30 à 15h et dimanche de midi à 17h

Ce commerce, qui a pignon sur rue depuis 14 ans, est maintenant installé dans cette petite boutique. Il offre des vêtements griffés, principalement des importations européennes haut de gamme (Écaille, Marta Palmieri, Gerry Weber), des tailleurs habillés, des tandems (cardigans et pulls) dans les tailles 4 à 28 ans.

Gilbert & Fille

49, rue Donegani, Dorval
Angle : boul. des Sources
Tél. : 695-3107
Heures : lundi au mercredi de 10h à 18h, jeudi et vendredi de 10h à 21h, samedi et dimanche de 10h à 17h

Cette boutique propose une gamme complète de vêtements pour femmes (tailles 4 à 44) réduits de 30 % à 70 %. En minimisant ses coûts d'exploitation, cette boutique peut offrir des prix fantastiques sur les robes, les tailleurs, les coordonnés, les chandails et les tenues sport de marques connues. Demandez à vous faire inscrire sur leur liste de clients : vous serez invités aux soirées spéciales de soldes. Ne manquez pas d'aller au sous-sol pour vérifier s'il y a d'autres aubaines.

Importations Les Élysées

2704, boul. de la Concorde Est, Laval
Angle : rue Champlain
Tél. : 450-662-1168
Heures : mardi et mercredi de 10h à 17h30, jeudi et vendredi de 10h à 18h, samedi de 10h à 16h (fermé en juillet)

Les femmes (tailles 5 à 18) qui aiment les couturiers québécois (Michel Desjardins) et les marques allemandes haut de gamme (Geisswein, Lucia, Hauber, Rabe) apprécieront les étalages d'accessoires, l'atmosphère très chaleureuse et les prix d'amis.

J. Hauerstock

6900, boul. Décarie, Carré Décarie
Angle : rue Vézina
Tél.: 738-4186
Heures : lundi au jeudi de 10h à 18h, vendredi de 9h à 15h et dimanche de 11h à 17h

Il est difficile de trouver de la lingerie féminine à prix d'aubaine. C'est formidable de savoir que cette entreprise familiale existe depuis 39 ans et offre toujours des prix abordables ! Le magasin a tout ce dont vous avez besoin en matière de jupons, de robes de nuit, de camisoles et de sous-vêtements (soutiens-gorge jusqu'à la taille 50DDD) dans les marques connues : French Maid, Diamond Tea, Alepin, Hot Mama, Nanso, Warner's, WonderBra, Conrad, Triump, Mr. Robert, Hanna, Lilliette, Grenier, Champion, Chantelle et Padded Attractions. Vous obtiendrez au moins 20 % de rabais. Il y a de jolies choses pour les adolescentes (Elita, Jockey), pour les grandes tailles (Just My Size, Edith Lances et soutiens-gorge Wacoal réduisant la poitrine) et des soutiens-gorge à bonnets ouvrants. De plus, vous pouvez maintenant acheter vos maillots de bain ici : Christina, Baltex, Tyr et Swim Wrap.

Jacob Solderie

1220, rue Sainte-Catherine Ouest (sous-sol)
Angle : rue Drummond

Tél. : 861-9346
Heures : régulières et dimanche de midi à 17h

En vous dirigeant au sous-sol de ce magasin, vous trouverez des vêtements tendance et de la lingerie mode pour femmes vendus dans les magasins de la chaîne, mais offerts à des prix de liquidation. Autre magasin : 3212, rue Jean-Yves, Kirkland (693-0684).

Jay Set

352, ave. Dorval
Angle : autoroute 2 & 20
Tél. : 633-1094
Heures : régulières et dimanche de midi à 17h

Si vous aimez les collections de vêtements Tan Jay, cette petite boutique de liquidation est un endroit parfait pour vous, pour son grand choix de tailles (8 à 18, 16 à 24, tailles larges et petites). En plus de la marque Tan Jay, on vous propose la marque Alia Sport et quelques vêtements de la collection Nygard. Autre boutique : Promenades Hudson (450-455-7569). Cette boutique propose davantage de vêtements Peter Nygard, Bianca Nygard et les collections Nygard.

Josie Bridal

6688, rue Saint-Hubert
Angle : rue Saint-Zotique
Tél. : 271-8907
Heures : régulières et dimanche de midi à 17h

Vous trouverez des robes de mariée, des robes de soirée et des robes pour le bal de fin d'études, des marques américaines, des échantillons et des fins de série dans les tailles 1 à 44 ans. La mariée et la mère de la mariée reconnaîtront certains des noms en vogue entrevus dans les catalogues d'Alfred Angelo et *Forever Yours*. Ne ratez pas les penderies d'aubaines à l'arrière de la boutique. Des accessoires pour les cheveux et des sacs à main coordonnés sont aussi offerts.

Kovac

6869, boul. Henri-Bourassa O., Ville Saint-Laurent
Angle : ch. Bois-Franc
Tél. : 335-6869
Heures : lundi au vendredi de 9h à 17h, samedi de 8h30 à 13h

Ce magasin est un vrai entrepôt de vêtements sport et de tailleurs pour femmes (tailles 6 à

44 ans). Voici quelques-unes des collections que vous trouverez ici : Q2, 24K, Mr K, Jade, Clandestine, Jasmin, Alabama Cotton et Kate.

Il y a des vêtements de maternité (Radiance) ainsi qu'un grand choix de pantalons et de jupes pour les grandes tailles (jusqu'à 52 ans). Quatre fois par année, le magasin organise des soldes fabuleux (solde de fin de saison ou solde porte ouverte de l'entrepôt).

La Cage aux Soldes

5120, boul. Saint-Laurent
Angle : avenue Laurier
Tél. : 270-2037
Heures : régulières et dimanche de midi à 17h

Vous trouverez ici une sélection de vêtements de bonne qualité pour femmes (tailles 6 à 16 ans) dans des modèles récents vendus environ la moitié du prix suggéré. Ce magasin offre des échantillons, des fins de série ou des vêtements dont les étiquettes ont été retirées (Eric Alexandre, Clichy, Conviction, Conrad C) pour vous offrir des prix incroyables.

La Mode Chez Rose

570, rue Beaumont Ouest
Angle : rue De l'Épée
Tél. : 272-9000 ou 272-9641
Heures : lundi au mercredi de 9h30 à 18h, jeudi de 9h30 à 20h, vendredi de 9h30 à 15h, dimanche de 9h30 à 17h

Vous prendrez plaisir à magasiner dans ce grand espace qui cache ce bijou de petite boutique ayant survécue depuis 43 ans uniquement grâce au bouche à oreille. Les femmes portant les tailles 6 à 20 ans trouveront des nombreuses penderies remplies de noms de designers et de marques haut de gamme pour femmes (Conrad C, Jax, Simon Chang, Jones N.Y., Farouche, Spanner, D'Oraz, Lucien Daunois, Hilary Radley, Steilmann). On y déniche des manteaux, des tailleurs, des robes, des chandails, des chemisiers et même des chaussures (Nine West, Hush Puppies, Franco Sarto, Pierre Chupin, Aerosoles, Kenneth Cole Reaction).

Ladies' Designer Fashions

160, rue Saint-Viateur Est, suite 807
Angle : rue Casgrain

Tél. : 272-7393
Heures : mardi au vendredi de 10h à 17h et samedi de 8h30 à 13h (fermé du 15 décembre au 1er février et du 20 juin au 1er août)

Ne vous laissez pas impressionné parce que ce magasin-entrepôt est situé aux étages supérieurs d'un immeuble : il s'agit des meilleurs endroits pour dénicher des aubaines incroyables sur les vêtements de designers pour femmes. La salle est remplie de coordonnés de marques comme Louben, Jones N.Y., Kasper, Conrad C, Anne Klein, Jax et même Simon Chang. Il y a des tailleurs, des jupes, des chandails, des pantalons et des chemisiers dans les tailles allant jusqu'à 16 ans. On y organise également des soldes offrant des prix indécents !

Le Grenier

1451, avenue Mont-Royal Est
Angle : rue Garnier
Tél. : 526-0304
Heures : régulières et dimanche de 11h30 à 17h

Dans cette chaîne de magasins, il est toujours possible pour les femmes de trouver des vêtements mode à des prix intéressants. Surveillez les promotions offrant des pantalons d'hiver à 25 $ ou des tailleurs à 85 $. Autres magasins : 6366, rue Sherbrooke E. (255-5410); 3349, boul. des Sources (683-6264); 2977, boul. Saint-Charles (697-8142); 2100, boul. Le Corbusier, Laval (450-687-4423); 247, boul. d'Anjou, Châteauguay (450-692-2106); 2650, rue Victoria, Lachine (637-5715); 7401, boul. Newman (368-8749); 3, boul. Provencher, Brossard (450-671-8810); et beaucoup d'autres.

Lingerie & Compagnie

4275, boul. Métropolitain Est
Angle : rue Provencher
Tél. : 729-4328
Heures : régulières et dimanche de midi à 17h

Pour les hommes et les femmes qui adorent se gâter en s'achetant des nouveaux sous-vêtements, cette énorme boutique regroupe de nombreuses marques (Joe Boxer, Calvin Klein, Elita, Hanna, Hanes, Triumph, Warners, LeJaby, Wonderbra, Warner's, Daisyfresh, Vogue, Roselle, Dim, Lady de Paris, Luk, Jockey pour hommes, Tommy Hilfiger, Rose de Nuit, Arianne, Morgan, Blush). Vous dénicherez assurément un petit quelque chose pour vous. Ce magasin regorge de marchandise à prix ordinaire, et, en fouinant minutieusement, vous trouverez des réductions allant jusqu'à 70 %, des tables de culottes à prix modique et des soutiens-gorge emballés réduits de 40 %. De plus, dans le coin droit au fond de la boutique, ne manquez pas les penderies bien organisées débordant d'aubaines sur les soutiens-gorge à 6,99 $. Autres boutiques : Centre Riocan, 3204, rue Jean-Yves, Kirkland (630-9288); 1500, rue McGill College (287-7666); 3514, boul. Taschereau, Greenfield Park.

Lingerie Dépôt

125, rue Chabanel Ouest
Angle : rue Reims
Tél. : 385-5960 et 385-5245
Heures : lundi au vendredi 9h à 17h, samedi de 8h30 à 14h

Oui, il est possible de magasiner sur la rue Chabanel pendant la semaine. Ce magasin est une bonne trouvaille pour les soutiens-gorge et les culottes coordonnées à prix réduits. La salle d'exposition regorge de bas-culottes, de chemises de nuit et de pyjamas en flanelle et même de chemisiers et d'autres vêtements pour femmes. Autres magasins : 8905, boul. Pie-IX (322-6624); 1680, ave. Mont-Royal E. (528-6816); 235-A, boul. des Laurentides (450-967-2504); Carré Décarie (739-6051); 4578, rue Wellington (768-3262); 350, rue Notre-Dame O. (286-1979).

Lingerie Fadia-K Bikini Vacance

3245, autoroute 440 Ouest
Angle : boul. Chomedey
Tél.: 450-687-9863
Heures : régulières et dimanche de 11h à 17h

Si vous êtes une mordue de sous-vêtements splendides (offerts également en grandes tailles), alors vous aimerez sans aucun doute cet endroit plein à craquer d'aubaines (entre 15 % et 60 %) sur les soutiens-gorge, les culottes et tous les autres articles de lingerie de marques Passionata, LeJaby, Aubade, Piege, Chantelle, Warners, Triumph, etc. Des maillots de bain de marques comme Gottex, Huit, It Figures, Baltex, Christina et Ocean Pacific sont aussi offerts en plus de la lingerie (La Picadie, Alepin, Andrew James, Conrad, Tout Comfort, Diamond Tea, Elita, Arianne, Hanna). Quelques trucs pour hommes également (Nino Colone, Elita, Infil, OP, Tommy). Autre boutique : 50, boul. Dufferin (450-373-8888).

Manteaux Manteaux Entrepôt

3237, boul. des Sources, Galerie des Sources
Angle : boul. Brunswick, D.D.O.
Tél. : 421-9554
Heures : régulières et dimanche de midi à 17h

Si vous cherchez un manteau court ou long (taille 5 à 24 1/2), ce magasin liquide la marchandise de cette chaîne. Autres magasins : Place Vertu et Place Bourassa.

Marie Claire Entrepôt

8501, boul. Ray-Lawson, Ville d'Anjou
Angle : rue Jarry
Tél. : 354-0650
Heures : lundi au mercredi de 10h à 17h, jeudi et vendredi 10h à 21h, samedi 9h à 16h et dimanche de 11h à 16h

Ce magasin-entrepôt rempli à craquer vous propose de magnifiques vêtements pour femmes (tailles 5 à 15 ans). Vous pourrez acheter des pantalons, des jupes, des chemisiers, des robes, des tailleurs et des manteaux provenant des boutiques à des prix extrêmement bas (argent comptant seulement). Autre magasin : 6140, boul. des Grandes Prairies.

Oppen's

4828, boul. Saint-Laurent
Angle : rue Villeneuve
Tél. : 844-9159
Heures : mardi au vendredi de 10h à 17h et samedi de 10h à 16h

Les femmes portant des grandes tailles (14 à 24 ans) pourront trouver des tenues raffinées parmi les vêtements de marques comme Jones Sport N.Y., Studio J, Conrad C, Spanner. De plus, il y a un vaste éventail de vêtements en cuir et en suède, de tissus slinky exclusifs et de bas-culottes de très grandes tailles. Le service est très courtois. On peut également vous aider à coordonner différents vêtements faits de tissus lavables. Vous pouvez y ajouter des bijoux pour compléter le tout.

Pennington Supermagasin

7401, boul. Newman, Lasalle
Angle : rue Lapierre

Tél. : 367-2111
Heures : régulières et dimanche de midi à 17h

Toutes les femmes qui portent des grandes tailles (36 à 52 et 14 1/2 à 32 1/2) n'auront pas à payer le prix ordinaire. Cette chaîne vous suggère une garde-robe de vêtements mode. Autres magasins : 1795, boul. Saint-Martin O. (450-686-2884); 6799, rue Jean-Talon E. (253-3269); 1120, boul. Marcel-Laurin (332-4735); 183, boul. Hymus, Pointe-Claire (695-7860).

Rhonda

141, avenue Westminster
Angle : rue Curazon
Tél. : 485-1351
Heures : lundi au vendredi de 10h à 18h, samedi de 10h à 17h

Le couple à qui appartient cette boutique part tous les matins à la recherche de nouvelles aubaines dans la marchandise de fermeture de boutiques ou de surplus de stock pour regarnir leur boutique de vêtements de marque pour femmes. Ce magasin propose au moins 30 % de rabais sur les tailleurs, les coordonnés, les vêtements décontractés et quelques modèles de vêtements d'extérieur.

S.B. Soirée

225, rue Chabanel, suite 605
Angle : rue Meunier
Tél. : 387-2328 ou 387-3886
Heures : lundi au mercredi de 9h à 18h, jeudi et vendredi de 9h à 20h, samedi de 8h à 16h

Enfin, une immense salle d'exposition pleine à craquer de robes de soirée ! Vous serez splendide dans une robe cocktail, une jupe longue ou une robe de soirée (tailles 2 à 28 ans). En stock, on vous propose plus de 500 robes de mariée, de robes pour les demoiselles d'honneur et les bouquetières. On fait aussi des vêtements sur mesure à des prix abordables. Il y a une section de vêtements pour hommes remplie de chemisiers, de vestes, de complets et même de smokings pour 225 $ (incluant le chemisier).

Sheinart's

3001, rue Saint-Antoine Ouest
Angle : avenue Atwater
Tél. : 932-6504
Heures : régulières et dimanche de midi à 17h

Depuis 83 ans, la famille Sheinart a gardé le même concept de génération en génération : acheter exclusivement des vêtements de marques connues (Joseph Ribkoff, Alfred Sung, Utex, Conrad C, Jones N.Y., Evan Picone) et les vendre à des prix abordables tout en donnant un excellent service à la clientèle. Le magasin comprend un stock très varié : de la garde-robe pour les petits revenus aux plus gros budgets et des tailles petites aux tailles très grandes. Il y a une boutique d'échantillons de designers offrant des prix réduits jusqu'à 50 % et un sous-sol débordant d'aubaines. Il y a aussi un rayon de vêtements pour les occasions spéciales.

Thyme Maternité Entrepôt

6653, rue Saint-Hubert
Angle : rue Saint-Zotique
Tél. : 279-2884
Heures : régulières et dimanche de midi à 17h

Comme le nom l'indique, voilà l'endroit idéal pour répondre à tous vos besoins en matière de vêtements de maternité. Grâce à son grand choix de tailles (TP, P, M, G, TG, TTG), vous pourrez trouver des robes habillées, des maillots de bain, des jeans, des tenues de nuit et, bien sûr, des vêtements de tous les jours.

Viva

5325, ch. Queen-Mary, Snowdon
Angle : boul. Décarie
Tél. : 488-5516
Heures : lundi et mardi de 9h à 19h30, mercredi de 9h à 20h, jeudi et vendredi de 9h à 21h, samedi de 9h à 19h30, dimanche de 11h à 19h

Ce magasin offre des rabais de 20 % à 40 % sur la marchandise de la saison en cours (tailles 6 à 18 ans) et des vêtements divers de très bonne qualité pour se démarquer de la concurrence. En gardant leur coût d'exploitation peu élevé, ce magasin peut réduire les prix des manteaux, des vêtements sport, des chaussures, des sacs à main et même des robes de soirée. Autres magasins : Nova, 5365, ch. Queen-Mary (boutique plus tendance offrant des collections américaines, tailles 2 à 14); Les Cours Mont-Royal, niveau Métro (842-1446).

FEMMES ET HOMMES

Bedo

4228, rue Saint-Denis
Angle : rue Marie-Anne
Tél. : 847-0323
Heures : régulières et dimanche de midi à 17h

Ce magasin appartient à la chaîne de magasins offrant des vêtements mode pour hommes et femmes, mais à des prix abordables. Vous pourrez vous habiller à la toute dernière mode pour une fraction du prix ordinaire. Autres magasins : 1256, rue Sainte-Catherine O. (866-4962); 933, rue Sainte-Catherine E. (499-3684); Carrefour Laval (450-973-4704); 3706, boul. Saint-Laurent (987-9940); 359, rue Sainte-Catherine O. (842-7839). Les magasins suivants offrent des aubaines de liquidation intéressantes : Plaza Pointe-Claire (697-7167); 4903, boul. Saint-Laurent (287-9204).

Buzz

255, rue Saint-Viateur Ouest
Angle : avenue du Parc
Tél. : 277-9461
Heures : régulières et dimanche de midi à 17h

Située entre des magasins d'alimentation, cette boutique offre des vêtements pour hommes et femmes de marques connues : Buffalo, Guess, Dex, Parasuco, Mavi, Split, Roxy, Quicksilver, Ekko, Triple 5 soul, Roxy). Il y a également des sacs à main et des sous-vêtements (Calvin Klein) pour hommes et femmes. Autre magasin : 5508, rue Monkland (483-0909). www.buzzjeans.com

Centre du Manteau

6595, rue Saint-Urbain
Angle : rue Beaubien
Tél. : 276-5151 ou 276-4728
Heures : lundi au mercredi de 8h30 à 18h, jeudi et vendredi de 8h30 à 21h, samedi et dimanche de 10h à 17h (fermé les week-ends en été)

Pour acheter directement de l'importateur, vous devrez aller à la manufacture et vous frayer un chemin au sous-sol jusqu'aux penderies. Cependant, vous profiterez d'économies sur un vaste choix de manteaux en laine pour femmes. Il y a une penderie de vêtements pour hommes. Autre magasin : 3908, boul. Taschereau (450-465-9189) (fermé de mai à la mi-août).

Collection Designer

5575, avenue Royalmount, Ville Mont-Royal
Angle : ch. Devonshire
Tél. : 739-3122
Heures : lundi au vendredi de 10h à 14h, samedi de 9h à 13h

Ceux qui aiment les collections de marques seront emballés de découvrir ce magasin offrant des vêtements (J.J. Company, Ralph Lauren, Royal Robbins, Jean Pierre, Rockport, etc.) réduits jusqu'à 80 %. Vous y trouverez des coordonnés, des vestes, des pantalons, des chemisiers, des chandails et des vêtements d'extérieur pour hommes et femmes. Il y a également des échantillons, des articles de second choix et des modèles de fin de série.

E.N.R.G. X Change

1455, rue Peel, Les Cours Mont-Royal
Angle : rue Sainte-Catherine
Tél. : 282-0912
Heures : régulières et dimanche de midi à 17h

Vous trouverez des vêtements européens griffés haut de gamme. Il y a des collections de couturiers que vous avez sûrement vus lors des défilés de mode : Dolce & Gabbana, Versace, Gianfranco Ferre. Choisissez parmi les modèles de fins de série, les échantillons et les articles de la saison précédente pour hommes et femmes et profitez de rabais jusqu'à 50 %.

France Mode

90, boul. de la Concorde Est, Pont-Viau
Angle : rue Jubinville
Tél. : 450-629-8421
Heures : mardi et mercredi de l0h à 18h, jeudi et vendredi de 10h à 21h, samedi de 10h à 17h, dimanche de midi à 17h (ouvert fin août à novembre et de mars à juin)

Le fait que cette petite boutique est située dans le nord de la ville n'empêche pas la clientèle d'y accourir de partout. Son attrait : le grand choix de collections complètes de marques connues, organisées et présentées proprement. On y trouve des vêtements sport, des tailleurs et des coordonnés à des prix incroyables. En plus, si vous payez en argent comptant, vous obtiendrez un rabais additionnel de 30 % et avec un chèque ou une carte de crédit, 25 % de rabais. Messieurs, au lieu de vous ennuyer en attendant votre douce moitié, montez plutôt au deuxième étage y prendre un café, une boisson gazeuse ou un morceau de gâteau offerts gratuitement ou encore venez visiter la boutique de vêtements sport pour hommes. Un des meilleurs endroits en ville !

France Mode Liquidation

102, rue de la Concorde Est, Pont-Viau
Angle : rue Jubinville
Tél. : 450-629-1389
Heures : mardi et mercredi de 10h à 18h, jeudi et vendredi de midi à 21h, samedi de 10h à 17h

Toute la marchandise qui n'a pas été vendue pendant le solde de liquidation monstre de la boutique est envoyée dans ce centre de liquidation. Il y a des vêtements pour femmes, hommes et enfants, de marques connues et à des prix extraordinairement bas (jusqu'à 70 % de rabais).

Le Château - Centre de Liquidation

5255, rue Jean-Talon Ouest
Angle : boul. Décarie
Tél. : 341-5301
Heures : régulières et dimanche de midi à 17h

Les dernières tendances sont généralement beaucoup plus coûteuses dans les boutiques de centres commerciaux. Cependant, le centre de liquidation de l'une des chaînes de magasins les plus populaires vous offre des modèles audacieux et uniques à des prix réduits.

Ce magasin est rempli à craquer de vêtements pour jeunes. Il y a tout l'éventail offert en boutique. Autres magasins : 3249, autoroute 440 O., Laval (450-973-8221); 4119, rue Jean-Talon E. (722-4747).

Magasin Entrepôt Tristan America

1334, rue Sainte-Catherine Ouest
Angle : rue Crescent
Tél. : 874-9531
Heures : régulières et dimanche de 11h à 17h

Si Tristan America est une marque que vous aimez, mais que vous trouvez très coûteuse, alors dirigez-vous sans tarder dans ce magasin. Disposé sur trois étages, vous pourrez y choisir des vêtements de la saison dernière pour hommes et femmes, des vêtements de second choix, etc. à des prix extrêmement bas (50 % et plus). Autres magasins : 1450, avenue Mont-Royal E.; 3232, rue Jean-Yves, Kirkland (697-6053).

Symbole

420, rue Notre-Dame Ouest, Vieux-Montréal
Angle : rue McGill
Tél. : 845-7789
Heures : régulières et dimanche de 10h à 17h

Voici une petite chaîne de vêtements abordables pour femmes (tailles 3 à 18 ans) et hommes (tailles 26 à 55). Il y a des complets pour hommes toujours étiquetés 99,99 $. On propose des vêtements décontractés et des tenues pour le travail. Ne manquez pas les penderies remplies d'aubaines alléchantes offrant souvent des articles à 5 $ et des vêtements pour enfants. Autres magasins : Sans Blagues, 217, rue Chabanel (387-2328); Au Coin des Bons Marchés, 9300, boul. Saint-Laurent (388-0976); Les Modes Patti (marchandise de liquidation pour femmes même en grandes tailles, beaucoup de robes et de chandails), 6865, rue Saint-Hubert (490-0246).

Taz Basement

9120, avenue du Parc
Angle : rue Legendre
Tél. : 389-7381
Heures : lundi au vendredi de 9h à 21h, samedi de 9h à 17h et dimanche de 11h à 17h

Si vous parvenez à trouver cette sympathique boutique située dans un sous-sol (valet pour garer votre voiture), vous serez récompensé en profitant des aubaines sur les vêtements pour les jeunes en liquidation de marques Guess, Phat Farm, Parasuco (pour les enfants aussi), Avirex, Akodemiks, Timberland (bottes), Fubu, Point Zero, Dex, Sean John, Kenneth Cole (chemisiers), Buffalo, Quick Reflex et des jeans Calvin Klein. Il semble y avoir plus de hauts que de pantalons dans ce magasin.

Tricots Dorés

5075, rue Jean-Talon Ouest
Angle : avenue Mountain-Sights
Tél. : 735-5575
Heures : lundi au vendredi de 8h30 à 17h et samedi de 8h30 à 13h

Auparavant, vous pouviez uniquement magasiner dans ce commerce le samedi matin. Maintenant, il est possible d'acheter des chandails traditionnels pour hommes et femmes à des prix intéressants variant entre 15 $ et 25 $ tous les jours de la semaine afin de profiter de ces aubaines incroyables.

Tripp

282, rue Notre-Dame Ouest, Vieux-Montréal
Angle : rue Saint-Pierre
Tél. : 871-8895
Heures : lundi au jeudi de 9h30 à 18h, vendredi de 9h30 à 16h, dimanche de 9h30 à 17h

Ce magasin, ouvert depuis 1954, est devenu une légende à Montréal : il est supposément le tout premier magasin d'escomptes en ville. On y trouve des vêtements sport, des vêtements pour le travail, des manteaux, des tenues habillées et des tailleurs à 200 $, pour hommes et femmes. Il y a des marques connues (Ralph Lauren, Yves Saint-Laurent, Christian Dior, Aldo, Adorable, Mark Edward, Raffinati, Calvin Klein, Anne Klein) et des prix vraiment bas sur les collections de cette année et de l'année précédente.

Vêtements Uniques

9455, boul. Saint-Laurent
Angle : rue Chabanel
Tél. : 381-9964
Heures : lundi au mercredi de 9h à 18h, jeudi et vendredi de 9h à 21h, samedi de 9h à 17h, dimanche de 11h à 17h

Rabais pour l'âge d'or

Pour essayer de compenser les temps difficiles des années dernières, plusieurs magasins offrent, lors de journées spécifiques, des aubaines intéressantes aux personnes âgées qui semblent profiter d'un plus grand pouvoir d'achat qu'auparavant. Parmi les principaux détaillants qui offrent de tels rabais, on retrouve les magasins suivants :

Astral Photo *– Le Club 55 Or offre 10 % de rabais tous les jours (55 ans et plus).*

Jean Coutu *– 10 % de rabais tous les jours sur certains articles (65 ans et plus).*

La Baie *– 15 % de rabais le premier mardi de chaque mois (60 ans et plus).*

Marché de l'Ouest *- 10 % de rabais le mercredi dans presque tous les magasins, sauf News Agent et SAQ (65 ans et plus).*

Pharmaprix *– 10 % de rabais tous les jours sur certains articles (65 ans et plus).*

Uniprix *– 10 % de rabais tous les jours sur certains articles (65 ans et plus).*

Zellers *– 10 % de rabais le premier lundi de chaque mois (60 ans et plus).*

Le journal « Senior Times » publie le répertoire « Montreal Resource Directory » en avril. Vous pouvez vous procurer un exemplaire là où le journal est distribué gratuitement, à la bibliothèque ou dans les CLSC (484-5033).

Vous pouvez commander le « Guide des services pour les aînés et leurs familles » et la brochure « Services du gouvernement du Canada » en contactant le 873-2111. Vous pouvez obtenir le « Guide des services du gouvernement du Canada pour les aînés et leurs familles » en téléphonant à la Division du vieillissement et des aînés de Santé Canada au 1 800 622-6232 ou par courriel à l'adresse suivante : seniors@hc-sc.gc.ca

Ce magasin-entrepôt a lancé, sur la rue Chabanel, la mode des salles d'exposition des manufactures qui ouvrent leurs portes au public tous les jours de semaine, et non seulement le samedi matin. Maintenant, il y même un stationnement, car les clients ont répondu à l'appel en si grand nombre. Ceux-ci continuent de fréquenter ce magasin pour profiter des rabais sensationnels sur les jeans (DKNY, Parasuco, Buffalo, Matanique, Tommy Hilfiger, Mexx, Polo, Guess, Fubu) à prix abordables et les vêtements urbains hip hop (Johnny Blaze, Triple 5, Karv, Davoucci). À l'étage supérieur, chez Sopra, vous trouverez des importations européennes. Récompensez-vous de vos aubaines extraordinaires avec un cappuccino à 1 $.

HOMMES

Boutique Jacques

5970, ch. de la Côte-des-Neiges
Angle : rue Linton
Tél. : 737-1402
Heures : lundi à mercredi de 9h à 18h, jeudi de 9h à 20h, vendredi de 9h à 15h, dimanche de 9h à 17h

Pour l'homme bien habillé qui ne songerait jamais à acheter à rabais, cette magnifique boutique offre un service personnalisé, des marques de vêtements haut de gamme et des complets de designers européens et nord-américains (prix de détail suggéré, entre 750 $ et 1 800 $). Vous profiterez de rabais pouvant atteindre jusqu'à 50 %. Pour compléter votre garde-robe, vous pourrez choisir parmi les tenues habillées, sport ou de golf. Le service de tailleur est offert sur place. Depuis 46 ans, cette entreprise familiale est reconnue pour son service impeccable, sa qualité et ses prix avantageux. Cette boutique est une petite trouvaille; cela vaut la peine d'y venir, quel que soit l'endroit où vous habitez.

Classy

6768, rue Saint-Hubert
Angle : rue Saint-Zotique
Tél. : 277-7641
Heures : régulières et dimanche de midi à 17h

En vous rendant à l'étage de ce magasin, vous trouverez des vêtements de soirée à prix d'aubaine. Ce centre de liquidation vend des vêtements provenant de fins de série et de boutiques de location de complets. Il y a également ment des vestes à 69,99 $, des pantalons à 29,99 $, des gilets, des chemisiers, des cravates et des ceintures de smoking.

Club 402

1118, rue Sainte-Catherine Ouest, suite 200
Angle : rue Peel
Tél. : 861-3636
Heures : lundi au vendredi de 10h à 18h, samedi de 10h à 16h et sur rendez-vous

Pour dénicher des vêtements pour hommes que ce soit dans les tailles 36 à 50 ans, les tailles petites, les tailles régulières ou les grandes tailles, rendez-vous au centre-ville pour profiter des aubaines sur les vêtements d'importation italienne 100 % laine (Quantas, Guidice, Nogara), des tailleurs entre 299 $ et 550 $, des pantalons, des vestes et des chemisiers en coton égyptien.

Daniel Mode Masculine

7350, boul. Taschereau, Brossard
Angle : boul. Rome
Tél. : 450-671-6968
Heures : régulières et dimanche de midi à 17h

Vous cherchez un magasin de vêtements pour hommes à prix abordables ? Celui-ci sera parfait pour tous vos besoins. Les complets pour hommes (jusqu'à taille 54) ne coûtent que 350 $ et les chandails entre 50 $ et 95 $. Les vêtements décontractés et les sous-vêtements (jusqu'à 3TG). Autres magasins : 6945, rue Hochelaga (252-1212); 1600, boul. Le Corbusier, Laval (450-688-2345).

Import J.E.A. - Polcaro

1470, rue Peel, suite 120
Angle : boul. de Maisonneuve
Tél. : 844-3014
Heures : lundi au mercredi de 9h à 18h, jeudi et vendredi de 9h à 19h, samedi de 10h à 16h et le soir sur rendez-vous seulement

N'hésitez pas à vous aventurer dans cet immeuble : vous trouverez une boutique de vêtements pour hommes de collections italiennes. On y offre des complets (tailles régulières ou grandes tailles 36 à 48) à environ 399 $, des vestes sport à 295 $, des pantalons à 110 $, des cravates à 25 $, des chemisiers Versace, Cerruti 1881, des chaussures Byblos et des chemisiers en coton égyptien à seulement 45 $. Autre boutique (Europa-Uomo) : 555, rue Chabanel, Suite M-40 (388-6088).

Jaf Prêt-à-Porter

900, boul. Décarie, Ville Saint-Laurent
Angle : rue Decelles
Tél. : 744-0985
Heures : régulières

Voici un magasin de quartier offrant des aubaines sur les vêtements pour hommes, dont certains modèles de marques connues. Un personnel très efficace pourra vous dénicher un pantalon (jusqu'à 50), un chemisier (tailles 5TG) à partir de 25 $, des complets entre 175 $ et 650 $, des jeans entre 20 $ et 65 $, des vestes sport à partir de 100 $, des chandails et des vestes habillées. On fait également des retouches sur place gratuitement. Informez-vous sur la location et les smokings. Autre magasin : 1140, rue Union (877-9888).

Krief Import

1117, rue Sainte-Catherine Ouest, suite 200
Angle : rue Peel
Tél. : 849-7884
Heures : lundi au vendredi de 10h à 18h et samedi de 10h à l7h

En plein cœur du centre-ville, vous pouvez trouver des vêtements d'importation française ou italienne à prix réduits. En plus, vous profiterez de la même atmosphère et du même service qu'une boutique. Il y a des complets (tailles régulières, petites ou grandes 36 à 46) entre 250 $ et 350 $. Vous bénéficierez aussi de bons prix sur les vestes, les chemisiers et les accessoires.

Les Créations Michel Darmel Uomo

555, rue Chabanel Ouest, suite 1005
Angle : rue Meilleur
Tél. : 389-7831
Heures : lundi au vendredi de 9h à 17h et samedi de 9h à 13h

Ce magasin situé dans une manufacture offre aux hommes des complets (tailles régulières seulement, 38 à 48) à partir de 265 $. Les complets sur mesure débutent à 350 $. Si vous avez besoin d'un complet pour un jeune garçon, on peut le confectionner sur mesure pour vous entre 280 $ et 350 $.

Moores

7155, rue Newman, Place Angrignon
Angle : rue Schenker
Tél. : 363-1546
Heures : régulières et dimanche de midi à 17h

Il est facile de trouver de la marchandise dans ce magasin, malgré l'énorme quantité d'articles offerts et l'immense éventail de tailles (jusqu'à la taille 54) : on vous offre des tailles régulières, des tailles petites, longues, très longues, grandes ou très très grandes. Vous trouverez des complets griffés (Tradizioni, Vito Rofolo, Harris Tweed, Oscar de la Renta, Progress et Hyde Park) à des prix variant entre 149 $ et 399 $. Complétez votre garde-robe avec des manteaux, des chemisiers, des cravates, une sélection de tenues décontractées et même des chaussures (pointures 7 à 13) de marques réputées comme Florsheim, Bostonian, Dexter's et Nunn Bush. Autres magasins : Complexe Pointe-Claire, 6361, Autoroute Transcanadienne (426-2050); 5750, boul. Taschereau (450-443-5717); 6835, rue Jean-Talon E. (253-6555); Le Bazar, 3830, boul. Côte-Vertu (332-7263); 1007, rue Sainte-Catherine O. (845-1548); 6955, rue Saint-Hubert (948-6282); Marché Centrale, 795, rue Chabanel O. (383-8528); 1793 boul. Saint-Martin O. (450-686-2457); 2243, boul. Roland-Therrien, Longueuil (450-448-7555).

L'Usine d'Habits, pantalons, vestons sport

5455, rue de Gaspé, suite 1000
Angle : rue Saint-Viateur

Tél. : 273-3617
Heures : lundi au vendredi de 8h à 17h et
samedi de 8h à midi

Dans cette manufacture, les hommes pourront
trouver des complets : on vous propose des
complets en laine provenant d'Italie (Zignone,
Giovanni Tonella, Lane Bottoli, Lubiamo) ou de
France ainsi que des complets en lainages
variés (tailles 38 à 60 pour les coupes courtes,
régulières ou longues), des vestons sport et
des pantalons habillés. Pour les hommes portant des tailles difficiles à trouver comme les
très grandes tailles, on vous offre une promotion spéciale : on vous confectionnera un
complet, peu importe la taille du veston coordonné à votre pantalon.

JEANS

Boutique Frissoni

7373, boul. Langelier, Ville d'Anjou
Angle : rue Jarry
Tél. : 259-9854
Heures : régulières et dimanche de midi à 17h

Ayant pignon sur rue dans un centre commercial depuis 15 ans, ce qui vous semble une
boutique ordinaire de jeans pour les jeunes est
en fait un endroit incontournable pour profiter des aubaines sur les jeans Hollywood,
Powerline, Bullet et les hauts Blue Power. Vous
payerez au moins la moitié du prix ordinaire
(entre 9,99 $ et 39,99 $, vestes pour 49,99 $).
Tous les échantillons et les articles en liquidation ont été sélectionnés minutieusement pour
éviter de trouver des articles de second choix
et des articles endommagés ou déchirés. Le
restant de la boutique déborde d'aubaines
sur les hauts, les chandails et les pantalons.

Bronson Jeans

3773, boul. Saint-Laurent
Angle : rue Roy
Tél. : 847-9160
Heures : Lundi au samedi de 10h à 20h et
dimanche de 11h à 19h

Le principal attrait de cette boutique est le grand
choix de jeans Levis recyclés à 2 pour 55 $
ou à 2 pour 35 $ (si vous êtes chanceux) et les
jeans recyclés teints de toutes les couleurs à
20 $. Tout ce choix et, en plus, les retouches

sont gratuites. Vous trouverez des hauts neufs
et des salopettes pour enfants OshKosh dans
les tailles 3 mois à 7 ans.

Entrepôt Jeans 440

3265, autoroute 440 Ouest, Laval
Angle : boul. Chomedey
Tél. : 450-682-3440
Heures : régulières et dimanche de midi à 17h

Dans ce petit mail de magasins d'escomptes, ce
commerce est le seul détaillant qui vend uniquement des jeans (entre 15 % et 30 % de rabais)
pour hommes et femmes. Ce magasin offre de
nombreuses marques (Buffalo, Point Zero, Parasuco, Carrelli, Manager, Levis, Lois, Karl Kani),
mais les modèles sont en quantité limitée. Ne
ratez pas les penderies à 50 % de rabais pour
vraiment profiter de bonnes occasions.

Les Ventes 5525

5525, rue de Gaspé
Angle : rue Saint-Viateur
Tél. : 279-3303
Heures : lundi au mercredi de 9h à 17h, jeudi
et vendredi de 9h à 18h, samedi de 9h à 16h

Des jeans, des jeans, et encore des jeans : voilà
ce que vous trouverez si vous vous aventurez
au sous-sol de cet entrepôt. Offerts dans les
tailles jusqu'à 58, on vous offre des jeans à
partir de 15 $ et toutes les marques connues
que vous aimez. Il y a également des chemisiers
et des vestes en denim. Comme service, on fait
gratuitement les retouches sur place.

Levis Entrepôt/Pantorama L'Entrepôt

3100, boul. Harwood, Hudson
Angle : autoroute Transcanadienne
Tél. : 450-455-4266 (Levis) ou (450) 424-
3947 (Pantorama)
Heures : régulières et dimanche de 11h à 17h

Visitez ces boutiques jumelées pour profiter
de rabais sur les jeans. Levis a l'exclusivité des
jeans Levis ayant un léger défaut de fabrication ou en liquidation, alors que Pantorama
offre des réductions jusqu'à 50 % sur une
grande sélection de marques de jeans, de
vestes, de chemisiers et de chandails griffés
comme Tommy Hilfiger, Guess, Calvin Klein,
Polo by Ralph Lauren. Autres boutiques : Place
Jolibourg, 1263, boul. Jolibourg, Sainte-
Dorothée; 191, ch. du Lac-Milette, Versant
Saint-Sauveur.

Événements annuels

Action Cosmetic & Fragrance

5196, rue de la Savane
Angle : avenue Mountain-Sights
Tél. : 250-537-8543

Wow ! Des rabais fantastiques de 35 % à 80 % sur les parfums. Les soldes durent une semaine (incluant deux week-ends) et ont lieu vers le mois d'avril ou mai ainsi qu'en octobre. Voici quelques-unes des marques offertes : Anaïs Anaïs, Christian Dior, Trésor, Oscar de la Renta, Poème, Drakkar, L'Air du Temps, Perry Ellis, Coolwater, Ralph Lauren, Halston, Dolce & Gabbana, Versace, Gucci, Joop, Paco Rabanne, Donna Karan, Alfred Sung, Rush, Shalimar, Carolina Herrera, Pure, Chloé, Sunflowers, Kouros, Poison, Dune, Nobile, Nautica, Quorum, Safari, Fendi, First Van Cleef, Guess, Red Jeans, Mackie, Nina Ricci, Caron, Trussardi, Paloma Picasso, Bijan, Tiffany. Produits de beauté : Neo Strata, Juvena, Marcelle, Payot. Produits pour les cheveux : Klorane, La Coupe, Disney, Fa et Algemarin pour le bain.

Agence Francine Brûlé

1190, rue Bishop
Angle : rue Sainte-Catherine
Tél. : 954-0188 ou 954-1252

Vous pouvez vous inscrire à leur liste téléphonique pour connaître la date des trois soldes annuels qui ont lieu en août, en décembre et en juin. Cette petite boutique de designer offre de tout pour hommes et femmes : des maillots de bain, des vêtements sport, des sous-vêtements, des sacs à main, des gants, des foulards, des bijoux, des pantalons, des vêtements de golf, des chapeaux et des ceintures.

Au Coeur de la Mode

Tél. : 270-4900

La Fondation Farha organise, à la mémoire de Ron Farha, une levée de fonds qui se déroule au Palais des Congrès, un samedi du mois de mai ou de juin, de 10h à 17h. Le prix d'entrée de 3 $ vous permet de profiter des rabais (jusqu'à 90 %) sur plus de 20 000 articles provenant de dons de 250 entreprises de vêtements mode pour femmes ainsi que des designers. Cet événement récolte jusqu'à 150 000 $ chaque année et ce montant est versé aux personnes atteintes du SIDA et du VIH.

Bedo

700, rue Deslauriers, Ville Saint-Laurent
Angle : boul. Lebeau
Tél. : 335-2411

Habituellement, ce solde a lieu en avril et en octobre, en même temps que celui de son voisin très couru, Howick. Cette chaîne de magasins profite de cette occasion pour écouler ses échantillons de vêtements sport d'allure jeune pour hommes et femmes.

Black & Decker

3061, rue Bélanger Est
Angle : rue Iberville
Tél. : 722-1021

Juste avant la Fête des pères, vous pouvez acheter des petits outils électriques (scies, perceuses, ponceuses, établis, aspirateurs), des appareils électroménagers (cafetières, robots culinaires, fers à repasser, fours grille-pain, mélangeurs) ou des outils de jardin (tondeuses, taille-haies) de marques connues. Ce magasin offre également des appareils de second choix ou encore des appareils remis à neuf vendus avec une garantie complète. L'adresse du solde peut varier.

Body Glove

6400, ch. de la Côte-de-Liesse
Tél. : 737-5665

Au cours du mois de mai, cette entreprise de vêtements sport vend à rabais des maillots de bain, des shorts, des vêtements pour l'entraînement et des t-shirts pour hommes et femmes. Contactez l'entreprise en avril pour obtenir les dates du solde.

Boutique de plein air Camp de Base

173-E, rue Cartier, Pointe-Claire
Angle : Autoroute 220
Tél. : 630-6717

Habituellement, la fin de semaine suivant la Fête du Travail est le moment propice pour profiter des aubaines sur les kayaks et les canots (de mer, en lac ou en eau vive). Il est possible d'acheter une des 60 embarcations utilisées pour la location pendant ce solde annuel de même que des gilets de sauvetage, des avirons, des tentes et plus encore. La plupart de la marchandise se vend au cours de cette journée. Le restant des articles s'écoule au fur et à mesure jusqu'à ce que tout soit vendu.

Bovet

4475, boul. Métropolitain Est
Angle : rue Viau
Tél. : 374-4551

Chaque année en janvier ou février (et quelquefois aussi à la fin du printemps), cette chaîne de magasins pour hommes bien connue organise un solde d'entrepôt. Vous pouvez parfois voir leur annonce publicitaire dans les journaux. Cependant, il est possible d'appeler pour connaître la date de leurs soldes. Vous trouverez des complets, des manteaux, des pantalons, des vêtements de ski, des vestons, des chandails, des chemisiers, des peignoirs, des chapeaux, des gants, des chaussettes, des cravates, des chaussures et des bottes pour hommes dans toutes les pointures et tailles, particulièrement les très grandes tailles et les tailles très larges, longues et très longues.

Buffa

7910, boul. Provencher, Saint-Léonard
Angle : rue Jarry
Tél. : 376-7905

Deux fois par année (en novembre et juste avant la Fête des pères), ce fournisseur d'équipement de quilles organise un solde de liquidation offrant de 10 % à 70 % sur les boules de quilles, les quilles ou les chaussures (Dexter, Linds, EB Sport), les vêtements, les sacs de quilles, etc.

Classy

8211, 17e avenue, Saint-Michel
Angle : rue Jarry
Tél. : 728-6200

Le solde de ce magasin a toujours eu lieu au mois d'octobre afin d'écouler le stock tout de suite après l'achalandage de la préparation des mariages de l'été et pour l'Halloween. Il y a des smokings, des chemisiers, des ceintures de smoking, des vestes et tous les accessoires à des prix imbattables.

Collège Marie-Victorin

7000, rue Marie-Victorin, C-108
Angle : boul. Albert-Hudon
Tél. : 328-3826

Le solde annuel de mai offre des vêtements très tendance créés par les étudiants en mode. Si vous recherchez une allure exclusive, voilà l'endroit à visiter.

Confiserie Régal

1625, rue Dagenais, Sainte-Rose
Tél. : 450-628-6700

Juste avant Noël et à Pâques, ce fabricant de bonbons ouvre ses portes au public durant quelques jours. Vous y trouverez tous les bonbons favoris (Icy Squares, paniers de fromages et confitures, biscuits, boîtes de chocolat) pour remplir vos bas de Noël, les paniers-cadeaux et régaler vos petits. Tous les accros au sucre seront ravis ! Habituellement, le solde a lieu au 1755, rue Berlier à Laval.

Suite...

Événements annuels *(suite)*

Crystal Clear

6652, ch. de la Côte-de-Liesse
Angle : rue Hickmore
Tél. : 341-9241

Ce magasin vous propose des cadeaux magnifiques, juste avant Noël. Cet importateur de cristal vend des articles de fins de série et écoule de la marchandise de liquidation. Vous serez comblé par le choix de splendides lampes de cristal, de cadres, de bols, de verres, de bibelots, de chandeliers et de services de vaisselle.

Dans Un Jardin

1351, rue Ampère, Boucherville
Angle : rue Mortagne
Tél. : 800-363-3663

À la fin du mois de mai quand les jardins sont en fleurs, cette entreprise se débarrasse de tout son surplus de marchandise. Vous ferez des économies sur tous ces jolis accessoires parfumés pour la salle de bains et la chambre à coucher ainsi que des produits de soins pour le corps. Inscrivez-vous à leur liste d'envoi pour recevoir une invitation.

Designer Fashions

5575, ave. Royalmount, Ville Mont-Royal
Angle : ch. Devonshire
Tél. : 739-3122

Les soldes d'entrepôt sur les échantillons s'adressent autant aux hommes qu'aux femmes. On vous propose des marques sport très connues : Ralph Lauren, J.J., Jeanne Pierre, Royal Robbins et Rockport. Les soldes ont lieu à l'automne, habituellement en septembre et en novembre, et ensuite, peut-être en avril ou en mai.

Dim Rosy

1160, ch. du Golf, Île-des-Soeurs
Tél. : 766-6770

Vous pourrez renouveler votre tiroir de bas-culottes et de lingerie pendant ces soldes qui ont lieu deux fois par année, en décembre et au printemps (peut-être en avril). Les soldes ont lieu habituellement le vendredi soir ou le samedi matin seulement.

Fashionwear

Tél. : 450-424-1728

Cet événement qui a lieu à l'Hôtel Ruby Foo offre des rabais sur les vêtements mode durant trois week-ends, à l'automne et au printemps. On vous propose des échantillons d'environ quinze collections de vêtements tendance pour femmes. Lorsque vous essayez des tenues, une conseillère vous donnera un coup de main pour agencer votre garde-robe. En tenant compte des vêtements achetés lors de votre dernière visite, la conseillère pourra rafraîchir votre garde-robe. Pour acheter, vous donnez un dépôt et tous les vêtements vous seront livrés à la maison à l'intérieur de dix jours. Pour connaître les dates des soldes, inscrivez-vous en contactant le numéro ci-haut ou visitez le site web : www.fashionwear.cjb.net

Fletcher Leisure

142, rue Barr, Ville Saint-Laurent
Angle : ch. de la Côte-de-Liesse
Tél. : 341-6767

Juste à temps pour Noël, ne manquez pas ce solde de décembre qui offre des aubaines sur les sacs de golf de bonne qualité et de second choix, les bâtons, les sacs de voyage, les balles de golf, les parapluies et les vêtements de golf pour hommes et femmes.

Fruits & Passion

21, rue Paul-Gauguin, Candiac
Angle : rue Saint-Francois-Xavier
Tél. : 450-638-2212

Vers le mois de juin, ce fabricant de produits (crèmes, savons, lotions, huiles, etc.) aux parfums des plus exquis, pour vous et votre maison, présente son solde de liquidation. Téléphonez au mois de mai pour vous inscrire à la liste d'envoi, qui vous permettra de recevoir une dépliant publicitaire donnant tous les détails. Vous pouvez aussi envoyer votre nom à l'adresse de courriel suivante : tvenh@fruits-passion.com

Grande Braderie Mode Québécoise

Marché Bonsecours
350, rue Saint-Paul Est, Vieux-Montréal
Tél. : 866-0575

Notez cet événement sur votre calendrier, en octobre et en avril, si vous voulez vous procurer des échantillons de vêtements et des fins de série des designers québécois les plus en vogue à des prix incroyablement réduits. Il y a des vêtements pour hommes, femmes et enfants de marques comme : Marie Saint-Pierre, Jean Airoldi, Michel Desjardins, Nadya Toto, Tanya de Luca, Kathleen Kovats, Saatchi, Dénommé Vincent, Lili-les-Bains, Véronique D'Aragon, Dubuc Mode de Vie, Sylvie Germain, Nénufar, Envers, Danielle Nault, Steve Gold, Iris, Nevik, Silikon, Body Bag, Sheila Dassin, Pureline, GG Créations, Autrefois Saigon, Shan, Greniers des frimousses, Batifoleries, Réjean Pépin, Dino Gaspari, Geneviève Dostaler.

Halloween Stores

Tél. : 762-5555

À chaque année, au mois d'octobre, des magasins sont loués dans le seul but d'offrir des aubaines de 15 % à 50 % sur les costumes, les masques, les accessoires, les perruques et le maquillage pour l'Halloween. Téléphonez en septembre au numéro ci-dessus pour connaître l'adresse du magasin dans votre quartier.

Hasbro

2350, rue de la Province, Longueuil
Tél. : 450-670-9820

Juste avant la période des fêtes, ce fabricant de jouets réputé ouvre un petit

entrepôt le jeudi, vendredi et samedi pour vendre des articles en liquidation et en surplus de stock. Vous connaissez les marques : G.I. Joe, Tonka, Nerf, Milton Bradley, Parker Bros., Tinkertoy, etc.

Howick Apparel

625, rue Deslauriers, Ville Saint-Laurent
Angle : boul. Lebeau
Tél. : 745-1280

Pour des raisons obscures, tout le monde a entendu parler de ce solde. Ce sont habituellement les aubaines sur les vêtements OshKoch pour les petits qui attirent les foules. Toutefois, il y a également des vêtements décontractés et des jeans Ikeda pour les adultes. Deux fois l'an (en avril et en octobre), ce fabricant organise ce solde d'entrepôt de six jours pour écouler toute sa collection de vêtements. Téléphonez au début des mois de mars et de septembre pour connaître les dates. Autre magasin (dates différentes) : 326, rue Principale, Saint-Sauveur (450-227-2672).

Intercontinental

960, avenue Outremont
Angle : avenue Manseau
Tél. : 271-1101

Cet importateur de cristal fin, d'argenterie, de services de vaisselle et de coutellerie ouvre ses portes au public au moins deux fois par année (en novembre et en avril). Il y a des articles de fins de série, du stock non coordonné et de la marchandise non vendue dans les détaillants ordinaires qui doivent être écoulés. Optez pour des marques comme : George Butler, Letang & Remy, Guy Degrenne, Les Étains de Paris, Bormioli, Muirfield et encore plus.

Suite...

Événements annuels *(suite)*

JRC Toy Warehouse

5765, rue Paré, suite 200
Angle : ch. Devonshire
Tél. : 342-6979

Une fois l'an (entre octobre et décembre), cet entrepôt de jouets ouvre ses portes au public pour offrir des aubaines jusqu'à 70 % juste avant les fêtes. On y trouve entre autres des marques connues comme Fisher-Price, Tonka, Mattel, Hasbro, Little Tykes, Tormont, Red box, Applause et Golden Books. Ouvert jeudi et vendredi de 10 h à 20h, samedi et dimanche de 10h à 17h.

Kanuk

485, rue Rachel Est
Angle : rue Berri
Tél. : 527-4494

Si vous aimez le style et la qualité de cette collection de vêtements d'extérieur, alors attendez en septembre. Contactez l'entreprise en automne pour savoir s'il y aura un solde offrant des articles des saisons précédentes, mais aussi des prix spéciaux sur la marchandise de cette année, en grande primeur !

Kidz

2989 boul. Saint-Charles, Kirkland
Angle : boul. Hymus
Tél. : 695-0254

En septembre, cette chaîne de magasins de meubles et d'accessoires pour enfants organise un solde (avant la prise d'inventaire) où les prix sont réduits entre 20 % et 50 %, et parfois même jusqu'à 90 %. Si vous cherchez des couchettes, des poussettes, des chaises hautes, de la literie ou des jouets, voilà l'occasion rêvée pour économiser. Autres magasins : 8025, boul. Taschereau (450-462-4505); 3940, Autoroute 440 Ouest (450-973-6126); 4355, rue Jean-Talon E. (374-2690).

Kovac Mfg. & Kates

6869, boul. Henri-Bourassa Ouest
Angle : rue Bois-Franc
Tél. : 335-6869

Même si ce magasin-entrepôt offre des aubaines sensationnelles tout au cours de l'année (Mr. K, Kates, 24K, Q2, BTB, Jasmin, Clandestine, Alabama Cotton, Radiance), on vous propose en fin de saison (début juin et fin novembre) un immense solde de liquidation avec des prix réduits encore davantage.

Krickets

333, rue Chabanel Ouest, suite 800
Angle : rue Jeanne-Mance
Tél. : 382-5890

Si vous avez des jeunes enfants et que vous aimez cette marque de vêtements, demandez à vous inscrire à la liste d'appel. Vous serez ainsi avisé des soldes de liquidation d'entrepôt qui sont organisés deux fois l'an, soit en octobre et en avril, et qui durent environ quatre jours.

La Cordée Plein-air

2159, rue Sainte-Catherine Est
Angle : avenue de Lorimier
Tél. : 524-1106

Dans ce magasin de plein-air, on peut louer de l'équipement pour le camping, l'escalade, le cyclisme, le canot et le kayak. Une fois (et parfois même deux fois) par année, en septembre (ou peut-être en avril), l'équipement toujours en excellent état est vendu à prix très réduit. En octobre, on organise parfois un solde pour l'équipement d'occasion.

La Première Compagnie de Paniers

300, ch. Bord-du-Lac, Pointe-Claire
Angle : rue Saint-Joachim
Tél. : 695-7038

Aux environs du 1er juillet, entre 9h et midi, se tient, dans cette magnifique boutique de cadeaux, l'unique solde de l'établissement : le « solde citron ». La boutique est décorée en jaune et toute la marchandise en boutique (épicerie fine, jouets, gadgets, articles de cuisine, chandelles) en liquidation, est vendue à des prix très abordables réduits de 50 % à 90 %.

Linen Chest

25, rue Gince, Ville Saint-Laurent
Angle : boul. Lebeau
Tél. : 341-7810

En novembre, cette chaîne de magasins expédie son stock en surplus et les fins de série à son entrepôt. On vous offre divers articles comme des couvre-lits, des oreillers, des stores verticaux, des napperons, de la verrerie, de l'argenterie, etc. à des prix de liquidation réduits d'au moins 50 %.

Lise Watier

5600, ch. de la Côte-de-Liesse
Angle : boul. Cavendish
Tél. : 735-2309

Deux fois l'an, la reine des produits de beauté du Québec offre un solde de liquidation sur le maquillage et le parfum de l'an dernier. Habituellement, le solde de quatre jours (deux week-ends) a lieu en mars et en novembre (dates variables). Vous pourrez vous approvisionner pour toute l'année !

Maxwell's Clothiers

Tél. : (852) 23666705 Téléc. : (852) 23699175
Courriel : maxwell@maxwellsclothiers.com

Depuis 1961, cet événement est organisé par un tailleur de Hong Kong. Deux fois l'an (mars et octobre), celui-ci loue une salle de réception à l'Hôtel Ruby Foo et une autre salle dans un hôtel du centre-ville (pendant trois jours supplémentaires) pour vous offrir les services d'une équipe de tailleurs qui vous confectionneront sur mesure des complets, des vestons, des pantalons, des manteaux et des chemisiers. Pour trois chemisiers sur mesure, vous débourserez seulement 132 $, taxes et livraison en sus (environ 25 $). Les habits varient entre 385 $ et 455 $. De plus, les commandes arrivent à l'intérieur de dix semaines. Les services d'un tailleur montréalais sont retenus pour faire les petites retouches, s'il y a lieu.

Orage

619, rue Le Breton, Longueuil
Angle : rue de la Province
Tél. : 450-646-0867

Vous profiterez des soldes d'échantillons de dernière minute de cette entreprise de vêtements d'extérieur de bonne qualité, qui ont lieu au printemps ou à l'automne. La date du solde est dévoilée seulement deux semaines environ avant le grand événement. Il est possible de donner votre nom à la réceptionniste pour que vous puissiez être avisé si le solde a lieu ou non.

Parasuco Jeans

128, rue Deslauriers, Ville Saint-Laurent
Angle : rue Benjamin-Hudon
Tél. : 334-0888

Deux fois l'an, soit à la fin du printemps et de l'automne, ce fabricant de jeans mode organise des soldes d'entrepôt qui durent quatre jours. Contactez l'entreprise en juin et en novembre pour savoir les dates exactes où vous ferez des aubaines incroyables sur la marchandise en liquidation.

Paris Star

83, rue Rachel Est
Angle : boul. Saint-Laurent
Tél. : 844-3481

En s'inscrivant à la liste d'envoi, vous recevrez une carte postale pour vous informer du solde de liquidation et d'échantillons de vêtements pour femmes. Ce solde a lieu habituellement en avril, en septembre et en novembre. On y déniche

Suite...

Événements annuels *(suite)*

des tailleurs, des vestes, des chemisiers et des tenues de marques comme Script, Como, Fred Davis, Debbie Shuchat, Zahra, Via Mode et Moda Petites. Appelez pour savoir la date du prochain solde. Sur place, vous pourrez également vous inscrire à la liste d'envoi.

Produits Norben

9820, boul. Ray-Lawson, Anjou
Angle : rue Ernest-Cormier
Tél. : 352-6510

Au mois d'octobre, ce distributeur d'accessoires pour l'Halloween loue un local pour y vendre des costumes, des perruques, des décorations, du maquillage et des masques. Les heures d'ouverture sont plus restreintes au début du mois et elles se prolongent jusqu'à offrir des heures d'ouverture régulières (même le dimanche de 10 h à 15h) au fur et à mesure que la grande fête de l'Halloween approche.

Salon des métiers d'art du Québec

Place Bonaventure, Hall d'exposition
Angle : rue University
Tél. : 397-2355

Au cours des deux premières semaines de décembre, toutes les nouvelles œuvres des artisans du Québec et d'ailleurs sont rassemblées pour ce salon. Il y a des centaines de kiosques à visiter. Vous pourrez admirer des objets d'art uniques pour décorer votre maison, des bijoux, des jouets fabriqués à la main, des vêtements et des cadeaux.

Speedo

9770, autoroute Transcanadienne, Ville Saint-Laurent
Angle : rue Abrams
Tél. : 335-6967 ou 335-0099

Profitez des soldes d'échantillons de cette entreprise qui ont lieu sur une base régulière. On y trouve des maillots de bain

(Speedo, Ralph Lauren, Anne Cole, Sunset Beach) pour toute la famille. Il y a également des jeans Chaps, Sport by Ralph Lauren et Calvin Klein, des sous-vêtements Calvin Klein, des sous-vêtements Warner's pour femmes et pour enfants de même que des bonnets de natation, des lunettes de natation, des chaussures de plage, des couvre-maillots, des shorts, des vêtements de conditionnement physique, des vêtements de sport et des t-shirts offerts à des prix dérisoires.

Suzy Shier / La Senza

1604, boul Saint-Régis, Dorval
Angle : rue Deacon
Tél. : 683-4233 (entrepôt) ou 684-3651 (bureau)

Quelques fois par année (février, juin ou octobre), ces deux chaînes de magasins organisent des soldes d'entrepôt qui ont lieu le samedi. On écoule la marchandise à prix d'aubaine : des maillots de bain, des robes, des écharpes, des bijoux, des bustiers, des guêpières, des camisoles, des robes de nuit, des culottes flottantes et des pyjamas.

Tyfoon

5540, rue Ferrier
Angle : boul. Décarie
Tél. : 731-7070

Les femmes qui adorent les marques Northern Isles, Betsey Johnson, Sigrid Olsen, Marisa Christina, David Brooks, Nina Leonard, Easel, Phat Farm, Baby Phat, Knitting Needles, The Sak, Kenar, Avirex, Maxx NY, Maurice Malone) seront comblées grâce à ce solde d'entrepôt. Deux ou trois fois l'an (avril, août ou novembre), au moins deux douzaines de marques sont offerts : des échantillons, des fins de série ou de la marchandise de second choix. De plus, il y a quelques articles pour hommes et enfants.

Woolrich

234, route Knowlton, Knowlton
Tél. : 450-243-0058

Les gens épargnent leurs sous en prévision de ce solde qui offre des vêtements décontractés et de plein-air de marque Woolrich pour hommes et femmes. Deux fois l'an (en avril et en novembre), l'entreprise loue un local tout près de la boutique-vedette.

Zingaro Collections

9400, boul. Saint-Laurent, suite 400
Tél. : 387-2228

Deux jours en automne (novembre ou décembre) ainsi qu'au printemps (avril), les hommes peuvent dénicher des complets mode, des vestes sport, des pantalons et tout un éventail d'articles lors de ce solde.

Pantalon Superior

69, rue Sainte-Catherine Est
Angle : boul. Saint-Laurent
Tél. : 842-6969
Heures : régulières

Depuis des années, ce magasin est réputé pour être un des meilleurs endroits pour profiter d'aubaines sur les jeans mode, les jeans délavés, la marque Red Tab de Levis à seulement 45 $ pour hommes (tailles jusqu'à 44) ou pour femmes. Maintenant, il y a les marques Buffalo et Parasuco de même que des hauts, des manteaux et des jupes. En plus des bons prix, le service de retouche sur place gratuit est grandement apprécié.

Surplus

5168, boul. Saint-Laurent
Angle : avenue Fairmont
Tél. : 948-5005
Heures : lundi au mercredi et samedi de midi à 17h, jeudi et vendredi de midi à 21h

Si vous êtes passionné de la collection Diesel, précipitez-vous dans cette boutique qui offre des milliers d'échantillons en liquidation (femmes taille 28 et hommes taille 32). Il y a des échantillons de marque Diesel ainsi que des échantillons Earl, Seal Kay, Juan & Juanita et Style Lab, de la marchandise de second choix et des articles de liquidation de la saison précédente. À ne pas manquer : les soldes d'échantillons qui se tiennent deux ou trois fois l'an.

Vêtements Uniques

9455, boul. Saint-Laurent
Angle : rue Chabanel
Tél. : 381-9964
Heures : lundi au mercredi de 9h à 18h, jeudi et vendredi de 9h à 21h, samedi de 9h à 17h, dimanche de 11h à 17h

Lorsque vous visitez cette boutique, vous pourrez déguster un expresso ou un cappuccino à 1 $ tout en magasinant parmi la plus grande sélection de jeans dernier cri de marques comme Parasuco, Polo, Tommy Hilfiger, DKNY, Matanique, Buffalo et Mexx à prix défiant toute concurrence. Ne manquez pas le coin consacré aux vêtements urbains hip hop (Johnny Blaze, Triple 5, Fubu, Karv et Davoucci) et les importations européennes à l'étage supérieur.

Z.Wolf

9064, boul. Saint-Laurent
Angle : rue Legendre
Tél. : 389-4670
Heures : régulières et dimanche de 11h à 17h

Ce magasin reconnu depuis 36 ans comme étant l'endroit idéal pour acheter des jeans à prix d'aubaines (Levis, Lois, Buffalo, X.O.X.O., Y.O.Y.O.) est toujours très populaire. On trouve une foule d'aubaines sur des vêtements pour toute la famille, y compris les marques Point Zero et Private Member. N'oubliez pas d'aller fouiner dans les penderies de marchandise (5 $ à 20 $) et le mur de chandails à 2 pour 25 $.

ENFANTS

Aubaines Aubaines

6375, rue Saint-Hubert
Angle : rue Beaubien
Tél. : 277-2514
Heures : régulières

Si vous recherchez des aubaines formidables sur les vêtements de marques connues comme Krickets, B.U.M., Baby's Own et Banana Split, vous êtes au bon endroit. Cette petite boutique offre de la marchandise en liquidation, de cette saison et de la saison précédente, ainsi que de la layette.

Boutique Catimini

1162, rue Beaumont, Ville Mont-Royal
Angle : ch. Rockland
Tél. : 341-9339
Heures : lundi au vendredi de 10h à 18h, samedi de 10h à 17h et dimanche de 11h à 17h

Si vous aimez cette marque française, cette boutique est l'endroit pour vous procurer les vêtements de marques Catamini, I.K.K.S. et Babymini. Il y a des vêtements offerts dans les tailles 3 mois à 16 mois, mais la plupart de la marchandise en boutique est offerte dans les tailles jusqu'à 4 ans. On y trouve également des ensembles de la collection de la saison précédente à 40 % et 80 %.

Brat Pack

1283, avenue Van Horne, Outremont
Angle : avenue Outremont
Tél. : 270-7060
Heures : lundi au mercredi de 10h à 18h, jeudi de 10h à 20h, vendredi de 10h à 19h, samedi de 10h à 17h et dimanche de midi à 17h (sauf en juillet)

Cette boutique est pleine à craquer de vêtements dernier cri pour enfants, des sous-vêtements aux habits de neige. Dans les tailles nouveau-né à 16 ans, vous y trouverez des marques canadiennes et européennes réputées (Petit Lem, Gusti, Ralph Lauren, Gumboots, Point Zero, Absorba, Girandola, Calvin Klein, Mexx, Tommy Hilfiger, Mini People) à prix d'escompte. www.bratpack.ca

Bummis

123, avenue Mont-Royal Ouest
Angle : rue Saint-Urbain
Tél. : 289-9415
Heures : lundi au vendredi de 10h à 18h et samedi de 10h à 17h

Ce fabricant de cache-couches se fera un plaisir de vous vendre ce dont vous avez besoin. On vous offre des modèles avec velcro, des modèles à enfiler et des modèles à boutons-pression. Vous trouverez aussi des couches de coton et des articles de second choix, des bavettes, des serviettes, des couvertures et des matelas pour la table à langer. Pour celles qui allaitent, il y a des soutiens-gorge à bonnets ouvrants Bravado, des coussins, des oreillers et des hauts avec des ouvertures discrètes. On donne des démonstrations avec joie quant à l'utilisation et l'entretien de la couche. On peut y trouver des poussettes Baby Trekker et les transporteurs Heart to heart.

Distributeurs Iann

111, rue Chabanel Ouest, suite 720
Angle : rue Clark
Tél. : 383-1589
Heures : lundi au vendredi de 9h à 17h, samedi de 9h à 15h

Ce distributeur, situé dans une manufacture du quartier Chabanel, vend des vêtements pour enfants à prix vraiment raisonnables. On mise surtout sur les articles pour bébé, la literie, les sacs de toutes sortes et les habits de neige. Dans les tailles nouveau-né à 14 ans, il y a des ensembles en molleton, des tenues deux-pièces, des pyjamas, des chaussettes, des coordonnés et quelques robes de soirée. On y trouve également des nappes, des draps et des serviettes, et même des pantalons et des vestons pour hommes.

Double 8

3343-M, boul. des Sources, D.-D.-O.
Angle : boul. Brunswick
Tél. : 684-5600
Heures : régulières, dimanche de midi à 17h

Ici, on met l'accent sur les vêtements de base pour les enfants et il y a beaucoup de modèles. Des sous-vêtements aux vêtements d'extérieur, en passant par les coordonnés et les uniformes respectant le code vestimentaire de l'école, les prix sont plus que raisonnables. On y trouve aussi des chandails en coton ouaté, des t-shirts et des hauts pour hommes et femmes.

Entreprise P.D.G.

5550, rue Casgrain
Angle : rue Saint-Viateur
Tél. : 278-6834
Heures : lundi au vendredi de 10h à 15h30 et samedi de 10h à 13h

Ne vous laissez pas intimidés par l'entrée qui donne accès à cette entreprise ouverte depuis 1973 : vous devrez traverser un stationnement abrité et monter une cage d'escalier quelque peu bizarre pour enfin atteindre un palier en béton. Vous serez récompensé de vos vaillants efforts en découvrant une grand-maman très aimable qui vous aidera à choisir des articles pour vos petits. On propose des prix fantastiques (réduits d'environ 50 %) sur les ensembles pour enfants de marques Absorba, Mexx, Val & Mik, Celebration, Moi & Toi, Small Stars, Vanille & Chocolat offerts dans les tailles nouveau-né à 8 ans (et même des tailles plus grandes pour certains modèles).

FM Junior

102, boul. de la Concorde Est, Pont-Viau
Angle : rue Jubinville
Tél. : 450-629-1389
Heures : mardi et mercredi de 10h à 18h, jeudi et vendredi de midi à 21h, samedi de 10h à 17h

Boutique jeunesse de la populaire boutique pour adultes France Mode, ce magasin offre toute une collection de vêtements pour habiller vos enfants. Les enfants (jusqu'à la taille 16 ans) seront vêtus de vêtements griffés Gumboots, Body Guard, Point Zero, OshKosh et Polo. On vous offre des escomptes de 30 % si vous payez en argent comptant et 25 % si vous payez avec un chèque ou une carte de crédit. Il y a également un solde en novembre offrant des rabais de 40 $. Inscrivez-vous à la liste d'envoi.

Indisposables

Tél. : 450-468-9539

Les couches de coton sont de retour ! Cette entreprise canadienne vend des couches contour de coton avec des attaches velcro pour 99 $ la douzaine. Vous pouvez également vous procurer des cache-couches pour le jour et la nuit, des coussinets pour une meilleure absorption, des couvertures coussinées pour la couchette et la table à langer, des protège-matelas, des culottes de propreté, des pots musicaux, et des transporteurs Indy. Pour les mères, il y a des soutiens-gorge à bonnets ouvrants, des serviettes d'allaitement et des serviettes sanitaires en coton de différentes épaisseurs.

Jeunes d'ici Centre de liquidation

600, rue Peel
Angle : rue Saint-Jacques
Tél. : 933-3877 ou 933-5513
Heures : mercredi au vendredi de 10h30 à 17h30 et samedi de 9h30 à 17h

Parfois, il arrive de découvrir des aubaines dans les endroits les plus inattendus. Ce magasin situé en face du Planétarium est rempli

d'aubaines (20 % à 70 %) les vêtements de tailles nouveau-né à 12 ans de marques connues (Absorba, Petit Bateau, Kenzo, OshKosh, Deux par Deux, Newman, Miniman et Thérèse), l'équipement pour bébé de marques (Perego, Morigeau et Lépine) et les jouets (Vtech, Chicco).

L'Entrepôt des Couches

8907, boul. Pie-IX
Angle : 39e avenue
Tél. : 852-0701
Heures : régulières

Dès l'arrivée de bébé, l'achat de couches est probablement la plus importante dépense. Dans cette chaîne, pour 17,99 $, vous obtiendrez un sac de couches de petit format (108), de petit à moyen format (90), de moyen format (84), de grand format (72) ou de très grand format (66) ou même des modèles de culottes pour adultes (P, M, G). Trente culottes de propreté coûteront 10,99 $. Ne ratez pas les lingettes pour bébé, les serviettes sanitaires, les articles de toilette et les suces. La livraison est offerte. Autres magasins : 1104, rue Saint-Zotique (270-8845); 1507, rue Dollard (595-9487); et encore plus.

La Maison de Linge Dora

150, rue Chabanel Ouest
Angle : rue de Reims
Tél. : 388-1306
Heures : lundi au vendredi de 9h à 18h et samedi de 9h à 17h

Dans ces nouveaux espaces, ce commerce ouvert depuis 30 ans vous offre des robes de baptême, de première communion et de confirmation, des habits pour garçons, des sous-vêtements pour femmes portant des grandes tailles, des serviettes, des nappes, des habits de neige et des vêtements décontractés pour enfants.

Les Textiles Goldtex

8875, rue Salley, LaSalle
Angle : rue Dollard
Tél. : 365-9699
Heures : lundi au mercredi de 10h à 17h et jeudi au vendredi de 10h à 20h30

Il vous faudra déployer beaucoup d'efforts pour trouver ce magasin-entrepôt caché parmi toutes ces manufactures, mais cela en vaut vraiment

la peine ! On vous offre de nombreuses marques de vêtements (Gusti, Mini Togs, Peter Rabbit, Cora, OshKosh, Cucci, Tommy Hilfiger, Deux par Deux et Magi) dans les tailles nouveau-né à 18 ans à un prix extraordinairement bas. On peut y dénicher de la layette, des serviettes à capuchon pour seulement 3 $, des pyjamas en tissus extensibles à 4 pour l2 $. Il y a des uniformes d'école respectant le code vestimentaire, des cardigans, des biberons, des chapeaux et des chaussures à l'entrée de la boutique. Dans la mezzanine, vous trouverez des robes de fantaisie, des habits, des smokings et des vêtements de baptême et de première communion de même que des accessoires Evenflo et Avent ainsi que des meubles Little Angel et des poussettes (Graco et Perego).

Les Trois Chatons

5983, rue Jean-Talon Est, Saint-Léonard
Angle : rue Valdombre
Tél. : 255-1988
Heures : mardi au vendredi de 11h à 18h et samedi de 9h à 13h

Optez pour les penderies de vêtements de second choix et d'échantillons à prix d'aubaines (La Mère Michelle, Le Grenier des frimousses, Banana Split, Deux par Deux, Pickles, Point Zero, Girandola, Roméo & Juliette, Petit Point, Dee Dee, Pink Soda, Bébé Coccoli, Dillon) dans les tailles nouveau-né à 16 ans. On offre également des vêtements décontractés d'excellente qualité à prix réduits. Inscrivez-vous à la liste d'envoi pour connaître les dates des soldes annuels d'échantillons.

Moni

1000, avenue Beaumont (porte arrière)
Angle : boul. L'Acadie
Tél. : 273-2544
Heures : lundi au vendredi de 9h à 16h30

Caché derrière la manufacture Kute Knit, vous devrez peut-être sonner et monter l'escalier pour faire de belles trouvailles parmi les vêtements décontractés pour enfants. On offre trois ensembles deux-pièces à 21 $, des polos à manches courtes ou longues à 8,50 $, des jupes, des pantalons et des hauts dans les tailles 3 mois à 16 ans. Il y a aussi des excellents prix pour les uniformes d'école : les tuniques à 20 $, les cols roulés à 5 $, les pantalons entre 10 $ et 16 $ et les pantalons en velours côtelé entre 8 $ et 10 $.

Petit Chic

1046, avenue Bernard Ouest, Outremont
Angle : avenue Durocher
Tél. : 271-9022
Heures : lundi et mercredi 10h30 à 18h, jeudi
de 10h30 à 20h, vendredi de 10h30 à 14h30
et dimanche de 11h à 16h30

Il y a dans ce magasin beaucoup plus de
vêtements habillés pour enfants que les autres
magasins d'aubaines. Pour un enfant ou un
adolescent (6 à 20 ans), vous trouverez de
belles aubaines sur les manteaux, les habits
de neige, les robes (2 à 16 ans), les jumpers,
les pyjamas en tissus extensibles raffinés, la
layette de bébé, les pyjamas, les chemisiers,
les pantalons de même que des chapeaux habillés, des chemisiers de complet et des gilets.

R & B Hattam

225, rue Joseph-Tison
Angle : ave. de l'Esplanade
Tél. : 277-8705
Heures : lundi au vendredi de 10h30 à 14h

Acheter directement du fabricant pour
réduire les charges d'exploitation, voilà une
bonne façon d'économiser des sous. Les
mamans ayant des enfants qui habillent les
tailles nouveau-né jusqu'à 14 ans et qui aiment
les marques Chewing Gum, Banana Split, Dillon, Navy Sport, Crew, Baby's Own et T.K.O.
doivent visiter ce petit magasin pour ses prix
fantastiques.

Symbole Jr.

399, rue Notre-Dame Ouest, Vieux-Montréal
Angle : rue McGill
Tél. : 289-9145
Heures : lundi au mercredi de 10h à 18h,
jeudi et vendredi de 10h à 20h, samedi et
dimanche de 10h à 17h

Boutique-soeur de la boutique Symbole située
en face, Symbole Jr. se consacre à la mode
enfantine avec des vêtements pour garçons
et filles, de la layette aux vêtements pour
préadolescents. Si vous aimez les marques
Warner's Bros, Club Mickey, Puffy Originals,
Winnie The Pooh ou Baby Bell, ce magasin
vous comblera. Autres magasins : Panic, 33,
rue Chabanel O. (388-2524); Viva l'Enfant,
6865, rue Saint-Hubert (272-7016); 5727,
avenue du Parc (270-8300); L'Entrepôt Panic,
4901, rue Wellington.

SURPLUS D'ARMÉE

Canam

1423, boul. Saint-Laurent
Angle : rue Sainte-Catherine
Tél. : 842-3465
Heures : régulières et dimanche de midi à 17h

Pour trouver des vêtements des armées canadiennes ou américaines, ce petit magasin du
centre-ville, ouvert depuis 30 ans, est l'endroit
à ne pas rater. Il y a de la marchandise d'occasion ou neuve : des pantalons de combat,
des pantalons de camouflage de l'armée canadienne, des bottes à bout d'acier, des vestes
alpha, des cabans et des t-shirts militaires. On
y trouve également l'assortiment habituel de
sacs de couchage et de sacs à dos ou d'école
(Trek, Kelty, Eureka), des jumelles, des bâtons
lumineux et beaucoup d'accessoires Coghlans
pour le camping.

International Surplus

1431, boul. Saint-Laurent
Angle : rue Sainte-Catherine
Tél. : 499-9920
Heures : régulières et dimanche de 11h à 17h

Même si ce magasin offre beaucoup plus de
surplus militaire (de l'armée américaine, bri-
tannique, canadienne, allemande, russe, sué-
doise, italienne et française) que d'équipement
de camping, vous pouvez trouver amplement
de sacs à dos, des petits réchauds, des chauf-
ferettes, des petites tentes militaires, des filets
protecteurs contre les moustiques, des
gamelles, des masques à gaz, des longs
manteaux et des vestons et des accessoires de
sécurité comme des sifflets, des produits répul-
sifs pour éloigner les chiens, des ceintures et
des bâtons. Autre magasin : 121, boul. des
Laurentides (450-975-2224).

Surplus St-Laurent

1611, boul. Saint-Laurent
Angle : rue Ontario
Tél. : 843-3040 ou 843-3905
Heures : régulières et dimanche de midi à 17h

Avec ce plancher de bois qui craque sous vos
pieds, vous saurez que vous êtes bien dans
l'un des plus vieux (26 ans) et des plus grands
magasins de surplus militaire. Il y a des sacs

de couchage et des tentes sont suspendues au plafond pour concurrencer les uniformes en provenance d'Europe (Allemagne, Hollande, Angleterre, France), d'Israël, des États-Unis et de Russie. On peut vous fabriquer sur place un pendentif d'identification militaire. On y trouve des filets de protection contre les moustiques ou des lampes frontales, des sacs à dos de nombreuses marques (Outbound, Camp Trails, Eureka, Jack Wolfskin, Kelty) de même que des jumelles, des compas et des malles, des trousses d'urgence pour des morsures de serpents et le coin des bottes de toutes sortes.

ACCESSOIRES

Accessoires Cléopatra

433, rue Chabanel Ouest, suite 134
Angle : avenue du Parc
Tél. : 387-9333 ou 387-1124
Heures : lundi au vendredi de 9h30 à 17h30, samedi de 9h30 à 13h30

Caché dans cet édifice, ce magasin offre une salle d'exposition qui se spécialise dans les babioles, les bracelets et les perles. On y trouve de tout : il y a des modèles de boucles d'oreilles, de bracelets et de colliers en plastique, en bois, en coquillage et en métaux précieux. Les ceintures, les écharpes, les bas-culottes et les sacs à main complètent l'éventail de la boutique.

Boutique Moura Cuir

6971, rue Saint-Hubert
Angle : rue Bélanger
Tél. : 270-3088
Heures : régulières et dimanche de midi à 17h

Offrant des prix incroyables à partir de 9,99 $, vous pourrez agencer ces sacs à main à votre garde-robe. Également détaillant autorisé des marques Samsonite et Delsey, vous obtiendrez de très bons prix sur les valises. On vend également des sacs à main en cuir et en similicuir (Hush Puppies, Frankie & Johnny, Kenneth Cole, Polo, Diesel), des sacs de soirée, des porte-documents et des gants au prix de gros ou au prix de détail. Autres magasins : 6581, rue Saint-Hubert (270-2049); 1391, rue Sainte-Catherine O. (287-1335); 600, boul. René-Lévesque O. (878-1220).

F.F.F. French Feather & Flowers

6565, boul. Henri-Bourassa Ouest
Angle : rue Sartelon
Tél. : 332-8584
Heures : Sur rendez-vous

Ce magasin devrait être listé uniquement dans la section des tissus, mais il est inscrit dans cette section également pour les accessoires pour la mariée comme les diadèmes garnis de pierres de Rhin, les voiles, les bouquets, les jarretières, les fleurs en soie et les coussins pour les alliances. Il y a des voiles pour la première communion, des sacs à main, des gants et des ombrelles. De plus, on peut y fabriquer des fleurs à partir de votre tissu de robe et vous pouvez commander des douzaines de boas ou de plumes.

Handbags Two

6900, boul. Décarie, Carré Décarie
Angle : rue Vézina
Tél. : 733-6200
Heures : mardi au vendredi de 10h à 18h, samedi de 10h à 17h

Pour un sac à main griffé provenant du Canada, des États-Unis, d'Italie ou d'Orient, arrêtez-vous dans cette boutique pour les marques High Fashion, Maxx, The Sak, Sport Sac, Roel, Liz Claiborne, Kenneth Cole, Nine West, Christopher Kon, Johnny Farrah, Rudsak et Zenith. Vous trouverez des rabais intéressants sur les sacs à main, les sacs de soirée, les gants et les châles en pashmina.

Lunetterie Lenscrafters

1500, rue McGill College
Angle : rue Sainte-Catherine
Tél. : 982-9339
Heures : régulières et dimanche de midi à 17h

Comme dit le diction, le temps, c'est de l'argent. Les prix de leurs montures traditionnelles sont concurrentiels. De plus, vous pouvez obtenir une paire de lunettes en une heure. La coupe de verres assistée par ordinateur, les services d'un opticien, plus de 3 500 montures et 14 000 lentilles, rien ne peut battre ces avantages. Autres magasins : Place Angrignon (367-5033); Centre d'achat Rockland (737-9055); Fairview Pointe-Claire (426-3622); Carrefour Laval (450-681-4255); Promenades Saint-Bruno (450-441-4671); Galeries d'Anjou (354-2622).

Lunetterie New Look

1125, boul. Saint-Martin Ouest, Laval
Angle : boul. Industriel
Tél. : 450-629-9800
Heures : régulières

La promotion « Deux pour un » offerte par ce magasin propose deux paires de lunettes pour le prix d'une seule. Vous pouvez choisir des verres fumés ou partager la facture avec un ami ou votre conjoint. Si vous désirez acheter un seule paire, vous payez le même prix. On y découvre une des meilleures sélections de modèles mode, mais les prix semblent un peu trop élevés. Les jeunes de 15 ans ont 15 mois pour se procurer leur deuxième paire. Autres magasins : Complexe Pointe-Claire; 6361, autoroute Transcanadienne (694-7773); Place Versailles (354-1220); 4898, boul. Taschereau (450-466-2166); 2695, rue Beaubien E. (593-8840); Place Vertu (856-2002); 1000, rue Sainte-Catherine O. (875-1001); I, boul. Saint-Joseph O. (270-4747); 880, boul. Saint-Laurent, Longueuil (677-4747).

MarerVision

5920, ch. de la Côte-des-Neiges
Angle : rue de la Peltrie
Tél. : 738-2424
Heures : Lundi au mercredi et vendredi de 9h30 à 18h, jeudi de 9h30 à 20h, samedi de 10h30 à 14h (sauf en été)

Magasiner dans une grande chaîne de magasins n'est pas la seule façon d'obtenir le meilleur prix pour vos lunettes. Allez chez un opticien d'expérience qui offre les meilleurs collections (Armani, Chanel, Calvin Klein, Imago, Beausoleil, Moschino, Revo, Polo Ralph Lauren, Fendi, Modo, Gucci, Dolce & Gabbana) vous permettra d'obtenir un meilleur service et plus de renseignements pour le même prix. Les examens de la vue par un optométriste sont possibles sur rendez-vous. www.marervision.com

Mosel

4048, rue Jean-Talon Ouest
Angle : rue Victoria
Tél. : 735-1138
Heures : lundi au mercredi et vendredi de 9h30 à 18h, jeudi de 9h30 à 20h et samedi de 10h à 17h (sauf les samedis de juillet à août)

Ouvert depuis 1945, ce commerce est l'un des plus anciens magasins d'escompte de Montréal. Au fil des années, la clientèle très fidèle a continué de magasiner dans ce magasin. Maintenant, on y trouve une superbe salle d'exposition aérée : il y a des montres de marques réputées (Gucci, Raymond Weil, Nike, Sector, Movado, Seiko, Tissot, Swatch, Porsche, Oakley, Fendi, Anne Klein, Swiss Army, Technomarine), des plumes et des stylos (Mont Blanc, Waterman, Parker, Cross, Lamy, Sensa, Jean-Pierre Lépine, Fisher Space), des portefeuilles, des sacs à main (Kenneth Cole, Nine West, Jones N.Y., Rudsak, Maxx N.Y.), des verres fumés (Ray Ban, Fendi, Oakley, DKNY), des parapluies, des gadgets tendance, des canifs Swiss Army et Leatherman, des valises (Samsonite, Hedgren, Atlantic). De plus, il y a des accessoires en cristal Mats Jonasson et Swarovski ainsi qu'un service de réparation de montres. 995-4917.

Pettas

6739, rue Saint-Hubert
Angle : rue St-Zotique
Tél. : 273-5884
Heures : régulières et dimanche de midi à 17h

Depuis I964, cette boutique de sacs à main a desservi la clientèle défilant sur cette rue commerciale achalandée. On y trouve beaucoup de sacs à main en similicuir dont des copies de designers pour seulement 9,99 $ et des sacs à main en cuir. On offre aussi des portefeuilles, des valises (Delsey, Samsonite, Cam-Am, Heys), des sacs à dos et des parapluies.

Pilotte & Nantais

4259, rue Beaubien Est
Angle : 24e avenue
Tél. : 722-9334
Heures : lundi , mercredi et vendredi de 9h
à 21h, mardi et jeudi de 9h à 18h, samedi
de 10h à 16h (fermé les samedis de juillet à
août)

Ces opticiens ayant pignon sur rue depuis 1954
offrent des prix très raisonnables puisque leur
laboratoire est situé sur place. Prévoyez
économiser entre 30 % et 40 %, sans bons-
rabais ni promotion « Deux pour un ». Vous
obtiendrez même vos lunettes à l'intérieur d'une
heure, si les verres sont en stock. Sinon,
vous pourrez les porter le lendemain.

FOURRURES

B.F.C. Fourrures et Cuirs

400, boul. de Maisonneuve O., suite 1101
Angle : rue de Bleury
Tél. : 849-1108
Heures : lundi au vendredi de 9h à 18h et
samedi de 9h30 à 16h

Depuis plus de 60 ans, ce fabricant a su
combler tous les besoins de sa clientèle en
matière de fourrure. Il offre l'entreposage pour
d'autres fourreurs et pour vos manteaux
aussi. De plus, vous pouvez faire subir une
transformation pour donner une nouvelle allure
à vos articles en fourrure et acheter des
manteaux de cuir. Cependant, l'attrait principal de ce magasin est bien sûr le manteau de
fourrure : raton-laveur, vison, castor ciselé,
etc.

Fourrures Dubarry Furs

370, rue Sherbrooke Ouest
Angle : rue de Bleury
Tél. : 844-7483
Heures : lundi au vendredi de 9h à 18h,
samedi de 9h à 17h et sur rendez-vous

Cette boutique peut minimiser ses prix en élimi-
nant les intermédiaires et en confectionnant
elle-même tous les modèles. On vous propose
du prêt-à-porter et des vêtements faits sur
mesure : des vestes, des chapeaux, des capes
garnies de fourrure et des manteaux. La transformation d'un vieux manteau, les retouches,

le nettoyage et même l'entreposage peuvent
se faire pour certains vêtements en cuir ou les
vestes en peau de mouton. Vous pouvez également échanger votre manteau à l'achat d'un
manteau neuf.

Fourrures Maga

400, boul. de Maisonneuve O., suite 854
Angle : rue de Bleury
Tél. : 844-8651
Heures : lundi au jeudi de 8h à 18h, vendredi
de 8h à 17h, samedi de 8h à 13h

Récemment ouvert au public, ce fabricant a
pour but d'offrir des manteaux pour tous les
budgets, de 500 $ à 5 000 $. Vous pouvez
admirer les vestes réversibles : cuir, vison,
vison ciselé, castor ciselé, raton laveur, renard
et lynx. Les services de transformation et de
retouches sont également offerts.

G.C.E.

400, boul. de Maisonneuve O. (lobby)
Angle : rue de Bleury
Tél. : 849-5444
Heures : lundi au vendredi de 9h à 18h et
samedi de 8h à 16h

Maintenant ouvert au grand public, ce fourreur
propose beaucoup d'accessoires. Il mise davantage sur les modèles mode avant-gardistes
(fourrures tricotées, sacs à main en fourrure,
écharpes, gants, bandeaux de tête). Un magnifique jeté en plume d'autruche garnira en
élégance votre manteau. Il y a également des
manteaux en peau de mouton ultra légers, des
manteaux d'agneau de Toscane et, bien sûr,
toutes ces splendides fourrures que nous
admirons tous et qui font tant rêver.

Les Maîtres Fourreurs de Montréal

401, rue Mayor (rez-de-chaussée)
Angle : rue St-Alexandre
Tél. : 845-6838
Heures : lundi au vendredi de 8h à 18h,
samedi de 8h à 16h et sur rendez-vous

Vous aimerez l'intégrité de ce fabricant qui n'accepte que les peaux de première qualité : vison,
castor ciselé, loutre, etc. On vous expliquera
en toute honnêteté comment différencier les
peaux de bonne qualité de celles de moins
bonne qualité. Ce magasin est très fréquenté

par les touristes : on expédiera avec plaisir votre manteau ! La transformation, la teinture et le ciselage de votre manteau sont d'autres services offerts.

Luna Fourrures

400, boul. de Maisonneuve Ouest, suite 354
Angle : rue de Bleury
Tél. : 844-9863
Heures : lundi au vendredi de 9h à 17h, samedi de 9h à 13h et sur rendez-vous

Si vous avez déjà un manteau de fourrure ou si vous venez tout juste d'en acheter un chez l'un des détaillants de cette section, il vous faut l'accessoire parfait. Pourquoi pas un manchon ? Plus de 500 chapeaux sont présentés dans la salle d'exposition de même que des boas, des étoles, des bandeaux, des gants et des capes garnies de fourrure.

Maurice Kaplan Fourrures

400, boul. de Maisonneuve O., suite 801
Angle : rue de Bleury
Tél. : 288-9646 ou 844-7307
Heures : lundi au vendredi de 9h à 17h et samedi de 9h à 13h

Après avoir franchi la porte verrouillée munie d'un système de sécurité, vous pourrez choisir un article en fourrure parmi leur vaste sélection qui inclut le vison, le rat musqué, le renard, le raton-laveur et le castor ciselé. Optez pour un imperméable doublé de fourrure, des capes, des manteaux en cuir, des manteaux en peau de mouton et des vestes d'agneau swakara. On offre un service de retouches, de transformation et d'entreposage.

Similitude

5116, avenue du Parc
Angle : avenue Laurier
Tél. : 521-8333
Heures : lundi au mercredi de 11h à 18h, jeudi et vendredi de 11h à 19h, samedi de 10h à 17h et sur rendez-vous

Depuis maintenant 15 ans, cette boutique offre de la fourrure synthétique et un service hors pair. Cette entreprise confectionnera des articles mode en fourrure sur mesure dans toutes les tailles et de toutes les couleurs en sélectionnant un des modèles dans la salle d'ex-

position. Cependant, il est possible de modifier le col, les poignets ou la longueur pour que votre manteau vous convienne parfaitement.

Wolanski Fourrures

400, boul. de Maisonneuve O., suite 705
Angle : rue de Bleury
Tél. : 849-8793
Heures : lundi au vendredi de 10h à 16h et dimanche sur rendez-vous

Depuis 1952, cette entreprise fabrique et transforme des manteaux de fourrure. On fait même les ciselures et les rainures dans les peaux de vison rasé et de castor. Ils ont élargi leur expertise traditionnelle pour inclure les imperméables doublés de fourrure (faites mettre votre vieille fourrure à l'intérieur), des capes en cachemire, des manteaux de cuir et en peau de mouton avec une doublure en fourrure amovible ! Vous pouvez échanger votre vieux

Aubaines dans les grands magasins

À cause de la popularité des magasins d'escomptes, les grands magasins utilisent différentes méthodes pour liquider leur marchandise.

La Baie*, Carré Phillips, 585, rue Sainte-Catherine O. (281-4422) - Il est plus beaucoup facile de trouver les soldes maintenant que toute cette marchandise a été consolidée au 7e étage.*

Holt Renfrew & Co*, 1300, rue Sherbrooke O. (842-5111) - Ce grand magasin présente des collections haut de gamme de designers en vogue et des vêtements griffés. À la fin du mois de janvier et en été, il y a habituellement leur solde incontournable où la marchandise est réduite de 50 % à 70 %.*

manteau ou apporter une photo pour le métamorphoser avec une coupe mode. L'entreposage est aussi possible.

CUIR

Alaska Vêtements de Cuir

71, rue Saint-Viateur Est
Angle : rue Casgrain
Tél. : 277-6259
Heures : lundi au vendredi de 9h à 18h,
samedi de 9h à 17h

Les principaux clients de ce fabricant sont les boutiques haut de gamme qui exigent les cuirs les plus fins comme la peau d'agneau et le cuir de chevreau. Vous pouvez également magasiner directement chez ce fabricant pour acheter des manteaux et des vestes mode pour hommes et femmes de qualité supérieure pour la moitié du prix ordinaire. Vous pouvez sélectionner un des modèles offerts dans la salle d'exposition ou vous faire confectionner un vêtement sur mesure pour le même prix. Ce magasin est le meilleur endroit pour son excellent service et ses prix abordables. Cela vaut vraiment le détour !

Angelina (David Kadosh Leather)

705, rue Sainte-Catherine Ouest, Centre Eaton
Angle : rue University
Tél. : 982-9022
Heures : régulières et dimanche de midi à 17h

Cette entreprise fabrique des vêtements en cuir depuis 1974. Et, même si le magasin est situé dans un centre commercial du centre-ville, les prix demeurent très raisonnables. Les prix débutent à partir de 89 $, mais la plupart des modèles se situe entre 199 $ et 499 $. Pour 299 $ à 899 $, vous obtiendrez un manteau en peau de mouton dans les tailles très petit à très très grand. Ce n'est pas du cuir merino, mais les manteaux sont très beaux.

Coronet

7475, boul. Saint-Laurent
Angle : rue Faillon
Tél. : 272-2638
Heures : lundi au vendredi de 8h à 17h30 et samedi de 8h à 14h30

Dans un vieil immeuble commercial, ce fabricant met à votre disposition une salle d'exposition de vestes et de manteaux pour hommes et femmes. Il peut également faire des modèles sur mesure.

Cuir Dimitri

540, boul. Henri-Bourassa Est
Angle : rue Lajeunesse
Tél. : 387-0265
Heures : lundi au vendredi de 10h à 18h,
samedi de 9h à 17h et dimanche de midi à 17h

Cette immense manufacture est ouverte au public pour offrir un vaste éventail de manteaux de cuir mode et en peau de mouton, que ce soit pour un manteau court, trois-quarts ou long pour hommes ou femmes. Si vous ne trouvez pas de modèle qui vous plaît, on vérifiera le stock ou on vous le confectionnera sur mesure. Ne manquez pas les penderies (à l'arrière de la boutique) présentant des modèles entre 39,99 $ et 69,99 $.

Cuir Florentino

11, rue Chabanel Ouest
Angle : boul. Saint-Laurent
Tél. : 387-4907
Heures : lundi à vendredi de 10h à 18h et samedi de 9h à 17h

Situé au rez-de-chaussée, au coeur du quartier Chabanel, ce magasin permet au client qui préfère l'environnement d'un magasin de se sentir plus à l'aise. Tous les modèles de vestes sont présentés sur le mur pour faciliter la sélection.

Kenny Vangroff Sheepskin

1435, rue Saint-Alexandre, suite 100
Angle : rue Sainte-Catherine
Tél. : 849-8175
Heures : lundi au vendredi de 9h à 17h,
samedi et dimanche de 9h à 14h (octobre à février). Veuillez appeler avant de vous présenter.

Si vous ne trouvez pas de modèles qui vous plaisent (tailles pour femmes 6 à 14 et hommes 36 à 42), vous pouvez faire des agencements. Il est possible de choisir un modèle de col, de coupe et de manches parmi les modèles offerts par ce fabricant haut de gamme. Les couleurs de manteaux en peau de mouton sont variées, de la couleur la plus traditionnelle au rouge, violet, vert ou roux, pour l'extérieur ou peut-être rose à l'intérieur.

Les clients accourent d'Europe pour acheter des manteaux en cuir merino d'Espagne, en cuir entrefino, en peau de mouton de Toscane (Italie) ou de France (moins coûteux).

Mava

9475, rue Meilleur, suite 600
Angle : rue Chabanel
Tél. : 277-9269
Heures : lundi au vendredi de 9h à 16h, samedi de 9h à midi

Situé dans un édifice de manufactures, ce petit magasin propose une bonne sélection de manteaux, de vestes et de jupes en cuir pour hommes et femmes entre 230 $ et 300 $, y compris les retouches. Les services de confection sur mesure et de métamorphose d'un vieux manteau sont également offerts.

Robert Arnold

9250, ave du Parc, suite 450
Angle : rue Chabanel
Tél. : 387-5495
Heures : lundi au vendredi de midi à 17h et samedi de 9h30 à 15h

Le manteau en cuir d'agneau est un produit haut de gamme dans le marché des manteaux en cuir (1 000 $ et plus). Conçus et fabriqués à Montréal pour les consommateurs de l'île de Manhattan, ces chauds manteaux et les manteaux légers en peau d'agneau merino d'Espagne peuvent être achetés sur place ou encore être commandés juste pour vous. Voilà toute une aubaine !

Sheepskin Factory

1625, rue Chabanel Ouest, suite 410
Angle : rue Charles-de-Latour
Tél. : 381-9630
Heures : lundi au jeudi de 9h à 16h30, vendredi de 9h à 15h30 et quelques samedis (téléphonez avant).

Ce magasin est l'endroit idéal pour ses prix de gros sur les manteaux en peau de mouton pour femmes (tailles 6 à 22) et pour hommes (tailles 36 à 48). Il y a des vestes sport, des manteaux de style aviateur, des gilets et des mitaines. Il y a aussi quelques manteaux et des vestes en cuir ainsi que de magnifiques coordonnés en cuir de qualité. Souvent, en janvier, il y a un solde de liquidation.

CHAUSSURES

Aldo/Pegabo/Transit Entrepôt

6664, rue Saint-Hubert
Angle : rue Saint-Zotique
Tél. : 272-1669
Heures : régulières et dimanche de midi à 17h

Si vous aimez les chaussures de ces magasins de centre commerciaux, vous adorerez ce magasin d'entrepôt : tous les prix se situent entre 29 $ et 89 $. Le choix est varié pour les chaussures pour hommes (pointures 7 à 13) et femmes (pointures 5 à 12) qui ne se sont pas vendues dans leurs magasins ordinaires. Autres magasins : 911, ave. Mont-Royal E. (598-1341); Carré Décarie (731-3494); 3256, rue Jean-Yves, Kirkland; Marché Central, 1007, rue de Marché (858-9870); Blue Bonnets, 5445, rue de Jockey (733-1514); Transit, 1376, ave. Mont-Royal E. (529-7945); Pegabo, Place Vertu (334-8648); Mondo Milano, 4912, rue Jean-Talon O. (733-4752); 6575, rue Saint-Hubert (276-9665).

Chaussures Armoda

7130, boul. Saint-Laurent
Angle : rue Jean-Talon
Tél. : 271-9305
Heures : régulières et dimanche de midi à 17h

On vous propose des marques connues comme Tommy Hilfiger, Clark, Rockport, Ecco, Rohde, Rieker, Guess, Timberland, Aerosoles et Elle, des chaussures tout en confort et des modèles habillés pour hommes (pointures 6 à 12) et femmes (pointures 5 à 11) que vous essayerez sous l'œil attentif des préposés à la vente de cette petite boutique.

Chaussures Bari Shoes

5866, rue Jean-Talon Est, Saint-Léonard
Angle : rue Valdombre
Tél. : 254-1112
Heures : régulières

La vitrine double de cette boutique vous fera doublement économiser sur les chaussures pour toute la famille (principalement pour hommes et femmes). Les marques sont connues : Stonefly, Aquatalia, Pajar, Diesel, Kenneth Cole, Nine West ainsi que des collections italiennes comme Ferra Giacomo et des sacs à main Guess. Vous y trouverez également des pantoufles. Autre magasin : 8666, boul. Maurice-Duplessis, Rivière-des-Prairies (643-3259).

Chaussures Rubino

5940, boul. des Grandes-Prairies
Angle : boul. Lacordaire
Tél. : 326-7901
Heures : régulières et dimanche de 10h30 à 17h

On vous propose beaucoup de chaussures italiennes, pour femmes (pointures 5 à 11), pour hommes (pointures 7 à 12) et enfants. Les chaussures sont présentées sur des boîtes à chaussures empilées et les prix sont très bas. Les modèles offerts sont nouveaux de cette saison et des saisons précédentes. Autres magasins : 7559, boul. Newman (363-3812); 1903, rue René-Laennec (450-629-5919); 1525, boul. Le Corbusier (450-682-5956); Galerie des Sources (685-7979); Carré Décarie (340-7779); et bien plus. www.rubinoshoes.com

Chaussures Super Prix

4829, rue Wellington, Verdun
Angle : 4e avenue
Tél. : 762-0139
Heures : lundi au mercredi, samedi et dimanche de 11h à 16h; jeudi et vendredi de 11h à 20h

Un magasin de liquidation de chaussures pour hommes (pointures 6 à 14) et femmes (pointures 5 à 11). Parmi l'éventail offert, on y trouve de chaussures de second choix et de liquidation ainsi que des retours de différentes chaînes de magasins à prix très bas. Vous trouverez des chaussures pour hommes et femmes à 24,99 $ et des bottes à 34,99 $ (taxes incluses). Vous pourriez avoir de la difficulté à trouver les bonnes pointures. De plus, le stock change deux fois à tous les jours.

Chaussures Valdi Shoes

3357, boul. des Sources, D.-D.-O.
Angle : boul. Brunswick
Tél. : 684-1775
Heures : régulières et dimanche de 10h à 17h

Dans ce magasin, il y a des chaussures mode pour hommes (pointures 7 à 13) et femmes (pointures 5 à 10) à prix raisonnables (Hush Puppies, Steve Madden, Milano, Aerosoles, Nine West, Ferra Giacomo et Jenny pour les pieds très larges). Les bottes (Hush Puppies, Santana, Kaufman, College, Henri Pierre, La Canadienne) varient entre 59,99 $ et 189 $. Vous trouverez également des chaussures en cuir pour hommes (italiennes ou brésiliennes) à partir de 69,99 $.

Chaussures Yellow Shoe Store Clearance Center

5551, rue Saint-Laurent
Angle : rue Saint-Viateur
Tél. : 273-2994
Heures : régulières et dimanche de midi à 17h

Cette chaîne de magasins de chaussures abordables a ouvert cet entrepôt bien éclairé et sympathique pour écouler la marchandise de liquidation. Les prix sont incroyables, même à 5 $ et 10 $ et jusqu'à 40 $ (60 $ pour les bottes de travail). Par contre, il vous faudra vérifier la qualité des articles. Les chaussures, les pantoufles et les bottes sont offertes dans des tailles pour toute la famille (hommes, pointures 7 à 12; femmes, pointures 5 à 10).

Cortina

7100, boul. Saint-Laurent
Angle : avenue Mozart
Tél. : 277-2637
Heures : régulières et dimanche de midi à 17h

Ce magasin vous propose une très bonne sélection de chaussures italiennes habillées (Morino Orlandi, Valentino). Les prix varient entre 50 $ et 100 $ pour les chaussures pour hommes (pointures 6 à 13) et pour femmes (pointures 5 à 11) dans les marques haut de gamme comme Hush Puppies, Kenneth Cole, Stonefly, Diesel, Aquatalia, Steve Madden, Roberto Capucci, Nine West ou Impronte. Certains modèles sont offerts dans les largeurs plus grandes. Il y a un grand choix de chaussures confortables pour la marche et de chaussures mode. Les femmes dénicheront les sacs à main qui s'agencent parfaitement avec leurs chaussures habillées. N'oubliez pas de fouiner dans les articles à moitié prix dans le coin de la boutique.

Entrepôt de Chaussures Laura-Jo

5540, rue Casgrain
Angle : rue Saint-Viateur
Tél. : 274-1869
Heures : lundi au mercredi et vendredi de
10h à 17h, jeudi de 10h à 20h et samedi de
8h30 à 13h

Cet entrepôt à deux étages renferme une grande quantité de chaussures pour enfants (Piccolo, Edy, Acton, Minibel, Maniqui, Élephant, Bonnie Stuart, Dr. Martens, Sorel, Reebok, Brooks, Skechers, Kenneth Cole, Kodiak, Cougar, Right Step, Moda Mondo, Steve Madden, Mootsies Tootsies). Des enfants aux préadolescents, vous trouverez de tout. Autre magasin (heures d'ouverture différentes) : 3260, boul. Saint-Martin O. (450-978-0090); 5840, boul. Taschereau (450-678-1188).

Entrepôt de Chaussures Porto

6321, autoroute Transcanadienne, Pointe-Claire
Angle : boul. Saint-Jean
Tél. : 426-1310
Heures : régulières et dimanche de 11h à 17h

Les femmes (pointures 6 à 10) tireront avantage des prix abordables et des modèles dernier cri de chaussures de marque. Dans ce petit magasin, on a recréé l'allure d'un entrepôt avec toutes ces boîtes de chaussures empilées (Hush Puppies, Kenneth Cole, Nickels, Aerosole, Sacha of London, Stonefly, Nine West, Bandolino, Unisa, Enzo Angiolini), mais on y trouve aussi un personnel de vente amical et courtois au besoin. Autre magasin : Centre d'achats Ville-Mont-Royal, 2346-B, ch. Lucerne (738-1919).

Globo

6874, rue Jean-Talon Est, Ville d'Anjou
Angle : Galeries d'Anjou
Tél. : 256-4562
Heures : régulières et dimanche de 11h à 17h

Ce nouveau magasin se veut le supermarché de la chaussure pour toute la famille, en adoptant le concept des magasins-entrepôts que l'on voit aux États-Unis. On y trouve de bons prix sur les marques connues (Nine West, Reebok, Hush Puppies, Kodiak, Nike, H.H. Brown, Florsheim, J.B. Goodhue, Wildland, Deer Stag, Aerosoles, Wolverine, Bandalino, Brooks, Jasmin, Merrell, Calico). Autres magasins : 3204, rue Jean-Beraud, Laval (450-681-4562); 6321, autoroute Transcanadienne

(697-4562); 7350, boul. Taschereau (450-465-4561); Marché Central, 775, rue Chabanel (387-4562).

Le 103

103, avenue Mont-Royal Est
Angle : avenue Coloniale
Tél. : 842-6402
Heures : jeudi et vendredi de 9h à 21h et samedi de 9h à 17h

Si vous cherchez les pointures 6 et 7 pour femmes et les pointures 8 et 9 pour hommes, vous voilà au paradis des chaussures ! On propose des centaines d'échantillons qui tapissent les murs à des prix variant entre 35 $ et 75 $ (jusqu'à 120 $ pour la marque Diesel). En plus, il y a la promotion « Obtenez la deuxième paire à 1/2 prix ». Pour toutes les autres pointures, vous trouverez un choix de chaussures et de bottes importées ou achetées directement du fabricant (Pajar, Ted Lapidus, Palladium, Blue Velvet) pour hommes (pointures 7 à 12) et femmes (pointures 6 à 10). Toutes les chaussures sont de bonne qualité et les modèles en vogue sont offerts à des prix raisonnables. Argent comptant seulement.

Le Dépôt

501, avenue de l'Église, Verdun
Angle : rue Evelyn
Tél. : 768-0642
Heures : lundi au mercredi de 8h30 à 18h, jeudi et vendredi de 8h30 à 21h et samedi de 8h30 à 17h

Ce magasin offre des chaussures très confortables. De plus, vous profiterez d'un personnel d'expérience qui sait encore mesurer correctement votre pointure et qui cherchera patiemment le modèle qui conviendra à vos pieds. Vous pouvez choisir parmi les marques S.A.S, Clarks, Naturalizer, Ecco, Rohde, Rockport, Florsheim, Mephisto, New Balance, Rieker, Tender Tootsies, Stonefly, Dr. Martens, Dexter, Reebok, Columbia, Munro, Theresia, Pajar et plus. Ouvert depuis 1931, ce magasin offre toutes les pointures (hommes de 6 à 16 EEEE et femmes de 4 à 17 AA à EE). Outre les prothèses orthopédiques que vous pouvez insérer dans vos chaussures, vous pouvez acheter des chaussures orthopédiques directement sur place. Il y a même des pantoufles dans ce magasin de chaussures !

Le Monde des Athlètes Liquidation

7272, rue Sherbrooke E., Place Versailles
Angle : rue du Trianon
Tél. : 352-6488
Heures : régulières et dimanche de midi à 17h

Il faut chercher un peu à l'extérieur du centre commercial, sur la rue du Trianon, pour trouver ce magasin-entrepôt inspiré de ceux construits chez nos voisins du Sud. Il y a des marques connues de vêtements sport et d'espadrilles (Adidas, Nike, Reebok, Airwalk, Basics, Fila, Fubu, Kiss, etc.) dans les pointures variées (hommes 7 à 13 et femmes 6 à 10). Les prix sont réduits de 10 % à 80 %. Autre magasin (jumelé avec un magasin Bata) : Place Vertu (745-6702). www.athletesworld.ca

Ma Bottine Bleue

3409, rue Cartier Ouest, Laval
Angle : boul. Chomedey
Tél. : 450-681-1802
Heures : mardi, mercredi et vendredi de 10h à 18h, jeudi de 10h à 20h et samedi de 10h à 17h

Si vous voulez amener les enfants dans un magasin qui se consacre uniquement à la chaussure pour enfants (pointures nouveau-né à 6 ans), comme ceux de votre enfance, vous aimerez alors ce petit magasin. Il est rempli de marques connues (Bonnie Stuart, Keds, Sketchers, Portofino, Hush Puppies, Superfit, Right Step, Minibel, Maniqui et Reebok).

Monte Carlo Chaussures

715, ch. Bord-du-Lac, Dorval
Angle : ave. de la Présentation
Tél. : 636-9210
Heures : régulières

Depuis 30 ans, cette entreprise familiale mise sur un excellent service et des prix abordables. Il y a des rabais sur les chaussures pour hommes (pointures 7 1/2 à 13 E) et femmes (pointures 6 à 11 B) sur tous les modèles en vogue de marques réputées comme Rohde, Sebago, Docksiders, Streetcar, Rieker, Liana, Dexter et Clarks. Les femmes seront heureuses de trouver des sacs à main s'harmonisant parfaitement avec leurs chaussures.

Nunn Bush Liquidation

8205, rue Montréal-Toronto, chambre 201
Angle : rue Saint-Jacques
Tél. : 364-5444
Heures : vendredi de 9h à 14h – appeler avant de visiter

Chaque vendredi dans les locaux du siège social, il y a une personne qui vous escorte gentiment dans cette chambre d'hôtel pour vous offrir des chaussures pour hommes provenant de retours de magasins ou de liquidation. Les prix sont excellents (environ 50 $ à 60 $) pour cette marque de chaussures bien connue.

Panda Aubaines

6772, rue Saint-Hubert
Angle : rue Saint-Zotique
Tél. : 271-8242
Heures : régulières et dimanche de midi à 17h

La moitié du magasin de la chaîne de chaussures pour enfants offre des aubaines incroyables sur les chaussures de la saison précédente. Si vous ne trouvez pas de chaussures dans cet éventail, l'autre moitié du magasin propose les modèles de la saison en cours.

Payless ShoeSource

3131, boul. Côte-Vertu, Place Vertu
Angle : rue Bégin
Tél. : 334-9292
Heures : régulières et dimanche de midi à 17h

Le plus important détaillant de chaussures en Amérique du Nord offre environ 600 modèles mode pour toute la famille (hommes pointures 5 1/2 à 14 et femmes 5 à 13). Les chaussures en similicuir ou en vinyle constitue 80 % du stock et les chaussures en cuir 20 %. Faites en Chine, au Brésil, en Italie ou en Indonésie, on offre ces chaussures entre 7,99 $ et 59,99 $. Autres magasins : Les Jardins Dorval (633-8903); Centre Laval (450-687-1057); Place Versailles (355-1188); Plaza Côte-des-Neiges (345-6767); Promenades de la Cathédrale (843-7406); Fairview Pointe-Claire (697-7650); 2239, boul. Roland-Therrien, Longueuil (450-647-0642); 1204, rue Sainte-Catherine O. (394-0633); Centre d'achats Le Boulevard (723-2314); Mail Champlain (450-923-0389); Carrefour Angrignon (363-3748); 7043, rue Saint-Hubert (270-3910); etc.

Robertini

9235, boul. Lacordaire, Saint-Léonard
Angle : boul. Couture
Tél. : 326-3395 ou 326-4136
Heures : régulières et dimanche de 10h à 17h

Ce magasin offre des aubaines sur les chaussures pour femmes, hommes et enfants de marques connues (Sacha of Londres, Skechers, CAT, Diesel, Verdecchia, Ecco, Fly Flot et Rohde). De plus, on y trouve des sacs à main (Marino Orlandi, Toledano et Diesel), des valises Samsonite et American Tourister, des porte-documents, des parapluies Knirps et des porte-feuilles Alfred Sung, Jones N.Y. et Mancini. www.robertini.com

UNIFORMES

Amsal

11465, rue Sherbrooke Est, Montréal-Est
Angle : boul. Marien
Tél. : 645-7477
Heures : lundi au mercredi et vendredi de 8h30 à 18h, jeudi de 8h30 à 21h et samedi de 9h à 17h

Si vous vous donnez la peine de vous rendre dans ce magasin, vous serez récompensé par des bas prix. Les marques de vêtement Big Bill, Big Al et Hanes partagent l'espace de ce magasin avec les bottes de travail Kodiak et Acton (pointures 5 à 15). Il y a beaucoup de doublures pour les bottes, les meilleurs prix pour les semelles coussinées (11,50 $), des échantillons d'uniformes d'infirmières, des imperméables et un mur rempli de gants de travail. De plus, on y trouve les indispensables bretelles rouges et les chapeaux protecteurs contre les moustiques.

L'Équipeur

3388, boul. Taschereau, Greenfield Park
Angle : rue Gladstone
Tél. : 450-671-3750
Heures : régulières et dimanche de 10h à 17h

Cette chaîne de magasins canadienne offre un choix intéressant de vêtements de travail de qualité à prix abordables. Vous ferez un bon achat en optant pour les poches à double doublure, les boutons renforcés, les fentes pour les crayons, les revers de pantalons réglables,

les tissus protégés au Scotchguard et les tricots en côtelé et en lycra. On vous propose des pantalons Big Bill (tailles 26 à 60), des chemisiers de même que des bottes de travail, des gants et un mur de chaussettes. Dans certains magasins de cette chaîne, il y a davantage de marchandise décontractée. Autres magasins (pour les vêtements de travail) : Centre Laval (450-687-0713); 183, boul. Hymus, Pointe-Claire (428-0132); Marché Centrale, 835, rue Chabanel O. (381-0550).

Saint-Henri Uniformes

2671, rue Notre-Dame Ouest
Angle : avenue Atwater
Tél. : 933-8570 ou 933-2989
Heures : lundi au mercredi de 8h30 à 17h30, jeudi de 8h30 à 19h, vendredi de 8h30 à 18h et samedi de 8h30 à 16h (en été jusqu'à 13h)

Même si ce magasin se consacre aux uniformes à bons prix pour les cols bleus, il est possible d'acheter toutes sortes de jeans résistants de qualité, des gants, des chapeaux, des casquettes, des bottes, des bottes de cowboy et des chemises western (pour les danses carrées), des vêtements pour la chasse, des vêtements d'extérieur à l'épreuve de l'eau et des imperméables à partir de 5,95 $. On trouve des vêtements pour habiller les professions suivantes : chauffeurs de camion et d'autobus, gardien de sécurité, policier, pompier, pilote d'avion, employé de station-service, employé de clubs, écolier, employé de chemin de fer, cuisinier, ambulancier et chauffeur privé. On offre également des chemisiers (jusqu'à 5TG), des pantalons (jusqu'à 60), des vêtements tailles fortes pour les garçons, des vêtements et des uniformes scolaires.

Uniformatique/Gestion Unipro

7622, rue Saint-Hubert
Angle : rue Villeray
Tél. : 270-9386
Heures : régulières et dimanche de midi à 17h

Situé à l'extrémité de cette rue bien connue pour ses commerçants de tissus, vous trouverez ce magasin d'uniformes très ordonné (tailles TTP à 3TG ou 1 à 23 pour femmes et TP à 3TG ou 28 à 54 pour hommes), ouvert depuis plus de 20 ans. On vous offre des vêtements de marques connues comme White Cross, Uniformatique, Marijo et 95 de même que des chaussures de marques Martino, Rohde, Riker et Nurse Mate. Autre magasin :

3258, boul. Saint-Martin, Laval (450-688-4856).

Uniformes J.N.

4155, boul. Saint-Laurent
Angle : rue Rachel
Tél. : 842-1573
Heures : lundi au mercredi et vendredi de 8h à 17h30, jeudi de 8h à 19h et samedi de 9h à 17h

Ce fabricant d'uniformes, de tabliers de cuisinier à 3,50 $, de chemisiers de smoking à 19,95 $ (ou incluant le noeud papillon à 27,75 $) et de blouses de laboratoire à 14,95 $ offre les meilleurs prix en ville. On offre des chaussures pour femmes (pointures 5 à 10) par Nurse Mates et Mellow Comfort de même que la marque Rocky pour hommes (pointures 7 à 12). Les infirmières raffolent quand un représentant se déplace sur les lieux de leur travail pour les rencontrer avec notre marchandise. Ce magasin effectue même la livraison ! Autres magasins : Place Versailles (355-5487); 1785, boul. Curé-Labelle (450-978-2379).

Directement du Fabricant

Auparavant, on devait avoir un « contact » pour avoir le privilège de magasiner dans une manufacture. De nos jours, les manufactures ont ouvert leurs portes au public, surtout le samedi matin, où elles sont parfois plus achalandées que les centres commerciaux. Certains fabricants ouvrent sur semaine à des heures d'ouverture limitées tandis que d'autres sont ouverts tous les jours. On effectue rarement de la publicité pour annoncer ces rabais à la demande de certains détaillants qui ont invoqué comme raison la petitesse du marché montréalais. Pour cette même raison, il est difficile d'obtenir des renseignements sur les marques connues qui sont vendues dans ces manufactures. À l'origine, les salles d'exposition des manufactures devaient vendre seulement les échantillons. Cependant, de nos jours, vous y trouverez la même marchandise de qualité que celle des magasins ou des boutiques en ville. N'hésitez pas à visiter une des manufactures suivantes : tout le monde connaît le secret et tout le monde en profite !

Quelques conseils pour vous

1) Informez-vous du prix de détail. Les rabais sont souvent incroyables (environ 50 %), mais aujourd'hui, on offre les mêmes prix dans les magasins-entrepôts des édifices de la rue Chabanel que dans les magasins d'escomptes où le service, les heures d'ouverture et la politique d'échange sont supérieurs.

2) Habillez-vous pour faciliter les essayages. Les salles de bain, les rideaux ou les salles communes peuvent faire office de salles d'essayage.

3) Faites un tour d'horizon de la boutique avant de vous diriger directement vers une penderie. Il se peut que les vêtements constituant un ensemble soient placés à des endroits différents. Assurez-vous que les pièces d'un ensemble sont de la même taille et de la même couleur.

4) Pour les tailles, fiez-vous à votre jugement. Les tailles inscrites sont parfois erronées, surtout s'il s'agit d'un échantillon ou d'un article de second choix. Si l'article semble être de la bonne taille, essayez-le.

5) Optez pour un vêtement qui vous fait même s'il y a une couture déchirée. Si vous ne pouvez la recoudre vous-mêmes, la réparation vous coûtera beaucoup moins cher que les économies dont vous profitez. Cependant, vérifiez minutieusement que tous les détails importants fonctionnent bien : boutons-pression, revers, cols centrés, fermetures à glissière, trous dans les tricots, velours côtelé, etc. Avec une bonne pratique, vous serez capable de détecter un vêtement défectueux en vingt secondes.

6) Soyez prêtes à acheter immédiatement un article qui a frappé votre attention. C'est souvent par hasard que vous tomberez sur des aubaines intéressantes lors de votre magasinage. Saisissez une trouvaille avant qu'un autre client ne le fasse, sinon celle-ci se sera envolée lorsque vous reviendrez.

7) Apportez de l'argent comptant. N'ayez pas peur de marchander, surtout si vous achetez plusieurs articles au même endroit.

LE QUARTIER CHABANEL

Lorsqu'on parle de magasinage dans les manufactures à Montréal, on pense automatiquement au quartier Chabanel, car il s'agit d'une destination incontournable pour les bonnes occasions. Il y a toutefois plusieurs autres manufactures, éparpillées dans toute la ville qui sont ouvertes au public à des heures fixes pour offrir des prix habituellement plus bas que certaines manufactures situées dans les quartiers plus achalandés.

Tout d'abord, voici quelques renseignements pratiques concernant le magasinage dans les manufactures de la rue Chabanel. Celles-ci sont situées au nord de la ville, juste à l'ouest du boulevard Saint-Laurent. Dans ce quartier commercial, les adresses vont de 99 à 555. D'ailleurs, plus les numéros augmentent, plus les prix augmentent, plus la qualité des vêtements est meilleure et plus il y a de nouveautés.

1. Les manufactures sont habituellement ouvertes le samedi entre 8h30 et 13 h. Mais, il est possible que le propriétaire change l'horaire sans préavis. Les locaux sont habituellement fermés en janvier et juillet. Note : Certaines salles d'exposition sont maintenant ouvertes toute la semaine. Donc, lisez attentivement les descriptions sous chaque nom de manufacture. Les manufactures qui ressemblent davantage aux magasins de détail ont été inscrites dans la section « Aubaines » de ce livre.

2. Apportez de l'argent comptant. Ces entreprises n'acceptent aucun échange.

3. Lisez attentivement les notes écrites à la main à propos des heures d'ouverture pour la journée : on les trouve habituellement affichées près de l'entrée et des ascenseurs. Il y a aussi des jeunes qui distribuent des dépliants publicitaires dans la rue et dans les entrées des immeubles. N'ayez pas peur de demander à ces jeunes personnes si l'endroit est ouvert. Habituellement, on vous suggérera un autre magasin si celui-ci n'est pas ouvert aujourd'hui.

4. Pour les personnes qui n'ont jamais magasiné sur Chabanel, prenez note qu'il est fortement recommandé de commencer par les magasins situés au dernier étage de l'édifice et de terminer par le premier étage. De cette façon, vous pouvez utiliser les escaliers parce que les ascenseurs sont parfois bondés. En inspectant d'abord pour savoir quels magasins sont ouverts, vous pourrez ensuite choisir vos magasins préférés et vous pourrez y retourner. Lors de votre première fois, cet exercice vous semblera peut-être stressant, mais après la deuxième ou la troisième visite, vous vous dirigerez vers les magasins que vous aimez et vous pourrez ainsi économiser votre temps et votre argent.

5. Habituellement, les prix ne sont pas indiqués. Donc, préparez-vous à marchander si vous vous sentez assez à l'aise. Si vous n'aimez pas marchander, les prix sont tout de même très abordables : les gens ne viendraient pas jusqu'ici pour effectuer leurs achats si cela n'en valait pas vraiment la peine.

6. Parfois, les manufactures peuvent être très achalandées et il peut s'y créer une atmosphère électrisante comme une sortie en boîte de nuit. Les clients sont très amicaux. Souvent, les clients s'échangent entre eux des noms d'endroits où il y a des aubaines à ne pas manquer. Pour terminer, détendez-vous et amusez-vous !

99, rue Chabanel

Suite 200   -   Continental – Liquidation de faillite de vêtements, de chaussures, de jouets. Lundi au vendredi de 10h à 16h.

Suite 208   -   Hauts et jupes décontractés pour femmes.

Suite 302   -   Nono – Robes pour femmes à prix abordables (tailles 5 à 24 1/2), 5 $, 10 $, 25 $, 40 $. Mardi au vendredi de 9h à 15h30.

Suite 303   -   Monte Calvo – Manteaux de laine pour hommes et femmes, fausse fourrure.

*** **Note :** La plupart des magasins du quatrième étage sont également ouverts toute la semaine de 9h à 17h et le samedi matin.

Suite 400   -   Magasin pour tous les vêtements en cuir.

Suite 401   -   Mode Ashima – Chemisiers, jupes, chandails, tenues.

Suite 403   -   À La Page – Ensembles deux-pièces habillés pour femmes, marque Ardoise.

Suite 403A -   Option – Pantalons et hauts pour jeunes filles.

Suite 404   -   Tissus.

Suite 405   -   S-Text – Tissus.

Suite 406A -   Créations T.M.T. – Chandails D'Annah et Gelati.

Suite 408   - Textiles Suprême – Literie, nappes. Ouvert toute la semaine. Voir index.

Suite 409   - Bliss – Hauts mode pour jeunes filles.

Suite 410A - Yianni Xristo – Vêtements en cuir.

Suite 412   - Bellissimo – Hauts et pantalons pour femmes, allure jeune, penderies à 7,99 $.

Suite 413   - Lingerie Select – Soutiens-gorge, maillots de bain et nuisettes.

Suite 414   - Abruzi – Pantalons et chemises pour hommes.

Suite 415   - Annelly – Vaste éventail de tenues coordonnées (trois-pièces) pour femmes jusqu'à TG.

Suite 421   - MGN – Bijoux.

Suite 422   - Bhatti – Tissus pour saris. Lundi au vendredi de 9h à 17h30.

Suite 424   - Ceintures et sacs à main.

Suite 444   - Jeans à 9,99 $ et plus.

Suite 450   - Vêtements de cuir Gabriel.

Suite 600   - Mala – Coordonnés décontractés pour femmes.

Suite 602   - Boutique Gina – Coordonnés pour femmes. Lundi au vendredi de 10h à 15h.

Suite 603   - Shonita – Chemises pour hommes, Kool, Yes Boss, Captivation, D & L.

Suite 606   - Centre Mode – Ensembles et coordonnés pour femmes (tailles 6 à 16).

Suite 609   - Republique Collection – Penderies à 5 $ et 10 $, hauts pour femmes et enfants en liquidation.

Suite 610   - Entrepôt Boutique (Fuzz) Mode – Allure de magasin, beaucoup de coordonnés pour jeunes femmes, Point Zero, Deluxe Girl, Pose. Lundi au vendredi de 9h à 18h.

Suite 611   - Johnson Créations – Ensembles deux-pièces pour enfants, robes pour fillettes jusqu'à 6G. Lundi au vendredi de midi à 13h.

Suite 615   - Tissus.

Suite 701   - Hauts sport et chemises abordables pour hommes et garçons. Quelques peignoirs, des articles de second choix, de fins de série et échantillons.

Suite 702   - Quartz Nature – Vêtements pour le ski et vêtements d'extérieur de bonne qualité pour hommes et femmes.

111, rue Chabanel

Suite 301   - Kasper – Échantillons de tailleurs et de chemisiers Charlie's Court.

*** **Note :** Le 7ᵉ étage de cet édifice ressemble à un mini centre commercial. La plupart des commerces de détail sont ouverts durant la semaine de 10h à 16h (souvent plus tard).

Suite 700   - Coordonnés décontractés et leggings pour femmes Bijani, Manhattan et Inc.

Suite 701   - Neuf Lune – Vêtements de maternité, tenues en denim. Lundi au vendredi de 9h à 17h.

Suite 707   - Chandails en coton ouaté et vêtements de détente pour bébés.

Suite 708   - XTC Clothing – Vêtements décontractés et en molleton pour hommes Point Zero et Private Member.

Suite 709   - Sous-vêtements et combinaisons pour femmes.

Suite 710   - Cuir Alexandre – Vestes en cuir, etc.

Suite 717   - Universal Jeans – Vestons pour hommes et chemises décontractées.

Suite 720   - Distributeurs Iann – Vêtements pour bébés et enfants jusqu'à 14 ans, nappes, couvertures, serviettes, draps. Voir index.

Suite 721   - Pantalons, hauts et leggings pour femmes jusqu'à la taille 16 ans et collection B.A.D. pour enfants.

Suite 721B - T-shirts, vêtements pour enfants.

Suite 722 - Komistar – Magasin d'articles à l $, accessoires pour les cheveux, collants, maquillage, articles pour bébé, sous-vêtements. Lundi au vendredi de 11h à 15h.

Suite 725 - Eric Gabriel – Hauts à fermeture à glissière et vestes pour femmes Incognito, chemisiers jusqu'à taille TG.

Suite 726 - Robes de soirée et pantalons habillés, vêtements décontractés. Penderies de liquidation.

Suite 777 - Un peu de tout pour la femme plus âgée : pantalons, hauts, chemisiers entre 10 $ et 25 $.

125, rue Chabanel

Suite 102 - Penderies de vêtements décontractés en liquidation à bas prix (4,99 $, 9,99 $, 14,99 $, 24,99 $) pour hommes et femmes. Lundi au vendredi de 9h à 17h.

Suite 103 - Lingerie Dépôt – Soutiens-gorge (WonderBra, Warners, Playtex, Daisyfresh), lingerie, bas-culottes, peignoirs, combiné, pyjamas et habits de neige pour enfants, vêtements pour femmes. Ouvert toute la semaine. Voir index.

Suite 206 - Cuir Olympic.

Suite 300 - K. Sherine Design – Tenues pour femmes entre 5 $ et 20 $ de tailles 0 à 3TG.

Suite 304 - Créations Jez – Vestes en cuir et en peau de mouton.

Suite 504 - Vestes (principalement un modèle), prix très abordables.

Suite 508 - Chandails en coton pour femmes Items, Oui Love et American Attitude.

Suite 515 - Vêtements pour hommes et femmes, chandails pour enfants, jupes, pantalons.

Suite 600 - K.T.H. – Gilets, jupes, pantalons et vestes coordonnés pour femmes. Caractère (taille 6 à 14 et plus), quelques vêtements de maternité.

225, rue Chabanel

Suite 315 - Clyv – Chemisiers de tailles 6 à 24.

Suite 325 - Chandails Dalia (petit, moyen et grand), tailleurs pour femmes.

Suite 604 - Échantillons, pantalons et jupes de second choix, tailles 5 à 18, tout à 10 $.

Suite 605 - S.B. Soirée – Grande sélection de robes de soirée. Vêtements pour hommes également. Ouvert toute la semaine. Voir index.

Suite 615 - Lawrence – Robes de soirée et robes habillées jusqu'à taille 22.

Suite 704 - Vêtements en molleton.

Suite 805 - Margaret M – Liquidation d'échantillons en octobre et en mars. Collection de tailleurs, de jupes et de hauts pour femmes.

Suite 820 - Style Queen – Stacey Michelle, robes de soirée, hauts et coordonnés (tailles 6 à 18).

333, rue Chabanel

Suite 201 - Bridalane – Lundi au vendredi sur rendez-vous pour les mariées, leurs mères, les demoiselles d'honneur et les bouquetières. Ouvert toute la semaine. Voir index.

Suite 205 - Jeans Rage, Blue Dot, 725, pour enfants et adultes. Penderies de liquidation à 2 pour 25 $.

Suite 536 - Chandails pour femmes, échantillons de chemisiers, Beta's Choice, fausses fourrures.

Suite 538 - Vêtements pour enfants de marques Magi, Gusti et Marinus.

Suite 800 - Vêtements pour enfants de marque Krickets.

Suite 803 - Zebra Leather – Échantillons pour femmes (jupes, pantalons, vestes).

Suite 912 - Vêtements pour enfants, ensembles Magi, habits de neige, Krickets.

433, rue Chabanel

Voici le plus récent édifice du quartier Chabanel. On se croirait dans un vrai centre commercial dernier cri.

Suite 102 - Freedom – Magasin de détail de vêtements sport pour hommes et femmes.

Suite 103A - Magasin Capri.

Suite 109 - Griffe – Chandails et chemisiers pour femmes.

Suite 132 - Sasta – Chandails en tricot épais avec boutons.

Suite 134 - Accessoires Cléopâtre – Accessoires, bijoux de fantaisie, sacs à main, diadèmes, chandails, collants. Ouvert toute la semaine. Voir index.

Suite 143 - Modes Sadar – Hauts pour femmes.

Suite 147 - Hauts extensibles de toutes les couleurs, robes de soirée et jupes.

Suite 210 - Easy Blue – Jeans pour enfants.

Suite 211 - Jeans de fantaisie, échantillons de tailles 28, allures très tendance.

Suite 252 - Marie Chantal – Robes de soirée et tailleurs Lauren Vidal de tailles 6 à 14.

Suite 280 - Gaby – Chemisiers, pantalons, chandails et robes pour femmes lavables.

Suite 281 - JA Walton – Chaussures mode en cuir pour hommes et femmes.

Suite 282 - Colette – Importations parisiennes, tailleurs et tenues sport pour femmes (également pour jeunes filles).

Suite 284 - 5ᵉ République – Jupes, chemisiers et manteaux pour femmes, importations parisiennes.

Suite 285 - Karla – Nombreuses marques, beaucoup d'importations françaises, des jeans aux robes de soirée, hauts, jupes, magasin complet.

Suite 295 - Sandy Importations – Tailleurs, manteaux et pantalons pour femmes.

Suite 400 - Vêtements Partners & Babe, TXT Carbon et chandails rayés Business People pour femmes

555, rue Chabanel

Lorsque vous entrez dans cet édifice, il est difficile de croire que vous êtes dans une manufacture. Cet édifice est joliment décoré avec de magnifiques colonnes de marbre, des escaliers roulants conduisant à la mezzanine, qui a été conçue comme les salles d'expositions dans les boutiques raffinées, pour répondre à la foule de visiteurs. Les deux terrasses aux étages supérieurs (quatorzième et quinzième étages) donnent l'impression de magasiner dans un centre commercial, mais, ces temps-ci, ces étages sont vides. Il existe même un ascenseur conduisant uniquement à ces étages. Aux autres étages, vous trouverez l'éventail habituel de salles d'exposition, ouvertes ou fermées. La plupart des meilleures marques de vêtements sont vendues dans cet édifice.

Suite M01 - Mel Goldenberg – Magasin rempli de pantalons, chandails et chemisiers pour hommes. Lundi au vendredi de 9h à 17h.

Suite M02 - Collection Mimosa – Hauts excentriques et robes de soirée.

Suite M04 - Le Pickup – Écharpes, chapeaux et gants.

Suite M05 - Mod Atout – Écharpes, chapeaux et ceintures.

Suite M06 - 2DM – Vestes en cuir.
Suite M06B - Jac Dale, Virginie – Tailleurs pour femmes et robes.
Suite M07B - Rue de Sentier – Vêtements (importations parisiennes) pour femmes.
Suite M09A - Sanibel – Écharpes, chapeaux, gants et bijoux.
Suite M09B - Lunik – Nombreuses marques réputées, tenues et coordonnées.
Suite M10 - Mike B – Collection Kenneth Cole pour hommes.
Suite M13 - 4You – Coordonnés décontractés mode pour hommes.
Suite M14A - Mil-idée – Ceintures.
Suite M14B - Marques Jana, Maggie, Nomi Kersh, Ellabee, Poweline, Peter Goldong, London, Sélection Modo-Peau, Wash & Wear.
Suite M21A - Simon Chang, Rene Derhy, vêtements pour femmes.
Suite M21B - Men, North 44, Timberland, Wilke-Rodriguez, vestes Sodium, échantillons.
Suite M23A - Valentino Moda – Complets d'importation italienne et vêtements pour hommes (Enzo Feldini, R.A.F., Polo, Giorgio Redgelli).
Suite M24 - Intimoda – Bas-culottes haut de gamme d'importation italienne.
Suite M26 - Vêtements pour femmes de marques Oroco, Amnesia, Jus d'Orange, Baba Nuki et Miss & Prone.
Suite M27 - C'est ça Paris – Marques C-you, Loudness, Shendel et Maille Desmoiselle (chandails avant-gardistes, jeans et pantalons).
Suite M28 - Création Blue Eye – Verres fumés.
Suite M34 - Chapeaux Capelli, gants pour hommes et chaussettes pour femmes.
Suite M39A - Ricardo Gabriel – Chaussures mode pour hommes et femmes et quelques sacs à main.
Suite M40 - Les Importations Europa-Uomo – Complets italiens, chemises, cravates et chandails (Guidice, Georgio Andrean, Cerruti, Byblos), chemisiers Missoni Rodrigo et chaussures.
Suite M43 - Ken Rudinsky – Échantillons de manteaux pour femmes (Adorable Junior, Novelti, À Propos) et coordonnés (Bantry Bay, Leslie Belle et Icelandic Design).
Suite M44 - Conrad C, Proportion Petites – Tailleurs, chemisiers et chandails.
Suite M47 - C'est La Vie, Conviction – Jeans, chandails décontractés et hauts pour femmes.
Suite 48A - En-direct – Anne David of Paris – Tailleurs, chemisiers, chandails et pantalons pour femmes.
Suite M50 - Claude Béland, échantillons Gasoline et Buffalo pour hommes (taille 32) et pour femmes (taille 28).
Suite M52 - SMD – Superbes bijoux et accessoires.
Suite M53A - Agence Vicor Assaray – Coordonnés abordables pour femmes de marques Louben, Marisa, Christina et Haberdashers. Promotion « Deux pour un ».
Suite M56A - Bijoux Kimmy – Bijoux de fantaisie.
Suite M58 - Mode Vera – Collections complètes et échantillons Private Member et President Stone.
Suite M59A/B- Sheldon Mazoff – Me-Jay, Les Modes P.V., Eric Ryan, Puli, Magnolia.
Suite M60 - Lapierre, Lucia Pure – Échantillons de tailleurs, de hauts et de chandails pour femmes.
Suite M63 - Paradoxia, Paris, AMS – Chemisiers, chandails et pantalons.
Suite M65 - Corrando – Vestes en cuir.
Suite 303 - Authentique Jeans – Jeans pour hommes et femmes.
Suite 306 - Di Capra Leather – Ensembles deux-pièces mode en cuir pour femmes.

Suite 511 - Lasania – Tenues coordonnées, chemisiers, gilets, pantalons (tailles 6 à 20) et jupes pour femmes.

Suite 703 - Modèles de vêtements mode Jac Dale et Virginie.

Suite 804 - Takara – Vestons, jupes et pantalons coordonnés en tailles 5 à 15.

Suite 901 - No Excess – Vestes et vêtements décontractés mode pour hommes.

Suite 905 - Chandails, hauts décontractés pour femmes et pantalons (Jaclyn Kelly, Caribbean Pacific, Sud Express, Miss B., Point final). Penderies à 20 $ et 30 $.

Suite 1002 - Consensus – Cravates en soie et chemises habillées pour hommes Uomo.

Suite 1003 - West Point – Chemisiers habillés et décontractés Delarue pour hommes.

Suite 1005 - Ultihom – Michel Darmel, complets 100 % laine pour hommes (tailles courtes, régulières, grandes), cravates en soie.

Suite 1006 - Desert Design – Robes longues en coton, tuniques et chandails longs Lady Monica.

Suite 1400 - Natankal – Tenues coordonnées et habillées pour femmes, tailles 6 à 16 (Serge Carlopik, Franck Olivier, Lancelotti, Studio Nancel, Didier Parakian, Bellocoton, Dana).

Suite 1401A - Jack Fhima – Tailleurs, jupes et pantalons pour femmes.

Suite 1402 - Dan Valy – Ensembles deux-pièces pour femmes (Krystal et Option) dans les tailles 12 à 24.

Suite 1501 - Dolce Bella – Manteaux en laine et en cachemire garnis de fourrure (petit à très grand).

Suite 1517 - Échantillons de vêtements haut de gamme pour hommes (chemises, vestes et chandails).

9310, boul. Saint-Laurent – Angle: rue Chabanel —————————

Suite 1106 - Les Ateliers Luro – Bijoux.

Suite 1010 - Amici Naturali – Chemises pour hommes et vêtements de détente pour femmes. Vendredi de 10h à 16h30 et samedi de 9h à 13h30.

9320, boul. Saint-Laurent – Angle: rue Chabanel —————————

Suite 103 - B.M.Z Tex – Vêtements sport divers bon marché pour femmes et tissus. Ouvert toute la semaine. Voir index.

Suite 302 - Stretch-Text – Tissus extensibles offerts dans un arc-en-ciel de couleurs. Lundi au vendredi 9h à 17h. Voir index.

Suite 307 - Belle International – Fins de série, grandes tailles, complets pour hommes en liquidation. Robes, jupes, hauts, pantalons (grandes tailles), vêtements de maternité et vêtements pour enfants. Téléphonez durant la semaine pour vous assurer qu'il est ouvert : 382-7777.

Suite 514 - Mercury – Veste de cuir sur mesure pour hommes et femmes.

Suite 518 - Olegna Textiles – Boutique de tissus. Ouvert toute la semaine sur rendez-vous : 389-6539.

9400, boul. Saint-Laurent – Angle: rue Chabanel —————————

Suite 402 - Kim & Company – Hauts extensibles, jupes longues. Lundi au vendredi 8h à 17h.

9600, rue Meilleur – Angle: rue Louvain

Suite 420	-	Sacs à main Toledano, quelques ceintures, habits de neige pour toute la famille.
Suite 920	-	Brador – Vêtements de ski de fond et de ski alpin pour la famille. Également des gants et quelques accessoires. Ouvert toute la semaine. Voir index.

120, rue Louvain – Angle: ave de l'Esplanade

Depuis maintenant 20 ans, habituellement une fois par mois (un samedi entre 7h et midi), ce fabricant (Commonwealth) organise un solde dans des grandes salles. On vous propose des douillettes, des édredons, des jupes de lit, des coussins, des rideaux de douche et des draps à des prix exceptionnellement bas. Il y a des annonces publicitaires dans les journaux locaux des communautés italienne et grecque. Vous pouvez également téléphoner au 384-8290 pour connaître les dates de ces soldes.

AUTRES ENDROITS EN VILLE

5445, avenue de Gaspé – Angle: rue St-Viateur

*** Les heures d'ouverture de ces deux édifices jumelés et des autres édifices de ce quartier sont le samedi de 8h à midi.

Suite 99	-	Rez-de-chaussée - Hauts sport pour hommes. Lundi au vendredi de 9h à 17h.
Suite 404	-	Tricots Capraro – Chandails pour femmes et enfants entre 10 $ et 15 $. Lundi au vendredi de 9h à 17h.
Suite 601	-	Terry's Sportswear – Sous-vêtements pour femmes, vêtements jusqu'à la taille 22, robes de détente, chaussures. Lundi au vendredi de 12h30 à 13h.
Suite 604	-	M. R. Fashion – Tenues raffinées abordables pour femmes (tailles 6 à 16).
Suite 706	-	T&T – Principalement pour la femme jusqu'à la taille 16, quelques manteaux, vestes, imperméables et vestes en cuir pour hommes; habits de neige pour enfants. Lundi au vendredi de 9h à 17h.

5455, avenue de Gaspé – Angle: rue St-Viateur

Suite 100	-	Bas-culottes pour femmes, minimum 6 paires, hauts, jeans et vêtements de liquidation pour enfants. Lundi au vendredi de 9h à 17h.
Suite 300	-	Grace Knitting – Chandails Nu-Vogue pour hommes et femmes (15 $ à 18 $).
Suite 800	-	Tricot Marvel – Chaussettes pour la famille. Lundi au vendredi de 8h à 16h 30.
Suite 1000	-	Complets pour hommes jusqu'à taille 60, très grande sélection, bons prix. Article en laine d'Italie. Ouvert toute la semaine. Voir index « L'Usine d'habits, pantalons, vestons sport ».
Suite 1006	-	K.T.C. textiles – Tissus pour confection de vêtements mode.
Suite 1207	-	Bates – Tailleurs et ensembles deux-pièces habillés pour femmes, grandes tailles. Sonnez la sonnette durant la semaine. Aubaines dans l'arrière-boutique entre 15 $ et 25 $.
Suite 1213	-	Tenues pour enfants.

160, rue Saint-Viateur Est – Angle: avenue Casgrain ——————

Suite 110 - S & F Promotions – Literie, douillettes, ensembles de lit pour bébé et beaucoup de draps pour enfants. Ouvert toute la semaine. Voir index.

Suite 201 - Vêtements en molleton pour toute la famille.

Suite 401 - Cooper – Habits pour garçons et hommes. Durant la semaine sur rendez-vous.

Suite 602 - Tyr – Maillots de bain pour toute la famille, shorts, t-shirts, lunettes de natation. Jeudi et vendredi de 11h à 14h. Fermé samedi.

Suite 802 - Apex – Vestons, manteaux, habits et vêtements en cuir pour hommes.

Suite 807 - Ladies' Designer Fashions – Vêtements pour femmes. Ouvert toute la semaine. Voir index. Magasin fabuleux !

5480, rue Saint-Dominique – Angle: rue St-Viateur ——————

Suite 101 - Dudate – Vêtements de maternité.

7101, avenue du Parc – Angle: rue Jean-Talon ——————

Suite 120 - Olga Lingerie – Sous-vêtements, nuisettes, peignoirs, tailles jusqu'à TTG. Lundi à vendredi de 9h à 17h.

Suite 403 - Aenos – Manteaux en laine pour femmes, vestons, vêtements en cuir (tailles 5 à 24). Lundi au vendredi de midi à 13h.

Suite 507A - Chandails en coton ouaté, pantalons en polar, sous-vêtements pour femmes. Lundi au vendredi de midi à 13h.

Suite 603 - Modelia – Manteaux et vestes en laine pour hommes et femmes.

Suite 649 - Vêtements en cuir.

7080, rue Hutchison – Angle: rue Jean-Talon ——————

Suite 103 - Coronet Leather – Tout un éventail de vestes de cuir.

Suite 412A - Abonti International – Vêtements mode pour femmes. Lundi au vendredi de 9h à 16h.

Suite 500 - Mava – Manteaux et vestes de cuir. Voir index.

7250, rue Mile End – Angle: rue de Castelnau ——————

Suite 502 - Papillon Blanc – Bustiers, nuisettes, sous-vêtements sensuels. Ouvert seulement le vendredi de midi à 12h45.

7250, rue Jarry – Angle: 14e avenue ——————

Heures : Également du lundi au vendredi de midi à 13h.

Suite 303 - Delvecchio – Pantalons pour hommes.

Suite 400 - Sanway – Grand magasin, peignoirs et nuisettes Kelly et Le Mystère, tailles petites à très grandes.

Suite 405 - Nerfity – Sous-vêtements pour femmes et hommes à 3 pour 8 $.

Suite 500 - Arizona pour femmes.

Suite 503 - Hamilton Lingerie – Daniel Lauren, Amanda Stewart, Tradition, SPA, Belini, tailles de petites à grandes, ensemble de molleton, peignoirs, robes de nuit. Lundi au vendredi de 11h45 à 12h45.

Suite 504 - Création Lady Love – Angel Silk, caleçon pour hommes, tailles de petites à très grandes, 3 pour 5 $, 3 pour 15 $, 6 pour 15 $.

CENTRES D'ACHATS D'ESCOMPTES

Centre Riocan, Kirkland

Rue Jean-Yves, Kirkland
Heures : régulières et dimanche de midi à 17h (certains magasins de 11h à 17h)

3160 - Suzy Shier - Marchandise à prix ordinaire et quelques articles en liquidation.

3204 - Lingerie & Co. - Sous-vêtements et pyjamas pour hommes et femmes. Allez fouiner dans le coin droit au fond de la boutique offrant de la marchandise en liquidation.

3208 - Additionelle Entrepôt - 25 % des articles dans le centre de la boutique sont en liquidation. Le restant de la marchandise est la collection à prix ordinaire.

3212 - Jacob Annexe - Vêtements de fantaisie pour les jeunes femmes.

3216 - Danier Entrepôt - Économies jusqu'à 40 % sur l'ancienne collection.

3220 - Pier 1 Imports - Accessoires pour la maison provenant de partout dans le monde.

3224 - Dépôt Au Coton - Coordonnés tout en coton de couleurs éclatantes (pour femmes et enfants) à bas prix.

3228 - Roots Outlet - Économies sur les vêtements pour hommes, femmes et enfants de la collection offerte dans les boutiques. Une collection à prix abordable conçue spécialement pour ces centres de liquidation est également offerte : les vêtements de cette collection sont plus légers et les motifs imprimés plutôt que brodés, etc.

3232 - Tristan America Outlet - Économies sur la marchandise en liquidation pour hommes et femmes provenant des boutiques de la chaîne.

3236 - Benix & Co. - Des accessoires pour la cuisine à bas prix.

3240 - SM2 - Magasin de liquidation des boutiques Smart Set offrant des vêtements décontractés réduits de 15 % à 35 % (tailles 1 à 15 ans).

3244 - Mexx Outlet - Vêtements pour hommes, femmes et enfants des collections offertes en boutique, à prix réduit.

3248 - Jackpot Cottenfield - Collection (de la saison dernière) de vêtements décontractés et colorés en coton d'origine danoise (hommes et femmes).

3252 - Bowring - Magasin ordinaire.

3256 - Aldo Outlet - Aubaines sur les chaussures pour hommes et femmes.

3260 - Dynamite Dépôt - Dans la partie droite de la boutique, il y a des vêtements pour jeunes femmes à prix ordinaire; dans la partie gauche, des penderies offrent des aubaines à 2 $, 5 $, 10 $ et 15 $.

3264 - Kodiak - Magasin ordinaire offrant un vaste éventail de bottes, de vêtements d'extérieur et de vêtements de travail et de plein air pour hommes.

3268 - Bombay - Accessoires d'inspiration indienne pour la maison à prix ordinaire.

3272 - Sirens - Vêtements décontractés pour femmes à prix ordinaire.

3280 - Dex - Vêtements de tous les jours et manteaux pour hommes et femmes à prix ordinaire.

3284 - Chelsea Outlet - Robes de soirée, manteaux et tailleurs carrière pour les jeunes femmes réduits de 20 % à 60 %.

3288 - Bentley - Sacs à main et articles de voyage à prix très abordable.

3300 - Winners - Des prix fabuleux sur les vêtements pour toute la famille ainsi que les accessoires pour la maison.

3330 - Bureau en gros - Entreprise de fournitures de bureau.

De l'autre côté du stationnement :

3410 - Hallmark - Cartes de souhaits, papeterie et plus.

3420 - Ardène Entrepôt - Des aubaines fantastiques sur les pinces à cheveux, les gants pour la mariée, les diadèmes en pierres du Rhin, les sacs à main, les écharpes, les barrettes, les bijoux provenant de toutes les boutiques de la chaîne.

3430 - Trade Secrets - Salon de coiffure.

Galeries des Sources

3237, boul. des Sources
Heures : régulières et dimanche de 10h à 17h

Manteaux Manteaux – Manteaux pour femmes.

Charlette – Marques réputées pour femmes (Spanner, Animale, Hilary Radley, Franco Valeri, Jones N.Y., Utex et autres).

Méga Rubino – Chaussures pour hommes et femmes.

Benix & Co – Aubaines sur les articles de cuisine.

Entrepôt Pantorama – Jeans.

Chaussures Pop+ - Chaussures à prix d'aubaines pour toute la famille.

Buffalo – Jeans.

Secret Entrepôt – Bas-culottes.

Payless Shoesource – Chaîne américaine de chaussures bon marché pour la famille.

Stokes – Articles de cuisine.

Grif & Graf – Encadrements.

Ka-Do-Méli-Mélo – Articles de décorations pour la maison.

Menz – Vêtements mode pour hommes.

Bleu Indigo Blue – Vêtements pour femmes.

Au Coton Dépôt – Coordonnés en coton colorés et unis.

Cazza Petite Entrepôt – Vêtements pour femmes de taille petite.

Winners – Magasin d'escomptes pour toute la famille.

Cuir Mix – Vêtements en cuir.

L'Affaire est dans le Sac – Sacs à main et sacs à dos.

Stokes Entrepôt – Vaisselles, chandelles, services de thé, vaisselle en plastique, serviettes de table en tissu, etc.

Delilah – Accessoires.

Corbeil Électroménagers – Magasin de grands appareils électroménagers.

Bureau en gros – Articles pour le bureau.

Canadian Tire – Vous connaissez ce magasin !

Bouclair – Tissus.

Dollarama – Magasin de variétés à 1 $.

Knowlton, Lac Brome

Sortie 90, autoroute 10
Heures : tous les jours de 10h à 18h

L.L.Brome, 91, rue Lakeside (450-243-0123) – Articles pour le voyage et les sports d'extérieur. Il y a des aubaines sur les sacs à dos et les vêtements High Sierra, les vêtements de voyage Royal Robbins pour hommes et femmes, les valises American Tourister, la collection complète des parapluies Knirps réduits de 30 % de rabais ainsi que des échantillons Resorts II et Bison pour femmes.

Polo, 45, rue Lakeside (450-243-0052) - Fins de série provenant de six magasins canadiens Ralph Lauren pour hommes et femmes. Vous ne savez jamais sur quelles sortes d'aubaines vous tomberez dans ce magasin : des robes habillées, des vestes et des pantalons pour hommes (tailles jusqu'à TTG), des sacs à main, des ceintures et quelques fois (mais rarement) des vêtements pour enfants.

ROCOCO, 299, route Knowlton (450-243-6948) – Vêtements haut de gamme de cette saison pour femmes (tailles 2 à 14) de designers canadiens, européens et américains. Ce magasin offre davantage de tailles petites (6 à 8 ans), de tailleurs et d'ensembles deux-pièces que des vêtements décontractés.

Spencer Lingerie, 21, rue Lakeside (450-242-1212) – Magasin-entrepôt où vous trouverez des aubaines sur les soutiens-gorge, les combinaisons et les culottes bon marché dans les tailles P à TTTTG.

Woolrich, 234, route Knowlton (450-243-0058) – Voilà la boutique-vedette. On y trouve des prix ordinaires. Ce magasin organise également deux soldes qui valent vraiment la peine de se déplacer.

Les Factoreries Saint-Sauveur

100, rue Guindon, Saint-Sauveur, Sortie 60, autoroute des Laurentides
Heures : régulières et dimanche de 11h à 17h

Note : Quelques boutiques offrent des prix ordinaires. Lors de la dernière vérification, voici la liste des magasins-entrepôts :

Black & Decker (450-227-8621) – Petits appareils électriques, outils, produits de nettoyage.

Club Décor (450-227-5246) – Literie, oreillers et duvets.

Mix 2000 (450-227-5957) – Vêtements de marques President Stone, Point Zero et No Excess pour hommes et femmes.

Dansk (450-227-2741) – Articles pour la maison et cadeaux.

Jay Set (450-227-0438) – Vêtements des collections Nygard, Alia et Tanjay pour femmes.

Électro-tech Philips (450-240-0008) – Rasoirs, téléviseurs, chaîne audio, fers à repasser, cafetières et micro-ondes.

Reebok (450-227-8597) – Chaussures et vêtements pour toute la famille.

Entrepôt Nike (450-227-7662) – Chaussures et vêtements sport.

Guess (450-227-9300) – Jeans et hauts pour hommes et femmes.

La Vie en Rose (450-227-5551) – Lingerie, soutiens-gorge et sous-vêtements.

Naturalizer (450-227-9377) – Chaussures confortables pour femmes.

Rockport (450-227-7900) – Chaussures confortables pour hommes et femmes et vêtements décontractés.

Samsonite (450-240-1099) – Valises et articles de voyage.

Stokes (450-227-0477) – Articles pour la cuisine.

Tommy Hilfiger (450-227-4002) – Une marque que vous connaissez déjà. Des rabais de 40 % sur la collection de l'an dernier.

Polo Ralph Lauren – Vous connaissez le nom !

Fou d'Elle (450-227-9055) – Verres fumés et montres.

Chlorophylle (450-227-3647) – Marque de vêtements d'extérieur pour la famille et particulièrement les adultes (tailles P à TTG). Quelques articles pour enfants.

Rodier (450-227-4449) – Cette marque offre les tailles 2 à 16 ans.

Entrepôt Nike (450-227-7662) – Vêtements pour toute la famille incluant les enfants (tailles 8 à 20). Également des chaussures sport.

Promenades Hudson

Boul. Harwood, sortie 26, autoroute Transcanadienne
Heures : régulières et dimanche de 10h à 17h

Cobra Jeans (450-424-5919) – Collection de jeans et t-shirts pour la famille.

Escada (450-455-3552) – Marque connue pour femmes (tailles 4 à 14) allant des collants à la robe de soirée de marques Laurel et St. John.

Marikita (450-455-0687) – Antiquités, accessoires pour la maison, poterie, urnes et vases.

Fila (450-424-9339) – Chaussures et vêtements sport pour toute la famille.

Lace (450-455-5552) – Vêtements mode pour femmes (tailles 6 à 18).

Nygard (450-455-7569) – Toutes celles qui raffolent de cette collection aimeront les prix abordables dans ce magasin sur les collections Nygard, Nygard Collection, Nygard Sport, Alia et Tanjay.

2. TOUT POUR LA MAISON

AMEUBLEMENT

Centre de Liquidation Brault & Martineau

8485, boul. Langelier, Saint-Léonard
Angle : rue Jarry
Tél. : 324-5558
Heures : régulières et dimanche de 11h à 17h

Ça vaut la peine de venir jusqu'ici pour profiter des prix sensationnels sur les modèles de plancher en provenance de leurs magasins. Attendez-vous à un vaste choix de canapés, d'ensemble de chaises et de tables pour la cuisine, quelques unités murales, de l'équipement audio-vidéo, y compris des téléviseurs, des appareils électroménagers et des matelas. www.braultetmartineau.com

Flash Décor

5343, boul. des Laurentides, Laval
Angle : boul. Sainte-Rose
Tél. : 450-625-3945
Heures : régulières et dimanche de 10h à 16h

La vitrine de cette entreprise familiale ne présente qu'une infime sélection de meubles pour la salle de séjour, la salle à dîner, la chambre à coucher et la cuisine, mais presque 70 % des ventes de ce commerce proviennent des différents catalogues d'entreprises canadiennes (dont plusieurs du Québec), américaines et même mexicaines. Voici un petit aperçu des marques offertes : Jamar, South Shore, Mirabel, Rustique, Wood Traditions, Coaster, Amisco, Mazin, Concordia et Monarch.

Furniture Wholesalers

6820, rue Saint-Urbain
Angle : avenue Beaumont
Tél. : 274-8255
Heures : régulières

Même s'il y a trois étages de meubles pour répondre à vos besoins, il ne s'agit que d'un

petit aperçu des meubles offerts dans ce magasin. On propose une sélection impressionnante de catalogues de fournisseurs. Vous pourrez aller magasiner ailleurs, mais vous reviendrez ici pour profiter des rabais de 30 % à 50 % sur les marques de meubles américaines comme Kincaid, Sumter, Bassett, Thomasville, Jasper Cabinets, Hooker, Rowe, Drexel, Cochrane, Stanley, Broyhill, American Drew, Bernhardt, Pulaski, Howard Miller, Hekman, Vaughan, Universal, Hammary et les matelas Simmons et Spring Air.

Ikea

9191, boul. Cavendish, Ville Saint-Laurent
Angle : autoroute Transcanadienne
Tél. : 738-2167
Heures : lundi au vendredi de 10h à 21h, samedi de 9h à 17h, dimanche de 10h à 17h

C'est un vrai bonheur de magasiner ici : les allées sont larges, la décoration des chambres modèles est magnifique, il y a des rampes et des ascenseurs pour tout le monde, des poussettes et des chaises roulantes et un espace de jeu réservé aux enfants. De plus, les dimensions sont précises, donc vous savez si tel meuble convient dans votre maison. Ils vendent de tout pour la maison (canapés, meubles de chambre à coucher, unités murales, literie, accessoires de cuisine, chaises, armoires, etc.) dans des designs et à des prix minimalistes. Près des caisses, allez fouiner dans la section de liquidation « Tel quel ».

Meubles Linton Furniture

653, avenue Ogilvy
Angle : avenue Bloomfield
Tél. : 272-1944 ou 272-1834
Heures : lundi et mardi de 9h à 17h30, jeudi et vendredi de 9h à 21h, samedi de 9h à 17h

Vous serez étonné de dénicher un magasin à façade modeste sur une petite rue tranquille. Comme l'ont fait trois générations de Montréalais avant vous, vous économiserez en achetant dans les catalogues de ce magasin. Vous irez ailleurs pour comparer les prix de meubles provenant du Canada et des États-Unis (American Drew, Hooker, Rowe, Jaymar, Sklar-Peppler, Broyhill, Canadel, Shermag, etc.), mais vous retournerez dans cet établissement ouvert depuis 63 ans pour économiser au moins 35 % sur le prix de détail suggéré par le fabricant.

APPAREILS ÉLECTROMÉNAGERS – GROS

Almar

5400, boul. Décarie, Snowdon
Angle : rue Isabella
Tél. : 482-0007
Heures : lundi au mercredi de 9h à 18h, jeudi et vendredi de 9h à 20h, samedi de 9h à 16h

Quand vous magasinez un nouvel appareil électroménager, il est important de faire affaire avec un détaillant qui peut répondre à toutes vos questions, vous informer des nouveautés et vous aider à évaluer vos besoins. Depuis 1966, ce magasin propose des appareils de type commercial ou standards nord-américains ou européens, de moyenne qualité à haut de gamme (Maytag, Amana, Miele, Wolf, Sub-Zero, GE, Turbo Air, AEG, Liebherr, Cirrus, Gagganeau, etc). Ce commerce se spécialise dans les appareils électroménagers encastrés, la ventilation ou les appareils faits sur mesure.

Corbeil Électrique Centre de liquidation

5100, boul. des Grandes Prairies, Saint-Léonard
Angle : boul. Viau
Tél. : 322-8595
Heures : régulières et dimanche 11h à 17h

Depuis 51 ans, cette chaîne a connu une expansion si extraordinaire qu'on a dû mettre sur pied ce magasin-entrepôt moderne pour vendre des marques connues : Inglis, GE, Frigidaire, White-Westinghouse, Amana, Jenn-Air, Moffat, Maytag, Roper, Whirlpool, Bosch, Asko, Thermidor, Sub-Zero. Vous y trouverez des laveuses, des sécheuses, des réfrigérateurs, des cuisinières, des lave-vaisselle et des micro-ondes. Dans les magasins réguliers, on offre des articles de spécialité comme des rafraîchisseurs à vin Dany, Frigidaire ou U-Line qui se vendent entre 100 $ et 1 000 $. Des réfrigérateurs à deux tiroirs Sub-Zero peuvent être installés partout, même dans la chambre à coucher.

Future Shop

1645, boul. Le Corbusier, Laval
Angle : boul. Saint-Martin
Tél. : 450-978-5420
Heures : lundi au vendredi de 10h à 21h, samedi de 9h à 17h et dimanche de 10h à 17h

Cette immense chaîne offre de vous accorder 110 % de rabais sur la différence de ce que vous auriez payé chez un concurrent. Donc, si vous y trouvez la marque et le modèle dont vous avez besoin pour tout ce qui touche les réfrigérateurs, les laveuses, les sécheuses, les téléviseurs et les chaînes audio, vous ne pouvez pas vous tromper pour ce qui est des prix. Assurez-vous que la garantie prolongée est vraiment indispensable avant d'y adhérer, car le coût de celle-ci ajoute un montant considérable aux bas prix. Autres magasins : 3858, boul. Taschereau (450-465-4260); 1001, rue du Marché-Central (387-3188); 7077, boul. Newman (368-1610); 7200, boul. des Roseraies, Anjou (352-7558); 6321, autoroute Transcanadienne (428-1999); 470, rue Sainte-Catherine O. (393-2600); 3820, boul. Côte-Vertu (331-7877). www.futureshop.ca

Grand Appliances

6244, rue Sherbrooke Ouest, N.-D.-G.
Angle : avenue Madison
Tél. : 486-1135
Heures : lundi au vendredi de 8h30 à 18h,
samedi de 9h à 15h (en été de 9h à 13h)

Le magasin est petit et rempli à craquer, mais cela n'empêche pas la clientèle d'y accourir depuis 52 ans. Le service est excellent et on y offre des bons prix sur tous les gros appareils électroménagers (lave-vaisselle, cuisinières, réfrigérateurs, téléviseurs, climatiseurs, laveuses, sécheuses) de marques réputées comme Whirlpool, Hotpoint, Sub-Zero, Sharp, KitchenAid, Frigidaire, Hitachi, etc. Vous payez 10 % de plus que le prix coûtant, incluant la livraison. Le service de réparation est également offert pour les téléviseurs et les magnétoscopes.

Signature Bachand

8140, boul. Décarie
Angle : avenue Royalmount
Tél. : 344-2425
Heures : régulières

Si vous refaites la décoration de votre cuisine en cuisine haut de gamme avec des électroménagers discrets, camouflés derrière des portes, voici l'endroit idéal pour dénicher des appareils électroménagers encastrés, des cuisinières au gaz et des appareils en acier inoxydable. Dans ce magasin, on trouve seulement des marques haut de gamme comme Bosch, Amana, Asko, Gagganeau, Ultraline, Huebsch, Maytag, GE, Monogram, Thermidor, Miele, Jenn-Air et Sub-Zero.

APPAREILS ÉLECTROMÉNAGERS – PETITS

Hoover Factory Outlet

9012, boul. de l'Acadie
Angle : boul. Métropolitain
Tél. : 384-8030
Heures : lundi au vendredi de 8h30 à 17h30,
samedi de 9h à 16h

Voici le magasin où vous devez magasiner un aspirateur-balai ou un aspirateur-traîneau remis à neuf et des fins de série vendu avec une garantie d'un an. Vous pouvez vous procurer également des aspirateurs neufs ou un aspirateur central. Depuis 38 ans, on y trouve des pièces et on répare toutes les marques d'aspirateurs.

LaFlamme Électique

1133, rue Beaubien Est
Angle : rue de la Roche
Tél. : 273-5755
Heures : lundi au mercredi de 8h30 à 17h, jeudi et vendredi 8h30 à 18h, samedi de 9h à 13h

Cette entreprise est connue surtout pour son service de réparation. Cependant, vous trouverez à l'avant du magasin, un bon choix de petits appareils ménagers (fours grille-pain, robots culinaires, extracteurs à jus, fers à repasser, etc.) de marques Hamilton Beach, Rival, Moulinex, Braun, T-Fal, Bionair, Krups et Procter-Silex. Ce sont tous des modèles remis à neuf vendus avec une garantie d'un an. Vous ferez des économies d'environ 25 % sur le prix de détail en magasin. Autres magasins : 1596, rue Amherst (527-9151); 6667, rue de Marseille (253-3535).

ARTICLES DE MAISON ET DE CUISINE

Ares

2355, Transcanadienne, Pointe-Claire
Angle : boul. des Sources
Tél. : 695-5225 ou 1-888-624-8008
Heures : régulières et dimanche de 11h à 17h

Que vous soyez un cuisinier professionnel ou amateur, ce magasin de 15 000 pieds carrés vous enchantera. Vous dénicherez plusieurs articles de cuisine indispensables chez ce fournisseur d'accessoires de cuisine pour les restaurants. Pour la création de desserts, il y a toutes les grandeurs de douilles à pâtisserie, les moules Wilton, les produits Kaiser, plus de 600 moules à bonbons et les mélangeurs KitchenAid. Pour la cuisine, on propose des extracteurs à jus Juiceman, les produits All-Clad, KitchenAid, Krups, Le Creuset, Cuisinart et Paderno ainsi que les couteaux Henckels et Global, les plats Corning, les fouets et les passoires de toutes les grandeurs. À la gauche du magasin, il y a le comptoir de produits Alessi et le mur de moulins à poivre et de couteaux. Autre magasin : 1501, boul. des Promenades, Saint-Hubert (450-926-2737). www.arescuisine.com

Benix & Co.

3213, autoroute 440 Ouest, Laval
Angle : boul. Chomedey
Tél. : 450-687-6411
Heures : régulières et dimanche de 10h à 17h

Ce commerce de type magasin-entrepôt de liquidation est vaste, bien éclairé et propre. Vous pouvez acheter une coutellerie de 72 morceaux pour 99,99 $, un ramasse-couverts pour 27 ustensiles de cuisine pour 19,99 $, des plaques de cuisson en pierre de lune, des ensembles de vaisselle pour quatre personnes (entre 9,99 $ et 49,99 $), des tasses pour le café au lait, des articles en terre-cuite, de la verrerie Granita et un ensemble de 10 morceaux de casseroles Milano en acier inoxydable 18/10 avec des fonds à trois couches pour 249,99 $ et beaucoup plus. Autres magasins (d'autres aubaines dans ce magasin) : 7335, boul. Décarie (737-2131); Galeries des Sources (683-2722); 3236, rue Jean-Yves, Kirkland (374-9077); Place Vertu (333-7492); Le Boulevard (374-9077); Faubourg Sainte-Catherine (935-9024); Les Halles de la Gare (398-0586); Place Longueuil (450-674-0101); Boutiques Barnes & Castle : Mail Champlain (450-923-9773); Carrefour Laval (450-681-5162).

Costco

300, rue Bridge, Pointe-Saint-Charles
Angle : rue Mill
Tél. : 331-5572
Heures : lundi au vendredi de 10h à 20h30, samedi de 9h à 17h, dimanche de 10h à 17h

Dans cette chaîne de magasins-entrepôts très connue, on peut vous offrir des prix très bas. On consacre très peu de ressources à la décoration, la présence du personnel de vente et le service de livraison sont très limitées. On propose 3 500 produits différents de marques réputés (environ 60 % de l'entrepôt est consacré aux produits alimentaires et le restant aux produits pour la maison, pour l'automobile et aux produits personnels). Le propriétaire d'une entreprise ou un employé de la fonction publique ou d'une entreprise parapublique peut devenir membre Costco pour 45 $ par année. Autres magasins : 7373, rue Bombardier, Anjou; 2999, autoroute 440 O.; 5025, rue Cousineau, Saint-

Hubert; 5701, autoroute Transcanadienne, Pointe-Claire; 1015, rue du Marché-Central; 9430, boul. Taschereau; 1001, rue Jean-Baptiste-Rolland O., Saint-Jérôme. www.costco.com

Décor Dépôt

7350, boul. Taschereau, Brossard
Angle : boul. Rome
Tél. : 450-671-2202
Heures : régulières et dimanche de 10h à 17h

Magasin inspiré du magasin Linen Chest, cet entrepôt présente beaucoup de literie, mais a élargi ses horizons en offrant des articles de cuisine. Les allées sont remplies d'une grande variété d'articles : verrerie, casseroles, accessoires pour la salle de bains, petits appareils électriques, nappes en dentelle, accessoires pour bébés, tapis, matelas, rideaux et papier peint. N'oubliez pas d'aller fouiner à l'arrière de la boutique pour les produits haut de gamme. Service de magasinage à domicile. Autre magasin : 1655, boul. Le Corbusier, Laval (450-681-9090).

Empire Crockery

5435, rue Ferrier, Ville Mont-Royal
Angle : boul. Décarie
Tél. : 735-6501
Heures : lundi au jeudi de 8h à 17h30, vendredi de 8h à 17h, samedi de 10h à 14h

Vous aussi, vous pouvez profiter des prix et des articles indispensables offerts par ce grossiste en restauration. L'éventail de marchandise comprend des cabarets de toutes tailles, des pinces à homard (1,95 $), des pichets de bière, des marmites énormes, des baguettes (100 pour 5,90 $), des pinces à glace (1,95 $), des cuillers pour crème glacée, des napperons, des décorations pour verres, des becs verseurs pour bouteilles de spiritueux, des refroidisseurs pour bouteille, des tire-bouchons français (2,50 $), de la vaisselle et même des cloches pour annoncer que le repas est prêt (6,40 $).

Entrepôt Éléphant

18 111, autoroute Transcanadienne, Kirkland
Angle : boul. Saint-Charles
Tél. : 694-0950 ou 694-9111
Heures : mardi au vendredi de 9h30 à 14h30; (1er et 3e samedis du mois) samedi de 10h à 14h (novembre à décembre, chaque samedi)

Voici un vrai magasin-entrepôt de liquidation pour les articles de cuisine et les services de vaisselle. Vous ferez des belles trouvailles parmi les accessoires pour le café Bodum et Good Grips, les couteaux Tramontina de même que de nombreuses autres marques d'Europe et de Scandinavie. Vous y trouverez de la verrerie, de la coutellerie en acier inoxydable, des plats pour le sushi, des napperons, des planches à découper, des chaudrons et des casseroles, des accessoires pour la patio, des gadgets, de la poterie d'étain, de la vaisselle, des poivrières et encore bien plus. N'hésitez pas à magasiner dans l'allée de liquidation à l'arrière de la boutique (planche à couper le pain entre 9,99 $ et 14,99 $). Les prix valent le déplacement !

Importations J.P.

4255, rue Bélanger Est
Angle : 24e avenue
Tél. : 722-1711
Heures : mardi au mercredi de 9h30 à 18h, jeudi et vendredi de 9h30 à 20h, samedi de 9h30 à 17h

Ouvert depuis 48 ans, ce magasin de quartier présent depuis deux générations propose un service amical et des aubaines incroyables sur le cristal Swarovski, la verrerie Reidel et Spieglau, les couteaux Henckels, Global ou Dozorme, la coutellerie WMF, les accessoires Zyliss ou Cuisipro, les articles en étain Selangor, les ustensiles Rosle, les chaudrons et casseroles Ritzenhoff, Bopla, All-Clad et Paderno et même des machines à expresso.

L'Atelier Solderie Arthur Quentin & Bleu Nuit

4247, rue Saint-André
Angle : rue Rachel
Tél. : 843-7513
Heures : jeudi et vendredi de 10h à 18h, samedi de 10h à 17h

Tout accessoire de cuisine d'influence européenne qui ne se vend pas dans le magasin de la rue Saint-Denis est envoyé dans cet endroit camouflé sur une petite rue pour être liquidé. Vous pouvez y trouver des draps, des serviettes, des chandeliers, de la dentelle à la verge, des plats de service et de la verrerie.

La Cache Outlet

108, Gallery Square, Pointe-Saint-Charles
Angle : avenue Wellington
Tél. : 846-1091
Heures : lundi au vendredi de 10h à 19h, samedi de 10h à 17h, dimanche de midi à 17h

Les surplus de stock, les articles de seconde qualité et les articles de la collection de l'an dernier des magasins La Cache sont envoyés dans cet entrepôt. En trouvant ce petit trésor caché, vous pourrez dénicher de la literie et des taies d'oreillers à 50 %, de la vaisselle réduite entre 30 % et 50 %, des tapis à partir de 19 $ et jusqu'à 50 %, des vêtements hors saison à 70 %. Autre magasin : 425, Main Road, Hudson (450-458-1126).

La Cocotte

7305, ch. Rockland, Centre Rockland
Angle : boul. Métropolitain
Tél. : 739-3734
Heures : régulières et dimanche de midi à 17h

Ce magasin est une trouvaille pratique pour répondre aux besoins de base en cuisine. De plus, celui-ci est situé dans un centre commercial. Ici, on mise sur les plats de cuisson (moules à muffins de différentes grandeurs, moules à hollandais), les ustensiles à manche long, les passoires, les plats de service, les machines à crêpe, les râpes à fromage, les woks ainsi que des gadgets de cuisine d'intéressants (vide-citron, disque pour prévenir les débordements, supports pour huîtres, pinces à cornichons, etc). Autres magasins : Carrefour Angrignon (366-3969); Marché de l'Ouest (683-5117); Magasins Cuisine Promax : Centre Laval (450-688-2823); Les Halles d'Anjou (353-7398).

La Soupière

1611 et 1615, rue Sainte-Catherine Ouest
Angle : rue Guy
Tél. : 933-7885
Heures : lundi au mardi de 9h30 à 19h, mercredi de 9h30 à 20h, jeudi et vendredi de 9h30 à 21h, samedi et dimanche de 9h30 à 18h

Située juste en face du Faubourg Sainte-Catherine, cette petite boutique d'accessoires de cuisine a connu une expansion fulgurante. Faites le tour et découvrez les poivrières, les infusettes à café, les moules à charnières, les moules à *pierogi*, le papier parchemin, les plats pour le sushi, les machines à expresso, les tasses pour cappuccino, les presse-fruits manuels, les rouleaux à pâtisserie, les chandelles qui ne coulent pas et beaucoup d'autres gadgets pratiques. Autre magasin : 5689, ave. du Parc (270-4242). www.lasoupiere.com

Les Fournitures d'Hôtellerie Pascal

1040, rue de Bleury
Angle : rue de la Gauchetière
Tél. : 875-8550 ou 1 800 463-7113
Heures : lundi au vendredi de 8h30 à 17h30, samedi de 10h à 16h

Voici un endroit amusant où vous trouverez une multitude d'articles non vendus dans un magasin d'articles de cuisine ordinaire. Tout le nécessaire requis pour mélanger, verser, cuire, couper, battre, frire, servir et même pour ouvrir un restaurant. Les prix sont raisonnables pour les chaudrons et les casseroles. N'oubliez pas de monter au deuxième étage pour jeter un coup d'œil à la section de liquidation. Le troisième étage est rempli d'articles d'occasion.

Les Importations Giannini

9821, rue Lausanne, Montréal-Nord
Angle : boul. Industriel
Tél. : 324-7441
Heures : lundi à mercredi de 9h à 18h, jeudi et vendredi de 9h à 20h, samedi de 9h à 17h

Les gens du quartier ne manquent pas d'aller fouiner dans ce magasin pour choisir parmi les meilleures marques d'articles de cuisine importés d'Italie (Alessi, Calderone). Il y a également des machines à expresso, des services à dessert, de la coutellerie en acier inoxydable et en argent, des plats de service, de la vaisselle, des ustensiles, des machines pour fabriquer les pâtes, des ensembles de marmites, des casseroles de bonne qualité en acier inoxydable et des paniers-cadeaux. Il s'agit d'un endroit parfait pour la nouvelle mariée pour les bonbonnières et tous ceux qui aiment cuisiner. Au sous-sol, allez voir les aliments d'importation italienne. De plus, prenez note qu'il est possible de faire réparer votre machine à expresso.

Liquidation Les Millionnaires

7500, rue Bombardier, Ville d'Anjou
Angle : avenue Justine-Lacoste

Tél. : 355-3370
Heures : régulières et dimanche de midi à 17h

Attendez-vous à y trouver un méli-mélo d'articles pour la cuisine à liquider : coutellerie, jarre à biscuits, verres à vin, vaisselles, casseroles, cristal, hachoirs à viande, grils, ensemble pour la raclette. Vous obtiendrez 20 % de rabais si vous dépensez plus de 100 $ (jusqu'à concurrence de 20 $).

Nino La Cuisinière

3667, boul. Saint-Laurent
Angle : rue Prince-Arthur
Tél. : 844-4941 ou 844-7630
Heures : tous les jours de 10h à 21h

Dans ce magasin, on offre des marques moins coûteuses d'articles de cuisine : il y a des moules à gâteaux de toutes sortes, des chaudrons, des plats à couscous, des hachoirs à viande, de la coutellerie et de la verrerie de même que des épices et des légumineuses.

Quincaillerie Dante

6851, rue Saint-Dominique
Angle : rue Dante
Tél. : 271-2057 ou 271-5880
Heures : régulières

C'est endroit très achalandé situé dans la Petite Italie ne semble pas si grand pour contenir tout l'éventail de marchandise qu'il offre. Un personnel de ventes très compétent vous expliquera avec joie les caractéristiques des hachoirs à viande (entre 13 $ à 85 $), des machines pour fabriquer les pâtes, des mandolines, des presse-légumes ou des presse-fruits. Il y a une abondance de cadeaux intéressants comme des bols en poterie, des plateaux de toutes les couleurs, les tasses Illy, Ritzenhoff ou Alessi, des livres de recettes, des plaques à pizza et des couteaux Lagiole. Inscrivez-vous à des cours de cuisine donnés par l'école de cuisine Mezza Luna pour apprendre à fabriquer vos pâtes et vos saucisses.

Tzanet

9600, boul. de l'Acadie
Angle : rue de Louvain
Tél. : 383-0030
Heures : lundi au vendredi de 8h à 18h, samedi de 8h à 17h

Les fournisseurs en accessoires de restauration offrent des articles intéressants que vous pouvez utiliser dans votre cuisine à la maison. Il y a des plateaux en 12 couleurs différentes (I $) pour s'agencer à n'importe quel décor, des bonbonnières à bords rapportés en verre à 2,75 $, des cloches d'appel, des plateaux en acier inoxydable ovales, des shakers à cocktail, des lampes à l'huile, des plaques à pizza de différentes tailles, des passoires, des fouets, des théières individuelles et des sièges d'appoint. Ou pourquoi pas des contenants pressables pour la moutarde ou le ketchup ? La section à l'arrière de la boutique est remplie d'équipement d'occasion comme de la vaisselle, des mélangeurs, etc.

ARTICLES POUR BÉBÉ

Le Carrousel du Parc

5608, avenue du Parc
Angle : rue Saint-Viateur
Tél. : 279-3884
Heures : lundi au mercredi 9h30 à 17h30, jeudi et vendredi 9h30 à 20h, samedi 9h30 à 17h

Entrez dans cette coquette maison ancestrale pour magasiner des poussettes (Perego, MacLaren) offertes à des prix abordables. On y offre également des sièges d'auto Evenflo, Cosco, Kooshies et Graco pour les nouveaux-né et les enfants, des chaises hautes, des marchettes et des sacs à dos. Ce magasin effectue d'une main experte les réparations de tous ces articles. Vous pouvez également louer la plupart des articles en boutique. Informez-vous du service de nettoyage de poussettes. www.pjca.com/carrouselduparc

Le Super Kid

1167, autoroute 440 Ouest, Laval
Angle : boul. Industriel
Tél. : 450-669-6741
Heures : lundi au mercredi de 8h à 17h, jeudi et vendredi de 8h à 18h, samedi de 8h à 17h

Vous serez enchanté en apprenant que ces meubles sont fabriqués à Montréal. En plus, il n'y a pas d'intermédiaire et vous économiserez ainsi beaucoup de sous. Les couchettes (bois dur ou peinture laquée) peuvent être coordonnées avec des commodes convertibles et, plus tard, avec des meubles pour enfants. Vous pouvez également commander des meubles sur mesure.

Status

571, avenue Lépine, Dorval
Angle : avenue Guthrie
Tél. : 631-0788
Heures : jeudi et vendredi de 13h à 21h, samedi de 9h à 17h. Veuillez appeler avant de vous présenter.

Ce magasin est réputé pour son choix de meubles pour bébés et enfants provenant directement du fabricant. Dans la salle à votre droite, on vous propose des échantillons, des meubles égratignés et des modèles de fins de série, permettant ainsi des économies de 70 %. Vous pouvez même commander certains meubles en surplus de stock de la collection ordinaire. www.statusfurniture.com

AUDIO-VIDÉO-ÉLECTRONIQUE

Centrale Audio Vidéo

350, rue des Érables, Ville Saint-Pierre
Angle : autoroute 2-20
Tél. : 364-4980
Heures : régulières

Ceux qui préfèrent magasiner dans un magasin ouvert depuis longtemps offrant un service plus personnalisé pour acheter une chaîne audio, un téléviseur, un magnétoscope, un caméscope, un satellite, un lecteur de DVD, un appareil photo ou un télécopieur, ce magasin offre depuis 41 ans des prix très concurrentiels pour toutes les marques connues. Les ordinateurs et tous les périphériques sont vendus ici. Il y a également un service de techniciens en magasin. www.cendirect.com

Future Shop

1645 boul. Le Corbusier, Laval
Angle : boul. Saint-Martin
Tél. : 450-978-5420
Heures : lundi au vendredi de 10h à 21h,
samedi de 9h à 17h, dimanche de 10h à 17h

Cette entreprise d'immenses magasins-entrepôts vend des gros électroménagers, des ordinateurs, des disques compacts, de l'équipement audio-vidéo en si grand nombre que les prix sont toujours excellents. En effet, l'entreprise propose 110 % sur la différence du prix de leurs concurrents. Assurez-vous de vraiment vouloir la garantie prolongée, car son achat augmentera de façon significative votre facture. Autres magasins : 7200, boul. des Roseraies, Anjou (352-7558); 1041, rue du Marché (387-3188); 6321, autoroute Transcanadienne (428-1999); 7077, boul. Newman (368-1610); 3858, boul. Taschereau (450-465-4260); 460, rue Sainte-Catherine O. (393-2600); 3820, boul. Côte-Vertu (331-7877). www.futureshop.ca

Imagepoint

1344, rue Sainte-Catherine Ouest
Angle : rue Crescent
Tél. : 874-0824
Heures : régulières et dimanche de midi à 17h

Situé en plein cœur de la rue Sainte-Catherine, ce magasin (anciennement York International) a ouvert ses portes sous un nouveau nom, mais continue de vendre des appareils photo, des caméscopes et des appareils photo numériques, neufs et d'occasion, ainsi que des lentilles. Les réparations pour tout cet équipement peuvent également être effectuées dans ce magasin. Autre magasin : 955, boul. de Maisonneuve O. (281-5111).

L.L. Lozeau

6624, rue Saint-Hubert
Angle : rue Beaubien
Tél. : 274-6577 ou 1-800-363-3535
Heures : lundi au mercredi de 8h à 18h, jeudi et vendredi de 8h à 21h, samedi de 9h à 17h

Dans ce magasin ouvert depuis 76 ans, on vous propose un éventail d'appareils photo Pentax, Nikon ou Minolta, de l'équipement photographique, des lentilles, des trépieds, des filtres, des réflecteurs et on se fera un plaisir d'effectuer toute réparation d'appareils photo. On

effectue le tirage de photos, des retouches, des impressions en plus de scanner vos photos, de louer de l'équipement et de donner des ateliers. On offre des livres et il y a de l'équipement professionnel à l'étage. www.lozeau.com

Maison du Son

1112, avenue Mont-Royal Est
Angle : rue Christophe-Colomb
Tél. : 523-1101
Heures : lundi au mercredi de 8h30 à 17h30, jeudi et vendredi de 8h30 à 21h, samedi de 9h à 17h, dimanche de midi à 17h

Si vous en avez assez de chercher dans les dépliants publicitaires et des vendeurs de grands magasins, visitez ce magasin pour son excellent service (incluant l'installation) et des bons prix. On y trouve des téléviseurs et des systèmes de cinéma maison (Sony, Toshiba, Hitachi, JVC, Sharp), des chaînes audio, des satellites, des tablettes pour le téléviseur et plus encore. D'autres modèles peuvent être commandés pour vous et on y fait aussi les réparations.

Radio St-Hubert

6278, rue Saint-Hubert
Angle : rue Bellechasse
Tél. : 276-1413
Heures : régulières

Ouvert depuis plus de 38 ans, ce commerce toujours florissant a survécu, malgré la présence des nouveaux magasins à grande surface, en misant sur des vendeurs pour qui le service à la clientèle est essentiel et qui sont au service de l'entreprise depuis longtemps. Vous y trouverez des appareils de marques réputées comme Hitachi, Panasonic, Toshiba, JVC, Paradigm (hauts-parleurs), Klipsch, Grundig (appareils à ondes courtes), Onkyo (amplificateurs), Creek, Sugden, Pioneer Elite, Myriad Sunfire (chaînes audio), des téléviseurs, des magnétoscopes, des lecteurs de DVD, des satellites et des radios d'autos. Il y a un service d'installation et de réparation dans le magasin.

Royal Photo

1108, boul. de Maisonneuve Ouest
Angle : rue Stanley
Tél. : 844-1766
Heures : lundi au mercredi de 8h à 18h, jeudi et vendredi de 8h à 20h, samedi de 10h à 17h

Les caméras numériques de marques Canon, Nikon et Olympus sont vendues dans tous les magasins de cette chaîne établie depuis 51 ans. Vous pourrez y trouver également des appareils photo ordinaires, des caméscopes en plus de faire réparer vos appareils photo. Vous pouvez leur vendre votre vieil appareil photo et en acheter un d'occasion. Des photos numériques ou ordinaires peuvent être traitées pour 0,79 $. Autres magasins : 1622, boul. Saint-Laurent (844-1299); 2106, boul. Rosemont (273-1723); Mail Champlain (450-465-3316). www.royalphoto.com

Simon Caméra

11, rue Saint-Antoine Ouest
Angle : boul. Saint-Laurent
Tél. : 861-5401
Heures : lundi au vendredi de 9h à 18h, samedi de 9h à 17h

Depuis plus de 72 ans, ce magasin vend des appareils photo et de l'équipement photographique. On dit qu'on y offre le meilleur choix d'appareils photo, des étuis, des trépieds, de l'équipement pour la chambre noire, des caméras numériques, des caméscopes et tous les accessoires à des prix très concurrentiels. On déduira la valeur de votre vieil appareil à l'achat d'un nouveau. De plus, on vend de l'équipement d'occasion et il est possible de louer de l'équipement. www.simonscameras.com

CADEAUX, CRISTAL ET PORCELAINE

Boutique-cadeaux de l'Hôpital Général de Montréal

1650, avenue Cedar
Angle : avenue des Pins
Tél. : 937-6011, poste 43026 ou 934-1934, poste 43026
Heures : lundi au vendredi de 10h à 16h30 et de 18h30 à 20h30, samedi et dimanche de 13h30 à 16h30

Cette boutique de cadeaux achalandée a débuté avec un éventail de cadeaux répondant aux besoins des patients de l'hôpital comme des cartes, des bonbons et des pantoufles. Celle-ci a pris de l'expansion pour inclure des peluches, des capes, des robes et des vêtements pour filles froncées à la main, des livres, des bijoux de fantaisie, de la verrerie, de la poterie, des plateaux de service et des napperons et plus encore. Pensez-y : tous les profits sont versés à cette bonne cause.

Boutique-cadeaux de l'Hôpital Maimonide

5795, avenue Caldwell, Côte-Saint-Luc
Angle : ch. Kildare
Tél. : 483-2121, poste 227
Heures : lundi au jeudi de 10h à 16h, vendredi 10h à 15h et dimanche de 13h à 16h

Cela vaut la peine de faire un détour pour aller donner votre soutien à une boutique de cadeaux quand tous les profits sont versés directement à l'hôpital. On y trouve d'ailleurs de très jolis cadeaux comme des miroirs de sac à main, des objets en verre, des chandeliers, des peluches Gund, des plateaux et des bols plaqués argent, des carnets d'adresses, des parapluies, des boîtes à pilules, des albums photos et beaucoup de cadres. Les prix sont abordables et il n'y a aucune taxe. Des bénévoles très amicaux emballeront votre cadeau avec plaisir. Il est même possible d'effectuer une mise de côté.

Caplan-Duval

5800, boul. Cavendish, Côte-Saint-Luc
Angle : ch. Kildare
Tél. : 483-4040
Heures : régulières et dimanche de midi à 17h

Caplan a toujours su conserver sa réputation comme étant une bonne adresse en ville où trouver les meilleurs prix sur le cristal, la vaisselle, les articles de maison et les cadeaux. On y a toujours offert les meilleures marques haut de gamme : Wedgwood, Waterford, Fitz & Floyd, Royal Doulton, Royal Copenhagen, Royal Crown Derby, Spode, Royal Worcester, Georg Jensen, Denby, Atlantis, Aynsley, Noritake, Baccarat, Kosta Boda, Moser, etc. Maintenant, il y a également un magasin de jouets : Golteez Novelties.

Jewish Eldercare Center

5750, rue Lavoie, Snowdon
Angle : ch. de la Côte-Sainte-Catherine
Tél. : 738-4500
Heures : lundi au jeudi de 10h à 16h, vendredi de 10h à 13h; la plupart des dimanches de midi à 16h

Cette boutique de cadeaux est une destination intéressante pour les gens du quartier qui recherchent un cadeau original. Il y a une section pour enfants présentant des livres et des jouets, beaucoup de cadres, des services de vaisselle anciens, des théières en céramique, des parapluies, des livres de cuisine et des bijoux de fantaisie. Dans cette boutique mise sur pied par des bénévoles, on accorde un rabais de 20 %, il n'y a aucune taxe et l'emballage est gratuit. De plus, tous les profits sont remis au centre pour personnes âgées. L'achat de cadeaux d'entreprise est également offert.

Les Collections Sylvio

6371, rue Jean-Talon Est, Saint-Léonard
Angle : boul. Langelier
Tél. : 256-3813
Heures : régulières et dimanche de midi à 17h

Les nouveaux fiancés doivent visiter ce magasin qui offre certains des meilleurs prix de l'industrie sur les bonbonnières (incluant l'emballage et la livraison). Vous aurez également l'embarras du choix pour les cadeaux de fantaisie (vases, cadres, plats de service). Vous pourrez regarnir votre salle à manger avec la porcelaine Mikasa, Wedgwood, Denby ou Noritake, le cristal Da Vinci ou la coutellerie Josef Strauss, sans oublier les machines à expresso Saeco pour accompagner le dessert.

Lingerie Pina e Carmelo Sacco

8365, boul. Viau, Saint-Léonard
Angle : boul. Robert
Tél. : 323-0427 ou 323-8275
Heures : tous les jours de 9h à 21h

Ne vous fiez pas au nom du commerce pour imaginer tout l'éventail de marchandise offert

à l'intérieur. Bien sûr, vous tomberez sur des gaines et des corsets, mais vous pourrez aussi magasiner des trancheuses à viande, des manteaux, des décorations pour les fenêtres, des robes de baptême, des objets en cristal, des protège-tapis à la verge, des robes de chambre et des bonbonnières. Connaissez-vous une autre boutique qui vend des mouchoirs en coton ? Un incontournable de la communauté italienne depuis de nombreuses années.

Maison du Cristal

2795, ch. Bates, suite 101, Ville Mont-Royal
Angle : rue Darlington
Tél. : 731-1656 ou 342-1264
Heures : lundi au mercredi de 10h à 18h, jeudi de 10h à 19h, vendredi et dimanche de 10h à 16h

Si vous osez vous aventurer dans cette rue de manufactures, vous découvrirez un endroit rempli de splendides trésors cachés. Cependant, vous devrez entrer dans un immeuble sans affiches et monter un escalier pour admirer toutes des beautés à couper le souffle comme le cristal (Swarovski ou Waterford), la porcelaine (Limoges, Royal Doulton, Denby, Minton, Royal Crown Derby, Noritake, Villeroy & Boch, Aynsley etc.), les bibelots Herend, Lladro et Kosta Boda, l'argenterie, la coutellerie et les plumes (Mont Blanc et Cross). La salle d'exposition est pleine à craquer de marchandise et les prix sont excellents.

Maison Lipari

6390, rue Jean-Talon Est, Saint-Léonard
Angle : boul. Langelier
Tél. : 253-1515
Heures : régulières

Votre magasinage pour un cadeau somptueux vous emmènera sans aucun doute dans cette entreprise familiale qui a été transformée en authentique boutique de cadeaux italienne où vous trouverez de tout : literie, sous-vêtements, bibelots et figurines (Versace, Waterford, St. Louis, Daum, de Sevres, Riedel, Kosta Boda, Swarovski, Lladro, Guissepe Armani), porcelaine (Versace, Aynsley, Royal Copenhagen, Royal Doulton, Wedgwood, Villeroy & Boch, Fabergé, Richard Ginori, Denby, Limoges, Fitz & Floyd, Bernardaud, Bulgari, Mikasa) et articles de cuisine (All-Clad, Le Creuset, Rosle, Guy Degrenne, Alessi, machines expresso Bialetti, KitchenAid, Cuisinart). Il y a des duvets, des couvre-lits en dentelle, de la literie, des oreillers, des serviettes et des tonnes de nappes élégantes (lin, coton, jacquard, soie). N'oubliez pas le registre de la mariée.

Regal Catalogue

3485, rue Ashby, Ville Saint-Laurent
Angle : rue Beaulac
Tél. : 337-8764
Heures : lundi au mercredi et vendredi de 9h30 à 17h30, jeudi de 9h30 à 20h, samedi de 9h à 17h (septembre à décembre, du mercredi au vendredi jusqu'à 20h)

Wow ! Vous aurez l'impression de marcher directement dans le catalogue Regal, en plus de pouvoir toucher et voir tous les gadgets pratiques (brosse pour les mini-stores vénitiens, protège-cuisinière pour prévenir les dégâts, ouvre-bocaux, supports pour les livres de recettes) et les cadeaux. Vous devez vous inscrire à la liste d'envoi pour magasiner et économiser 20 % sur la marchandise du catalogue et de la boutique. Toute la marchandise sur les tablettes et dans les allées est placée selon le numéro du catalogue. Ne manquez pas les rangées de solde remplies de bonbons du dernier catalogue : vous trouverez certaines aubaines, à votre droite, en entrant dans la boutique, mais aussi beaucoup d'autres bonnes occasions dans les allées situées à l'extrême gauche de la boutique. Autres magasins : 8050, boul. Taschereau, Brossard (450-672-9116); 2617, boul. Le Corbusier, Laval (450-682-1121); 7101, ave. du Parc, suite 101 (948-2030); 6766, rue Jarry Est, Saint-Léonard (323-5100).

Rob McIntosh

2335, autoroute Transcanadienne
Angle : boul. des Sources
Tél. : 697-4885
Heures : régulières et dimanche de 11h à 17h

Même si le magasin de Lancaster (Ontario) propose toujours des contenants de marchandise de liquidation, des fins de ligne et un solde de juin extraordinaire, ce nouveau magasin continue d'offrir les marques connues : Waterford, Wedgwood, Villeroy & Boch, Dansk, Royal Doulton, Royal Albert, Stuart, Belleck, Spode, Mikasa, Noritake, Hutschenreuther, Denby, Swarovski (bijoux et cristal), Darthington (cristal), Lladro et Coalport (bibelots). L'étiquette indique le prix de détail suggéré par le fabricant et le prix de vente du commerce.

Sterling City

2615, avenue Van Horne, suite 207
Angle : ch. Devonshire
Tél. : 733-7036
Heures : lundi au jeudi de 9h30 à 17h, vendredi de 9h30 à 13h, dimanche de 11h à 16h

Dirigez-vous à l'étage supérieur, dans la partie droite de ce centre commercial, pour découvrir cette cachette remplie de trésors en argent. Vous y trouverez des candélabres de toutes les tailles, des bols, des cadres, des plats de service, des services à thé, des salières et des poivrières, des tasses, des cuillers à servir, des couteaux à pain et encore d'autres surprises. Vous pourrez également profiter du service de recherche pour le remplacement de votre coutellerie, de la liste de mariage, des certificats-cadeaux, de l'emballage, la livraison et la gravure. Ce magasin est aussi réputé pour les objets significatifs de la religion juive (menoras, couronnes de la Tora, des boîtes à épices pour la *havdalah*, etc.).

COUVRE-PLANCHERS

Ameublement de Maison Provincial

5599, rue Paré, Ville Mont-Royal
Angle : ch. Devonshire
Tél. : 737-9180
Heures : lundi au vendredi de 9h à 17h et dimanche sur rendez-vous

Voici une entreprise qui, depuis 41 ans, offre des tapis commerciaux et résidentiels provenant du Canada, d'Europe (100 % laine) et des États-Unis (Shaw, Tuftex, Mohawk, Beaulieu, Kraus) ainsi que des planchers en formica imitation tuile ou des parquets de bois. De plus, on vous donne des prix concurrentiels sur les décorations de fenêtre (Hunter Douglas, Levelor), quelques collections de meubles (Vantage, Jaymar) et des matelas (Simmons, Princess). Vous pouvez demander des conseils pour votre décoration et on apportera même des échantillons à domicile pour vérifier si cela convient à votre maison.

Million Tapis et Tuiles

15, rue Bernard Est
Angle : boul. Saint-Laurent
Tél. : 273-9983
Heures : lundi au mercredi de 9h à 18h, jeudi et vendredi de 9h à 21h, samedi de 9h à 17h, dimanche de midi à 17h

Depuis 1937, cette entreprise vend toujours des tapis, du linoléum, des tuiles et des parquets en marqueterie. En plus de choisir parmi les catalogues des grandes usines de bois de marqueterie en Amérique du Nord, il y a plusieurs rouleaux de surplus de stock et des fins de série parmi lesquels vous pouvez arrêter votre choix. Habituellement, les prix sont réduits. Cette entreprise est maintenant gérée par la troisième génération et ils ont satisfait de nombreux clients. Pour le service à domicile : 273-9983. Autres magasins : 3424, avenue du Parc (842-2539); 175, boul. de la Concorde E., Laval (450-663-9870); 170, rue Saint-Jacques.

Tapis Galeries Normandy Carpet

950, boul. Saint-Jean, Pointe-Claire
Angle : boul. Brunswick
Tél. : 426-7847
Heures : lundi au vendredi de 10h à 18h, samedi de 10h à 17h, dimanche de midi à 17h

Vous connaissez sûrement cette salle d'exposition de tapis grâce au bouche à oreille. Voilà un bon signe ! Depuis 33 ans, cette entreprise familiale vend du tapis d'excellente qualité provenant de filatures importantes du Canada et des États-Unis. Puisque cette entreprise achète en grande quantité, car leurs ventes proviennent principalement de projets commerciaux, on peut égaler et vous donner le prix des concurrents. En mettant les pieds dans ce magasin, attendez-vous à un personnel très amical et compétent qui vous informera sur les caractéristiques des différents tapis. On y vend également des planchers en bois, du bois stratifié, des petits tapis, des passages et encore plus.

Tapis Lanctôt

148, rue Boyer, Saint-Isidore (Châteauguay)
Angle : rue Saint-Régis
Tél. : 875-1954 ou 861-7540
Heures : lundi au mercredi de 9h à 18h, jeudi et vendredi de 9h à 21h, samedi de 9h à 17h, dimanche de 11h à 17h

Ne vous laissez pas décourager par l'emplacement de cette entreprise, car cette ville est située à seulement 15 minutes après le pont Mercier à partir de Montréal. De plus, l'impressionnant volume de marchandise (100 000 pieds carrés) en vaut vraiment le déplacement. Depuis plus de 100 ans, la famille Lanctôt vend du tapis, du linoléum (dont plus de 1 500 coupons), des tuiles de céramique, des petits

tapis (55 panneaux), du plancher flottant et du bois franc. Ils ont une excellente réputation et leurs prix sont bas en tout temps. À l'intérieur, il y a d'autres représentants qui vendent du papier peint, de la literie, des stores, des meubles, des armoires de cuisine, des fenêtres et des portes. Autres magasin : 2025, ch. Chambly, Longueuil (450-647-1571).

DUVETS

Ungava

10, avenue des Pins O., suite 112
Angle : boul. Saint-Laurent
Tél. : 287-9276
Heures : mardi au vendredi de 11h à 18h et samedi de 11h à 17h

Ce commerce situé tout près de la rue Saint-Laurent fabrique ses propres duvets. Vous pourrez dénicher des duvets haut de gamme d'excellente qualité à partir de 95 $. On peut y fabriquer des duvets spéciaux sur mesure ou rembourrer vos vieux duvets en ajoutant d'autres plumes. Vous pouvez acheter des oreillers de la taille d'une couchette d'enfant pour remplacer les vieux coussins de votre canapé ainsi que des futons de qualité supérieure (densité de mousse de l,5 pi^3), des bases et des housses de futons, des traversins de lits et des housses de duvets.

ÉCLAIRAGE

Abat-Jour Illimités

4875, rue Jean-Talon Ouest
Angle : avenue Victoria
Tél. : 344-8555
Heures : régulières

Apportez la base de votre lampe pour choisir parmi plus de 6 000 modèles d'abat-jour en magasin (entre 8 $ et 500 $). Si vous ne trouvez pas le modèle désiré parmi le papier parchemin, la soie de crêpe, la dentelle, les fleurs séchées ou les modèles peints à la main, vous pouvez en commander un sur mesure. Ne ratez pas l'étalage de finitions intéressantes.

Beacon Luminaires

4075, boul. Saint-Laurent
Angle : rue Duluth
Tél. : 845-0136
Heures : lundi au mercredi 9h à 18h, jeudi et vendredi 9h à 21h, samedi 9h à 17h

Ce magasin de luminaires a pignon sur la *Main* depuis 57 ans. Il offre des marques connues comme Glenlite, Artcraft, Lightolier et Progress de même que des rabais de 20 % à 50 %. Il y a aussi des sonnettes de portes, des réverbères, des ventilateurs de plafond et de cuisinières, toutes sortes d'ampoules ainsi que du matériel électrique et des pièces.

Litemor

5965, ch. de la Côte-de-Liesse, Ville Saint-Laurent
Angle : rue Isabey
Tél. : 738-2433
Heures : lundi au vendredi 9h à 18h, samedi 9h à 17h

Après 32 ans, cette salle d'exposition (Lightolier, Progress, Artcraft, Murray Feiss, Schonbek, Kichler, Juno, Snok, Robert Abbey, Quoizel) est consacrée à l'éclairage intérieur et extérieur, que ce soit pour un projecteur de 10 $ ou un lustre de 25 000 $, sans oublier l'éventail impressionnant de lampes de table. Vous pouvez également commander un modèle dans l'un des catalogues si jamais vous ne trouvez pas ce que vous désirez. On offre un service de livraison et d'installation gratuit à l'achat d'un luminaire de plus de 250 $ et ils garantissent avoir en stock la marchandise. On dit de ce magasin qu'il est le meilleur endroit au Canada pour trouver toutes les sortes d'ampoules.

Lumideco

4810, rue Jean-Talon Ouest, Suite 300
Angle : avenue Victoria
Tél. : 737-5123
Heures : lundi au mercredi de 10h à 18, jeudi de 10h à 20h, vendredi de 10h à 16h, dimanche de midi à 16h (dimanche, téléphonez avant de vous rendre)

Ce grossiste en produits d'éclairage, portant également le nom de Chandelier Fashions, fait de la vente au détail. Vous pouvez flâner dans leur salle d'exposition, y choisir des liminaires muraux ou pour le plafond contemporains, art déco, anciens ou classiques ou sélectionner un des modèles de lampes de table ou sur pied offerts. Vous payerez le prix d'aubaine inscrit sur l'étiquette de prix. Si, parmi cet immense éventail de produits, vous ne trouvez pas de modèles qui conviennent à vos goûts, vous pouvez commander un modèle d'importation européenne provenant d'un des catalogues en magasin.

Union Lighting and Home

8150, boul. Décarie, Ville Mont-Royal
Angle : avenue Royalmount
Tél. : 340-5000
Heures : lundi au vendredi de 8h30 à 18h, jeudi et vendredi de 8h30 à 21h, samedi de 9h à 17h et dimanche de midi à 17h

Cette entreprise familiale oeuvre dans le secteur des produits d'éclairage depuis 1914. Avec le temps, le stock a évolué pour se raffiner et offrir toutes sortes de lampes sur pied, des lampes suspendues, des éclairages encastrés, des rampes de projecteurs, des lampes de bureau, des luminaires pour l'extérieur et d'importation. Aujourd'hui, on peut également trouver des allées d'ampoules, des interrupteurs, des fils électriques et toute la quincaillerie nécessaire. On offre aussi des miroirs, des plaques d'adresse, des enclenchements, des poignées, des rosaces pour le plafond, des reproductions d'œuvres d'art et des accessoires pour la salle de bains. Vous pouvez profiter d'une garantie de 30 jours sur le retour de marchandise et du service de réparation. De plus, on emballe les cadeaux gratuitement. Autre magasin : 3840, boul. Taschereau, Brossard (450-676-3700).

ENCADREMENT

Boutique d'Art Montréal

2360, rue de Salaberry, Cartierville
Angle : rue James-Morrice
Tél. : 336-0440
Heures : lundi au mercredi de 9h30 à 18h, jeudi et vendredi de 9h30 à 19h, samedi de 9h30 à 17h

Parce que cette compagnie vend à des grossistes, ses prix de détail sont excellents. Que ce soit pour les encadrements en bois, en métal, en feuilles d'or, en vernis, en mica ou ovales ou le laminage, l'encadrement encastré, l'encadrement d'archives et l'étirement de tapisserie à l'aiguille, vous trouverez un travail d'expert dans ce magasin. Autre magasin : Centre d'Art Kirkland, 3634, boul. Saint-Charles (695-6814).

Ciné-Affiches Montréal

8145, ch. Devonshire, Ville Mont-Royal
Angle : rue Ferrier
Tél. : 736-1023
Heures : lundi au vendredi de 8h30 à 17h

Si vous désirez laminer le chef d'œuvre de votre enfant, une coupure de journal ou un diplôme, cette entreprise de gros et de détail vous fera de bons prix. Le prix (50 % de rabais sur le prix de détail suggéré) dépend de la dimension et de la finition choisie. On y vend aussi des affiches de films (même celles datant des années 70), des encadrements et du transfert de photographie sur toile. Vous pouvez appeler pour une soumission de prix.

Encadrement Baroque

165, rue Saint-Zotique Ouest
Angle : rue Waverly
Tél. : 273-5455 ou 273-5471
Heures : lundi au vendredi de 7h à 17h, samedi de 7h à 14h

Ce grossiste offre quelques modèles parmi son stock de cadres en bois pour seulement 11 $ pour un cadre 8 x 10 ou 24 $ pour un cadre 20 x 24. Il y a également des toiles toutes montées et des tonnes de peintures à l'huile comme des paysages, des portraits ou des natures mortes.

Galerie d'Art Pointe-Claire

303-B, boul. Saint-Jean, Centre Pointe-Claire
Angle : autoroute 220
Tél. : 695-7760
Heures : lundi au mercredi de 9h30 à 18h, jeudi de 9h30 à 20h, vendredi de 9h30 à 19h, samedi de 9h30 à 17h, dimanche de midi à 16h (dimanche fermé en été)

Depuis 1983, en plus d'encadrer les peintures, les reproductions et la tapisserie à l'aiguille, vous pouvez faire encadrer des pièces de monnaie ou des cuillères dans des boîtes décoratives. Des passe-partout peuvent être coupés sur place pour les cadres déjà montés (les dimensions habituelles sont en stock). On fait des encadrements sur mesure (parfois en une heure). L'autre moitié du magasin est consacrée

principalement au matériel d'artiste et aux livres d'artisanat. Il y a des aubaines intéressantes sur la toile extensible en tout temps. De plus, on offre un rabais de 10 % aux étudiants et aux personnes âgées et même des cours d'aquarelle.

L'Entrepôt du Cadre

7373, boul. Langelier
Angle : Carrefour Langelier
Tél. : 899-8940
Heures : Heures régulières et dimanche de midi à 17h

Grâce à son grand pouvoir d'achat de chaîne de magasins, ces magasins de centre commercial peuvent vous offrir des cadres de toutes les grandeurs : 5 x 7 entre 8,50 $ et 36 $, 8 x 10 pour 10,95 $, 11 x 14 à 13,75 $ et 16 x 20 à 20 $. Il y a également du matériel d'artiste et de nombreuses reproductions déjà encadrées. Autres boutiques : Place Versailles (354-9031); Centre Laval (450-687-0545); Place Longueuil (450-463-3205); Greenfield Park (450-672-9412).

Le Marché du Cadre

2150, autoroute Transcanadienne, Dorval
Angle : boul. des Sources
Tél. : 683-5921
Heures : lundi au vendredi de 9h30 à 17h30, samedi 9h30 à 16h30

Dans ce magasin, on offre les services d'encadrement de gros et de détail avec plus de 2 000 échantillons et au moins 20 % de rabais sur le prix de détail des moulures canadiennes ou importées. Si vous êtes chanceux, vous pourrez profiter d'un des soldes de 30 % sur l'encadrement et sur les cadres standards. Ils offrent également différentes longueurs de moulure, un service d'atelier et d'assemblage de cadres ainsi que des contrats d'encadrement, de l'encadrement pour les musées et des peintures à l'huile.

Olympic

6831, avenue de l'Épée
Angle : avenue Beaumont
Tél. : 495-1930
Heures : lundi au vendredi de 8h à 17h, samedi de 8h à 13h

Ce fabricant et grossiste vend ses cadres au public. Vous y trouverez des cadres faits sur mesure (même pour la tapisserie à l'aiguille), des toiles extensibles, un grand choix de cadres (dont plusieurs cadres dorés), des dimensions variées (de 5 x 7 à 30 x 40) ainsi que des peintures à l'huile ou à l'acrylique.

FLEURISTES

Jardin Direct

2451, ch. Lucerne, Ville Mont-Royal
Angle : boul. Métropolitain
Tél. : 737-7673
Heures : lundi au vendredi de 10h à 19h,
samedi de 9h à 18h et dimanche de 10h à 16h

Depuis quand avez-vous envoyé une douzaine de rose à l'être cher ? Dépêchez-vous de rattraper le temps perdu et visitez tout de suite l'un de ces magasins qui offrent le prix incroyable de 13,99 $ la douzaine de roses (sauf à la fête des Mères et à la Saint-Valentin). Ces prix extraordinaires sont possibles, parce que ces magasins n'ont pas d'intermédiaire et se concentrent sur un choix limité de fleurs (bouquet d'œillets miniatures à 11,99 $, de marguerites à 9,99 $ et d'astromarias à 11,99 $). On y fait aussi des arrangements floraux pour les mariages ou les funérailles. Autres magasins : 3248, boul. Saint-Martin O. (450-978-7673); 6185, boul. Taschereau, Brossard (450-676-6951); 287, boul. Curé-Labelle (450-971-1090).

Les Serres Edgewood

5640, avenue Hudson, Côte-Saint-Luc
Angle : ch. Guelph
Tél. : 484-2333 ou 484-4264
Heures : lundi au vendredi de 8h30 à 18h,
samedi de 8h à 16h (juillet à août de 8h à 13h)

On ne fait pas de vente sous pression dans ce magasin très occupé, ouvert depuis 40 ans. Grâce à la grande quantité de produits et à la rotation rapide de son stock, ce fleuriste est reconnu pour sa polyvalence et sa capacité de satisfaire tous les budgets, que ce soit pour des petites commandes ou des grandes réceptions (centres de table à partir de 20 $). Ils ont sur place des serres abritant une grande variété de fleurs, de plantes vertes et de cactus. Il y a également des fleurs séchées. La livraison est possible à l'intérieur d'un certain territoire (si vous atteignez le montant minimum pour le service de livraison).

FOURNITURES DE BUREAU

Bureau en Gros

1035, rue du Marché-Central
Angle : boul. l'Acadie
Tél. : 383-6323
Heures : lundi au vendredi de 8h à 21h,
samedi de 9h à 17h, dimanche de 10h à 17h

Avec la popularité croissante du télé-travail, il fallait s'attendre à ce que cette chaîne de magasins, pendant canadien des magasins Staples aux États-Unis, s'installe dans notre coin de pays pour nous offrir des ordinateurs, des logiciels, des téléphones, des fournitures de bureau et des meubles de bureau. On garantit offrir le prix le plus concurrentiel avant et après l'achat. Vous pouvez fouiner dans leur catalogue dans le confort de votre foyer et commander par télécopieur ou par téléphone (1 800 688-6888) ce dont vous avez besoin. On effectuera gratuitement la livraison de toute commande de 50 $ et plus. Autres magasins : 3055, boul. Le Carrefour, Laval (450-682-9702); 6800, rue Jean-Talon E. (251-0513); 3660, boul. Côte-Vertu (338-1036); 365, boul. Brunswick (694-5578); 7214, boul. Newman (364-3872); 4205, rue Jean-Talon O. (344-3044); 6555, boul. Taschereau (450-445-2229); 3165, boul. des Sources (684-1831); 770, rue Notre-Dame (875-0977); 5800, boul. Cavendish (369-4858); 2790, ch. Chambly, Longueuil (450-670-1698) et plus. www.bureauengros.com

LITERIE ET DRAPERIES

Décor Pour Vous

4335, rue Wellington, Verdun
Angle : rue Gordon
Tél. : 762-5555
Heures : régulières et dimanche de 11h à 17h

Si vous désirez profiter d'aubaines à tout casser sur vos articles blancs, vous trouverez toujours tout ce dont vous avez besoin dans ce magasin. Un ensemble de douillette pour lit double avec couvre-oreiller et jupon est vendu seulement 89,99 $ et plus (mais pas beaucoup plus), un oreiller de corps à 9,99 $, des débarbouillettes à 0,69 $, un ensemble de quatre coussins de chaise à 8,99 $, des sièges de toilette à 14,99 $, des touts petits oreillers à 9,99 $ ou un très grand format pour seulement 6,99 $. Vous serez émerveillé par le grand choix de coussins décoratifs à 9,99 $. De plus, les prix pour les stores verticaux sont affichés, bien en vue, sur le mur.

Entrepôt du Décor

9620, boul. Saint-Laurent
Angle : rue de Louvain
Tél. : 382-5954 ou 388-2474
Heures : lundi au mercredi de 9h à 18h, jeudi et vendredi de 9h à 20h, samedi de 9h à 17h, dimanche de midi à 17h

Cela fait plaisir de trouver de nos jours une boutique qui confectionne des rideaux. Choisissez parmi les beaux étalages de dentelle, de coton lustré, de tapisserie et de tissus transparents unis ou imprimés. Il y a aussi de la toile, de la mousse et des tissus enduits de plastique. On peut vous confectionner un couvre-lit et une housse de duvet sur mesure ou vous pouvez acheter un édredon déjà tout fait. Le service de magasinage à domicile est disponible. On viendra prendre les dimensions pour les rideaux et on vous les installera en plus d'offrir le service de rembourrage. Les stores verticaux et horizontaux sont aussi des articles que vous trouverez dans ce magasin de même que du tissu à la verge.

Le Méga Marché du Store

3500, boul. Saint-Joseph Est
Angle : boul. Saint-Michel
Tél. : 259-3500
Heures : lundi et mardi de 9h à 18h, mercredi à vendredi de 9h à 21h, samedi de 9h à 17h et dimanche de midi à 17h

Seulement dans cet immense magasin de la chaîne, il est possible de faire confectionner sur mesure des stores pendant que vous attendez ou que vous fouinez dans la section des liquidations. Cette entreprise existe depuis 1954 et mise principalement sur la fabrication des stores verticaux, horizontaux, à plis ou rétractables. Les lattes peuvent être de dimensions régulières, plus étroites ou en bois. Tous les stores sont faits sur mesure pour vos fenêtres. On peut recouvrir les stores de tissu. Autres magasins (magasins réguliers) : 6872, rue Saint-Hubert (278-8327); 6920, rue Jean-Talon E. (251-3335); 55, boul. Saint-Martin O. (450-668-2370); 11 800, rue Sherbrooke E. (640-

9037); 3836, boul. Taschereau (450-672-0200); 3940, boul. Saint-Jean (624-9768); Fabreville, 519, boul. Curé-Labelle (450-963-2020) et plus. www.blindstogo.com

Lieberman Tranchemontagne

653, rue Hodge, Ville Saint-Laurent
Angle : boul. Montpellier
Tél. : 747-5510
Heures : lundi au vendredi de 8h30 à 17h

Ce fournisseur de literie pour les hôtels vous vendra des collections durables. Des draps blancs sont offerts à la douzaine. Optez pour les couvertures en molleton Martex Vellux à (très grand à 38,96 $) ou Futurelle (très grand à 22,95 $), les débarbouillettes et les serviettes de bain (habituellement en blanc), les taies d'oreillers en polyester à 7,70 $ et des peignoirs en ratine blanche pour 29,95 $. On fabrique les nappes Lieberspun. Donc, vous pouvez choisir un modèle parmi le surplus de stock ou commander un modèle sur mesure, soit en polyester ou en étoffe 100 % coton, en bleu, vert, ivoire ou d'autres couleurs. Il y a des serviettes de table coordonnées et des napperons tissés vendus à la douzaine, des tabliers de chef cuisinier et des rideaux de douche.

Linen Chest Warehouse

7373, boul. Langelier
Angle : rue Jean-Talon
Tél. : 254-3636
Heures : régulières et dimanche de midi à 17h

Lorsque Linen Chest désire écouler son surplus de stock, il l'envoie dans ce magasin-entrepôt pour offrir des aubaines de dernière minute. Toute la marchandise offerte dans leurs boutiques haut de gamme pourrait donc être écoulée ici : des douillettes, des ensembles de literie (lits jumeaux pour 19,95 $), des accessoires pour la salle de bains, des serviettes, des napperons, des rideaux de douche, des ensembles pour la couchette de bébé (trois articles pour 69,95 $) et des tapis.

Linen Entrepôt

120, rue de Louvain
Angle : boul. Saint-Laurent
Tél. : 384-8290
Heures : Un samedi par mois de 7h à midi

Depuis 20 ans, ce fabricant de literie écoule ses produits en surplus de stock aux clients avisés qui font la queue pour profiter des économies. Ils annoncent l'événement dans les journaux locaux de diverses communautés culturelles (habituellement ceux des communautés grecque et italienne). Vous pouvez également téléphoner au numéro ci-dessus et vous informer de la date du solde. L'immense entrepôt offre des draps filés fin (percale 180-220), souvent des marques connues, des couvre-lits, des douillettes (lits jumeaux à partir de 15 $), des ensembles de douillette (lits jumeaux 30 $), des rideaux pour la cuisine, des oreillers décoratifs et ordinaires ainsi que des serviettes pour la cuisine et la salle de bains. Tendez bien l'oreille pour ne pas manquer les annonces de promotions lors de votre visite dans ce magasin.

Literie Intercontinental Bedding

4750-A, rue Jarry Est, Saint-Léonard
Angle : boul. Viau
Tél. : 593-8014
Heures : lundi au vendredi de 9h à 15h

Ouvert récemment au grand public, ce magasin-entrepôt du fabricant vous permettra d'économiser entre 30 % et 70 % sur les douillettes, les oreillers, les décorations pour les fenêtres et les tissus en surplus de stock. Pour un ensemble de douillette quatre pièces en satin de coton pour grand lit, vous payerez environ 220 $; pour ceux en jacquard, vous débourserez 260 $. Il y a des ensembles de draps en flanelle tout confort offerts dans un choix de 11 couleurs pour 30 $ à 40 $. De plus, vous pouvez également commander un ensemble sur mesure. Le stationnement est situé à l'arrière du commerce.

S & S Promotions

160, rue Saint-Viateur E., suite 110
Angle : rue Casgrain
Tél. : 273-3318
Heures : lundi au vendredi de 9h à 16h, samedi de 8h à 11h30

Ce manufacturier de literie vend depuis l983 des ensembles de draps pour bébé, les enfants et les grands, que ce soit des draps 100 % coton ou 50 % polyester et 50 % coton. Vous pouvez y trouver des housses de douillette, des couvre-lits, des édredons, des oreillers en duvet ou anti-allergies, des coussins pour les animaux, des draps de satin, des couvre-matelas, des jetés pour votre sofa et vos chaises ainsi que des couvertures de laine. N'oubliez pas d'aller dans la manufacture !

Textiles Suprêmes

99, rue Chabanel Ouest, suite 408
Angle : boul. Saint-Laurent
Tél. : 385-0615
Heures : lundi au vendredi de 9h à 16h30, samedi de 8h à 14h

Situé dans une manufacture, cette entreprise fait office de magasin de gros et de détail. Les fins de série et les articles de liquidation sont toujours très abordables : vous y trouverez des couvre-lits, des édredons, des serviettes, des draps en percale (très grand à 30 $), des ensembles de draps pour bébé (7 articles entre 89 $ et 150 $) ou des oreillers (7 $). Le prix de base des draps qui conservent la chaleur du corps (65 % acrylique et 35 % polyester) commencent à 29 $ pour un lit jumeau. Vous pouvez aussi commander des couvre-lits sur mesure, des rideaux et des valences.

Universal/Maison Condelle/Merimack

9399, boul. Saint-Laurent
Angle : rue de Louvain
Tél. : 383-7803
Heures : tous les jours de 9h à 17h

Cet important fabricant de literie a ouvert ce magasin pour écouler les articles en surplus de stock à des prix défiant la concurrence. Dans des contenants proprement alignés sur lesquels la plupart des prix sont indiqués, on vous offre des ensembles de draps en jersey pour lits jumeaux pour seulement 20 $, des douillettes pour lit double à 20 $ ou pour grand lit à 60 $, des ensembles de douillettes pour lits jumeaux (couvre-oreillers et taies d'oreillers) à 70 $, pour lit double à 80 $ et pour grand lit à 90 $, des couvertures toutes douces à imprimés animaliers (zèbre, éléphant, lion) à 45 $, des couvertures en molleton à 30 $ (lit double), des rideaux de douche à 20 $, des ensembles de draps en percale pour grand lit avec des coins profonds à 25 $, des couvre-matelas à 15 $ et des oreillers à 5 $ seulement.

Verti Store

2925, boul. des Sources, Dorval
Angle : autoroute Transcanadienne
Tél. : 685-1901
Heures : régulières et dimanche de midi à 17h

Dans cette grande salle d'exposition, vous pourrez concevoir des plans de fenêtres bien décorées. On y offre plusieurs échantillons de stores horizontaux et verticaux et des rideaux variés à prix très concurrentiels. Vous pouvez vous procurer toute la quincaillerie pour installer les stores et les rideaux tout en admirant les centaines de rouleaux de tissus pour les rideaux. Le service sur mesure est également offert tout comme le service de magasinage à domicile gratuit. À l'étage, il y a des étalages d'ensemble de draps, des duvets et des matelas (Simmons, Sealy, Dunlop Latex) et quelques articles de literie. Autres magasins : 6633, boul. Taschereau (450-926-2222); 7640, boul. Newman (363-2056); 1175, autoroute 13, Laval (450-687-3892).

MATELAS

Dormez-vous

3379, boul. des Sources, D.-D.-O.
Angle : boul. Brunswick
Tél. : 684-4927
Heures : régulières et dimanche de midi à 17h

Ce magasin plairait assurément au Frère Jacques avec les rabais sur les matelas, les lits et la literie (Dan River, Lawrence, Crown Craft, Yves de Lorme, Croscill). Des marques reconnues (Simmons, Sealy, Serta, Stearns & Foster, Primo) sont toutes présentées pour vous et vous pouvez même les essayer. Des têtes de lits, des pieds de lits, des lits-bateaux, des lits superposés, des futons, des lits en laiton : vous trouverez de tout à des prix raisonnables. Ne manquez pas le Coin des petits. Autres magasins : 6870, rue Jean-Talon E. (252-4927); 7216, boul. Newman (595-4927).

Laval Bedding

950, rue Berlier, Laval
Angle : boul. Industriel
Tél. : 450-663-5921
Heures : lundi au vendredi de 9h à 17h30, samedi de 9h à 16h

Si les matelas standards ne vous conviennent pas, ce fabricant pourra alors vous commander un matelas sur mesure. Le prix d'un lit jumeau débutent à seulement 190 $. Le sommier et le matelas ferme très grand de 80 pouces ne coûteront pas plus que 15 % qu'un matelas ordinaire. Les matelas en mousse sont offerts et même en formes rondes.

Matelas Bonheur

15 634, boul. Gouin O., Sainte-Geneviève
Angle : boul. Saint-Jean
Tél. : 620-7155
Heures : régulières et dimanche de midi à 17h

Grâce au grand volume d'achat de matelas (Sealy, Rotec, Mattech, Serta), ce magasin peut offrir des prix bas tous les jours. On vend maintenant des lits électriques, des matelas en mousse, des têtes de lit en acier et de la literie (Excelsior, Dayfab, Continental). Autres magasins : 1448, rue Fleury E. (388-9077); 152, rue Saint-Jean-Baptiste, Châteauguay (450-691-4240); 1860, boul. Le Corbusier, Laval (450-687-7880); 5201, rue Sherbrooke O. (369-1860); 5836, boul. Métropolitain E. (251-5300); 8050, boul. Taschereau (450-923-5557); 5164, ave. du Parc (278-4527); 1734, rue Dollard (595-5356) et d'autres.

NETTOYAGE À SEC

Nettoyeur Budget

5, rue Commercial Centre
Angle : 4e ave
Tél. : 450-424-5875
Heures : lundi au mercredi et vendredi de 9h à 16h, jeudi de 9h à 20h, samedi de 9h à 17h

Toute une aubaine pour le nettoyage à sec ! Dans ce commerce, on calculera le nettoyage à sec à la livre (4 $ la livre), pour un minimum de 3 livres. On apporte habituellement des sacs de couchage, des douillettes, des rideaux, des manteaux d'hiver et des parkas. On utilise la même méthode de nettoyage à sec que dans les nettoyeurs réguliers. Les vêtements ne sont pas repassés (supplément), mais ce magasin prétend que la plupart des vêtements n'ont pas besoin de repassage. Le nettoyage à sec s'effectue à Saint-Lazare, mais vous pouvez déposer vos vêtements à la Cordonnerie Roxboro (683-8790).

Western Cleaners

4460, rue Sainte-Catherine Ouest, Westmount
Angle : rue Metcalfe
Tél. : 935-2000
Heures : lundi au vendredi de 6h à 17h, samedi 7h à 15h

Le nettoyage à sec de chandails en gros est le service le plus en demande dans ce commerce (1,89 $ la livre, minimum 10 livres). Les couvertures et les rideaux peuvent également être nettoyés à sec en gros. Les amateurs de tricot peuvent aussi faire arrêter leurs chandails.

PAPIER PEINT

Empire

3455, avenue du Parc
Angle : rue Sherbrooke
Tél. : 849-1297
Heures : lundi au mercredi de 9h à 18h, jeudi et vendredi de 9h à 21h, samedi de 9h à 17h, dimanche de midi à 17h

Voici l'endroit où vous devez vous rendre pour profiter des prix incroyables sur le papier peint encollé. Vous pouvez choisir parmi une sélection de modèles de fins de série ou d'échantillons variant entre 5,99 $ et 32,99 $ le rouleau double. On offre une grande sélection de livres d'échantillons du Canada ou d'ailleurs. De plus, vous pourrez compléter votre décoration avec les peintures Sico, Benjamin Moore et Pratt & Lambert. Des stores horizontaux, en bois et des persiennes peuvent être commandés.

PEINTURE

Les Peintures Swing Paints

2122, rue Saint-Patrick, Pointe-Saint-Charles
Angle : rue Island
Tél. : 932-0941
Heures : lundi au vendredi de 9h à 17h, samedi de 9h à midi

Cette entreprise qui existe depuis 1965 mise de nos jours sur le revernissage de meubles. Vers 1850, la moirure et le vernis ont été inventés ici, alors vous obtiendrez toujours le meilleur prix en ville. Le long mur dans la partie droite du magasin regorge d'aubaines sur la peinture, la moirure, le vernis et la teinture de fin de série, le décapant liquide ou en gel. On y trouve des rouleaux de cinq pieds en laine d'acier de toutes les qualités. Il y a toujours de la peinture au latex (semi-brillant et mat) ou à l'huile (très brillant) dans les couleurs pastel.

SOFAS-LITS

Cameo Convertibles

7905, autoroute Transcanadienne, Ville Saint-Laurent
Angle : boul. Côte-Vertu
Tél. : 337-2933
Heures : lundi au mercredi de 9h30 à 18h, jeudi de 9h30 à 20h, vendredi de 9h30 à 18h, samedi 9h à 17h

Voilà l'endroit idéal pour acheter des sofas-lits. Ce fabricant vous propose une magnifique salle d'exposition où vous trouverez tous les modèles de sofas-lits dans un vaste éventail de prix intéressants. Les sofas se transforment en lit double ou en lit très grand. Vous pouvez choisir un tissu qui s'agencera à votre décoration et à votre portefeuille. On pourra vous confectionner un sofa-lit de qualité et tout en confort avec un matelas très ferme à ressorts intérieurs. Puisque cet endroit peut acheter directement des filatures, il n'y a aucun intermédiaire et vous ferez des économies sensationnelles. Vous pouvez également commander un sofa sur mesure, un sofa modulaire et des chaises. Autre magasin : 505, boul. René-Lévesque Ouest (861-0537).

TISSUS ET MERCERIE

C & M Textiles

7500, rue Saint-Hubert
Angle : rue Faillon
Tél. : 272-0247 ou 272-4740
Heures : régulières

Que ce soit pour la confection de vêtements ou la décoration, ils ont de tout : soie, lainage, microfibre, lurex, lamé, perle, guipure, taffetas, dentelle, broderie, organza, sans oublier la grande sélection de tissus pour la robe de mariée. Pour le rembourrage et les draperies, ne manquez pas les soldes dans les étalages d'échantillons de filatures d'Europe, les tissus en chenille, les damas, les velours, les tapisseries, les imprimés en coton, les rideaux de dentelle, les tissus d'extérieur, les stores verticaux et les toiles etc. Ce magasin existe depuis 1947 et offre des rabais sur tout. Si vous n'avez pas encore visité la boutique, il serait temps que vous alliez y faire un tour. Magasin de liquidation : 7526, rue Saint-Hubert.

Ventes à l'encan

Empire

5500, rue Paré, Ville Mont-Royal
Angle : boul. Décarie
Tél. : 737-6586 ou 737-5343
Heures : tous les mois, dimanche de 13h
à 17h, lundi au jeudi de 19h à 23h

Les catalogues de ventes de ce
commerce comprennent 2 000 articles :
des meubles, des oeuvres d'art, des
tapis, des pièces de monnaie, des
documents historiques et des bijoux. La
vente aux enchères a lieu
mensuellement. Il est possible
d'inspecter la marchandise le samedi et
dimanche entre 10h et 17h. Il y a un frais
de 10 % pour les acheteurs et de 10 %
pour les vendeurs. Il y a également un
frais de 25 $ pour tout article vendu, et
parfois même pour les articles non
vendus. Le catalogue coûte 10 $ et il
vous possible d'en obtenir un exemplaire
lors du premier jour d'inspection de la
marchandise. Pour vous inscrire à la liste
de clients, contactez la personne-
ressource par téléphone au numéro ci-
haut. www.empireauctions.com

legor - Hôtel des Encans de Montréal

1448, rue Sherbrooke Ouest
Angle : rue Bishop
Tél. : 842-7447
Heures : trimestriel, lundi, mardi,
mercredi à 19h (Marché Bonsecours)

Vous trouverez des objets de collection
comme des livres, des timbres, des
meubles ainsi que des objets d'art et des
antiquités. L'inspection des articles a lieu
le dimanche précédant la vente aux
enchères ainsi que pendant la journée
même entre 10h et 17h. Il y a un frais de
15 % pour l'acheteur et de 10 % pour le
vendeur pour un article évalué à plus de
7 000 $, de 15 % pour un article entre
2 000 $ et 6 999 $ et de 20 % pour un

article de moins de 2 000 $. Pour 100 $,
vous pouvez obtenir un abonnement
annuel aux catalogues et aux résultats
des ventes aux enchères. Vous pouvez
vous inscrire gratuitement à la liste
d'envoi pour les ventes aux enchères et
faire évaluer un article gratuitement.
www.iegor.net

Le Curateur Public

6546, rue Waverly
Angle : boul. Saint-Laurent
Tél. : 873-4074

Durant l'année, lorsqu'il y a
suffisamment de marchandise accumulée
(environ toutes les 4 à 6 semaines), on
organise une vente aux enchères
d'articles pour la maison, des voitures,
etc. provenant de la police ou tout autre
organisme gouvernemental. Les avis
sont publiés dans les journaux quelques
jours avant la vente ou vous pouvez aussi
appeler au numéro ci-dessus pour
connaître la date de la prochaine vente
aux enchères.

Pinneys

2435, chemin Duncan, Ville Mont-Royal
Angle : boul. Décarie
Tél. : 345-0571
Heures : au moins une fois par mois,
lundi et mardi à 19h; aussi, deux ventes
aux enchères par catalogue annuellement

La vente aux enchères mensuelle
(souvent plus fréquente) a lieu chaque
lundi et mardi et l'inspection est faite le
même jour entre 10h et 19h. N'importe
quel article peut être vendu ici : rien n'est
trop petit ou trop grand. Le frais de
l'acheteur est de 10 % (15 % lors de la
vente par catalogue) et le frais du
vendeur est de 20 %. Les ventes par
catalogue d'antiquités, d'argenterie, de
bijoux et d'œuvres d'art canadiennes et

européennes ont lieu deux fois par année. Il en coûte 8 $ (incluant le frais de poste) pour obtenir le catalogue à l'avance et 5 $ lors de l'inspection. La liste d'envoi est valide pour la vente aux enchères par catalogue seulement.

Ville de Montréal

969, rue de Louvain Est
Angle : rue Saint-Hubert
Tél. : 872-5232
Heures : une fois par mois à 9h 15

Une fois par mois, la Communauté urbaine de Montréal organise une vente aux enchères avec des articles non réclamés comme des bicyclettes, des voitures, des articles de maison ou divers objets qui sont laissés à la fourrière municipale. Il est possible d'inspecter les articles avant la vente aux enchères soit entre 8h15 et 9h15.

Casa Marco Textiles

262, rue Fairmount O.
Angle : rue Jeanne Mance
Tél. : 270-8333
Heures : tous les jours de 10h à 21h

Si vous travaillez pendant le jour, vous serez ravi de constater les heures d'ouverture en soirée et le week-end. Les tissus sont empilés sur des étalages de 16 pieds de hauteur. On offre tout ce dont vous avez besoin pour la finition (aiguilles, doublures, garnitures) sous un même toit. On aiguise les ciseaux et on répare également les machines à coudre. Entrez dans ce magasin pour admirer la plus grande collection de drapeaux en ville (281 pays) offerts en trois tailles en plus des crayons, des porte-clés, des montres, des ballons de soccer, des parapluies, des plaques d'immatriculation, tous en inventaire.

Centre de Couture Snowdon

5137, boul. Décarie, Snowdon
Angle : ch. Queen-Mary

Tél. : 486-0544
Heures : lundi au mercredi de 9h30 à 18h, jeudi et vendredi de 9h30 à 19h, samedi de 10h à 17h

Depuis 1950, ce magasin attire les couturières et les tailleurs avec son vaste éventail de mercerie et de garnitures et le meilleur choix de boutons en ville. Peaufinez la finition de vos projets de couture avec des rubans, des boutons-pression, des bonnets de soutiens-gorge, des fermetures à glissière, des empiècements, des boas et des appliqués. On peut recouvrir les boutons et les boucles de ceinture, confectionner des ceintures et faire des plis de jupe. De plus, vous pouvez vous procurer de la laine et du fil pour la tapisserie à l'aiguille de même que fabriquer des étiquettes d'identité pour les vêtements pour le camp d'été. On répare également les machines à coudre.

Chaton Beads

7541, rue Saint-Hubert
Angle : rue Villeray
Tél. : 278-8989
Heures : lundi au mercredi de 10h à 17h30, jeudi et vendredi de 10h à 19h, samedi de 11h à 16h et dimanche de midi à 16h

Dans ce magasin, il y a des perles à perte de vue : on y trouve des perles pour garnir les vêtements et pour la fabrication de colliers (perles, perles de mer, pierres du Rhin). Vous pourrez également vous procurer des chaînes, des boutons, des roses en satin, des brandebourgs, des garnitures perlées, des garnitures pour le voile pour la mariée et une centaine de sortes de pierres semi-précieuses. www.chatonbeads.com

Couture-Carlyle

7282, rue Saint-Hubert
Angle : rue de Castelnau
Heures : régulières

On vous propose des tissus de qualité à prix d'aubaines parmi le vaste choix de tissus pour la décoration intérieure ou pour la confection de vêtements. Vous trouverez beaucoup de damas blanc dans la salle consacrée au rembourrage et une autre salle offre des lainages et beaucoup d'autres tissus empilés jusqu'à 10 pieds de hauteur. Autres magasins : Classique & Moderne, 7374, rue Saint-Hubert.

Davetex

5409, boul. Saint-Laurent
Angle : rue Saint-Viateur
Tél. : 274-6030 ou 271-8856
Heures : dimanche au jeudi de 9h30 à 17h,
vendredi de 9h30 à 14h (en été, vendredi
9h30 à 16h)

Depuis 1962, ce magasin a pignon sur rue sur la *Main* et le propriétaire très serviable sait comment satisfaire le client. Il se spécialise dans les tissus pour les tailleurs et les manteaux : laine, cachemire et lainage de crêpe, super 100 et 120, laines Merino et laines d'Italie. On offre maintenant des centaines de couleurs de microfibres. Ces tissus sont très prisés pour les costumes de théâtre et de cinéma.

Garnitures Dressmaker

2186, rue Sainte-Catherine Ouest
Angle : rue Atwater
Tél. : 935-7421
Heures : lundi, mardi de 9h à 19h, mercredi au vendredi de 9h à 21h, samedi 9h à 17h et dimanche de midi à 17h

La couturière pourra s'approvisionner de toutes les garnitures indispensables comme les tissus de doublure, les dés à coudre, les agrafes pour la lingerie, la dentelle pour la robe de mariée, les plumes, les perles, les pierres du Rhin, les rubans, les fermetures à glissière ainsi que des tonnes de boutons. Pour compléter cet éventail, on propose du matériel d'artisanat pour le pochoir, les estampes, le découpage en points de croix ainsi que le nécessaire pour fabriquer les oursons en peluche, la broderie, la confection de bijoux et de lampes de même que de la peinture pour tissu.

Le Marché de Textiles Debouk

7254, rue Saint-Hubert
Angle : rue de Castelnau
Tél. : 276-3278
Heures : régulières et dimanche de midi à 17h

Ce tout petit magasin a pris beaucoup d'expansion pour devenir le grand commerce que l'on connaît aujourd'hui. Vous y trouverez de tout pour la plupart de vos créations de couture. Pour le rembourrage, vous pouvez choisir parmi les tissus jacquards, de la moire et des cotons. Il y a de la mousse et du dacron pour vos coussins qui peuvent être coupés sur mesure, peu importe la forme désirée. Pour

la confection de vêtements dernier cri, on vous propose les tissus novateurs combinés au lycra, des cuirs extensibles, du vinyle, des lainages, de la soie chinoise, du camouflage, de la mousseline et des laines italiennes ultra légères ainsi qu'une salle consacrée aux tissus enduits de plastique. À l'étage, il y a les coupons qui se vendent à la livre.

Les Textiles Bon-Mar

8448, boul. Saint-Laurent
Angle : rue de Liège
Tél. : 372-2275 ou 382-2276
Heures : lundi au vendredi de 8h30 à 16h30 et samedi de 8h à midi (fermé en été)

Dans ce magasin, on vend la nouvelle génération de tissus conçus pour la pratique de sports : maillots de bain, gymnastique, planche à voile, conditionnement physique et costumes de théâtre. Les tissus spécialisés ont été créés pour vous garder au chaud ou vous permettre de réduire votre température corporelle. Lorsque le Cirque du Soleil et les champions olympiques Elvis Stojko, Victor Kraatz et Shae Lynn Bourne cherchent de la paillette, des franges, de la mousseline, des imprimés animaliers, des holo-grammes, du ruban réfléchissant, des diadèmes et des chapeaux de fantaisie, voilà l'adresse incontournable pour dénicher des costumes magnifiques. www.bon-mar.com

Magasin de Castille

5381, rue de Castille
Angle : rue Jean Meunier
Tél. : 322-9174
Heures : lundi au vendredi 9h à 17h30, samedi 9h à 15h

On propose des polyesters, des molletons, des tricots, des cotons imprimés, de la ratine, des lainages, de la gabardine, du nylon imperméable, du lycra en plus des garnitures comme les élastiques et les fermetures à glissière de toutes les longueurs à 0,10$ et à 0,20$. Il y a des centaines de coupons, de la doublure, des rouleaux de six pieds de longueur de nappes ouatées, des boucles, des boutons et quelques accessoires pour l'artisanat comme les perles, le feutre et les sièges de chaises en mousse.

Plazatex

951, avenue Mont-Royal Est
Angle : rue de Mentana

Tél. : 521-5595

Heures : régulières et dimanche de 12h30 à 17h

Voici un magasin, qui, depuis 51 ans, a su conserver une saveur d'antan en vendant le tissu à la verge en plus d'offrir les services d'un propriétaire qui connaît sa marchandise. Dans des étalages propres et bien garnis, on offre principalement des tissus pour la confection de vêtements, mais également quelques tissus pour la décoration intérieure. De plus, il y a des boutons, beaucoup de garnitures, des franges, du tissu pour les complets d'hommes, de la rayonne, des rideaux en dentelle, du molleton, de la mousse pour les sièges de chaises et, bien sûr, des contenants remplis de coupons.

Rix Rax

801, rue Gilford
Angle : rue Saint-Hubert
Tél. : 522-8971
Heures : mardi et mercredi de 11h à 18h, jeudi et vendredi de 11h à 20h, samedi de 11h à 17h

La superbe décoration de cette petite boutique vous enchantera ainsi que le grand choix de garnitures : plus de 65 000 boutons (en bois et en corne), des rubans, des boucles, des brandebourgs, des plumes, des fleurs, des glands tressés, de la voilette pour chapeaux, des bordures en dentelle, des franges, des perles, des clous et des pierres, de tout pour la couture. www.rixrax.ca

Rubans, Boutons...

4818, rue Saint-Denis
Angle : rue Gilford
Tél. : 847-3535
Heures : lundi au jeudi de 10h à 17h, vendredi de 10h à 20h, samedi de 10h à 16h

Martha Stewart aurait un problème avec cette boutique : il y a trop de choix de boutons et de rubans pour tous ses projets de bricolage. On vous propose des étalages sans fin de boutons en corne, en cuir, en nacre et en verre, dans un arc-en-ciel de couleurs et de motifs, et même des modèles anciens. Les milliers de rubans offerts sont importés de France et du Japon; certains sont garnis de fil métallique pour créer des boucles d'emballage artistiques; il y a des rubans pour les cheveux, pour les robes de soirée et des rubans de décoration.

Sabra Woolens

6570, avenue Victoria
Angle : avenue Barclay
Tél. : 733-4862
Heures : lundi au mercredi de 10h à 19h, jeudi et vendredi de 10h à 20h, samedi de 9 h à 18h, dimanche de midi à 17h

Dans cette boutique impeccable, vous trouverez toutes sortes de tissus pour vos projets. Que ce soit de la brocarde japonaise, de la crêpe georgette brodée, de la soie chinoise ou indienne, de l'organza (froissé, chatoyant, deux tons, brodé), de la broderie anglaise, de la dentelle, de la tulle ou du satin crêpé pour une occasion spéciale, du tissu-éponge pour les serviettes de votre maison ou des fermetures à glissière placées par couleurs : il y a de tout en grande quantité.

Stretch-Text

9320, boul. Saint-Laurent, suite 308
Angle : rue Chabanel
Tél. : 389-0813
Heures : lundi au vendredi de 9h à 17h, samedi de 9h à midi

Ne rebroussez pas chemin simplement parce que cette entreprise est située dans un édifice. Vous serez émerveillé par l'éventail de couleurs de tissus extensibles, que ce soit les tissus perlés, les velours ou les imprimés animaliers.

Tissus Doré

5425, rue Casgrain
Angle : rue Maguire
Tél. : 272-5314 ou 272-9378
Heures : lundi au vendredi de 9h à 17h, samedi de 9h à midi

Dans ce commerce, les tissus offerts font un tout intéressant par sa variété : il y a du tissu de 90 pouces de largeur pour confectionner des draps (même en flanelle), des rideaux, des nappes, du filet en nylon, de l'étamine, de la toile pour les artistes, de la fausse fourrure, des couvertures Navaho, du tissu fluorescent ou imperméable, des sergés et des coutils pour les vêtements de travail, sans oublier les mélanges de coton et de polyester, le tissu 100 % coton et le nylon. Tous les articles de ce magasin sont très bien étiquetés avec les dimensions et les prix, même les contenants de retailles et la grande sélection de coupons. Aventurez-vous dans l'entrepôt pour trouver encore plus d'aubaines.

Tonitex

9630, boul. Saint-Laurent
Angle : rue de Louvain
Tél. : 389-8293
Heures : lundi au vendredi de 8h à 17h,
samedi de 9h à 16h

Vous serez très heureux de voir ce grand espace rempli d'immenses rouleaux ainsi que les échelles qui servent à atteindre celles qui se permettent d'aller au plafond. On vend aux fabricants avoisinants ainsi qu'aux couturières à la maison une grande variété de tissus : molleton, denim, fausse fourrure, nylon, lycra, flanelle ou similisuède. Optez pour les contenants de coupons qui se vendent au kilo : 11 $ pour le lycra et 7,70 $ pour la flanelle.
www.tonitex.com

TUILES

Centre Métropolitain de Céramique et Décor

4930, boul. Métropolitain E., Saint-Léonard
Angle : rue Vittel
Tél. : 593-3919 ou 593-3922
Heures : régulières et dimanche de 11h à 16h

Le mur de tuiles en solde (de 1,29 $ à 1,69 $ le pied carré) se trouve à votre droite lorsque vous entrez dans ce magasin. La plupart des autres tuiles sont environ 4 $. Il y a plus de 3 000 tuiles (incluant celles en granite). De plus, vous y trouverez des outils, de la colle et beaucoup de conseils astucieux sur l'installation des tuiles, si vous désirez le faire vous-mêmes.

Château Marbre et Granit

9055, rue Pascal-Gagnon
Angle : boul. Couture
Tél. : 955-9760
Heures : lundi au mercredi de 7h30 à 17h30, jeudi et vendredi de 7h30 à 18h, samedi de 7h30 à 15h

Le marbre et le granit sont de superbes éléments de décoration dans n'importe quel palais, tout particulièrement dans votre maison. Vous pouvez ajouter ces décorations à votre foyer, votre table de salle à manger, votre évier, aux tuiles du plancher, dans toutes les couleurs de l'arc-en-ciel, du jaune au pourpre. Autre magasin : Marbre Richmar, 105, rue Jean-Talon, O. (273-7116). www.chateaumarbre.com

Eco Dépôt Céramique

1111, autoroute 440 O., Laval
Angle : boul. Industriel
Tél. : 450-667-1166
Heures : lundi au mercredi de 8h à 18h, jeudi et vendredi de 8h à 21h, samedi de 9h à 17h, dimanche de midi à 16h

Cette salle d'exposition de type entrepôt offre de nombreux arrangements de céramique déjà mis en place afin que vous puissiez voir l'effet du travail terminé. La plupart des céramiques sont vendues à moins de 2,79 $ le pied carré. Une salle complète a été consacrée aux couleurs terre méditerranéennes et on conserve presque tout en stock. Autre magasin : 3335, boul. Taschereau, Saint-Hubert (450-678-9191).

La Tuilerie Céramique

837, avenue Querbes, Outremont
Angle : avenue Van Horne
Tél. : 272-1594 ou 270-9192
Heures : lundi au mercredi de 9h à 17h, jeudi et vendredi de 9h à 21h, samedi de 10h à 17h et dimanche de 10h à 16h

Bien caché dans une petite rue, ce magasin à l'aspect d'un entrepôt vous offre un grand choix de tuiles pour le plancher et les murs (fin de série) et des prix réduits entre 40 % et 75 %.

Moruzzi

6685, boul. Couture, Saint-Léonard
Angle : boul. Langelier
Tél. : 322-7410
Heures : lundi au vendredi de 7h à 17h30, samedi de 7h30 à 15h

Si vous cherchez à ajouter la splendeur du granite et du marbre sur vos planchers, cet endroit vous émerveillera. La vaste salle d'exposition présente au moins 50 dalles gigantesques de marbre (plus de modèles sur les tablettes) de toutes les couleurs de l'arc-en-ciel. Il n'y a pas de limite à votre imagination : on crée des arrangements sur mesure pour les meubles et les murs.

Tilmar

6425, boul. Couture, Saint-Léonard
Angle : boul. Langelier

Le quartier du tissus

La rue Saint-Hubert a connu de nombreuses transformations entre 1940 et 1990 en débutant modestement avec quelques magasins pour ensuite devenir un véritable quartier de commerçants de tissus. Autrefois, les tissus pour la confection de vêtements mode recouvraient les comptoirs; de nos jours, avec la tendance pour le cocooning, les magasins consacrent une moitié de leur commerce aux tissus pour la confection de vêtements mode et l'autre moitié à la décoration intérieure. Les clients de ce genre de commerce sont très diversifiés : du designer de mode à l'étudiant en design de mode, du décorateur intérieur accompagné de clients (s'ils magasinent seuls, ils facturent davantage pour leurs services) aux compagnies théâtrales, aux mères de patineuses et, bien sûr, vous et moi.

7186 - Ultratext - Rubans, boas, garnitures perlées, élastiques, boutons, franges, plumes de paon, perles, boules de Styrofoam, boîtes de fermetures à glissière.

7193/95 - Saratex/Sam (276-9761) - Deux magasins, deux étages : de la fausse fourrure au velours noué-teint (tie-dye).

7194 - Draperies Georgette (270-2045) - Pour les rideaux et la dentelle.

7196 - Draperies St-Hubert (274-0364) - Magasin rempli à craquer, un peu pêle-mêle, plus de trouvailles pour la maison.

7207 - Textiles Riatex - Tissus pour vêtements mode, décoration intérieure, rembourrage (également ouvert au 7360, rue Saint-Hubert).

7234 - B.M.Z. (272-4334) - Tissus et vêtements à prix abordable.

7254 - Textiles Debouk (276-3278) - Très grand magasin labyrinthe à l'étage et, au rez-de-chaussée, tissus pour vêtements mode et décoration intérieure (voir les adresses pour plus de détails).

7282 – Couture-Carlyle - Beaucoup de tout (voir les adresses pour plus de détails).

7334 - Joliette Textiles (276-5444) - Petit magasin avec allée offrant des vêtements à bas prix.

7354 - Tissus Vegas (273-6125) - Tissus pour vêtements habillés comme les robes de soirée, les vêtements de soirée, la dentelle, le brocart en soie et les tissus perlés.

7360 - Textiles Riatex (271-6050) (même marchandise que le 7207, mais plus grand magasin) - Énorme boutique débordant de tissus pour la confection de vêtements mode et le rembourrage.

7361 - Textiles Couture Elle (271-1608) - Tissus importés pour vêtements mode (relié à suite 7399).

7374 - Classique Moderne - Grand magasin où vous trouverez des bonnes occasions (autre magasin au 7582).

7390 - A.C. Textile (279-6201) - Trois salles offrant des tonnes de tissus pour les vêtements mode et deux arrière-boutiques.

7399 - Tissus St-Hubert (277-5945) - Grand magasin aéré et propre, tissus haut de gamme (relié à suite 7361)

7408 - Hanitex (279-9681) - Vêtements mode (ouvert également au 7446).

7432 - Boutique Bilal (278-8007) - Mercerie, cols en dentelle, fermetures à glissière de toutes les longueurs, étiquettes, franges, boas.

7446 - Hanitex (deuxième boutique) (276-9508) - Tissus pour les vêtements mode (également au 7408).

suite...

Le quartier du tissus
(suite)

*7454 - **Accessoires de couture St-Hubert** (278-9416) - Des tonnes de garnitures, bijoux de fantaisie, boutons, fermetures à glissière, appliqués, rubans, grosses bobines de fils pour la machine à coudre.*

*7479 - **Flashe Verte** (278-8507) - Garnitures perlées, perles pour la robe de mariée, appliqués, revêtements de bouton.*

*7488 - **Matar Textiles** (277-6462) - Tissus et garnitures, entoilages, boutons, fermetures à glissière, autres fermetures.*

*7489 - **Tissus Paisley** (276-2547) - Tissus pour les vêtements mode.*

*7498 - **Tissus Chic** (271-3482) - Principalement des tissus pour les vêtements mode.*

*7500 - **C & M Textiles** (272-0247) - Doyen de la rue, tissus de bonne qualité et haut de gamme pour vêtements mode et décoration intérieure (voir les adresses pour plus de détails).*

*7515 - **Le Marché de Textiles Elzein** (271-6017) - Tissus pour vêtements mode et rideaux.*

*7526 - **C & M Centre de Liquidation** (948-2509) - Tissus haut de gamme à prix abordable.*

*7541 - **Chaton Beads** (278-8989) - Perles, pierres du Rhin, boutons, garnitures perlées, nécessaires pour le voile de la mariée, brandebourgs, fleurs en satin, perles de mer.*

*7609 - **Kava** (271-2888) - Machines à coudre industrielles, gigantesques bobines de fils, mercerie, retouches.*

*7654 - **Variétés Daglo** (279-0184) - Boutique isolée près de Villeray, endroit propre et prix abordables.*

Tél. : 326-0123
Heures : lundi au mercredi de 7h30 à 17h, jeudi et vendredi de 7h30 à 20h30, samedi de 8h30 à 16h

Si vous aimez les vastes salles d'exposition proposant un grand choix, voilà l'endroit parfait pour vous. Il y a 15 unités coulissantes présentant les tuiles de planchers et huit autres unités pour les tuiles murales pour vous donner une meilleure idée de l'effet lorsque les tuiles et la céramique auront été installées. Par contre, soyez attentifs, car le prix varie d'une soumission à l'autre.

VANNERIE ET OSIER

Pier I Imports

1001, rue du Marché
Angle : boul. l'Acadie
Tél. : 381-4370
Heures : régulières et dimanche de midi à 17h

En plus du rotin et de la vannerie (meubles, abat-jour, accessoires de salle de bains, paniers), on y trouve un assortiment intéressant d'articles de maison à très bons prix. Vos yeux feront un voyage à travers le monde lorsque vous fouinez parmi le verre coloré, le grand choix de napperons en tissu, les chandelles, les paniers, les chaises, les coussins, etc. Autres magasins : 4823, rue Sherbrooke O. (931-9128); 183-F, boul. Hymus (695-1942); 5985, boul. Taschereau, Brossard (450-656-9383); 5475, rue des Jockeys (735-1758); 3220, rue Jean-Yves, Kirkland (693-1829).

Vannerie La Différence Entrepôt

10 351, rue Mirabeau, Ville d'Anjou
Angle : rue Bombardier
Tél. : 352-1343
Heures : lundi au vendredi de 8h à 16h30,
samedi de 9h à 17h

Cette entreprise qui existe depuis 43 ans est située dans un grand entrepôt. On y offre des paniers de toutes grandeurs et de tous les styles en canne, en bambou, en rotin ou en osier, des décorations pour les fenêtres, des sofas, des étagères, des miroirs, des tables et des lampes. On peut même confectionner des coussins sur mesure pour vous. www.rattanladifference.com

VARIÉTÉ

Dollarama

1934, rue Sainte-Catherine Ouest
Angle : rue Saint-Marc
Tél. : 935-2646
Heures : régulières et dimanche de midi à 17h

Cette chaîne de magasins à tout à un dollar est la nouvelle génération des magasins Woolworth's en offrant des bas prix sur les cartes, les jouets, le matériel scolaire, les sous-vêtements, les produits de maquillage, la verrerie, les articles en plastique, l'artisanat, les accessoires pour animaux domestiques, des accessoires pour les fêtes et les produits de nettoyage et de cuisine et plus encore. Autres magasins : 7250, boul. Taschereau (450-672-1840); 1600, boul. Le Corbusier (450-682-6565); 354, avenue Dorval (631-2050); 200, boul. d'Anjou (450-698-1867); 6425, boul. Léger (322-0528); 2039, boul. Marcel-Laurin (332-7400); 25, avenue Mont-Royal O. (843-5754); 2836, rue Masson (524-4232) et plus de 50 autres magasins.

Super Prix Dimona

6853, rue Saint-Hubert
Angle : rue Jean-Talon
Tél. : 278-3225
Heures : régulières et dimanche de 11h à 17h

Il est toujours amusant de fouiner dans ces petits magasins remplis à craquer d'articles à petit prix. Vous y trouverez des articles pour la maison (verres à 2 pour 1 $, chandelles à 6 pour l $), des idées-cadeaux (cadres de laiton 5 x 7 à 5,99 $ ou plateau tournant en marbre 9,99 $), des accessoires en plastique pour la cuisine, des sous-vêtements pour femmes (1,50 $), des bonbons (Cadbury, Neilson, Hershey à 2 pour l $), de la nourriture en conserve et des jouets. Autres magasins : 916, avenue Mont-Royal Est (521-2797); 6604, rue Saint-Hubert (277-4574); Il y a Tout, 4108, rue Jean-Talon E. (723-5497).

Un Seul Prix

6539, rue Saint-Hubert
Angle : rue Beaubien
Tél. : 276-9037
Heures : régulières et dimanche de midi à 17h (quelques endroits seulement)

Voici la première chaîne de magasins à tout à un dollar à Montréal et, parce que celle-ci fonctionne très bien, plusieurs ont tenté de copier le concept. On y propose des accessoires pour la cuisine, des articles de toilette, de la nourriture et de la papeterie, presque tout étiqueté à 1 $, 2 pour 1 $, 3 pour 1 $ et jusqu'à 10 $. Autres magasins : 6895, rue Saint-Hubert (279-3135); 1545, boul. Le Corbusier (450-682-9471); 1500, rue Atwater (937-4864); 6580, rue Saint-Hubert (272-5000).

3. LOISIRS

Les hommes autant que les femmes peuvent profiter de ce service de renseignements juridiques peu coûteux (5 $ pour 30 minutes) offert à toute personne, sans tenir compte du revenu. Il y a un groupe de 12 avocats qui travaillent en alternance. Vous devez par contre prendre un rendez-vous.

ARTICLES DE SPORT

Baron Sport

932 rue Notre-Dame Ouest
Angle : rue University
Tél. : 866-8848 ou 800-363-2625
Heures : régulières

Depuis 40 ans, les consommateurs satisfaits viennent dans ce magasin pour se procurer de l'équipement de camping (Northface, Eureka, Moss, Woods, Therm-A-Rest, Kelty, etc.) que ce soit pour un filtreur d'eau ou une tente. N'oubliez pas de regarder également le nécessaire pour la pêche, les vêtements de chasse, les jumelles, les gadgets Swiss Army et Leatherman, les pantalons transformables ainsi que les vêtements d'extérieur (Helly Hansen, Northface, Quick Dry, Ex Officio, Royal Robbins) et les chaussures (Vasque, Timberland, Browning, Columbia, Asolo, Salomon). Pour ceux qui préfèrent magasiner par catalogue, on vous propose 300 pages d'articles divers. Vous pouvez commander en téléphonant au 1-800-363-2625.

AIDE JURIDIQUE

McGill Legal Information Clinic

3480 rue McTavish, salle 107
Angle : rue Sherbrooke
Tél. : 398-6792
Heures : lundi au vendredi de 9h à midi et de 13h à 17h, fermé en décembre jusqu'à la 2e semaine de janvier, congé du printemps et durant les examens

Depuis 29 ans, les étudiants en droit répondent à toutes vos questions touchant vos droits, que ce soit un litige au sujet d'un bail ou un contrat de mariage, les droits de l'homme ou un dossier d'immigration. Cependant, les étudiants peuvent seulement vous donner des renseignements et non prodiguer des avis juridiques. On organise également entre 40 et 50 ateliers par année sur des sujets comme les droits des locataires, les droits des sans abri, etc. www.law.mcgill.ca/mlic

YWCA

1355 boul. René-Lévesque Ouest
Angle : rue Crescent
Tél. : 866-9941 poste 292
Heures : lundi au jeudi de 9h30 à 18h30 sur rendez-vous

Dépôt du Plein Air

8267 boul. Saint-Laurent
Angle : rue Guizot
Tél. : 381-4399
Heures : lundi au mercredi de midi à 18h, jeudi et vendredi de midi à 21h, samedi de 10h à 17h, dimanche de midi à 17h (en hiver, mercredi au dimanche de midi à 18h)

Ce magasin-entrepôt a ouvert ses portes pour offrir des tentes, des tentes et encore des tentes à des prix très concurrentiel. Les modèles de tentes de marques Tatonka, Trekk,

World Famous, Yanes et Canyon sont installés pour vous permettre d'y entrer et de vérifier si le modèle convient. Il y a également des sacs de couchage, des sacs à dos ainsi que plusieurs modèles de canots, de kayaks et des accessoires pour le camping. Les conseillers bien informés répondront à toutes vos questions sur les tentes avec amabilité.

La Cordée

2159 rue Sainte-Catherine Est
Angle : ave. de Lorimier
Tél. : 524-1106
Heures : régulières et dimanche de 10h à 17h

Depuis 48 ans, ce grand magasin de trois étages offre de l'équipement sportif aux étages supérieurs et un choix de vélos, incluant un atelier de réparations et un coin de liquidation, au rez-de-chaussée. Ce magasin est le fournisseur le plus important au Québec d'équipement haut de gamme pour l'escalade, le camping, les sports nautiques, le télémark, la randonnée, l'escalade sur glace et l'ornithologie. De plus, on vous propose des vêtements appropriés pour chacun de ces sports de même qu'un bon choix de chaussures et de bottes (même en location). Vous pouvez vous pratiquer ici sur le mur d'escalade de pratique. Pour un catalogue, contactez le 1 800 567-1106. Un solde annuel a lieu en avril et un solde d'échange d'équipement est organisé en octobre. Autre magasin : Laval, 2777, boul. Saint-Martin O. www.lacordee.com

Oberson

1355 boul. des Laurentides, Laval
Angle : boul. Saint-Martin
Tél. : 669-5123
Heures : régulières et dimanche de midi à 17h

En entrant dans le plus grand magasin de skis au Québec, vous trouverez à votre gauche des skis et des bottes de ski d'occasion. On offre des skis neufs pour seulement 69,95 $ ou 139,99 $, des planches à neige (Session, Bonfire, 686, Oakley) à partir de 129 $, des bottes de ski à partir de 49,95 $ et des ensembles de ski à partir de 350 $. Il y a aussi toutes sortes de marques de vêtements de ski (Descente, Phenix, Karbon, Couloir, Orange, Spider) et des vêtements d'extérieur de l'an dernier et des fins de série. La partie droite du magasin offre des articles de saison à des prix ordinaires. En été, on consacre plus de

place aux patins à roues alignées et à l'équipement pour le golf. Autre magasin : Brossard, 8025 boul. Taschereau O. www.oberson.com

Scouts Canada

280 avenue Dorval
Angle : autoroute 2 & 20
Tél. : 683-3004 ou 334-3004
Heures : mardi et mercredi de 9h30 à 17h30, jeudi et vendredi de 9h30 à 20h, samedi de 9h30 à 16h

L'immeuble affiche une enseigne « À vendre », donc vérifiez si l'organisme a toujours ses locaux dans cette bâtisse. Après l'escalier en colimaçon, les hiboux et les autres animaux empaillés, vous trouverez cette boutique. Même si votre enfant n'est pas inscrit au mouvement scout, vous y dénicherez toutes sortes d'articles intéressants : coutellerie pliable, grands sacs d'école et sacs à dos Outbound, trousse de cabanes d'oiseaux, autres accessoires de bricolage, beaucoup de livres sur la science et la nature, des tentes, des sacs de couchage et divers gadgets pratiques pour le camping.

Sports Rousseau

4440 autoroute 440 Ouest, Laval
Angle : boul. Curé-Labelle
Tél. : 450-681-8440
Heures : lundi au vendredi de 8h à 21h, samedi de 9h à 17h et dimanche de 11h à 17h

Au Canada, on vit pour le hockey et voici l'endroit pour acheter de l'équipement pour notre sport national. Il s'agit du centre d'équipement de hockey le plus complet au Québec : on y offre tous les accessoires nécessaires pour ce sport et une énorme sélection. Il y a des patins jusqu'à la pointure 15. Toutefois, il est possible de placer une commande spéciale. En été, on présente les patins à roues alignées. De plus, on répare sur place les patins, les protège-jambes de gardien de but et tout l'équipement. Autres magasins : D.-D.-O., 3597 boul. Saint-Jean (626-7235); 5916 rue Papineau (274-4429); Saint-Laurent, 612 boul. Sainte-Croix (747-6072); 3261 boul. Taschereau (450-926-0660); Saint-Hubert, 1701 boul. des Promenades (450-656-1701).

BICYCLETTES

ABC Cycle & Sports

5584 avenue du Parc
Angle : rue Saint-Viateur
Tél. : 276-1305
Heures : régulières (fermé trois semaines
après Noël)

Depuis 1931, la satisfaction du client, des prix
compétitifs et un très vaste choix des nouvelles
tendances ont contribué au succès de ce magasin qui est toujours géré par la même famille.
Vous trouverez de tout pour votre sport : du
tricycle au vélo fait sur mesure sans oublier les
casques protecteurs, les sacs à dos, les vêtements de cycliste, les remorques pour enfants,
les supports à bicyclettes pour la voiture (installation gratuite) et les supports pour la maison.
Un service de réparation de bicyclettes est
également offert.

Cycle & Sports Paul

44 rue Sainte-Anne, Pointe-Claire
Angle : ch. Bord-du-Lac
Tél. : 695-5282
Heures : régulières

Les magasins de bicyclettes à Montréal sont
ouverts depuis longtemps et celui-ci ne fait pas
exception, car il existe depuis 54 ans. Il s'agit
du plus grand magasin spécialisé dans l'Ouest
de l'île. On y trouve une sélection de bicyclettes
pour toute la famille comme les vélos de course,
de montagne, hybride, de ville ainsi que tous
les accessoires comme les bouteilles d'eau
avec tubes qui permettent de boire pendant
que vous pédalez, des cyclomètres, des vidéos
sur le cyclisme, des références pour des
entraîneurs, des vêtements et des transporteurs
pour enfants. Le service de mise au point et de
réparation est offert.

Le Centre du Vélo McWhinnie

6010 rue Sherbrooke Ouest, N.-D.-G.
Angle : rue Belgrave
Tél. : 481-3113
Heures : régulières et dimanche de 11h à
15h (seulement d'avril à juin)

On trouve des bicyclettes pour toute la
famille : tricycle, vélo de montagne, BMX, bicyclette hybride, bicyclette de cyclotourisme et
vélo de course à 21 vitesses. Grâce à son excellent service et aux prix concurrentiels, ce magasin a su demeurer actif depuis 73 ans. Des
bicyclettes d'occasion et neuves sont vendues,
de même que toutes les pièces et les accessoires. Il y a un excellent service de réparation
et de références pour un entraîneur. Un serrurier travaille sur les lieux et on peut même
aiguiser les patins. www.mcwhinnie.com

Les Bicycles Quilicot

1749 rue Saint-Denis
Angle : rue Ontario
Tél. : 842-1121
Heures : régulières et dimanche de 11h à 17h

Depuis 1915, ce magasin vend des bicyclettes
pour toute la famille et propose un grand choix
(GT Bicycle, Mikado, Miele, Oryx, Norco). N'oubliez pas l'autre magasin rempli de vêtements
et d'accessoires pour les cyclistes, incluant les
chaussures de cycliste. On y fait aussi les réparations.

CLINIQUE DENTAIRE

Clinique d'Hygiène Dentaire du Collège John Abbott

21275 Lakeshore, Stewart Est
Angle : ch. Sainte-Marie
Tél. : 457-5010
Heures: Lundi au mercredi de 8h30 à 16h30
(sept. à déc.) et lundi au jeudi de 8h30 à
16h30 (déc. à mai)

Lorsque les étudiants ont complété la moitié du
programme d'hygiène dentaire, ils sont prêts à
recevoir des patients. Environ 30 patients par
jour peuvent être examinés pour 22 $ (enfants
10 $) incluant l'examen, le nettoyage et le rayon
X (au besoin). Un dentiste effectuera des plombages pour 10 $ ou 15 $ et une obturation pour
5 $ la dent. Prévoyez environ deux heures et
demi (et parfois même deux fois fois plus), car
les étudiants travaillent lentement avec soin sous
le regard bienveillant du dentiste.

Hôpital Général de Montréal/McCall Dental Clinic

1650 avenue Cedar
Angle : ave. des Pins
Tél. : 934-8397 ou 937-6011 poste 42478
Heures : 8h30 à 16h et urgence

Cet hôpital affilié à l'hôpital McGill offre un service de soins dentaires d'urgence (934-8063) (plombages temporaires et abcès) et une clinique de résidents (937-6011 poste 42478). Pour une vraie aubaine (50 % de rabais du prix suggéré par l'Association des dentistes du Québec), vous pouvez profiter des services de l'autre clinique située dans la salle A3-101, qui est gérée par la faculté de dentisterie de l'université McGill (934-8021). Les patients qui donnent leur nom sont choisis après une évaluation.

Hôpital Général Juif

5750 ch. Côte-des-Neiges
Angle : ch. Côte-Sainte-Catherine
Tél. : 340-7910 poste 4075
Heures : lundi au vendredi de 8h30 à midi et de 13h à 16h30. Urgence du lundi au vendredi sur rendez-vous

Utilisez la clinique des résidents de l'hôpital pour profiter de soins dentaires moins coûteux. On effectue toutes sortes de procédures dentaires. Cependant, il y a un délai d'attente d'un mois pour un rendez-vous. Les prix sont réduits de 10 % à 30 % (examen à 40 $, nettoyage à 70 $, plombage entre 40 $ et 150 $).

Royal Victoria Hospital

687 avenue des Pins Ouest, ch. E3.18
Angle : rue University
Tél. : 843-1680 ou 843-1609
Heures : lundi au vendredi de 8h30 à 16h40 (fermé de midi à 13h)

Les dentistes du Québec réfèrent cette clinique affiliée à l'université McGill pour tous les pro-

blèmes complexes. Prenez un rendez-vous pour une évaluation (mardi entre 14h et 15h). Les étudiants et les diplômés peuvent faire des ponts et des chirurgies aussi dans la clinique des résidents (843-1609).

Université de Montréal

2900 boul. Édouard-Montpetit
Angle : rue Louis-Colin
Tél. : 343-6750
Heures : lundi au vendredi de 9h à midi, 13h30 à 16h30 et urgence (fermé en été)

La Faculté de médecine dentaire offre toute une gamme de soins dentaires prodigués par les étudiants. Vous devez remplir un formulaire pour vous inscrire au programme. Cependant, il peut y avoir une longue période d'attente de six mois. Pour la clinique d'orthodontie, appelez le 343-6056.

DC-CASSETTES-DISQUES

Archambault

500 rue Sainte-Catherine Est
Angle : rue Berri
Tél. : 849-6201 ou 849-8589
Heures : régulières et dimanche de midi à 17h

Récemment, cet immense magasin de musique a effectué un agrandissement pour devenir un magasin géant afin de combler vos besoins en matière de musique et des livres. Ce magasin anciennement de 17 000 pieds carrés compte maintenant 45 000 pieds carrés. Autres magasins : Laval, 1545 boul. Le Corbusier (978-9900); Place des Arts (281-0367); Brossard, 2151 boul. Lapinière (450-671-0801); Anjou, 7500 boul. Galeries d'Anjou (351-2230). Pour placer une commande de livres, de dc ou de cassettes, appelez au 849-6202. www.archambault.ca

Future Shop

6321 autoroute Transcanadienne, Complexe Pointe-Claire
Angle : boul. Saint-Jean
Tél. : 428-1999
Heures : lundi au vendredi de 10h à 21h, samedi et dimanche de 10h à 17h

Cette chaîne a déjà fait ses preuves dans le domaine de l'électronique et des appareils électroménagers. Dans ce magasin (qui est présentement le plus nouveau et le plus grand de leurs magasins), il y a une vaste section de musique, des tonnes d'écouteurs et un mur complet de nouveautés. De plus, vous pouvez demander qu'on ouvre et qu'on vous fasse écouter le disque compact de votre choix avant de l'acheter. Autres magasins : 3858 boul. Taschereau (450-465-4260); 1001 rue du Marché-Central (387-3188); 7077 boul. Newman (368-8002); Anjou, 7200 boul. des Roseraies (352-8825); 470 rue Sainte-Catherine O.(397-9543). www.futureshop.ca

HMV

1020 rue Sainte-Catherine Ouest
Angle : rue Peel
Tél. : 875-0765
Heures : lundi au vendredi de 9h30 à 21h, samedi de 9h à 17h30, dimanche de 10h à 17h

Arrivé en force en Amérique du Nord, cette chaîne provenant de l'Angleterre a lancé la ten-

Concerts gratuits

À Montréal, nous sommes privilégiés d'avoir une telle diversité de productions musicales gratuites : orgue, jazz, instruments à vent, chorales, violons, électro-acoustique et, bien entendu, opéra et orchestres symphoniques. Plusieurs de ces événements sont organisés en collaboration avec la Faculté de musique de McGill ou de l'Université de Montréal. Téléphonez pour faire partie de leur liste d'envoi pour recevoir le calendrier des concerts gratuits.

Faculté de musique de l'université McGill

Tél. : 398-4547

Université de Montréal

Faculté de musique
Tél. : 343-6427

La Chapelle Historique du Bon-Pasteur

Tél. : 872-5338
100 rue Sherbrooke Est

dance des magasins de disques qui deviennent d'immenses centres de divertissement. On vous offre 32 000 pieds carrés et trois étages. Il y a des cabines d'écoute pour les cassettes et les disques compacts, un dj en permanence ainsi que des salles spéciales pour le jazz et la musique classique. Autres magasins plus petits : Les Galeries d'Anjou; Carrefour Laval; Centre Fairview; Centre Rockland; Place Versailles; Promenades St-Bruno. www.hmv.com

DIVERTISSEMENTS

Club Coop C.U.M.

480 rue Gilford
Angle : rue Berri
Tél. : 527-8251
Heures : lundi au vendredi de 8h30 à 16h30

En 1949, les policiers de la ville de Montréal ont décidé de se regrouper pour avoir un pouvoir d'achat plus important. Maintenant, avec plus de 12 000 familles, dont beaucoup de familles de policiers, la coopérative bénéficie d'escomptes auprès de plus de 175 entreprises affiliées inscrites dans la brochure. Les frais annuels de 24 $ sont vite compensés simplement en profitant des économies sur les services des entreprises pétrolières, les billets des Expos, les événements théâtraux, le développement de film, les départs de golf, les billets pour le ski, l'achat d'une voiture, les articles pour la maison ou de l'assurance, etc. www.clubcoopcum.com

Divertissement 2003 ou 2004

5750 boul. Thimens, Ville St-Laurent
Angle : rue Bois-Franc
Tél. : 745-7474
Heures : lundi de 8h30 à midi ou vendredi de midi à 17h

Ce livret de bons-rabais regorge d'aubaines : un dîner dans un restaurant élégant où la seconde entrée est gratuite, deux pour un sur les billets de remonte-pente, de golf ou de musée, la location d'une deuxième cassette vidéo gratuite. Il y a un frais de 25 $ qui sera vite récupéré lorsque vous utiliserez les services des compagnies aériennes et des hôtels ou en fréquentant des endroits populaires comme Subway, PFK, MMMuffins, Nickels et environ 200 autres endroits. Téléphonez le numéro ci-haut pour connaître l'adresse d'une école ou d'une organisation sans but lucratif où vous pouvez acheter le livret. www.entertainment.com

Les Concerts Gratuits de la Ville de Montréal

Tél. : 872-2237 poste 500 ou 872-2430
Heures : juin à août

Tous les genres de musique sont offerts pendant les mois d'été par différents groupes musicaux. À partir du mois de juin, vous pouvez téléphoner afin d'obtenir le calendrier des événements pour les concerts ayant lieu dans différents parcs de la ville. Vérifiez auprès du bureau Accès Montréal, les Maisons de la Culture, les librairies ou les journaux. www.ville.montreal.qc.ca.

Orchestre Symphonique de Montréal

Basilique Notre-Dame
Angle : rue Saint-Sulpice
Tél. : 842-3402 (OSM) ou 849-1070 (basilique)
Heures : avant les concerts

Pour 2 $, vous pouvez entendre des extraits de musique avant un spectacle (environ cinq fois par année, en décembre pour le Messie ou en juillet pour Mozart) lorsque l'orchestre répète. Les répétitions durent environ trois heures et elles peuvent être le jour même ou un journée avant le concert. Essayez de vous asseoir dans les premières rangées afin d'entendre le chef d'orchestre, les manches retroussées, donner des conseils aux musiciens. Bien entendu, ils joueront des mouvements entiers ou en répéteront une partie maintes et maintes fois.

Place des Arts

260 boul. de Maisonneuve Ouest
Angle : rue Sainte-Catherine
Tél. : 842-2112

Quand les billets pour les concerts de l'orchestre symphonique de Montréal ne sont pas tous vendus et qu'il en reste environ 50 à 100 places libres, vous pouvez ainsi obtenir une place à la toute dernière minute à prix d'aubaine, le soir même du concert. Téléphonez vers 16 h pour vérifier et présentez-vous environ une heure et demi à l'avance pour obtenir une place pour seulement 16,25 $.

EXERCICE

YMCA

1440 rue Stanley
Angle : boul. de Maisonneuve
Tél. : 849-8393
Heures : lundi au vendredi de 6h à 22h45, samedi et dimanche de 7h15 à 19h45

Avant d'adhérer à un centre de conditionnement physique coûteux, n'oubliez pas de vous renseigner auprès de l'ancêtre du bien-être physique : le Y ! Un programme de mise en forme coûte 504 $ par an, mais on offre plusieurs endroits de cours et de services. Sur cinq étages, vous retrouvez une piste pour le jogging, une piscine (cours de niveau débutant à instructeur), un sauna, une salle Nautilus, une salle de poids et altères, de la danse, du squash (4 des 7 terrains sont de niveau international), du racketball (2 terrains), de l'aérobie, sans oublier les cours offerts sur une foule de sujets intéressants. Dans quel autre endroit peut-on suivre un cours de réhabilitation cardiaque ? En adhérant dans une succursale, vous pouvez aussi visiter n'importe quelle autre succursale au Canada.

INSTRUMENTS DE MUSIQUE

Arduini Atelier du musicien

1427 rue Amherst
Angle : rue Sainte-Catherine
Tél. : 527-2727
Heures : régulières

Ce magasin vous donnera envie d'enfiler vos bottes cirées et de prendre part à une fanfare ! Venez dans ce magasin ouvert depuis 50 ans pour vous procurer des cuivres et des instruments à vent. On effectue la vente et la location (pour les étudiants) de tous les accessoires pour les percussions.

Drum Bazar

532 rue Saint-Zotique Est
Angle : rue Châteaubriand
Tél. : 276-3786 ou 866-276-3786
Heures : régulières

Les passionnés de percussions seront épatés par le choix de batteries, des bancs, de bongos, de cymbales, des perches, de clochettes à vache, de hochets et de bruiteurs. Ce magasin vend, achète, répare, remet à neuf des tambours et des batteries. Il offre également des cours de batteries. Vous trouverez des batteries neuves et d'occasion… et des bouchons pour les oreilles. www.drumbazar.qc.ca

Italmélodie

274 rue Jean-Talon Est
Angle : ave. Henri-Julien
Tél. : 273-3224
Heures : régulières et dimanche de midi à 17h

Vous pouvez acheter, louer ou prendre des cours, partir un groupe dans ce magasin de musique. Vous trouverez aussi des feuilles de musique, des cassettes vidéo et des livres sur les techniques artistiques, des systèmes de sonorisation et une salle entière de pianos. On vous propose également des guitares acoustiques, des claviers électroniques, des percussions, des pianos électroniques numériques, tout pour les dj et toute sorte d'instruments de musique. Autre magasin : 3354 boul. Saint-Martin O. (450-681-4131).

Steve's Music

51 rue Saint-Antoine Ouest
Angle : boul. Saint-Laurent
Tél. : 878-2216 ou 395-8931
Heures : régulières

Voici LE magasin où vous trouverez tous les instruments de musique et les accessoires comme les livres, les feuilles de musique, les pianos, les cuivres et les instruments à vent, de l'équipement d'enregistrement, etc. Il y a une section spéciale pour chaque sorte d'instrument : guitare, batterie, clavier, microphone, haut-parleur, équipement pour dj, etc. La location et les réparations sont aussi offertes. www.stevesmusic.com

JEUX

Boutique Stratégie

3423 rue Saint-Denis
Angle : rue Sherbrooke
Tél. : 845-8352 ou 845-8752
Heures : lundi, mercredi et samedi 10h à 18h, jeudi et vendredi 10h à 21h, dimanche de midi à 17h

L'Association Échecs & Maths a mis sur pied cette boutique de jeux pour offrir des ensembles entre 2,50 $ et 1 000 $ (une planche électronique surmontée d'un jeu d'échecs sculpté en bois) ainsi que d'autres jeux avec les personnages des Simpsons, de Star Trek et d'Alice au pays des merveilles, etc. Il y a un mur de livres sur les échecs, de cédéroms et de jeux de stratégie comme Risk, Axis & Allies, Scotland Yard et des casse-tête compliqués.

Orienteering

Tél. : 733-5561

La course d'orientation est un sport international pratiqué dans 50 pays. Il s'agit d'un défi mental et physique qui consiste en une course à pied combinée à la lecture d'une carte topographique… en même temps. Si vous êtes fatigué du jogging ordinaire et que votre bedon a pris de l'expansion, voici un excellent sport individuel ou familial pour seulement 5 $ l'événement. Il y a trois clubs dans la région de Montréal, avec environ 12 événements au printemps et en automne. Pour plus de renseignements, appelez John Charlow au numéro ci-haut mentionné.

Parc Jean-Drapeau

Île Sainte-Hélène et Île Notre-Dame
Tél. : 872-0199 ou 872-0198
Heures : tous les jours de 9h à 21h

Vous pouvez profiter des activités de plein air peu coûteuses même en ville avec vos amis et votre famille. En été, au pavillon nautique, il y a de la voile, du canot (3,50 $ à 7,50 $ l'heure), de la planche à voile (5,50 $ à 7,50 $ l'heure), du pédalo (3,50 $ à 7,50 $ l'heure). En plus de la plage et de la piscine, vous pouvez adhérer au club d'aviron et de kayak au bassin olympique. Durant l'hiver, les activités comme le patinage, la luge et la glissade sont parfois offertes pendant la Fête des Neiges.

LIVRES

Bibliophile

5519 ch. Queen-Mary, Snowdon
Angle : rue Clanranald
Tél. : 486-7369
Heures : lundi au mercredi et vendredi de 9h30 à 18h, jeudi de 9h30 à 20h, dimanche de 10h30 à 17h

Cette sympatique librairie anglophone est populaire auprès des clubs de livres grâce à son personnel doué. On mise sur la fiction, la psychologie, le judaïsme et les idées-cadeaux. Si vous adhérez au club du livre « La Douzaine du Boulanger », vous recevrez un rabais sur le treizième livre calculé selon la moyenne des prix des douze premiers livres que vous aurez achetés.

Chapters/Indigo/Coles/Librairie Smith

1171 rue Sainte-Catherine Ouest
Angle : rue Stanley
Tél. : 849-8825
Heures : tous les jours de 9h à 23h

Ce magasin sur trois étages incluant un bar à café Starbucks offre un rabais de 30 % sur les dix livres anglais les plus populaires et 15 % sur ceux en français (est-ce que l'Office de la langue française connaît cette promotion ?!). Au premier étage, il y a habituellement des livres en liquidation et des livres reliés réduits d'environ 20 % à 50 %. Pour un frais annuel de 20 $ (10 $ pour les personnes âgées), vous pouvez obtenir une carte qui vous donnera droit à 10 % de rabais sur tous vos achats. Autres magasins : 6321 autoroute Transcanadienne (428-5500); Centre d'achat Rockland (344-3112); Indigo, Place Montreal Trust (281-5549).

Le Temps De Lire

3826 rue Saint-Denis
Angle : rue Roy
Tél. : 284-3196
Heures : lundi au samedi de 10h à 22h, dimanche de 11h à 21h

Voici le seul endroit en ville rempli de livres français de liquidation. Il se pourrait que la couverture soit endommagée, qu'une page soit pliée ou que ce soit un surplus de stock. Vous y trouverez des livres touchant tous les sujets ainsi qu'une sélection de livres pour enfants. Autre magasin : 3946 rue Saint-Denis. Dans ce magasin, tous les livres sont à 1 $ et 3 $.

Librairie Bertrand

705 rue Sainte-Catherine Ouest, Centre Eaton
Angle : rue McGill College
Tél. : 849-4533 ou 845-3300
Heures : régulières

Depuis 49 ans, ce magasin consacre environ 70 % de son espace aux livres en français et 30 % aux livres en anglais. Il s'agit d'un endroit indispensable pour les personnes qui doivent placer des commandes spéciales. Chaque fois que vous effectuez un achat, vous recevez un bon-rabais de 20 % applicable sur votre prochain achat ou vous pouvez les accumuler pour obtenir un livre gratuit.

Bazars annuels et ventes de bienfaisance

Chaque année, les gens attendent avec impatience les bazars et les ventes de bienfaisance qui ont lieu en automne, en prévision des fêtes, car ces événements aident les organismes de bienfaisance et permettent d'économiser des sous. Habituellement, l'artisanat est très beau, la marchandise offerte en don est étiquetée à des prix intéressants et les aliments faits maison sont tout simplement délicieux. À peu près toutes les églises et les synagogues en organisent. Comme l'a écrit Mark Twain : « Vous ne pouvez lancer une pierre à Montréal sans qu'elle ne brise un vitrail d'église »; donc, il est impossible de toutes les inscrire. Vérifiez dans les pages jaunes dans la rubrique Église. Ces ventes de bienfaisance ou bazars ont lieu habituellement en octobre et en novembre. Au début du mois d'octobre, le journal The Gazette (987-2222) dresse une liste de toutes les ventes de bienfaisance de l'automne par ordre de date. Vérifiez dans le journal et n'oubliez pas la rubrique hebdomadaire « Tip Sheet » tous les Lundis.

Librairie Le Parchemin

505 rue Sainte-Catherine Est, Berri-UQAM
Métro
Angle : rue Berri
Tél. : 845-5243
Heures : lundi au mercredi de 8h30 à 20h,
jeudi au vendredi de 8h30 à 21h, samedi de
9h à 17h, dimanche de midi à 17h

Situé au coeur de la station de métro Berri-
UQAM, ce magasin mise d'abord sur les besoins
de la clientèle étudiante. Cependant, les
escomptes de 10 % sur le prix ordinaire (jusqu'à
25 % sur les dictionnaires) sont à la portée de
tous. On met l'accent sur les livres pour apprendre des langues (cassettes et cédéroms) et les
livres en anglais langue seconde.

Marché du Livre

801 boul. de Maisonneuve Est
Angle : rue Saint-Hubert
Tél. : 288-4350 ou 288-4342
Heures : tous les jours de 10h à 22h

Installé dans de nouveaux locaux, cet immense
magasin de livres offre des livres d'occasion
et neufs de même que 800 bandes dessinées
en français. Il y a une petite sélection de
livres anglais, neufs et d'occasion. Avec la carte
de membre, vous pouvez obtenir un rabais de
10 % sur tout achat de livres de 25 $ et plus.
Autres magasins : 799 ave. Mont-Royal E. (526-
3575); 4075 rue Saint-Denis (288-5567).

Québec Loisirs

7275 rue Sherbrooke E., Place Versailles
Angle : rue Louis-Lafontaine
Tél. : 355-4282
Heures : régulières et dimanche de midi à 17h

Pour magasiner dans ce commerce, vous devez
être membre de leur club de livres. Pour la
somme de 6 $, vous recevrez un catalogue
trimestriel de 78 pages proposant une vaste
sélection de livres français dont plusieurs
provenant de surplus de stock. Vous économiserez alors entre 20 % et 40 %. Par contre,
vous devez acheter au moins un livre tous les
trois mois pendant deux ans. Vous pouvez commander par la poste, par téléphone ou acheter
en magasin. Autre magasin : Mail Saint-Bruno.
www.quebecloisirs.com

MATÉRIEL D'ARTISANAT

À La Tricoteuse

779 rue Rachel
Angle : rue Saint-Hubert
Tél. : 527-2451
Heures : lundi, mardi, vendredi de 10h à
17h30, jeudi de 10h à 20h30, samedi de 10h
à 17h

Depuis 1936, ce magasin de quartier spécialisé dans la laine offre des articles provenant
d'Australie, de la Nouvelle-Zélande, d'Italie,
d'Allemagne, d'Espagne, d'Islande, de France
et des États-Unis. Le stock comprend tout le
nécessaire pour le travail à l'aiguille comme
la broderie, le point de croix et la tapisserie.
On vend même du fil pour la confection de vêtements mode.

Brault & Bouthillier

700 avenue Beaumont
Angle : ave. du Parc
Tél. : 273-9186 ou 800-361-0378
Heures : régulières

Laissez-vous aider par le personnel amical et
expérimenté pour trouver ce qu'il vous faut
parmi la vaste sélection de jeux éducatifs, de
jouets et de matériel d'artisanat. Pour profiter
des prix réduits, adhérez gratuitement au Club
des Parents. Attention si vous êtes accompagné d'un enfant… ou si vous avez vous-même
un coeur d'enfant, il sera difficile de résister à
la tentation !

Emporium des Perles

368 avenue Victoria, Westmount
Angle : rue Sherbrooke
Tél. : 486-6425
Heures : lundi au mercredi et vendredi de 10h à
18h, jeudi de 10h à 19h, samedi de 10h à 17h

L'engouement pour les bijoux de fantaisie a
mené les gens dans cette boutique. On y offre
des perles provenant de tous les pays (pierres
semi-précieuses, argent, verre, os, corne, tri-
bales, etc.) que vous pouvez utiliser pour créer
votre propre collier, vos bracelets ou vos
boucles d'oreilles. Il y a des livres, des outils,
des fils, des jolies trouvailles et même un coup
de main utile pour vous aider à monter vos propres créations. De plus, la pâte Fimo, des acces-

soires, des guides, des vidéos et des cours sont également offerts.

Foyer d'Artisanat Raymond (Halcraft Canada)

9600 boul. Saint-Laurent, suite 200
Angle : rue de Louvain
Tél. : 387-8181
Heures : lundi au vendredi de 8h à 17h

Les accros d'artisanat éprouveront un plaisir immense à trouver la source des grossistes de fournitures d'artisanat. Ce grossiste vous laisse fouiner parmi dizaines d'allées remplies de trésors : laines, fils, cerceaux, rubans, plumes, formes en bois, fleurs, filet, verre, matériel pour la céramique, cure-pipe, mousse, papier de riz, raphia, pompon, cire, papier transparent, papier tordu, papier de soie, formes en Styro-foam ainsi qu'une section complète dédiée à la confection de bijoux. Amusez-vous bien !

Frabels

407 rue McGill, suite 406, Vieux-Montréal
Angle : rue Saint-Paul
Tél. : 842-8561
Heures : lundi au jeudi de 8h30 à 16h30 et vendredi 8h30 à 16h

Si votre passe-temps est la confection de bijoux, ce grossiste ouvert depuis 60 ans vous permettra de faire des aubaines (achat minimum de 50 $) ! On y trouve des trouvailles, des perles pour les colliers, des boutons, des garnitures de pierres de Rhin, des outils, du fil de fer, etc. Il y a des catalogues que vous pouvez regarder si vous ne trouvez pas ce dont vous avez besoin en boutique.

Visite de musées gratuite

Musée des Beaux-Arts

1379 rue Sherbrooke Ouest
Angle : rue Crescent
Tél. : 285-1600
Heures : mardi au dimanche de 11h à 18h

La collection permanente de ce grand musée est toujours offerte gratuitement au public. La collection canadienne présentant les plus grands peintres québécois côtoie les grands artistes connus comme Monet, Picasso, Renoir, Rembrandt, Dali, Corot, Courbet et beaucoup plus encore.

Redpath Museum

Rue Sherbrooke sur le campus de l'Université McGill
Angle : rue McTavish
Tél. : 398-4086
Heures : lundi au vendredi de 9h à 17h, dimanche de 13h à 17h (été, lundi au jeudi de 9h à 17h, dimanche de 13h à 17h)

Niché parmi les édifices de l'Université, ce petit bijou de musée est rempli de chef-d'œuvres. À part les pierres, il y a des ossements de dinosaures, des coquillages, des crânes et plus encore.

Musée McCord (histoire canadienne)

690 rue Sherbrooke Ouest
Angle : avenue Victoria
Tél. : 398-7100

Le samedi matin entre 10h et midi, on présente gratuitement des costumes, des tissus, de l'art décoratif, des articles sur l'ethnologie, des dessins, des photographies, des collections inuit datant du 18ᵉ siècle jusqu'à maintenant.

Canadian Centre for Architecture

1920 rue Baile
Angle : rue Guy
Tél. : 939-7026

Dans ce musée, il y a des expositions sur l'architecture, l'urbanisme, l'architecture paysagère et une collection impressionnante consacrée à la recherche datant du 15ᵉ siècle. Gratuit le jeudi soir entre 17h30 et 21h.

La Quilterie

474 avenue Victoria, Saint-Lambert
Angle : rue Green
Tél. : 450-672-0207
Heures : régulières et dimanche de midi à
17h (fermé le dimanche en été)

Voici un excellent endroit au sud de la ville pour enfin dénicher ce matériel difficile à trouver pour la création de vos pièces d'artisanat : rubans, pièces pour la confection d'oursons, décorations pour chapeaux, peintures et pinceaux. Ils ont des ateliers (même pour les enfants) qui durent 3 à 4 heures où vous pourrez apprendre la peinture décorative sur bois, le pochoir, la fabrication d'abat-jour perforés, des couronnes et de l'artisanat pour les fêtes.

La Verrerie d'Art Classique

4801 boul. Saint-Laurent
Angle : rue Villeneuve
Tél. : 844-5424
Heures : lundi au mercredi de 9h30 à 18h,
jeudi et vendredi de 9h30 à 20h, samedi de
9h30 à 20h, dimanche de midi à 17h (fermé
dimanche en été, jeudi jusqu'à 19h)

Dans ce magasin ouvert depuis 27 ans, vous trouverez tout ce dont vous avez besoin pour créer des vitraux (700 couleurs et textures) : couteaux, outils, matériel de soudure, bases de lampe, etc. Mais le plus apprécié par les clients : le rabais est accordé en fonction du total de vos achats. On offre toujours une réduction de l0 % aux aînés et aux clients réguliers. On donne des cours et des ateliers (entre 85 $ et 189 $) aux adeptes de la fabrication de lampes de style Tiffany : cuivre, mosaïque, plomb, verre peint. De plus, un journal d'entreprise annonce à la clientèle la tenue des soldes et l'arrivée de nouveaux produits. Boutique-soeur : The Glass Place, 50 rue Saint-Anne (595-5955). Heures : Mardi au vendredi de 10h à 17h30, samedi de 10 h à 16h.

Les Papiers M.P.C.

1825 rue Cabot, Côte-Saint-Paul
Angle : rue Gilmore
Tél. : 765-0990
Heures : lundi au jeudi de 8h30 à 17h, ven-
dredi de 8h30 à 14h30

Cette maison de produits en papier abordables, caché dans un coin perdu, sous le pont Champlain, est un vrai trésor. Ce grand entrepôt est rempli de rouleaux de papier, de papier d'emballage, de papier de soie, de papier à dessin, de carton et de nappes. www.mpcpaper.com

Magasin de Fibres "lb"/La Bobineuse de laine

2270 avenue Mont-Royal Est
Angle : rue Mercier
Tél. : 521-9000
Heures : lundi au samedi de 9h30 à 17h

De la laine, de la laine et encore de la laine ! Cette entreprise offre dans de nouveaux locaux tout le nécessaire pour la tricoteuse et la tisserande depuis 33 ans. Ils ont de tout : mohair, orlon, acrylique, laine bouclée, laine métallique, viscose, coton, ou autre. De plus, on file la laine sur place. Fouinez tranquillement parmi tous les contenants de laines et profitez des prix incroyablement bas.

Magasin de matériel d'artiste de l'Université Concordia

1395, boul. René-Lévesque Ouest
Angle : rue Crescent
Tél. : 848-4786
Heures : lundi au jeudi de 10h à 19h, vendredi de 10h à 18h, samedi de 11h à 15h (mai à août, lundi au jeudi de 11h à 18h)

Les étudiants universitaires ayant un budget restreint, ce magasin de matériel d'art étiquète ses prix en tenant compte de cette clientèle. Pour tous les besoins de céramique, de gravure, de peinture (huile, aquarelle, acrylique), de sculpture, de dessin ou autre, il est possible de commander tout le nécessaire au comptoir (même du film 16 mm).

Studio du Verre

515, rue Bonsecours, Vieux-Montréal
Angle : rue Notre-Dame
Tél. : 842-3968
Heures : lundi au mercredi et vendredi de
9h30 à 18h, jeudi de 9h30 à 20h, samedi de
10h à 17h, dimanche de 11h à 16h

Ce magasin offre le plus grand choix de verre : on trouve environ 500 variétés de verre pour le vitrail. Il est possible de trouver du matériel pour la gravure, la peinture sur verre, la soudure et la mosaïque. Vous pouvez débuter avec un cours de 12 heures pour débutants dans lequel vous apprendrez la technique de la coupe et de la confection des feuilles de cuivre. Vous pourrez ensuite apprendre les techniques de soudure, la fabrication d'une lampe Tiffany ou même le décapage à la sableuse. Les cours coûtent entre 49 $ et 159 $. Les commandes par la poste sont aussi acceptées. www.studiodeverre.com

Udisco

4660 boul. Décarie, Snowdon
Angle : ch. Côte-Saint-Luc
Tél. : 481-8107
Heures : régulières

Le plus grand distributeur au Canada d'articles de loisirs ouvre ses portes au public pour vendre du matériel à des prix de gros. Vous pouvez obtenir jusqu'à 70 % de rabais sur le prix de détail pour les modèles de plastique ou de bois, les contrôles à distance, les avions, les bateaux, les voitures et les trains. Tous les accessoires pour compléter les jeux, comme les outils de précision, les moteurs, les pièces, les articles en balsa, etc. Le matériel de bricolage pour les enfants, la peinture à numéros et les réparations de trains et de contrôle à distance sont aussi offerts.

MATÉRIEL POUR LES FÊTES

Bingo Vézina

6181 boul. Métropolitain Est
Angle : boul. Langelier
Tél. : 321-5555
Heures : régulières et dimanche de midi à 17h

Ce fournisseur d'articles de bingo a agrandi son éventail de marchandise pour inclure des accessoires pour les fêtes : il y a de la vaisselle et des accessoires en papier de couleurs coordonnées, des tonnes de ballons de toutes les formes, des chapeaux, des *piñatas*, des centres de table, du papier crêpé, des pompons de meneuses de claques, de la mousseline pour les bonbonnières, des rubans, etc. En ce qui concerne le bingo, vous pouvez acheter des prix et des jouets (comme des tonnes d'animaux en peluche dans un sac) à très bon prix. www.vza.com

Giggles

7143 boul. Newman, Lasalle
Angle : rue Senkus
Tél. : 363-9472
Heures : régulières et dimanche de 11h à 17h

En plus de se spécialiser dans la vente d'articles pour les fêtes et de ballons, ce qui distingue ce magasin est son service gratuit de remplissage de sacs à surprises. Des tableaux affichent les prix des sacs à surprises. Vous pouvez aussi créer votre propre sac à surprises à partir des centaines de jouets à prix abordable. Les décorations pour les fêtes et les articles en papier sont présentés par couleur et par thème (Big Bird, Thomas, Tinker Bell, Harry Potter, etc.). Vous pouvez également trouver le coussin péteur pour 4,99 $, le jeu de la queue de l'âne (0,89 $) ou des lettres pour bricoler votre banderole.

Le Magasin Entrepôt Party Expert

3350 boul. Saint-Martin Ouest, Laval
Angle : boul. Daniel-Johnson
Tél. : 450-978-3383
Heures : régulières et dimanche de 10h à 17h

Après le mur de ballons, vous tomberez sur des allées remplies d'articles pour les showers de bébé ou pour la future mariée, de costumes (cow-boys, jupes hawaïennes, pompons pour les meneuses de claques offerts en 12 couleurs), de maquillage, de perruques et de jouets pour les sacs à surprises. Près de la moitié du magasin est dédiée aux articles en papier comme les cartes de souhaits, les rubans, les crécelles et deux douzaines de couleurs de nappes à 16,99 $. N'oubliez pas d'aller fouiner dans la section des soldes dans le coin gauche à l'arrière du magasin.

Party Mania

950 boul. Saint-Jean, Pointe-Claire
Angle : rue Labrosse
Tél. : 694-3115
Heures : régulières et dimanche de 11h à 17h

Vous pouvez presque tout trouver vos accessoires pour les fêtes dans ce grand magasin. Il y a de tout pour célébrer un 50e anniversaire de mariage, une fête d'enfant ou une fête pour la mariée ou bébé ainsi que des décorations pour les anniversaires significatifs (30e, 40e, 50e et 60e). On offre un mur rempli de ballons de toutes sortes et des allées remplies de décorations pour les gâteaux, des rubans, des autocollants de toutes sortes, des petits sacs à surprises, du papier d'emballage, du papier à lettre et, évidemment, de la vaisselle en papier de couleurs coordonnées ou pour les fêtes à thèmes.

PIÈCES ÉLECTRONIQUES

Active Électronique

5343 rue Ferrier, Ville Mont-Royal
Angle : boul. Décarie
Tél. : 731-7441
Heures : lundi au mercredi de 8h à 18h, jeudi et vendredi de 8h à 19h, samedi de 9h à 17h

Les techniciens en électronique sont les principaux clients ici. Il y a des allées et des allées de petits trucs : câbles, connecteurs, ventilateurs, fils, interrupteurs, puce électronique, diodes, résistances et transistors pour les appareils audio. Tout ce dont vous avez besoin pour tester vos inventions, réparer vos appareils, concevoir une nouvelle idée et pour approfondir votre recherche et le développement de celle-ci. Autre magasin : 6080 boul. Métropolitain E. (256-7538).

Addison Électronique

8018 20e avenue
Angle : rue Jarry
Tél. : 376-1740
Heures : lundi au vendredi de 8h30 à 17h (fermé deux semaines en juillet)

Ces deux magasins juxtaposés qui vendent des articles de liquidation et de surplus de stock sont le paradis de l'électronique. Le petit entrepôt du côté gauche est consacré aux ordinateurs (blocs d'alimentation, claviers, interrupteurs, broches de raccordement, câbles, ventilateurs, résistances, connecteurs, etc.). Dans la partie droite, on trouve un supermarché de pièces mécaniques et électroniques pour les appareils de bande publique (C.B.), les appareils audio, les téléviseurs, les ordinateurs, les antennes, les alarmes, les magnétophones

et les téléphones. Autres magasins : Maddison Électronique, 563 boul. des Laurentides (450-668-2755); Add-tronique à Terrebonne, 2238 ch. Gascogne (450-964-4499).

DDO Électronique

43-B boul. Brunswick, D.-D.-O.
Angle : boul. des Sources
Tél. : 421-2755
Heures : régulières et dimanche de midi à 17h

Les fous d'électronique seront au paradis dans ce grand magasin rempli de pièces électroniques spécialisées. Vous pourrez trouver des câbles haut de gamme (chaîne audio, magnétoscope, ordinateur, haut-parleur, appareil électrique, etc.), 38 sortes de piles pour téléphones cellulaires et des adaptateurs, des concentrateurs (hub), des routeurs, des boîtes pour haut-parleurs, des ventilateurs, des tonnes de bobines de fil électrique, des caméras miniatures, des prises téléphoniques, des pièces pour les systèmes d'alarme, des radios d'autos, des outils pour le soudage et des accessoires pour votre satellite. Si vous ne pouvez pas trouver tout ce dont vous avez besoin, demandez à un conseiller de vous commander l'article en question. Ce magasin offre également le service d'installation de démarreurs à distance et d'équipement audio pour l'auto.

PRODUITS DE BEAUTÉ

Maison de Beauté Doreen

6875 avenue Victoria, Snowdon
Angle : rue Vézina
Tél. : 737-6862
Heures : lundi et mardi de 9h à 19h, mercredi de 9h à 21h, jeudi et vendredi de 9h à 22h, samedi de 9h à 20h, dimanche de l0h à 18h

Ce magasin se spécialise dans les besoins de la communauté noire. Ils ont les produits pour les cheveux Affirm, Carefree Curl, Dark and Lovely, Gentle Treatment et Optimum, des produits de maquillage (Posner, Black Radiance, Black Opal), des crèmes pour la peau, de l'huile de carottes, des perruques (entre 25 $ et 60 $) et des entensions (entre 25 $ et 60 $). Autre magasin : Princessa, Ville LaSalle, 1669 rue Dollard (595-4894).

Rhoda

5791 avenue Victoria, Snowdon
Angle : rue Bourret
Tél. : 737-5658
Heures : lundi au vendredi de 9h à 18h,
samedi de 9h à 17h

La femme qui veut économiser sur les bonnes marques de produits de beauté (Lancôme, Fernand Aubry, Biotherm, Klorane, Marcelle, Christian Dior), les vernis à ongles et le rouge à lèvres Christian Dior, les produits pour les cheveux Sebastien et Paul Mitchell et obtenir des rabais d'au moins 15 % sur les parfums se dirigera vers ce magasin. Les accessoires et les brosses à cheveux professionnelles (Jean-Pierre), les pinceaux à maquillage ainsi que les bijoux de fantaisie complètent l'éventail de marchandise. Vous bénéficiez de conseils d'experts (30 ans d'expérience) en questionnant Rhoda et de ses assistantes.

TifClip

2122 rue de Bleury
Angle : rue Sherbrooke
Tél. : 288-4411
Heures : tous les jours de 11h à 17h

Vous dénicherez tous les produits pour les cheveux (Camil, Bio Silk, Image) utilisés dans les salons. Il y a les produits pour la mise en plis, des brosses en poil de sanglier, des shampoings, des séchoirs, des colorants Punkie Colours, du gel, de la cire et des fers à friser.

Vas & Co

555 rue Chabanel Ouest
Angle : ave. du Parc
Tél. : 381-7575
Heures : lundi au vendredi de 10h à 17h30,
samedi de 10h à 16h

Wow ! Imaginez des parfums de marques connues réduits d'au moins 40 %. Des marques que vous connaisssez : Anaïs Anaïs, Christian Dior, Trésor, Oscar de la Renta, Poème, Drakkar, L'Air du Temps, Calvin Klein, Perry Ellis, Coolwater, Ralph Lauren, Halston, Dolce & Gabbana, Versace, Gucci, Joop, Paco Rabanne, Donna Karan, Alfred Sung, Givenchy, Shalimar, Carolina Herrera, Sung, Chanel et encore plus. Vous pourrez acheter du maquillage, des produits de beauté et des produits pour les cheveux et le bain comme Disney, Fa, Algemarin, La Coupe et Klorane. Ne manquez pas les aubaines

sur les bas-culottes (3 pour 7 $ ou 3 pour 10 $) de marques Secret, Phantom et bien d'autres.

SALON DE COIFFURE

Académie Internationale Edith Serei

2015 rue Drummond, 7e étage
Angle : boul. de Maisonneuve
Tél. : 849-3035
Heures : lundi au vendredi de 9h à 17h

Cette école ouverte depuis 1958 a été la première école de soins esthétiques en Amérique. En juin, les élèves offrent des sessions de pratique pour les massages (sportif, suédois ou shiatsu) pour 15 $. Chouchoutez votre corps avec les soins d'esthétique : 12 $ de l'heure pour l'électrolyse, 10 $ pour une manucure, maquillage pour 10 $, facial pour 13 $, épilation du bikini à 8 $, pédicure pour 15 $ et plus encore. Dans le salon, le service complet est offert mais à des prix concurrentiels.

Académie Rollande St-Germain

781 rue Bélanger
Angle : rue Saint-Hubert
Tél. : 272-5745
Heures : lundi au mercredi de 9h à 16h et de 18h à 22h, jeudi et vendredi de 9h à 20h30, samedi de 9h à 14h30

Avec son logo en cœur « Pour l'Amour de la Coiffure » dans la vitrine, cette école de coiffure offre coupe et shampoing ou mise en plis et shampoing pour 7 $. La teinture, la mise en plis et le shampoing sont offerts à 17 $ et une permanente varie entre 25 $ et 35 $.

Centre École Pierre-Dupuy

2175 rue Ontario Est
Angle : ave. de Lorimier
Tél. : 596-5718
Heures : lundi au vendredi de 8h à midi et de 12h45 à 14h

Même si vos ressources financières diminuent, vos cheveux continuent de pousser. Vous pourrez tout de même vous faire coiffer dans cette école : coupe pour femmes à 4 $, mise en plis à 3 $, permanente à 15 $, coloration (produits Wella) à 12 $. La coupe pour hommes est offerte à 3 $ et la coloration à 6 $. Les shampooings sont gratuits. Pour les soins esthétiques, appelez au 569-7081. Les manucures sont à 4 $, les pédicures 4 $, les facials entre 15 $ et 30 $ et le forfait de soins toute une journée est possible pour seulement 35 $.

École de Beauté Inter-Dec

2120 rue Sainte-Catherine Ouest
Angle : rue du Fort
Tél. : 939-4444
Heures : lundi au vendredi de 8h à 17h
(octobre à décembre et mai à début juillet)

En prêtant votre chevelure pour un examen d'étudiant, vous économiserez encore plus : vos traitements seront gratuits. Les prix ordinaires ne sont pas exorbitants : la coupe de cheveux à 6 $ seulement et la mise en plis à 10 $. Vous pourrez obtenir une coloration à partir de 15 $ et des mèches pour 20 $ ou 45 $. Les soins de beauté incluent le massage facial à 20 $ et plus, l'épilation de la demi-jambe à 12 $, l'épilation du bikini à 8 $, etc. Les hommes sont les bienvenus également !

International School of Hairdressing

4755 avenue Van Horne, suite 104
Angle : ave. Victoria
Tél. : 737-5200
Heures : Vendredi de 9h à 15h

Chaque vendredi, les diplômés vous propose une mise en plis, une coupe, une coloration ou une permanente. Vous n'avez pas besoin de prendre de rendez-vous et l'attente n'est habituellement pas très longue; mais, allez-y tôt afin de vous assurer une place. Une coupe vous coûtera 5 $, une mise en plis 5 $ à 7 $, une permanente 30 $ et les mèches à partir de 20 $ (ou 45 $ et plus).

Kiné-concept Institute

760 rue Saint-Zotique Est
Angle : rue Châteaubriand
Tél. : 272-5463
Heures : tous les jours de 9h à 16h

Le frais de 15 $ pour les services de kinésithérapie (massage suédois) exécutés par un étudiant est versé à une fondation se consacrant à la recherche des bienfaits du massage pour les patients aux soins palliatifs. Ce type de massage est parfait pour ceux qui ont des problèmes de dos ou avec les membres. Les diplômés de l'institut facturent entre 45 $ et 60 $ et remettent une portion de ce frais à cette même fondation. Vous devrez remplir un questionnaire sur votre santé avant de commencer le traitement. Appelez pour vous inscrire sur la liste de clients et vous serez contacté lorsque les étudiants auront besoin de pratiquer leur art.

La Coupe

1115 rue Sherbrooke Ouest
Angle : rue Peel
Tél. : 288-6131
Heures : mardi et mercredi à 17h

Réservez à l'avance ! Depuis déjà quelques années, ce salon de beauté offre une coupe de cheveux et mise en plis pour 10 $, ce qui permet aux étudiants de s'exercer sur les clients qui désirent changer de tête. À chaque saison, le service technique offre des mèches entre 30 $ et 40 $ et des permanentes ou des colorations permanentes ou temporaires pour 15 $, ce qui représente une économie de 50 $.

Laurie McDonald Career Center

5025 rue Jean-Talon Est
Angle : rue Viau
Tél. : 374-0245 (cheveux) ou 374-4735
Heures : lundi au vendredi de 8h15 à 16h15 et de 18h à 22h

Ce centre offre des programmes en anglais et en français ainsi que deux niveaux de cours de coiffure. Appelez quelques jours à l'avance pour profiter des bas prix : mise en plis à 5 $, coupe et mise en plis à 7 $, coloration à 12 $, mèches et mise en plis pour 17 $, permanente, coupe et mise en plis pour 15 $. Difficile à croire, mais ces prix peuvent être réduits encore de 2 $ si vous laissez le soin de votre chevelure à un étudiant de niveau 1. Pour les soins de beauté, contactez le 374-0023 et vous pourrez obtenir les services d'électrolyse, d'épilation, de pédicure, de manucure et encore plus. www.emsb.qc.ca

Le Centre de Formation Professionnelle Gordon Robertson

240 Beaurepaire Drive, Beaconsfield
Angle : Beaconsfield Court
Tél. : 426-3949
Heures : lundi, mardi, jeudi, vendredi de 8h30 à 15h, mercredi de 8h30 à midi

Dans le cadre du programme d'esthétique et de coiffure, le traitement de luxe vous est offert à prix ridiculement bas. Les étudiants plus expérimentés pratiqueront leur art : manucure à 7 $, pédicure à 12 $, facial entre 15 $ et 30 $, épilation à la cire (lèvre supérieure à 4 $ et jambes complètes à 13 $) ou application de maquillage. Il est possible d'obtenir un shampooing et une mise en plis pour 5 $, une coupe pour 5 $, une teinture pour 12 $, des mèches pour 20 $ (shampoing et mise en plis inclus). De plus, vous pouvez recevoir une permanente entre 15 $ et 25 $.

Le Club MaxiColor

187 boul. Hymus, Pointe-Claire
Angle : boul. Saint-Jean
Tél. : 697-9210
Heures : régulières

Voici une façon originale d'économiser sur la coloration des cheveux : prendre un abonnement annuel (à partir de 225 $ pour quelques couleurs) ce qui vous assure une séance mensuelle de coloration pour une fraction du prix régulier (225 $ divisé par 12 = 18,75 $). Il y a des frais supplémentaires de 12 $ s'il n'y a aucune coupe ou mise en plis. Les produits de qualité Mask et Evolution sont utilisés. Dans certains salons, les membres peuvent également profiter d'un rabais de 10 % à l'achat des produits professionnels pour les cheveux (Paul

Mitchell, Davines, Evolution, L'Oréal, Image, Alfa-Parf, etc.). Sur présentation de leur carte, les étudiants peuvent profiter d'un rabais de 15 %. Autres salons : 3614 boul. Saint-Charles (694-2303); 2742 boul. Saint-Charles (694-4732); Galerie des Sources (683-3375); Châteauguay, 55 rue Saint-Jean-Baptiste (450-691-8200); Saint-Hubert, 2103 rue Edward (450-465-9757); Brossard, 6845 boul. Taschereau (450-676-2411); Longueuil, 1401 ch. Chambly (450-442-4816); 1143 boul. de Maisonneuve O. (288-5275); 3990 boul. Saint-Martin O. (450-682-0208) et d'autres.

Shiseido

2001 rue University, suite A350
Angle : boul. de Maisonneuve
Tél. : 288-5088

Nous apprécions tous la gratuité. Les cours d'introduction gratuits sont offerts en trois niveaux. Au niveau 1, vous apprendrez à choisir les couleurs et les produits qui conviennent à votre type de peau. Au niveau 2, vous explorerez les techniques pour obtenir différentes allures (maquillage de jour et de soir). Au niveau 3, vous apprendrez à utiliser les produits pour sculpter votre visage et différentes techniques artistiques. Des ateliers pour la mariée et des ateliers saisonniers sont organisés pour présenter les dernières tendances et les nouveautés dans les soins de beauté. Pour terminer, vous pouvez assister à un cours sur les soins pour le corps et les parfums, où on fera un survol des traitements pour le corps (essai d'une mini-manucure), des techniques de massage et de l'aromachologie.

SITES WEB

ExpertsMtl.com

Ce site Web propose les services d'experts montréalais de différents domaines (conseils juridiques, automobiles, sexualité, physiothérapie, rénovations) qui vous donneront des conseils gratuitement par courriel. Vous pourrez ainsi choisir si vous tenez compte des conseils des experts. Ensuite, vous pouvez décider, à la maison, si vous désirez utiliser leurs services ou non, car ces experts sont situés dans la région de Montréal.

VOYAGES

Gîtes Montréal Centre-Ville

3458 rue Laval
Angle : rue Prince-Arthur
Tél. : 289-9749 ou 800-267-5180
Heures : lundi au dimanche de 8h30 à 18h
(mai à octobre de 8h30 à 21h)

Depuis 19 ans, ce réseau regroupe environ 45 chambres de gîtes touristiques du centre-ville. L'occupation simple débute à 55 $ et plus et double 60 $ et plus. En plus du français et de l'anglais, les visiteurs japonais apprécieront se faire servir en japonais. Demandez le livret d'escomptes pour les touristes. Voici la façon idéale pour vraiment découvrir une ville : un hôte qui se préoccupe de votre bien-être. www.bbmontreal.qc.ca ou par courriel : dbdtown@cam.org

HomeLink International

1707 Platt Crescent
Vancouver Nord, C.-B. V7J 1X9
Tél. : 604-987-3262

L'échange de maison est une façon économique pour les vacances, bien qu'il y ait toujours des hésitations à l'idée de prêter sa demeure à un étranger. Cependant, cette entreprise souligne qu'elle reçoit une seule plainte mineure par an. Depuis 1952, ce réseau a pris de l'expansion au point de proposer plus de 12 000 maisons dans les pays de l'Occident et même quelques-unes en Orient. Pour la somme de 100 $, votre maison sera affichée sur le site Web et dans trois catalogues par année. Chaque annonce indique la date à laquelle le client veut prendre ses vacances et les destinations désirées. L'échange même s'organise entre les deux parties concernées. Ainsi, vous pourrez profiter de vacances sans payer de frais de logement et faire l'expérience unique et enrichissante de vivre dans un milieu étranger. www.homelink.ca

Intervac Canada

606 Alexander Cr. N.W., Calgary
Alberta T2M 4T3
Tél. : 800-665-0732

Depuis plus de 50 ans (dont 15 ans au Canada), cette entreprise offre l'échange de maison, de condos et d'appartements (même de voitures) pour les vacances pour économiser des sous et faire une immersion dans la culture et le style de vie du pays visité. Avec plus de 11 000 maisons inscrites dans plus de 30 pays, vous découvrirez les beautés de ce monde lors de vos prochaines vacances : une villa sur la Riviera ou en Espagne, un appartement à Londres, un chalet dans les Alpes, un condo à Hawaï ou au Mexique. Les nouveaux membres peuvent s'inscrire en ligne et choisir une résidence sur le site Web pour 99 $. De plus, on envoie un catalogue couleur dans lequel toutes les maisons sont présentées pour 36 $. www.intervac.com

Montréal Bed & Breakfast

2033 rue Saint-Hubert
Angle : rue Sherbrooke
Tél. : 738-9410 ou 800-738-4338

Parmi les quelques 35 maisons énumérées, vous pouvez profiter de la compagnie de sympathiques gens d'ici pour la modique somme de 65 $ et plus pour occupation simple ou 80 $ et plus pour occupation double et déguster un délicieux déjeuner avant de commencer votre journée. À la recherche d'une chambre pour votre visite ? Contactez le plus vieux regroupement de gîtes touristiques de Montréal établi depuis 22 ans. www.bbmontreal.com

Vacances au Québec

Vacances et gîtes touristiques à la ferme

Pour les vacances à la ferme, vous pouvez participer aux tâches ou simplement regarder les spécialistes en action. Voici une façon intéressante et peu coûteuse de passer vos vacances. Des voyages d'un jour pour des groupes de 15 personnes ou plus sont aussi offerts. Les gîtes touristiques, populaires depuis des lustres en Europe, sont aussi un moyen agréable de voyager. À la librairie, le guide « Gîtes et auberges du Passant » est un excellent guide bilingue (14,95 $) ou vous pouvez contacter la Fédération des Agricotours du Québec au : 4545 avenue Pierre-de-Coubertin, Case postale 1000, Succursale M, Montréal (Québec) H1V 3R2 (252-3138). Ce guide indique aussi les distances entre les villes, la langue parlée, le genre d'accommodation, le nombre de chambres, le coût et les activités offertes. www.agricotours.qc.ca, www.inns-bb.com ou www.ulysses.ca (éditeur).

Il y a aussi un bon nombre de fermes familiales anglophones qui offrent soit le logement avec trois repas par jour ou seulement la chambre et le déjeuner. Celles-ci sont inscrites dans le livre mentionné précédemment, mais pour plus de renseignements (aucune réservation), écrivez à : Association des fermiers du Québec, Case postale 80, Sainte-Anne-de-Bellevue (Québec), H9X 3L4 ou téléphonez au 457-2010. www.qfa.qc.ca

Camps et Centres de vacances familiaux

Le réseau des camps et centres de vacances familiaux est ouvert en tout temps pendant l'année pour toute famille qui désire partager des vacances avec d'autres familles, à des prix abordables. Ces camps et ces centres encouragent le rapprochement de la famille en vous évadant de la routine quotidienne, en profitant de la nature et en participant à des activités animées par des guides de groupe. Pour recevoir une brochure gratuite (dépliant aussi offert dans les CLSC) et de plus amples renseignements, téléphonez au Mouvement québécois des camps familiaux (252-3118) ou Tourisme Québec (873-2015 ou 1-877-266-5687). www.campsfamiliaux.qc.ca

Les fêtes populaires au Québec

Il peut être intéressant de planifier ses vacances autour d'un festival régional. Il y a environ 160 thèmes différents et l'un d'entre eux intéressera sûrement votre famille. Il y a trois festivals western (certains avec rodéo), un festival de l'omelette, un festival de la chasse au faisan, un festival de pêche, des méchouis, un festival du papier et du chocolat et, sans oublier, le festival Juste pour rire. Pour plus de renseignements, écrivez pour obtenir leur bottin annuel (33,95 $) : Société des fêtes et festivals populaires du Québec, 4545 ave. Pierre-de-Coubertin, Case postale 1000, Succursale M, Montréal (Québec) H1V 3R2 ou téléphonez au 252-3037 à Montréal ou au 1-800-361-7688 pour l'extérieur de la ville. www.festivals.qc.ca

Voyages pour étudiants

Auberges de jeunesse

Situées dans tout le Québec (et partout au monde), les 18 auberges de jeunesse sont des hébergements bon marché qui vous donnent l'occasion de rencontrer d'autres voyageurs et de connaître différentes régions de la province. Les personnes de tous les âges peuvent y demeurer jusqu'à sept nuits et le tarif varie entre 12,75 $ et 25 $. Pour de plus amples renseignements, écrivez au Regroupement Tourisme Jeunesse, 4545 ave. Pierre-de-Coubertin, Case postale 1000, Succursale M, Montréal, H1V 3R2 (252-3117 ou 1-800-461-8585). Vous pouvez obtenir une carte indiquant les auberges, à la boutique de tourisme au 4008 rue Saint-Denis (844-0287). www.tourismej.qc.ca

Voyages CUTS/Voyages Campus

Si vous êtes étudiant à plein temps, vous avez droit à un grand nombre d'escomptes quand vous voyagez à l'étranger, en autant que vous possédiez la carte d'identité internationale d'étudiant (ISIC), qui est reconnue dans 90 pays. Si vous êtes étudiant à plein temps âgé de plus de 16 ans, vous êtes admissible pour l'obtention de cette carte ou si vous êtes membre de la Fédération canadienne des étudiants par l'intermédiaire de votre école, vous l'obtiendrez gratuitement; sinon, il en coûte 16 $. Ces rabais sont accordés sur les services de voyages, l'hébergement, les activités culturelles et les achats dans les magasins de détail. Quand vous obtiendrez la carte, demandez aussi le livret d'escomptes. On n'y énumère pas toutes les adresses, mais on donnera une bonne sélection, ainsi que les adresses et les numéros de téléphone des bureaux dans chaque pays. Communiquez avec votre association étudiante pour de plus amples renseignements ou contactez l'Université McGill, 3480 rue McTavish (398-0647); l'Université Concordia, 1455 boul. de Maisonneuve O. (288-1130); l'Université du Québec, 1613 rue Saint-Denis (843-8511); l'Université de Montréal, 3200 rue Jean-Brillant (735-8794); 2085 rue Union (284-1368); 5770 rue Decelles (341-1649); 205 boul. du Président-Kennedy (281-6662) ou le comptoir VIA Rail à la Gare Centrale (989-2626). www.travelcuts.com ou www.isic.org

Note à propos des voyages

S'il vous est possible d'attendre à la dernière minute pour planifier vos vacances, les voyages de groupe et les croisières réduisent souvent leurs prix pour remplir des places libres. Parfois, vous économiserez jusqu'à 50 %. De nombreuses aubaines sont offertes dans les agences de voyage; il ne vous reste qu'à les demander !

4. NOURRITURE

À LA LIVRE

Épices Anatol

6822 boul. Saint-Laurent
Angle : rue Dante
Tél. : 276-0107
Heures : lundi au mercredi de 9h à 17h30,
jeudi et vendredi de 9h à 20h, samedi de 9h
à 17h

Voilà un grossiste chez qui vous pouvez aller acheter des aliments en vrac : les prix sont donc très abordables. Leur choix est imposant avec 60 sortes de thé, du café à 5,99 $, plusieurs extraits d'essences, du chocolat pour la confiserie, des pièces argentées pour la décoration de gâteaux, 150 herbes (incluant celles pour l'infusion du thé), 600 épices différentes : bâtons de cannelle, épices Cajun, 50 ingrédients différents pour les gâteaux aux fruits, 90 sortes de noix, riz, pâtes bio, légumineuses, fruits déshydratés (papayes, ananas, cerises, canneberges) et henné pour les cheveux. Vous aurez encore de meilleurs prix si vous achetez en grande quantité.

Délinoix

6768 rue Jarry Est
Angle : boul. Pascal-Gagnon
Tél. : 324-4227
Heures : lundi au vendredi de 8h30 à 12h30,
13h à 17h

Ce grossiste vend au détail. Donc, si jamais vous avez une fringale pour des noix, des fruits déshydratés (mangues, canneberges, poires, pêches), vous dénicherez des aubaines intéressantes dans ce magasin. De plus, il y a plus d'une douzaine de mélanges de noix, de fruits et une tonne de bonbons. Les noix d'acajou sont seulement 6,79 $ pour 500 gr, les pignons à 5,09 $ pour 250 gr et on propose des arachides (blanchies, rôties, barbecue, enrobées de sucre), des pistaches, des amandes fumées ou enrobées de chocolat ou de yogourt, des graines de tournesol, des noix macadamia et d'acajou, des noix du Brésil et des tomates séchées. www.delinoix.com

Frenco en Vrac

3985 boul. Saint-Laurent
Angle : rue Duluth
Tél. : 285-1319
Heures : lundi au mercredi de 8h à 19h, jeudi et vendredi de 8h à 21h, samedi et dimanche de 8h à 18h

Ce magasin d'aliments naturels très achalandé offre un grand choix de marchandise en vrac : épices, grains, caroube, produits de riz, farine de pois chiche, algues, fruits confits, mongo, beurre de noix, polenta, levure, riz Lunberg, nouilles soba, cafés, thés, aloès, produits de beauté et boulangerie. Vous y trouverez beaucoup de mets à emporter : raviolis à la courge, salade russe, ragoût thaï au seitan, pita-sandwich à l'aubergine, bacon au tofu, hamburgers teriyaki, cretons végé, yogourts et boissons de soya.

Harji's

5668 avenue du Parc
Angle : avenue Bernard
Tél. : 279-1040
Heures : lundi au mercredi de 9h à 20h, jeudi et vendredi de 9h à 21h, samedi 9h à 19h, dimanche de 9h à 18h

Ce magasin d'épices en vrac attire une clientèle variée avec son grand choix de produits ethniques (sucres, farines, noix, épices, céréales, 10 sortes de riz, grains et légumineuses). De plus, on offre un grand choix d'aliments provenant d'Amérique latine, d'Inde et de l'Orient (udad-padad, lait de noix de coco, pâte rouge ou verte au curry, pâte de crevettes et ingrédients pour le sushi). Vous trouverez également du miel, du beurre d'arachide en vrac et des chutney maison.

Le Vrac du Marché

138 rue Atwater, Marché Atwater
Angle : rue Notre-Dame
Tél. : 933-0202
Heures : régulières et dimanche de 10h à 17h

Lorsqu'une recette exige une simple pincée de muscade, vous n'avez plus à acheter tout un contenant. Voilà une excellente raison de visiter ce magasin : pour y acheter les quantités dont vous avez besoin. Le nécessaire pour les gâteaux et la pâtisserie, comme le mélange de farines pour la machine à pain, la farine de pommes de terre, de pois chiches ou de soya, ainsi que les mélanges à crêpes Aunt Jemima côtoient les bonbons, le chocolat Callebaut (même en brisures de chocolat), 40 sortes de pâtes, y compris des nouilles au blé kamut et des nouilles udon, des petits pois grillés, des croûtons au fromage et cette muscade qu'il vous manquait... en plus de toutes les autres épices et fines herbes pour votre cuisine.

Papillon

303 boul. Saint-Jean, Pointe-Claire
Angle : autoroute 2 & 20
Tél. : 697-5157
Heures : lundi au vendredi de 9h à 21h,
samedi de 9h à 17h, dimanche de 10h à 17h

Les aliments en vrac sont une bonne façon d'économiser parce que vous acheter ainsi seulement les quantités dont vous avez besoin. On y offre des noix, des épices, de la farine pour les machines à pain, du macaroni, des préparations pour les muffins, du sel de mer non raffiné, trois sortes de chocolat pour confectionner des friandises, des confitures, du miel, du beurre d'arachide, des légumineuses, du riz basmati brun et des fruits déshydratés givrés. Il y a plus de 200 moules à gâteaux pour la location et vous trouverez tout le nécessaire à la décoration de gâteaux.

Rôtisserie Cananut

1415 rue Mazurette
Angle : boul. de l'Acadie
Tél. : 388-8003
Heures : lundi au mercredi et samedi de 9h à 19h, jeudi et vendredi de 9h à 21h, dimanche de 10h à 18h

Dans cette boutique offrant un choix ahurissant de produits (60 barils de noix, 24 barils de haricots, dix de riz et huit de lentilles), vous trouverez toutes sortes de produits courants et des aliments exotiques (pâte de dattes, mangues déshydratées, papayes en cube, maïs grillés enrobés de fromage). Il y a également un mur rempli de différentes sortes de thés (hibiscus), des aliments importés en conserve ou en bocal et des bonbons emballés.

Scoops

1616 rue Sainte-Catherine O., Faubourg Sainte-Catherine
Angle : rue Guy
Tél. : 937-5797
Heures : tous les jours de 9h à 21h

Ce magasin en vrac propose environ 100 épices (même du fenugrec), douze sortes de riz, des pâtes tricolores de toutes formes (même en feuille d'érable), du beurre d'amande et des céréales bio. On y trouve environ 200 bonbons (dont 30 sortes de jujubes) : des dragées argentées, des *jellybean* (35 saveurs) ainsi qu'une section de chocolats et de bonbons sans sucre. Le restant du magasin est consacré aux ingrédients pour vos recettes exotiques comme les tomates séchées au soleil, les piments forts, les zestes de lime et de citron, l'essence d'érable, les bases de soupe sans sel, l'ananas givré, le gingembre cristallisé, la racine de réglisse, les baies de genièvre et les noix macadamia.

ACCESSOIRES POUR LA FABRICATION DU VIN

Bacchus Le Seigneur du Vin

1820 avenue Dollard, LaSalle
Angle : boul. Newman
Tél. : 366-8000
Heures : mardi au vendredi de 10h à 18h, samedi de 10h à 17h

En septembre, vous découvrirez enfin la raison pour laquelle ce commerce dispose d'un si grand espace : le commerçant commande des tonnes de caisses de raisins pour ses clients. De plus, il est possible de louer pour l'année tout le matériel nécessaire pour écraser et embouteiller votre vin. Vous pouvez également fabriquer votre vin sur place. En tout temps, vous pouvez acheter les concentrés de raisins Village Vintner (environ 24 variétés de vin rouges et de vins blancs), des bouteilles, des étiquettes, des bouchons de liège, des bouchons en caoutchouc et même des contenants de 54 litres.

PurVin-Paul Bourget

1265 rue O'Brien, Ville Saint-Laurent
Angle : rue Rochon

Tél. : 747-3533
Heures : lundi au vendredi de 9h à 18h,
samedi de 9h à 17h

Pour moins de 100 $, vous pourrez fabriquer
votre propre vin (de 2 $ à 3 $ la bouteille) et
obtenir une cuvée dans à peu près quatre
semaines. Vous obtiendrez des conseils judi-
cieux de ce magasin qui œuvre dans ce domaine
depuis 27 ans, en plus d'acheter des bocaux
de vieillissement, des hydromètres, des
bouteilles, des cruches d'un gallon, des bouchons de liège et des étiquettes pour fabriquer
vos vins blancs, rouges ou rosés provenant
d'Italie, de Californie et de France à partir de
75 variétés de concentrés de raisins.
purvin.canada@attcanada.net

Société des Alcools du Québec

2021 rue des Futailles
Angle : rue Notre-Dame
Tél. : 253-6255 ou 873-9501
Heures : lundi et mardi de 9h à 19h, mercre-
di au vendredi de 9h à 21h, samedi de 8h à
17h et dimanche de 9h à 17h

La SAQ a décidé de concurrencer la fabrication de vin maison en offrant du vin en vrac.
Vous pouvez goûter les vins et ensuite remplir
12 bouteilles de 750 ml de vins blancs ou
rouges (français, italiens ou chiliens) pour un
montant variant entre 57,75 $ et 94,25 $. Vous
apportez vos bouteilles ou achetez le nécessaire sur place : bouteilles à 0,55 $ pour 750 ml,
0,65 $ pour un litre, bouchons, étiquettes
(1,45 $), capsules dévissables, trousses de
cadeaux (boîtes, bouteilles et bouchons pour
8,95 $ ou 10,20 $), etc. Il y a également des
boissons riches en alcool de marque maison
(gin, brandy, whisky, vodka) offertes dans des
bouteilles de 1,75 litres. De plus, la SAQ offre
des rabais sur les commandes postales de
caisses de vin en vrac quatre fois par année.
Téléphonez au 873-5719 pour plus de détails
et vous inscrire à la liste. Autre succursale :
Marché Central (383-9954). www.saq.com

Vinothèque

2142 autoroute Transcanadienne, Dorval
Angle : boul. des Sources
Tél. : 684-1331 ou 800-363-1506
Heures : lundi au jeudi et samedi de 9h à
17h, vendredi de 9h à 18h

La fabrication du vin n'est pas uniquement un
loisir du temps de la Grèce antique où on écra-
sait les raisins, pieds nus. Il s'agit d'une industrie prospère ayant de nombreux magasins
en ville. Celui-ci est le distributeur des produits
Winemaster (Village Vintner, Vintage Harvest,
Cuvée Vendage); on y trouve une sélection de
concentré de raisin, d'ingrédients importés
pour la fabrication de bière, de trousse de fabrication de champagne et de liqueur, de jus
de raisin frais Mosto Classico et tout le nécessaire pour la personne désireuse de fabriquer
son propre vin (incluant le vin de glace et le vin
de fruits) en moins de quatre semaines pour
seulement 2 $ la bouteille. On fournit du
matériel à plus de 25 endroits différents; si
celui-ci est plutôt loin pour vous, informez-
vous de l'adresse du magasin dans votre quartier. www.vinotheque.com

ALIMENTS NATURELS

À Votre Santé

5126 rue Sherbrooke Ouest, N.-D.-G.
Angle : rue Vendôme
Tél. : 482-8233
Heures : lundi au vendredi de 9h à 20h, same-
di de 10h à 18h, dimanche de 11h à 17h30

Cette entreprise familiale vous offre tout ce
dont vous avez besoin pour vos habitudes
alimentaires spéciales. Il y a des aliments en
vrac : épices, grains, légumineuses, farines
(épeautre, amaranth, soya, sans gluten, kamut),
pain au riz sans gluten, pâtes de riz ou de sarrazin. Optez pour les légumes biologiques,
les cosmétiques, les livres très pratiques, les
savons et shampoings biodégradables. Les
personnes qui souffrent d'allergies seront
emballées par les produits au soya ou sans
gluten, les fromages et le lait de chèvre, le lait
et la viande biologiques, etc.

Bio Gaya

3551 boul. Saint-Charles, Kirkland
Angle : boul. Brunswick
Tél. : 697-7383
Heures : lundi au mercredi de 10h à 19h,
jeudi et vendredi de 9h à 21h, samedi de 9h
à 17h, dimanche de 11h à 17h

Voilà un magasin spacieux situé dans l'Ouest
de la ville qui offre des produits biologiques,

des pâtes au blé kamut, des plantes médicinales déshydratées, des racines et des baies, du thé à l'orge perlé, des boissons chocolatées au soya, du thé à la réglisse égyptienne, douze sortes de miso et des bonbons au riz. Les clients réguliers accourent dans ce magasin pour le pain sans gluten, le beurre, le fromage, la pizza et les mets à emporter. Il y a également des produits de nettoyage pour la maison, des produits de beauté ainsi que des vins non alcoolisés.

Club Organic

4341 rue Frontenac
Angle : rue Rachel
Tél. : 523-0223
Heures : lundi au mercredi de 9h30 à 18h, jeudi et vendredi de 9h30 à 20h, samedi de 9h30 à 17h

Vous pouvez retracer chaque aliment de ce distributeur jusqu'au fermier qui l'a produit. Tous les produits vendus ici sont certifiés Garantie Bio, un réseau international régissant les appellations biologiques. Pour 30 $, vous devenez membre et vous pourrez ensuite acheter du boeuf haché, du poulet, du beurre, de la farine, des légumineuses, des céréales, des dattes, des pâtes, de l'huile, des noix, etc. Un escompte de 3 % est remis sur les commandes de 1 $ à 99 $; 5 % pour 100 $ à 299 $ et 7 % pour les commandes de 300 $ et plus. On y propose également le service d'un traiteur de produits biologiques, Les Artisans de l'Aube, qui vient livrer chaque jour des quiches, des repas de tofu, des pizzas, etc. dans ce magasin.

Distribution Vie

8751 8ᵉ avenue
Angle : rue Denis-Papin
Tél. : 725-5117
Heures : jeudi de 13h30 à 17h30

S'il vous est possible de vous déplacer pendant les heures d'ouverture limitées réservées au grand public, et si vous pouvez trouver l'entrée de l'entrepôt cachée derrière une allée, vous profiterez des prix fantastiques pour les aliments biologiques comme les fruits, les légumes, le tofu, la viande, le lait et le fromage. Vous pouvez acheter des caisses de marchandise ou seulement quelques articles à la fois.

Fleur Sauvage

5561 avenue Monkland, N.-D.-G.
Angle : rue Old Orchard
Tél. : 482-5193
Heures : lundi de 9h30 à 19h, mardi et mercredi de 9h30 à 20h, jeudi et vendredi de 9h30 à 21h, samedi de 9h30 à 18h, dimanche de 11h à 17h

Depuis 18 ans, ce magasin d'aliments naturels offre une grande sélection : beurre de sésame, beurre de pomme et de noix d'acajou, nouilles soba, au soya et aux épinards, des substituts d'oeuf en poudre, penne au basilic, soya, riz, lait de chèvre, bonbons naturels, grains, plantes médicinales au kilo et légumes biologiques. Il est possible d'essayer des mets préparés comme le seitan aux trois poivres, hamburgers au miso et sésame, la paëlla au tofu ou la tourtière aux olives et au sarrazin.

Mission Santé Thuy

1138 avenue Bernard Ouest, Outremont
Angle : rue de l'Épée
Tél. : 272-9386
Heures : lundi au mercredi de 9h à 20h, jeudi et vendredi de 9h à 21h, samedi de 9h30 à 18h, dimanche de 10h à 18h

Profitez de ce superbe magasin de produits naturels. En plus des légumes biologiques, des quatre sortes de miel en vrac, des herbes en vrac, du choix incroyable de céréales multigrains, des pâtes de riz brun, du jus d'agropyre, graines de chanvre écalés, on offre un comptoir de mets orientaux à emporter : rouleaux impériaux, soupe tonkinoise, au lotus ou d'automne, sushis, pâté d'igname. Il y a également un réfrigérateur rempli de yogourts de soya, de lait bio, de lait de chèvre et de soya, de tourtières et de quiches de même qu'un congélateur où vous pourrez acheter du poisson, du boeuf, du poulet bio, des boulettes et de la citronnelle.

Rachelle Béry

505 rue Rachel Est
Angle : rue Berri
Tél. : 524-0725
Heures : lundi et mardi de 9h à 19h, mercredi au vendredi de 9h à 21h, samedi de 9h à 18h, dimanche de 10h à 18h

Ce magasin offre des aliments préparés, frais et congelés : 12 sortes de végéburgers, sushis végés, pitas-sandwiches, casseroles Cajun, soupe de millet et épinards (12 choix de soupes), tourtière aux tomates et aux olives et huit sortes de sauces. En plus des aliments de base, on a ajouté des croustilles aux algues, de la sauce tamari, de l'huile de tournesol, du miel en vrac, du wakamé déshydraté, des épices en vrac, du kamut, des pâtes de riz brun, des nouilles udon, 10 sortes de beurre de noix (macadamia, sésame, noisette, noix d'acajou), beaucoup de pains, des bonbons à l'érable bio et des légumes bio. Autres magasins : 2510 rue Beaubien E. (727-2327); 4660 boul. Saint-Laurent (849-4118); 1332 rue Fleury E. (388-5793); Longueuil, 217 rue Saint-Charles O. (450-674-0729); 2005 rue Sainte-Catherine E. (525-2215); Laval, 1636 boul. de l'Avenir (450-978-7557). www.rachellebery.com

Tau Aliments Naturels

4238 rue Saint-Denis
Angle : rue Rachel
Tél. : 843-4420
Heures : lundi au mercredi de 9h à 19h, jeudi et vendredi de 9h à 21h, samedi de 9h à 18h et dimanche de 10h à 18h

Voici l'un des premiers magasins de produits naturels connus en ville. On offre un bon choix d'aliments : pâtes de soya, pâtes sans gluten, millet soufflé, quinoa, fromages sans lactose, tofus aux herbes, lait de chèvre frais, algues séchées, caroube en poudre, épices et légumes bio. Le congélateur contient du boeuf, du poisson et de la volaille. Vérifiez la grande variété de mets préparés comme les sandwiches aux algues et au tofu, les tourtières au seitan, les tourtes aux lentilles, etc. Autres grands magasins : 6845 boul. Taschereau (450-443-9922); 3188 boul. Saint-Martin O. (450-978-5533).

Cueillir vous-même

La cueillette de fruits et légumes est une activité amusante que vous pouvez partager avec votre famille un bel après-midi tout en économisant des sous. De plus, si vous achetez directement les aliments comme le miel ou le vin à l'endroit où ils ont été produits, vous pourrez également obtenir des aubaines intéressantes. Les régions suivantes offrent des guides annuels gratuits qui vous feront découvrir les fermes locales :

Laval offre le guide « Fleurs et Saveurs ». Vous pouvez vous procurer un exemplaire au 1555 boul. Chomedey, bureau 100, Laval (Québec), H7V 3Z1 (450-978-5959).

Dans la région de Hemmingford-Napierville, vous obtiendrez le livret « Sortie Côté Jardins-de-Napierville » et la carte « Balade en Montérégie ». De plus, vous pouvez demander le guide « Le Circuit du Paysan » en contactant le 450-245-7289 ou en écrivant au : CLD Jardins-de-Napierville, 361 rue Saint-Jacques, Case postale 309, Napierville, Québec, J0J 1L0. www.cld-jardinsdenapierville.com

La région de la Montérégie vous offre gratuitement la brochure « Guide touristique de la Montérégie » et le guide « Le Circuit du Paysan ». Vous ne trouverez pas uniquement des renseignements sur le cueillette de fruits et légumes, mais on vous suggère des endroits où vous pourrez prendre un repas, visiter une ferme ou une cidrerie, un producteur de miel ou de vinaigre, des vignobles, des producteurs de sirop d'érable, des vergers ou des centres de jardinage. Pour plus de renseignements, contactez le 450-469-0069 ou le 514-990-4600 ou par télécopieur au 450-469-1139. www.tourisme-monteregie.qc.ca ou www.circuitdupaysan.com

Si vous désirez obtenir le guide bilingue gratuit « La Vallée du Richelieu, Région Gourmande » de la Corporation touristique de la Vallée du Richelieu, appelez l'association au 450-536-0395. www.vallee-du-richelieu.ca

BONBONS & CHOCOLATS

Biscuiterie Oscar

3755 rue Ontario Est
Angle : rue Nicolet
Tél. : 527-0415
Heures : régulières et dimanche de 11h à 17h

Maintenant que le magasin de bonbons de notre enfance a disparu, où peuvent se rassasier les accros aux sucreries ? Si les allées de légumes frais, de viandes et de lait vous dépriment, dirigez-vous directement dans ce magasin : on n'y vend que des bonbons ! La plupart des biscuits (Viau, Lido, Voortman), des boîtes de chocolats (Neilson, Hershey, Guylain, Lindt, etc.), des chocolats individuels (Turtles, framboise, cerise, raisin) et des bonbons sans sucre sont vendus en vrac. Les prix des friandises préemballées sont intéressants : on propose des croustilles ordinaires, des croustilles au maïs, des crottes de fromage, des bretzels, de la réglisse et plus encore. Autres magasins : 6356 rue Saint-Hubert (272-8415); 4065 rue Saint-Denis (281-1700). www.oscar.qc.ca

Club Chocolat Splendid

4810 rue Jean-Talon Ouest, suite 304
Angle : avenue Victoria
Tél. : 737-1105
Heures : tous les jours en saison (mi-novembre à Noël, un mois avant Pâques), lundi au vendredi de 10h à 16h en autres temps

Pour de jolies boîtes cadeaux de chocolat à petit prix (même pour vous gâter), n'hésitez pas à vous rendre dans ce magasin-entrepôt pour profiter des aubaines sur les sacs de chocolats au caramel avec des pacanes, les sucettes, les jolis paniers entre 5 $ et 50 $, le chocolat moulé et les formes de fantaisie (Père Noël, lapins, oursons) en chocolat belge. Il y a même du chocolat casher ! Lorsque le magasin-entrepôt n'est pas ouvert, dirigez-vous dans le bureau et vous dénicherez des étalages d'échantillons à acheter. On fait également ment des cadeaux d'entreprise.

Stilwell's

7658 rue Centrale, LaSalle
Angle : 5e avenue
Tél. : 364-9948
Heures : mardi et mercredi de 10h30 à 18h, jeudi et vendredi de 10h30 à 20h, samedi de

10h à 17h (fermé juillet et août)

Cette entreprise fabrique des chocolats à la main depuis son ouverture durant la période de la Crise de 1929. Depuis cette époque, on continue de fabriquer des douceurs pour tous les amateurs de chocolats. Cette entreprise familiale propose tous vos favoris : bonbons à la menthe, morceaux d'arachide, bonbons à la noix de coco, chocolat au gingembre, cerises enrobées de chocolat et plus de 60 différentes sortes au chocolat noir et au lait, pour seulement 12,95 $ la livre (taxes incluses).

BOULANGERIE

Boulangerie Cantor Bon Marché

8575, 8e avenue, Saint-Michel
Angle : boul. Robert
Tél. : 374-2700
Heures : tous les jours de 6h à minuit

Ce boulanger qui existe depuis 34 ans vient tout juste d'ouvrir ce nouveau magasin-entrepôt. Vous profiterez d'au moins 50 % sur certains produits préparés la veille : pain de seigle, pain de seigle noir ou pain aux œufs pour 1,50 $, torsades au miel à 6 pour 0,99 $, petits pains à 12 pour 2,00 $, bagels frais à 12 pour 2,95 $, gâteau à la crème Boston, gâteau au chocolat ou gâteau mocha à 4,95 $. Les prix sont très concurrentiels sur les autres délicieuses pâtisseries : danoises à 3 pour 2,70 $, croissants à 0,45 $, tartes à 3 $ et des muffins géants à 12 pour 5,75 $. Voilà l'aubaine la plus alléchante : vous pouvez acheter les retailles de gâteaux qui ont été taillés pour obtenir la forme idéale pour glacer. Ces retailles sont toutes aussi délicieuses que le gâteau entier et sont offertes à seulement 1,50 $ pour un plateau (milles-feuilles ou gâteau au fromage) ou 0,95 $ pour le gâteau au chocolat, à l'orange ou à la cerise.

Boulangerie Elmont

8275 rue Durocher
Angle : rue D'Anvers
Tél. : 273-5177
Heures : tous les jours 24 heures

Si vous arrivez à trouver cette petite rue à sens unique, vous pourrez profiter en tout temps des aubaines de cette boulangerie rustique, rénovée et bien éclairée. On vous offre des bagels à 6 pour 1,50 $, du pain de seigle, du pain *kimmel* ou du pain blanc à 1,30 $, la baguette à 1 $, le pain tressé aux œufs à 1,75 $, les petits pains aux œufs à 12 pour 1,30 $ et les petits pains à 21 pour 1,20 $.

Boulangerie Fairmount Bagel

74 avenue Fairmount Ouest
Angle : rue Clark
Tél. : 272-0667
Heures : ouvert 24 heures

Lorsque vous aurez une fringale pour des bagels, vous pouvez satisfaire celle-ci en venant dans cette boulangerie en tout temps pour y déguster toute sorte de bagels tout frais et encore chauds : graines de pavot, blé entier, cannelle et raisin sec, tout garni, seigle noir, bleuet, oignon, ail, etc. On y fabrique du matzo (graines de pavot, sésame, parfois à l'oignon ou ail). Il y a également des tranches de bagels et des bagels nutritifs aux multi-grains, aux graines de lin, aux tomates séchées, au pesto et aux olives. N'oubliez pas de goûter les bretzels mous de style new-yorkais et les bagels bozo, qui font trois fois la taille d'un bagel ordinaire.

Boulangerie Weston

2700 rue Jacques-Cartier, Longueuil
Angle : rue Fernand-Lafontaine
Tél. : 450-448-7246 poste 3058
Heures : mardi au jeudi de 9h à 17h, vendredi de 8h30 à 18h, samedi de 9h à 14h

On propose une grande variété de produits de boulangerie d'un jour (d'Italiano, San Francisco, Country Harvest, Smart One, Wonder) à moitié prix (pains à hot dog ou à hamburger à 0,50 $, pain à 0,70 $). Faites des réserves et vous économiserez. Autre magasin : Longueuil, 1006 rue Sainte-Foy (450-679-3342).

Durivage/Pom/Gailuron Entrepôt

268 rue Pierre-Boursier, suite 140, Châteauguay
Angle : rue Sainte-Marguerite
Tél. : 450-691-5631
Heures : lundi de 10h à 17h, mardi au vendredi de 9h30 à 17h30, samedi de 9h30 à 13h30

Les produits de boulangerie se congèlent bien. Cela vaut donc la peine de venir dans ce centre de liquidation et de faire des provisions de pains frais et pâtisseries d'un jour. Le pain coûte entre 0,50 $ et 0,89 $ et les pains à hot dog sont 0,45 $. Vous pouvez acheter des tartes (pomme, bleuet, fraise, raisin, sucre) pour 1,32 $. Les gâteaux dont la date de péremption est dépassée de trois jours sont réduits à 1,50 $. Autres magasins : 3992 rue Monselet (325-3560); Brossard, 2587 rue Lapinière (450-656-5823); 8913, 8e avenue (727-9555); 5769 avenue Monk (362-9635); 2038 rue Centre (931-7016); 155-E boul. des Laurentides (450-669-7618); 6177 rue Perinault (333-8512); 4650 rue Notre-Dame O. (934-1866); 200 boul. Sainte-Rose (450-628-0012); 3493 boul. Industriel (662-9275).

La Maison du Bagel Saint-Viateur

263 rue Saint-Viateur Ouest
Angle : ave. du Parc
Tél. : 276-8044
Heures : ouvert 24 heures

Voici la boulangerie dont on a tous certainement entendu parler pour ses bagels et ses fours originaux qui continuent à produire des tonnes et des tonnes de bagels : blancs (graines de sésame) ou noirs (graines de pavot). Pour 35 sous, vous pouvez mordre dans un bagel chaud sortant du four. Vous ne pourrez plus jamais manger les autres sortes de bagels ! Sur le mur, on peut lire des coupures de journaux (dont certains proviennent d'aussi loin que Washington D. C.) faisant l'éloge du bagel de cette boulangerie. Il y a également des bagels à la cannelle et aux raisins secs, des bagels au blé entier, du saumon fumé, du fromage à la crème, de la challa et du pain de seigle. Autres magasins : 158 rue Saint-Viateur O. (270-2972); Avec restaurant-café, 1127 ave. Mont-Royal E. (528-6361); Marché Esposito, 340 boul. Marcel-Laurin (747-1649).

Magasin Économique (Vachon)

6335 boul. Léger
Angle : boul. Albert-Hudon

Tél. : 321-7921

Heures : lundi au vendredi de 9h à 17h

Les accros aux sucreries seront ravis : il y a de tout pour se sucrer le bec ! Vous trouverez toutes les gâteries de votre enfance à moitié prix : roulés suisses, May West, Jos Louis, Whippets, les biscuits Viau, McCormicks et les gâteaux Vachon. Le pain blanc vous est offert à 1,25 $ et le pain de blé entier à 1,40 $. Autres magasins : 4951 rue Ontario E. (255-2816 poste 2165); Brossard, 4105 boul. Matte (450-619-0095 poste 28); LaSalle, 1464 rue Shevchenko (363-7142). www.vachon.com

ÉPICERIE

Costco

300 rue Bridge, Pointe-Saint-Charles

Angle : rue Mill

Tél. : 331-5572

Heures : lundi au vendredi de 10h à 20h30, samedi de 9h à 17h, dimanche de 10h à 17h

Contrairement aux autres entrepôts de cette section, vous devez devenir membre (45 $) pour profiter des bas prix. Environ 60 % du magasin est consacré à la nourriture en grande quantité. Puisqu'il y a beaucoup de familles qui sont membres (ainsi que des entreprises), la plupart des articles sont vendus sous forme d'emballage individuel ou en moyenne quantité. Venez tôt pour éviter les longues files d'attente. Autres magasins : Anjou, 7373 rue Bombardier; 2999 autoroute 440; Saint-Hubert, 5025 boul. Cousineau; 5701 autoroute Transcanadienne; 1015 rue du Marché-Central; 9430 boul. Taschereau; Saint-Jérôme, 1001 rue Jean-Baptiste-Rolland. www.costco.com

Delta Dailyfood

26 rue Séguin, Rigaud

Angle : Sortie 9 de l'autoroute 40

Tél. : 450-451-6761

Heures : jeudi de 15h à 18h et le dernier dimanche de chaque mois de 10h à 15h

Ne riez pas ! Ne vous empêchez pas de profiter d'aubaines à cause de toutes ces blagues sur les repas servis dans les avions. Ces repas sont en fait délicieux et sains ! Cette entreprise prépare les repas surgelés pour les compagnies aériennes internationales, les institutions, les supermarchés et... vous. En apportant de l'argent comptant (et des amis pour partager les quantités), il vous sera possible d'acheter des boîtes de 12 portions (12 $) ou de 30 portions (30 à 45 $). On vous propose du boeuf à l'orientale, du poulet au gingembre et aux poivrons rouges, des crêpes pour le déjeuner, du flétan au citron, de la lasagne aux cinq fromages et plus encore. On est plus occupé le samedi que le jeudi. Téléphonez pour vous inscrire à la liste d'envoi. www.deltadailyfood.com

Distribution alimentaire Aubout

3975 rue Saint-Ambroise

Angle : rue Saint-Augustin

Tél. : 933-0939

Heures : lundi au vendredi de 7h30 à 18h, samedi de 7h30 à 17h

Situé à l'origine en face du marché Atwater, ce supermarché-entrepôt a déménagé plus loin sur la rue. Celui-ci n'est pas aussi grand que les autres magasins de cette section, mais vous y trouverez une tonne d'aubaines : légumineuses, noix, boîtes de bonbons, fromage, fruits déshydratés, vin, produits de restaurants, beurre d'arachide de 10 kg, conserves énormes de légumes ou de soupes

Campbell, des contenants d'oeufs marinés de 1,5 litre, des contenants de câpres de 2 litres, des ombrelles pour décorer les boissons alcoolisées, etc. La livraison est offerte sur les achats de plus de 250 $ (933-9954).

Liberty Alimentaire

1423 boul. Provencher, Brossard
Angle : rue Panama
Tél. : 450-465-5561
Heures : lundi au jeudi de 8h à midi, 13h à 15h45, vendredi de 8h à midi

Voici un secret bien gardé : dans une petite salle, on offre une quelques réfrigérateurs remplis de produits laitiers avec un emballage ayant des légers défauts de fabrication comme des couvertures pliées, des sceaux non centrés, une quantité erronée de petits fruits, une mauvaise étiquette. Les prix sont réduits. De plus, on y trouve du fromage cottage, de la crème sûre, du yogourt aux fruits (175 gr pour 0,38 $) ou du yogourt nature (1 kg pour 1,50 $ ou 500 gr pour 1,03 $), du kéfir russe (500 ml pour 1,25 $), des repas végétariens Yves (2,08 $ à 2,75 $) et plus encore.

Mayrand

5650 boul. Métropolitain Est, Saint-Léonard
Angle : boul. Lacordaire
Tél. : 255-9330
Heures : lundi au vendredi de 6h45 à 16h30, samedi de 6h45 à 15h30

Cet entrepôt d'alimentation de 50 000 pieds carrés est rempli à craquer (15 à 20 pieds de hauteur) et on y trouve la même marchandise offerte dans votre grand marché d'alimentation ordinaire, sauf pour le comptoir de la boucherie. Pour économiser de l'argent, vous devez acheter en grande quantité. Il y a une grande section de produits congelés et surgelés proposant des aliments exotiques ainsi que du vin. Cette entreprise importe les fruits et légumes frais eux-mêmes, sans l'aide d'intermédiaire. Il est amusant de magasiner dans ce magasin et de découvrir des bonbons en vrac comme ceux offerts au dépanneur du coin, des contenants de câpres de 4 litres, un contenant de sauce Red Hot de 3,78 litres, des assiettes en Styrofoam pour les mets à emporter ou un contenant de 4 litres de mayonnaise Hellman's.

NOURRITURE POUR ANIMAUX DOMESTIQUES

Club K-9

6004 rue Sherbrooke Ouest
Angle : rue Belgrave
Tél. : 489-4004
Heures : régulières et dimanche de midi à 17h

Pour dénicher un cadeau d'anniversaire à votre chien ou votre chat, venez fouiner dans ce magasin. On y trouve la plus grande sélection de colliers et de laisses, de biscuits gastronomiques, de vêtements pour chiens ainsi que des objets à mordiller (oreilles et ligaments). Les aliments sont de marques Nutros, Solid Gold, Wysong, Precise, Science Diet, Innova, Wellness, Iams. De plus, on vend même de la nourriture pour les chiens allergiques. Il y a un service de toilettage et de livraison gratuite (achat minimum). On récompense les clients réguliers : le onzième sac de nourriture est gratuit.

J.E. Mondou

6530 rue Jarry Est, Saint-Léonard
Angle : rue Langelier
Tél. : 322-2002 ou 866-536-6636
Heures : régulières et dimanche de 10h à 17h

Ce magasin propose de la nourriture et des accessoires (cages de voyages, médailles personnalisées, ceintures de sécurité, barrières, lits, mangeoires pour oiseaux) pour chiens, chats, oiseaux, hamsters et lapins. On vous remet des rabais sur plus d'une douzaine de marques de nourriture de qualité, les sacs de nourriture maison prescrits par le vétérinaire et les sacs de 15 kg de gravier absorbant pour litières (6,49 $). De plus, ils répondent joyeusement à toutes questions sur l'alimentation et le dressage des animaux. Autres magasins : 90 rue Jean-Talon E. (271-5503); 2907 boul. Saint-Charles (694-1104); 1830 boul. Curé-Labelle (450-973-4979); 5125 ch. de Chambly (450-443-8781); Greenfield Park, 2032 ave. Victoria (450-672-5080); Terrebonne, 2320 rue de Gascon (450-492-9556); 5580 ch. Côte-Saint-Luc (481-1407); Repentigny, 219 boul. Brien (450-657-2682); 10,400 rue Renaude-Lapointe (322-5300 poste 8); 6530 rue Jarry E. (322-2002); 8473 boul. Newman (595-5160); Longueuil, 530 boul. Roland-Therrien (450-674-6666); 2071 boul. des Laurentides (450-629-3222); 4310 rue de la Roche (521-9491) et bien d'autres. www.jemondou.com

Marchés agricoles et marchés aux puces

Il est assez remarquable de trouver dans une ville cosmopolite comme Montréal des marchés agricoles traditionnels, qui fonctionnent de la même façon qu'autrefois. La popularité des marchés de plein air peut s'expliquer par un besoin de s'évader des supermarchés aseptisés et de retourner à nos racines rurales avec une pointe de nostalgie. L'engouement pour les aliments frais, les légumes et les aliments riches en fibres nous amènent vers ces oasis où tout y est frais et authentique : parfois, il y a des traces de terre sur les racines des légumes. Certains marchés ont aussi des kiosques qui vendent des objets de collection, de l'artisanat et des objets divers. Nous sommes chanceux de pouvoir profiter d'un éventail si complet de ce genre de marchés. Voici une liste des plus importants marchés en plein air de Montréal et des environs. Vous pouvez également voir la liste sur le site Web : www.marchespublics-mtl.com

Île de Montréal

Jean-Talon : 7075 rue Casgrain, deux coins de rue à l'est de la rue Saint-Laurent (277-1588 ou 937-7754). Ouvert à l'année du lundi au mercredi et samedi de 8h à 18h, jeudi et vendredi de 8h à 21h, dimanche de 8h à 17h. Depuis 1934, ce marché a subi des rénovations qui lui permettent d'offrir des produits pendant toute l'année. On offre à l'extérieur plus de 250 étalages pour les producteurs et des petites boutiques offrant du fromage, des fines herbes, des saucisses, du pain, des pâtisseries et de la viande. Ce marché comprend le choix le plus varié de produits ethniques : on y trouve des fruits, des légumes, des œufs, des produits de l'érable, de l'ail, des plantes et des fines herbes.

Atwater : 138 rue Atwater, angle Saint-Ambroise (935-7754). Ouvert à l'année. Lundi au mercredi et samedi de 8h à 18h, jeudi et vendredi de 8h à 21h, dimanche de 8h à 17h. Environ 30 boutiques situées à l'extérieur et à l'intérieur du marché vendent de tout, des épices indiennes, des fromages aux fruits de mer. Les fermiers y vendent du miel, des fruits, des légumes et des plantes. À l'intérieur, les étalages de viandes et de fromages constituent le cœur du marché. Depuis 66 ans, vous y trouverez le meilleur choix de bouchers en ville. « La salle à plafond haut et voûté d'où

résonne des coups vifs des couperets et des couteaux bien aiguisés, disséquant les coupes de viande richement persillées, fendant l'air d'éclats brillants. Entre les kiosques couverts de tuiles blanches, les clients impatients s'entassent autour des bouchers pour regarder, avec des yeux de lynx, les experts donnés des instructions précises quant à l'épaisseur d'un filet ou le poids d'un pigeon. La sciure de bois s'enroule à leurs pieds pendant qu'ils négocient l'achat de tripes, de pattes de cochon, de têtes entières de porcs ».

Le Faubourg Sainte-Catherine : 1606 rue Sainte-Catherine O. (939-3663). Ouvert tous les jours de 9h à 21h. Ce genre d'établissement fonctionne à Seattle, Boston et Baltimore, pourquoi pas à Montréal ? Voici un centre commercial au centre-ville entièrement dédié à la nourriture pour les amoureux de la bonne chère. Vous pouvez acheter toute sorte de produits frais (poissons, viandes, pâtes et légumes) ou des produits préparés (bagels, biscuits, cuisine thaï, italienne, libanaise, marocaine, mexicaine, taiwanaise, pâtisseries françaises, crème glacée, viande fumée, etc). Il y a aussi quelques détaillants de vêtements et des chariots qui présentent différente marchandise pour satisfaire toute la clientèle.

Marché Maisonneuve : 4445 rue Ontario E. angle boul. Pie-IX (937-7754). Ouvert à l'année du lundi au mercredi de 8h à 18h, jeudi et vendredi de 8h à 21h, samedi de 8h à 18h, dimanche de 8h à 17h. Quel magnifique emplacement pour un marché agricole que l'ancien édifice datant de 1914 avec tous ses jardins. Il s'agit d'un décor enchanteur pour environ 20 étalages de produits de la ferme ainsi qu'un nouvel immeuble abritant 10 marchands de fromages, de viandes, de pâtisseries délicieuses, de saucisses, de légumes et de pâtes fraîches.

Lachine : Entre les rues Notre-Dame et Pichet et de la 17e à la 18e avenue (634-3471). Ouvert d'avril à novembre du lundi au mercredi de 8h à 18h, jeudi et vendredi de 8h à 21h et samedi de 8h à 18h. Vous pouvez acheter des produits de la ferme dans plus de 44 étalages extérieurs.

Carré Décarie : 6900 boul. Décarie, angle rue Vézina (738-7717). Une fois par mois en septembre et avril, habituellement vers le deuxième ou le troisième week-end, on y organise une exposition d'antiquités et d'objets de collection. Vous pourrez magasiner des meubles, de la vaisselle, de la verrerie, de la coutellerie, des jouets, de la literie, de l'artisanat et des objets de collection.

NOTE : Dans quelques quartiers, il y a aussi des petits marchés agricoles en plein air saisonniers qui offrent une variété de produits frais de la ferme (937-7754 ou www.marchespublics-mtl.com) :

Carrés : Phillips, entre rue Union et Place Phillips; Saint-Louis, coin nord-ouest près de la rue Saint-Denis; Dorchester, côté nord du boul. René-Lévesque entre la rue Peel et la rue Metcalfe; Victoria, côté ouest de la rue McGill entre la rue Viger et la rue Saint-Antoine; Cabot, côté sud de la rue Sainte-Catherine entre la rue Atwater et la rue Lambert-Closse.

Places : Jacques-Cartier, côté sud entre la rue Saint-Vincent et la rue Gosland; Pasteur, côté ouest de la rue Saint-Denis, entre le boul. de Maisonneuve et la rue Sainte-Catherine; d'Armes, côté nord de la rue Notre-Dame, ouest de la rue Saint-Sulpice.

Métros : Papineau, est de la rue Carrier, entre le boul. de Maisonneuve et la rue Sainte-Catherine; Mont-Royal, côté sud entre la rue Rivard et la rue Berri; boul. Rosemont, du côté nord de la rue des Carrières, entre la rue Saint-Hubert et la rue Saint-Denis; Berri, coin de la rue Sainte-Catherine, boul. Saint-Laurent et boul. de Maisonneuve; Sauvé, coin de la rue Saint-Denis; Jean-Brillant et Côte-des-Neiges, au coin de la rue Jean-Brillant; Roussin, 12,125 rue Notre-Dame E. et le marché Saint-Jacques (le plus vieux d'entre eux) au 1125 rue Ontario (angle de la rue Amherst), il a débuté en 1861.

Montréal-Nord : Marché aux Puces, 7707 rue Shelley, (781-7700) (entrée de côté du 3250 boul. Crémazie, angle boul. Saint-Michel). Ouvert toute l'année du vendredi au dimanche de 9h à 17h. Cet immeuble a bien été rénové et offre 100 emplacements et deux étages, presque uniquement d'articles d'occasion comme les objets de collection, les articles pour la maison, les lampes, les meubles, l'équipement audio-vidéo, les outils et les jouets recyclés. Il y a un petit restaurant sur place.

Saint-Léonard : Le Grand Marché aux Puces Langelier au 7455 boul. Langelier (252-0508). Ouvert à l'année, du samedi au dimanche de 9h à 17h. Dans le sous-sol du Carrefour Langelier (entrez de l'extérieur près du Walmart et prenez l'escalier pour descendre ou encore entrez par l'intérieur du centre commercial), juste sous le Walmart. Cet établissement est le premier marché aux puces intérieur nouveau genre et il est toujours très achalandé. Plus de 300 vendeurs vous offrent des articles neufs ou d'occasion. Il y a des vêtements, des montres, des chaussures, des meubles, des tissus, de la literie, des sous-vêtements, des sacs, du tapis et des appareils électroniques. Vers l'arrière du marché, on offre de la marchandise d'occasion : aspirateurs, ordinateurs, équipement de sport, audio-vidéo, outils, meubles, articles de cuisine, vêtements, etc.). Spectacle de musique, dimanche de 13h à 17h dans le bar. Il y a aussi un petit restaurant.

Suite...

Marchés agricoles et marchés aux puces *(suite)*

Saint-Léonard : Marché aux Puces O Collectionneur, 6000 boul. des Grandes-Prairies, angle boul. Lacordaire (voisin de la Plaza Su-Père). Dans un grand édifice aux allures de ferme abritant plus de 75 kiosques, on vous offre des articles de maison, des jouets, des pièces et outils, des vêtements, des ordinateurs, des petits appareils électroniques, de la verrerie, des téléviseurs, des livres, de l'équipement de sport et des articles d'occasion. Ouvert à l'année, samedi et dimanche de 7h à 16h (329-1182). Un bon endroit pour les hommes !

Ville d'Anjou : Marché Les Halles d'Anjou, 7500 boul. des Galeries d'Anjou (355-4751). Voici un nouveau centre commercial d'alimentation où vous trouverez des pâtes fraîches, des épices en vrac, du poisson frais et de la viande, des fruits et légumes, des fromages, du café, de la crème glacée Baskin Robbins, des saucisses Wm. Walter, des croissants et du pain frais. Il y a un magasin Archambault pour les livres et la musique. Ouvert toute l'année, samedi au mercredi de 9h à 18h et jeudi au vendredi de 9h à 21h.

Saint-Léonard : Marchés aux Puces Métropolitain Le Géant, 6245 Métropolitain Est, angle boul. Langelier (955-8989). Ouvert à l'année jeudi et vendredi de midi à 21h, samedi et dimanche de 9h à 17h. Cet immense marché aux puces est un nouveau concept de marché grande surface offrant un vaste éventail de marchandise. Il y a environ 650 kiosques : perruques et chapeaux, paniers, sous-vêtements et chaussettes, verres fumés, herbes orientales, bottes western, literie, fils électriques et câbles, papier peint, t-shirts et casquettes, ciseaux de barbier, montres, disques compacts, jeux, fleurs séchées, robes, accessoires pour la pêche, quelques meubles d'occasion, objets de collection et beaucoup de vêtements. Samedi et dimanche à partir de 13h30, un spectacle vous présentera une nouvelle vedette chaque semaine.

Rive-Sud

Brossard : Le Marché Village, 7800 boul. Taschereau (935-1464 ou 450-671-3361) angle rue Rome. Voici un petit centre commercial axé sur la nourriture. Il y a des bouchers, des boulangeries, une épicerie chinoise, des mets québécois, des légumes frais, des saucisses, des aliments en vrac, des plats préparés et du poisson. Ouvert à l'année du lundi au mercredi de 9h à 19h, jeudi et vendredi de 9h à 21h, samedi et dimanche de 9h à 18h.

Longueuil : Super Marcado, 3710 chemin de Chambly, coin rue de Vauclair (450-651-1011 ou 875-5500). Ouvert à l'année du jeudi au vendredi de 10h à 21h, samedi et dimanche de 9h à 17h. On y trouve environ 250 kiosques remplis de divers articles : chaussettes et sous-vêtements, mode western, jeans, verres fumés, vêtements en cuir pour hommes, bijoux et montres, sacs, art africain, parfums, vêtements pour enfants, fleurs séchées, herbes chinoises, perruques, literie, chaussures et audio-vidéo.

Laprairie : Marché des Jardiniers, 1200 chemin Saint-Jean (450-387-8319). Dans ce marché extérieur protégé par de jolis auvents, on trouve des produits frais du jour, tous les produits de la ferme, des fruits et légumes, des saucisses, de la charcuterie, des mets québécois (tourtières, cretons, pâté au saumon ou poulet), des fromages, de la boulangerie et de l'artisanat. Ouvert première semaine de mai à la mi-novembre tous les jours de 8h à 21h.

Sud de Montréal

Saint-Jean-sur-Richelieu : Place du Marché, dans le centre de la ville, (888-781-9999 ou 450-357-2100). Ouvert d'avril à octobre, mercredi et samedi de 5h à 16h. À l'extérieur de cet édifice datant de 1848, la tradition se continue : les agriculteurs offrent toujours des légumes, du miel, des produits de l'érable, des fleurs, des fruits et légumes et de l'artisanat. Quelques braves affrontent même les rigueurs de l'hiver. L'édifice même abrite le Musée québécois de la céramique.

Fabrevois (près d'Iberville) : La Grange aux Aubaines, 536 route 133 (450-347-0426). Ouvert toute l'année, samedi, dimanche, mardi et mercredi de 9h à 17h, jeudi et vendredi de 9h à 20h (en hiver jusqu'à 17h). En fouinant dans les kiosques intérieurs et extérieurs, vous pourrez découvrir l'évolution de l'entretien ménager : il y a des essoreuses à rouleaux, des baignoires, des toilettes, des petits appareils ménagers, des outils et de la quincaillerie, des tonnes de chaises et de tables en bois, des commodes, des vieilles cuisinières, des éviers en acier inoxydable, des luminaires, des pneus pour poussettes et des roues. En été, il y a des tables à l'extérieur avec beaucoup de bricoles.

Sainte-Martine : Au Royaume des Aubaines, route 138 (1240 boul.Saint-Joseph), complètement au sud du village. Cherchez une vieille maison avec une cour en labyrinthe pleine à craquer de trésors, où vous trouverez des allées et un grenier remplis de trouvailles : voilà le paradis des fouineurs : pièces électriques, bicyclettes, jouets, lampes, meubles, appareils, fenêtres, outils, clous et tout ce que vous pouvez imaginer.

Est de Montréal

Carignan : Super Marché aux Puces, 2375 ch. de Chambly ou route 112, (861-5989 ou 450-658-6618). Ouvert à l'année, samedi et dimanche de 9h à 17h. Ce marché aux puces est gigantesque : plus de 500 vendeurs vous attendent à l'extérieur et à l'intérieur. Ces marchands vous proposent de la marchandise neuve et d'occasion : des vêtements, des bijoux, des objets de collection, des accessoires pour la pêche, des vieux microsillons, des produits de maquillage, des aspirateurs, de l'artisanat, des appareils électroniques, des moteurs, des outils d'occasion et neufs et des pneus.

Bromont : Marché aux puces Bromont, près du Ciné-Parc, Autoroute 10, sortie 78 (450-534-0440 ou 514-875-5500). Ouvert du premier dimanche de mai au premier dimanche de novembre, de 9h à 17h, beau temps mauvais temps. Pour les acheteurs et les fouineurs, ce marché est une tradition incontournable depuis 25 ans. Malheureusement, le nombre de kiosques diminuent d'années en années. On y trouve tout de même des objets de collection, des produits de la ferme, de l'équipement de sport d'occasion, des outils d'occasion, des vêtements neufs, des articles pour la maison, des téléphones, des montres, des verres fumés, des brosses à cheveux, des accessoires pour les cheveux et beaucoup d'autres jolies choses.

Saint-Hyacinthe : Marché Central, 1555 rue des Cascades, (800-849-7276). Autoroute 20, sortie 130 sud et tourner à droite sur la rue des Cascades. Voici l'ancêtre de tous les marchés : il a été mis sur pied en 1796 et est demeuré au même endroit dans le centre de la ville depuis 1856. Les kiosques intérieurs vendent de la viande, de la charcuterie, du poisson, du fromage et des fruits et légumes de la ferme. Il y a plus d'agriculteurs qui s'installent à l'extérieur à l'approche du beau temps. Ouvert à l'année du lundi au mercredi de 9h à 17h30, jeudi au vendredi de 8h à 21h, samedi de 8h30 à 17h, dimanche de 10h à 17h.

Saint-Hyacinthe : Les Encans de la ferme, 140 rue Martineau (450-796-2612). Ouvert lundi et mercredi pour la vente de bétail. Marché aux puces ouvert à l'année, dimanche de 9h à 17h, lundi de 9h à 21h (très achalandé). Autoroute 20, sortie 133 nord, tourner à droite sur la rue Martineau et tout droit jusqu'au silo et à la structure ressemblant à une grange à toit gris. Ces immeubles et kiosques sont remplis d'objets de collections (vieux Tupperware), d'articles pour la maison, de vêtements de travail, d'aspirateurs, de tissus, de livres, d'outils neufs et d'occasion, etc. Avec l'arrivée de l'été, il y a des kiosques extérieurs offrant le même genre de marchandise, en plus des vêtements neufs et des fruits et légumes.

Suite...

Marchés agricoles et marchés aux puces *(suite)*

Nord de Montréal

Laval : Marché 440, bordure de l'autoroute 440, à l'est du boul. Curé-Labelle, du côté nord (450-682-1440). Ouvert à l'année du samedi au mercredi de 9h à 18h, jeudi et vendredi de 9h à 21h. Voici un autre établissement qui a suivi la tendance des nouveaux genres de marchés alimentaires. On y trouve des kiosques de viandes, de légumes frais, de boulangerie, des saucisses William Walter, d'aliments naturels, de fromagerie, de pâtisserie, la poissonnerie Gidneys, etc.

Laval : Marché aux Puces Saint-Martin, 1550 boul. Daniel-Johnson, angle Saint-Martin (450-686-9394). Ce marché aux puces est encore plus grand et plus nouveau. On vous propose 400 marchands : vêtements, montres, literie, parfum, bijoux, cadeaux et accessoires pour la maison, fleurs séchées, chaussures, sous-vêtements, chapeaux, vêtements militaires et westerns, accessoires décoratifs, verres fumés, sacs à main et même des manteaux de fourrure et des petits animaux (y a-t-il une relation entre les deux ?). Vous pourrez grignoter au grand casse-croûte et vous divertir chaque semaine grâce aux chanteurs et aux groupes de musique (samedi et dimanche de midi à 13h). Ouvert à l'année, jeudi et vendredi de 13h à 21h, samedi et dimanche de 9h à 17h.

Saint-Jérôme : Marché public, rue Parent, (450-476-9956). Ouvert d'avril à octobre, mardi de 7h à 17h, vendredi de 7h à 20h, samedi de 7h à 16h. Au centre de la ville, sous un grand portique, vous trouverez des fermiers vendant des fruits et légumes, du miel, des produits de l'érable, des fleurs, des fromages et quelquefois, du bois et de l'artisanat. Même en hiver, un fermier vient parfois s'y installer.

Prévost : Marché Lesage, 2855 boul. Curé-Labelle (819-986-3552 durant la semaine ou 450-224-4833 le week-end). Ouvert à l'année, samedi et dimanche de 9h à 17h. Autoroute 117 jusqu'à la dernière sortie pour Saint-Jérôme. Vous apercevrez un immense terrain de stationnement payant (allez vous garer plus loin au coin du chemin Lac Écho, il y a un stationnement gratuit) avec un marché aux puces et un marché en plein air vendant des produits de la ferme. Sous deux grands portiques, on vend fruits et légumes. Magasinez pour des montres pour hommes, des vêtements pour enfants et pour hommes, des sous-vêtements, des enjoliveurs, des douillettes, des graines pour oiseaux, des jeans et des t-shirts. En plein air, il y a des tables remplies d'objets de collection et de trucs pour la maison. À l'intérieur du nouvel édifice de 33 000 pieds carrés, vous trouverez davantage de marchands offrant le même genre de marchandise.

Joliette : Autoroute 40 est, sortie 122 et vers Place Bourget, au centre de la ville (450-753-8000). Ouvert de mai à novembre, mardi de 8h à 18h, jeudi et vendredi de 8h à 21h, samedi de 8h à 17h. Ce marché aux puces ressemblant à un solarium vend les produits de la ferme comme du miel, des fleurs, des fruits et légumes frais.

Ouest de Montréal

Dollard-des-Ormeaux : Le Marché de l'Ouest, 11,600 rue de Salaberry, angle boul. des Sources (685-0119). Ouvert à l'année, samedi au mercredi de 9h à 18h, jeudi et vendredi de 9h à 21h. À l'extérieur, il y a assez d'étalages pour 30 cultivateurs. À l'intérieur, il y a une foire alimentaire (dont la moitié des restaurants sont fermés) en plus des magasins vendant des aliments frais ou cuits : viandes, fruits et légumes, fromages, poissons, aliments naturels, épices, charcuterie, bagels, muffins, pâtisseries françaises, pains, pâtés, aliments orientaux, pizzas, pâtes, souvlakis, spécialités du Moyen-Orient et viande fumée.

Valois : Marché aux Puces Valois, angle boul. des Sources et rue Donegani (697-1935). Ouvert à l'année, dimanche de 7h à 15h30. Situé à l'intérieur du petit centre commercial, ce marché aux puces vend seulement des objets de collection (neuf vendeurs). Venez tôt, car les détaillants et les collectionneurs y accourent en premier pour vous revendre ces objets ailleurs à des prix plus élevés. Dans les deux autres salles, il y a environ 40 tables où l'on vend des articles neufs et d'occasion, du bibelot à 1 $, au verre de carnaval au vieilles montres.

Sainte-Geneviève : Marché aux Puces Sainte-Geneviève, 15,674 boul. Gouin O., à l'ouest du boul. Saint-Jean (620-1890 ou 626-4436). Ouvert à l'année, dimanche de 8h30 à 17h. Pour les antiquités et les objets de collection de toutes sortes, vous trouverez cette petite maison de 16 salles remplies de marchandise variée : vieux outils, verrerie, bijoux, lampes, argenterie, porcelaine et autres objets. L'été, on peut installer sa table gratuitement pour vendre vos belles antiquités.

Sainte-Geneviève : Le Faubourg des Antiquités, 15674 rue de la Caserne, ouest du boul. Saint-Jean (620-0505). Ouvert toute l'année, dimanche de 9h à 17h. Si vous vous demandez où sont allés s'installer tous les antiquaires du marché précédent, regardez de l'autre côté du stationnement à l'entrée arrière de ce nouvel emplacement. Vous vous amuserez en fouinant à travers les kiosques de 36 antiquaires sympathiques qui vendent de la porcelaine, de l'argenterie, des meubles anciens, des bijoux, des luminaires, de la vaisselle, de la poterie, des malles et des objets de collection.

Saint-Eustache : Au cinéma en plein air (sortie 25) de l'autoroute 640 (450-472-6660). Ouvert toute l'année, vendredi de 11h à 21h, samedi et dimanche de 9h à 17h. Voici l'un des plus grands marchés aux puces intérieurs et extérieurs (environ 1 000 marchands) offrant beaucoup de vieils articles de cuisine, des tissus, des vêtements neufs, des enjoliveurs, des mouches pour la pêche, des verres fumés, des téléphones,

des objets décoratifs, du matériel d'artiste, des légumes frais, de la boulangerie, des montres et des jouets. À l'intérieur de l'immeuble : accessoires pour les chevaux, poupées, statues, bonbons, ceintures, poignées de porte, sacs à main, tapis, fleurs séchées, chapeaux, bonbonnières, produits capillaires, aspirateurs, vêtements et accessoires pour bébé, bijoux, chaussures de sport, accessoires pour l'ordinateur et plus.

Saint-Polycarpe : Marché aux Puces Saint-Polycarpe (450-265-3393 ou 450-265-3777), ouvert de mai à octobre, mercredi de midi à 20h. On y offre des fruits, des légumes, des antiquités et des articles d'occasion.

Hudson : Marché aux puces Finnegan. Depuis plus de 25 ans, sur la ferme de David Aird, 775 rue Principale, près de la rivière (450-458-4377). Ouvert de mai à octobre, samedi de 9h à 16h. Autoroute Transcanadienne, sortie 22. Vous tomberez sur le plus joli décor et l'un des marchés aux puces les plus magnifiques. L'éventail de marchandise a changé au cours des dernières années. Il y a moins d'antiquaires offrant des meubles et des objets de collection de qualité (pièces de monnaies romaines, argenterie), et davantage d'artisanat (cabanes d'oiseaux, tricots, fleurs séchées, courtepointe), des douceurs maison, des délices écossais et des fruits et légumes.

Lachute : 25 rue Principale (450-562-2939). Ouvert tout l'année, mardi de 5h à 17h, dimanche de 8h à 17h (fermiers seulement). Ce marché est reconnu pour les antiquités qui s'y trouvent (la plupart des antiquités sont vendues le mardi). Les marchands arrivent le lundi et les antiquaires travaillent pendant toute la nuit avec des lampes de poche pour acheter les meilleures aubaines avant que le marché n'ouvre le mardi matin à 5h. Il y a également des fruits et légumes, des vêtements (neufs et d'occasion), des meubles et accessoires décoratifs anciens, des outils et des ventes à l'encan d'animaux de la ferme. Un immeuble protège les antiquités et les reproductions.

POISSON

Gidney's

5055 boul. Henri-Bourassa Ouest, Ville Saint-Laurent
Angle : boul. Marcel-Laurin
Tél. : 336-3163
Heures : régulières (jeudi jusqu'à 20h) et dimanche de 9h à 17h

Depuis plus de 38 ans, cette poissonnerie offre un grand choix de poissons et de fruits de mer frais. On propose également des plats préparés (pâtés au saumon, coquilles Saint-Jacques, crêpes aux fruits de mer, escargots, salade aux fruits de mer, oeufs de saumon, lasagne aux fruits de mer, bouillon pour la bouillabaisse). Ce commerce est même propriétaire de viviers à homard en Nouvelle-Écosse. On fait expédier les homards frais et les clients peuvent ainsi les acheter pour moins cher. Autre magasin : Marché 440, 3535 autoroute Laval O. (450-682-2929).

United Seafood

6575 boul. des Grandes-Prairies, Saint-Léonard
Angle : boul. Langelier
Tél. : 322-5888
Heures : lundi au mercredi de 9h à 18h, jeudi et vendredi de 9h à 20h, samedi de 9h à 17h

Appartement à un grossiste de poissons et de fruits de mer, ce grand supermarché bien aéré vous offre tout ce que vous recherchez : que ce soit des crevettes qui se pèlent sans effort, des conques, du thon fumé, du saumon mariné ou des cuisses de grenouille. Pour le souper, vous pouvez emporter des plats cuisinés comme la pizza aux fruits de mer, les coquilles Saint-Jacques, les crevettes ou les calmars panés, la sole farcie au fromage et aux épinards, les tournedos de truite, la salade de moules ou les brochettes de saumon. Ou encore, vous pouvez choisir votre souper dans l'immense vivier à homards ou l'énorme étalage de moules et palourdes.

Waldman Plus

76 rue Roy Est
Angle : boul. Saint-Laurent
Tél. : 285-8747
Heures : lundi au mercredi et samedi de 9h à 18h, jeudi et vendredi de 9h à 21h, dimanche de 10h à 17h

Vous serez ravis par l'ambiance, la grandeur et la quantité de poissons de cette poissonnerie très bien connue de Montréal. Étant fournisseur pour les restaurants et les institutions, on y trouve de tout. Il y a des homards frais, du crabe, des crevettes, des huîtres, de la raie, des ingrédients à sushi, des salades de fruits de mer, de la morue salée et des poissons frais, fumés ou surgelés en provenance du monde entier. De plus, vous profiterez du plus bas prix en ville. Si vous ne pouvez plus attendre pour déguster un plat de poisson frais, vous pouvez manger dans le café adjacent.

VIANDE

Boucherie Levinoff

8610 8e avenue, Saint-Michel
Angle : boul. Robert
Tél. : 725-2405
Heures : régulières

Depuis 1951, cet important grossiste de viandes de Montréal (géré maintenant par la deuxième génération) vend également au détail. Puisqu'il y a un abattoir sur place, il n'y a aucun intermédiaire. Le boeuf haché est toujours offert à très bon prix. Les commandes pour le congélateur peuvent être préparées à des prix intéressants. Autres boucheries : 2021 rue Frontenac (526-6500); 4149 avenue Verdun (765-3868).

W. Zinman

7010 rue Saint-Dominique
Angle : rue Mozart
Tél. : 277-4302
Heures : lundi au mercredi de 7h à 17h, jeudi et vendredi de 7h à 18h, samedi de 7h à 17h

Depuis 85 ans, ce boucher, faisant affaire avec 300 épiceries locales, est grossiste de toutes sortes de viande de spécialité : lapin, caille, canard, lièvre, pintade, dinde, faisan, poulet de Cornouailles, perdrix et pigeon. Les poulets de cette boucherie sont très recherchés, car leur nutrition est constituée uniquement de maïs et de grain traditionnel, sans suppléments minéraux. Voilà pourquoi son prix est deux fois plus élevé que celui des volailles qui se vendent au supermarché.

5. SECONDE MAIN

De nous jours, il y a beaucoup moins de perception négatives quant à l'achat d'articles d'occasion (recyclage, reprise, presque neufs, portés quelques fois, etc.) au fur et à mesure que le revenu disponible des consommateurs diminuent. Pour certaines personnes, il est même devenu chic de porter des vêtements d'occasion. Après tout, la coupe et la qualité des vêtements étaient bien meilleures auparavant que les copies qui nous sont maintenant offertes chez les détaillants de vêtements. Lorsque vous achetez un meuble de 30, 40 ou 50 ans dans un magasin de meubles d'occasion, vous allez payer beaucoup moins cher que chez un antiquaire. De plus, la qualité du travail de menuiserie est probablement supérieure aux meubles fabriqués de nos jours. Un livre d'occasion (qui coûte le tiers d'un livre neuf) ne contient-il pas exactement les mêmes mots qu'un neuf ? Alors, pourquoi ne pas économiser vos sous ?

AMEUBLEMENT DE BUREAU D'OCCASION

McCopier

5620 rue Ferrier, Ville Mont-Royal
Angle : rue Devonshire
Tél. : 344-1515
Heures : lundi au vendredi de 8h30 à 17h

Ce magasin vous propose des centaines de photocopieurs Canon remis à neufs pour environ la moitié du prix. Toutes les pièces ont été changées (tambours et brosses) et les panneaux sont parfois repeints. Il offre une garantie de 3 ans.

Réseau Bureautique Détail

1080 boul. René-Lévesque Est
Angle : rue Amherst
Tél. : 849-1515
Heures : lundi au vendredi de 9h à 18h

Voici un endroit propre et aéré où l'on trouve de l'ameublement de bureau neuf et d'occasion. Le personnel est courtois et on offre à l'étage des articles neufs et au sous-sol, des articles d'occasion à des prix d'aubaines. Autre magasin : 5832 ch. Côte-de-Liesse (739-9990). www.reseaub.com

ARTICLES DE SPORT D'OCCASION

Doug Anakin Sports

454 boul. Beaconsfield, Beaconsfield
Angle : avenue Woodland

Tél. : 695-0785 ou 695-5700
Heures : lundi au mercredi de 10h à 19h, jeudi et vendredi de 10h à 21h, samedi de 9h à 17h, dimanche de 10h à 16h

Combien d'entre vous possèdent un garage plein d'articles de sport n'ayant servi qu'une seule fois ? Voilà pourquoi ce magasin a adopté ce nouveau concept il y a 38 ans : on loue l'équipement pour en faire l'essai (ski de fond ou ski alpin, planches à neige, bicyclettes). De plus, vous pouvez acheter un équipement d'occasion et faire de bonnes économies. Comme les enfants grandissent vite, vous pourrez échanger les skis, les patins, les vélos, les patins à roues alignées, l'équipement de soccer et de hockey pour obtenir une taille ou une pointure plus grande. Il est possible également d'obtenir une note de crédit du magasin pour acheter tout autre article. On vend également de l'équipement de sport neuf.

Échange de Ski

54 rue Westminster, Montréal-Ouest
Angle : rue Sherbrooke
Tél. : 486-2849
Heures : lundi au mercredi de midi à 18h, jeudi et vendredi de midi à 21h, samedi et dimanche de midi à 17h

Les adeptes du ski alpin et du ski de fond pourront louer, acheter ou échanger des skis, des bottes, les fixations et des planches à neige à bons prix. L'équipement de ski peut être loué à la journée, à la semaine, au mois ou pour toute la saison. Le prix de la location sera déduit à l'achat de cet équipement. Aujourd'hui, vous pouvez également louer des patins à roues alignées. De plus, il y a un atelier de réparation.

Giguère

570 boul. des Laurentides, Pont-Viau
Angle : boul. de la Concorde
Tél. : 450-663-8640
Heures : mardi et mercredi de 9h30 à 18h,
jeudi et vendredi de 9h30 à 21h, samedi de
9h à 17h, dimanche de 10h à 17h

Situé dans une structure ressemblant à petite
maison résidentielle, ce magasin offre un très
grand choix d'équipement sportif d'occasion
(hockey, base-ball, golf, ski, raquette, patins
à roues alignées, camping, pêche, articles pour
la maison, jouets et jeux Nintendo). Il y a même
des chausse-pieds, des raquettes de neige et
des traîneaux.

Play It Again Sports

2973 boul. Saint-Charles, Kirkland
Angle : boul. Hymus
Tél. : 697-1079
Heures : lundi au vendredi de 10h à 21h,
samedi de 9h à 17h, dimanche de 10h à 17h

Cette franchise fut créée aux États-Unis en
1986. Dans ce magasin, vous pouvez
échanger, vendre en consignation ou obtenir
de l'argent comptant pour votre vieil
équipement de ski, de hockey, de base-ball, de
ringuette ou de tennis, les patins à roues
alignées, l'équipement de golf ou de soccer et
les planches à neige. On aiguise les patins et
on répare l'équipement de hockey, les gants et
les skis. Environ 75 % de la marchandise en
boutique est neuve et offerte à prix abordables,
car elle provient de liquidations et de soldes
de fermeture. Autres magasins : 3838 boul.
Taschereau (450-923-1023); 2100 boul. Décarie
(484-5150). www.againsports.com

Poubelle du Ski

8278 boul. Saint-Laurent
Angle : rue Guizot
Tél. : 384-3582
Heures : Ouvert du 1er octobre au 1er mars.
Lundi au vendredi de midi à 18h, samedi de
10h à 17h, dimanche de 11h à 17h

Depuis 35 ans, l'équipement d'occasion pour
le ski alpin ou le ski de fond peut être
échangé ou vendu dans ce magasin. Vous pouvez échanger les patins de votre enfant (jusqu'à

la pointure 6) ou les bottes de ski de fond pour
une pointure plus grande pour seulement 10 $.
Un échange de vieilles bottes pour des neuves
vous coûtera entre 25 $ et 100 $. Vous pouvez louer l'équipement de ski de fond pour trois
jours pour 29 $. Vous pouvez aussi profiter
d'aubaines et louer l'équipement de ski pour
votre enfant pour la saison (79 $) et
l'équipement du troisième enfant est gratuit.
La location de planche à neige pour la saison
est seulement 150 $ pour une planche d'oc-
casion (199 $ avec fixations). On offre des bons
prix sur les articles en liquidation et les vêtements (Columbia, Billabong, Bad Bones, Rip
Zone, Lifa, Helly Hansen, Louis Garneau).
Autres magasins (plus d'heures d'ouverture) :
Laval, 1316 boul. Curé-Labelle (450-978-5307
ou 450-978-5641); Saint-Hubert, 4200 ch.
Chambly, (450-445-4916); Saint-Hyacinthe,
5600 rue Laurier (450-771-2644).

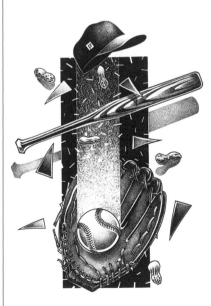

Recyclepop

1000 rue Rachel Est
Angle : rue du Parc-Lafontaine
Tél. : 526-2525
Heures : régulières

Environ 20 % de cette boutique est consacré aux bicyclettes en consignation; le restant du magasin offre des modèles de vélos neufs bon marché. On peut louer des patins à roues alignées. On peut également effectuer une mise au point et entreposer les vélos pour l'hiver.

Sports Aux Puces

3663 boul. Taschereau, Brossard
Angle : rue Régent

Tél. : 450-462-5878
Heures : régulières et dimanche de 10h à 17h

Cette chaîne a beaucoup changé. On y vend maintenant de l'équipement de sport neuf ou d'occasion. On accepte les échanges ou on peut remettre une note de crédit pour votre équipement de sport d'occasion : équipement de hockey, de golf, de soccer, de base-ball, vélos, skis, patins à roues alignées, équipement d'exercice, planches à neige. Chaque magasin accorde un rabais différent sur les articles d'occasion. Autres magasins (placés selon le nombre d'articles d'occasion en boutique) : Boucherville, 450 rue de la Montagne (450-641-8370); Saint-Eustache, 79 rue Arthur-Sauvé (450-974-9098); Rosemère, 145 boul. Labelle (450-437-5443).

Soldes de skis annuels

Université Concordia

1455 boul. de Maisonneuve Ouest
Édifice Hall, niveau mezzanine
Tél. : 848-7474

Chaque mois de novembre, l'équipe de ski Concordia organise un solde de skis qui dure 6 jours. Les amateurs de ski alpin et de ski de fond peuvent acheter de l'équipement neuf ou d'occasion et profiter d'économies jusqu'à 60 %.

Université McGill

3480 rue McTavish
Édifice William Shatner, salle de bal du 3e étage
Tél. : 398-3001, poste 09581 ou 398-4455 ou 398-3862

Depuis 31 ans, au début novembre, l'équipe de ski organise le plus gros solde d'équipements neufs ou d'occasion. Apportez vos vieux équipements de ski au moins une semaine à l'avance. L'équipe saura vous aider à fixer le prix de votre équipement et à choisir votre nouvel équipement.

Université de Montréal

2100 boul. Édouard-Montpetit
Centre d'Éducation Physique et des Sports
Tél. : 343-6150

Attendez au début novembre pour le solde de ski et d'équipement neufs ou d'occasion qui dure six jours.

St. Thomas High School / École de ski Rod Roy

120 rue Ambassador, Pointe-Claire
Tél. : 626-6240

Vers la mi-novembre, l'école de ski Rod Roy prête main-forte à l'organisation de cette levée de fonds au profit de l'école secondaire St. Thomas High school. Contrairement aux autres soldes de ski de cette section, il vous sera possible d'échanger vos vieux équipements de ski et d'en acheter des neufs. Alors que la marchandise offerte lors des soldes organisés par les universités provient d'un seul fournisseur, vous retrouverez ici quelques commerces concurrents comme Doug Anakin, Play It Again Sports, Sport Denis Parent et Surf 66. Vous pourriez également assister à une représentation du film de l'an dernier de Warren Miller.

ARTICLES POUR LA MAISON

Atelier de Réparation Roméo

1309 rue Beaubien Est
Angle : rue Chambord
Tél. : 279-1300
Heures : lundi au vendredi de 9h à 18h,
samedi de 9h à 13h

Lorsqu'un commerce œuvre dans la communauté depuis 56 ans, il y doit avoir un secret bien gardé. Allez jeter un coup d'œil aux appareils ménagers d'occasion comme les laveuses, les sécheuses, les cuisinières, les réfrigérateurs, les congélateurs, les lave-vaisselle vendus avec une garantie d'un an (pièces et main-d'œuvre). Maintenant, il s'agit de la troisième génération qui s'occupe de la boutique. Vous y trouverez également des pièces pour les appareils ménagers.

Brideau Vêtements et Meubles Usagés

269 rue Mont-Royal Est
Angle : rue Laval
Tél. : 845-2316
Heures : lundi au vendredi de 11h à 18h,
samedi de 11h à 17h

Les personnes qui adorent fouiner seront au paradis dans ce commerce. Celui-ci est rempli de lampes, de meubles, de vêtements, de vaisselle, de patins, de fers à repasser, d'équipement audio-vidéo, de disques et plus encore.

Dépôt du Meuble Usagé Jason

4056 rue Jean-Talon Ouest, 2e étage
Angle : avenue Victoria
Tél. : 343-0208 ou 343-0716
Heures : lundi au mercredi et samedi de 9h30 à 17h, jeudi et vendredi 9h30 à 20h30, dimanche de 9h30 à 17h

Ces six frères parlent huit langues et offrent plus de 39 000 pieds carrés remplis de meubles d'occasion. Les étudiants, les nouveaux arrivants ou toute autre personne qui adorent les aubaines viennent y faire un tour pour voir les meubles de qualité, les accessoires et les antiquités. www.jasonfurnitures.com

Foyer des Aubaines

6725 boul. Saint-Laurent
Angle : rue Saint-Zotique
Tél. : 272-1127
Heures : lundi au mercredi de 9h à 18h, jeudi et vendredi de 9h à 21h, samedi de 9h à 17h

Vous n'aurez pas à vous inquiéter quand vous achèterez un appareil électroménager d'occasion dans cet établissement, car ce magasin a pignon sur rue depuis 20 ans. Tous les congélateurs, les cuisinières, les réfrigérateurs, les laveuses et les sécheuses ont été remis à neuf et sont tous vendus avec une garantie d'un an sur les pièces (195 $ et plus, garantie de 5 ans) et de 90 jours sur la main-d'œuvre. À l'étage, on trouve des meubles neufs et d'occasion.

Les Meubles Usagés C.D.C.

3965 rue Sainte-Catherine Est
Angle : rue Jeanne-d'Arc
Tél. : 598-7771
Heures : régulières

Cette partie de la rue Sainte-Catherine semble toujours offrir beaucoup de magasins de meubles et d'accessoires de maison d'occasion. Celui-ci est rempli de gros appareils électroménagers (garantie de trois mois sur la main-d'œuvre et d'un an sur les pièces). Prenez le temps de fouiner dans les boutiques de ce quartier pour profiter d'un choix encore plus grand.

Meubles et Appareils Ménagers M L

8595 rue Saint-Dominique
Angle : boul. Crémazie
Tél. : 388-1139
Heures : régulières et dimanche 11h à 17h

Vous vous sentirez en confiance en achetant une cuisinière, un réfrigérateur, une laveuse, une sécheuse ou un lave-vaisselle d'occasion dans ce commerce : celui-ci est ouvert depuis 28 ans. Donc, la garantie de trois mois sur la main-d'œuvre et la garantie de cinq ans sur les pièces signifient qu'ils prennent vos attentes au sérieux. De nouveaux appareils électroménagers et des meubles (canapés, unités murales, tables et chaises de cuisine) sont aussi offerts. Autres magasins : 13505 rue Sherbrooke Est (644-8485); Lasalle, 2345 rue Léger (595-4455); Laval, 1877 boul. Curé-Labelle (450-688-2799). www.electroml.com

Western Refrigération

2905 rue Notre-Dame, Lachine
Angle : 29e avenue
Tél. : 637-2587
Heures : lundi au vendredi de 8h à 17h30,
samedi de 9h à 15h

Pour cette entreprise de réparations ouverte depuis 1957, il semblait logique d'ajouter une section d'appareils électroménagers remis à neufs à son attirail. Pour environ la moitié du prix d'un nouvel appareil, vous pouvez en acheter un, ayant 6 à 10 ans d'utilisation, vendu avec une garantie d'un an.

Ye Olde Curiosite Shoppe

5659 rue Sherbrooke Ouest, N.-D.-G.
Angle : rue Oxford
Tél. : 489-6916
Heures : lundi au vendredi de 11h30 à 17h30,
samedi de 11h30 à 17h

Cette boutique pleine à craquer est beaucoup plus chic que les autres boutiques d'occasion. Plus des pièces de collection que des articles d'occasion, il y a énormément d'articles splendides pour vous tenter. Si vous collectionnez des tasses à thé, des cartes postales, des canards décoratifs, des médailles, des assiettes en argent, des 78 tours, de la porcelaine : vous trouverez tout cela dans cette boutique… et encore plus.

APPAREILS AUDIO-VIDÉO ET ÉLECTRONIQUES D'OCCASION

Audio Centre

9100 boul. Cavendish
Angle : autoroute Transcanadienne
Tél. : 731-2772
Heures : régulières et dimanche de midi à 17h

Dans ce magasin raffiné, il y a toujours une section réservée aux articles de montre et à l'équipement d'occasion de marques renommées comme Yamaha, NAD, Arcam, Sony, Panasonic, Lexicon, Marantz, Mirage, Boston ou PSB. Vous pourrez choisir un modèle parmi toute une gamme de plateaux tourne-disques, d'ampli-syntoniseurs, de haut-parleurs, de magnétophones, de syntoniseurs, d'amplificateurs, de lecteurs de disques compacts, de magnétoscopes et de téléviseurs. www.audiocentre.com

L'en Jeux jr.

6287 rue Sherbrooke Est
Angle : rue Carignan
Tél. : 256-4444
Heures : lundi au mercredi de 11h à 20h,
jeudi et samedi de 11h à 21h

Vous serez ravi de trouver plus de 200 jeux d'occasion (dont 40 neufs) que ce soit pour les consoles Sega Dream Cast, Nintendo 64, Play Station 2, Game Boy Advanced, Xbox ou Game Cube. On vend également vos vieux jeux ou il est même possible de les échanger contre des nouveaux.

Microplay

4976 ch. Queen-Mary, Snowdon
Angle : rue Circle
Tél. : 344-7529
Heures : tous les jours de 11h à 20h

Pour vendre, louer ou échanger vos consoles de jeux ou des jeux d'occasion, visitez cette chaîne. On y trouve des jeux pour toutes les consoles : Sega Dream Cast, Xbox, Game Boy Advanced, Nintendo Game Cube, Sony Play Station et Neo Geo Pocket. Autres magasins : Châteauguay, 177D boul. Saint-Jean-Baptiste (450-691-5554); 3912 boul. Taschereau

(450-671-3530); 4309 boul. Saint-Jean (624-6399); 961 boul. Décarie (748-5594); Laval, 478 boul. des Laurentides (450-667-5389).

sinées, presque toutes en français. Autre magasin (livres) : L'Ocase, 875 rue Saint-Denis (844-4114). www.cdwanted.com

Son Idéal

1409 rue Bishop
Angle : rue Sainte-Catherine
Tél. : 842-9596
Heures : régulières

En plein centre-ville, il est surprenant de trouver des boutiques d'occasion. Celle-ci vend principalement des amplificateurs neufs, des haut-parleurs, des disques compacts, des lecteurs de DVD et des téléviseurs, mais environ 25 % de tout le stock en boutique est de la marchandise d'occasion (la plupart de marques NAD et B & W).

DC-CASSETTES-DISQUES D'OCCASION

Au Tourne Livre

707 avenue Mont-Royal Est
Angle : rue Saint-Denis
Tél. : 598-8580
Heures : tous les jours de 10h à 23h

Quoique inscrit dans la section pour les disques compacts, les cassettes et les 78 tours, ce grand magasin propose également une sélection impressionnante de livres français d'occasion : philosophie, romans, psychologie, biographies, romans policiers, science-fiction et bandes dessinées.

C'Dement

388 rue Sainte-Catherine Ouest
Angle : rue Saint-Alexandre
Tél. : 866-7616 ou 866-6112
Heures : lundi au mercredi de 11h à 19h, jeudi et vendredi 11h à 21h, samedi 10h à 20h, dimanche 11h à 18h

Voilà une très grande boutique achalandée qui offre quatre cabines d'écoute pour vérifier si vous aimez la musique avant de l'acheter. Il y a également des jeux vidéo et des bandes des-

Cheap Thrills

2044 rue Metcalfe
Angle : boul. de Maisonneuve
Tél. : 844-8988
Heures : lundi au mercredi et samedi de 11h à 18h, jeudi et vendredi de 11h à 21h, dimanche de midi à 17h

Ouvert depuis 30 ans, voici le plus vieux des magasins de disques d'occasion en ville. On offre également des DVD, des disques compacts, quelques livres de poche et des microsillons. Vous pouvez vous procurer des disques compacts neufs et des microsillons pour moins cher qu'ailleurs. Vous pouvez commander des disques compacts d'importation difficiles à trouver. www.cheapthrills.ca

Disques Beatnick Records

3770 rue Saint-Denis
Angle : rues Roy et des Pins
Tél. : 842-0664
Heures : lundi au mercredi et samedi de 11h à 18h, jeudi et vendredi de 11h à 21h, dimanche de midi à 18h

N'oubliez pas de visiter ce magasin un peu en retrait des rues commerciales principales, qui combine la vieille musique et la musique actuelle. Les autocollants rouges ou roses identifient la marchandise d'occasion; les verts, les articles neufs. Des contenants avec des sections séparent les différents types de musique (rock, jazz, reggae, soul des années 60, etc.) et il y a des murs de disques en vinyle; ne manquez pas de fouiner dans la toute petite arrière-boutique.

L'Échange

713 avenue Mont-Royal Est
Angle : rue Pontiac
Tél. : 523-6389
Heures : tous les jours de 10h à 22h

Après 21 ans, ce magasin est le plus grand magasin du genre. Dans trois allées, vous pourrez y magasiner des disques compacts et des cassettes d'occasion. Si l'article porte une étiquette jaune, il est neuf. Vous trouverez également une sélection de livres en français à moitié prix et parfois même moins.

L'Idée Fixe

2650 rue Masson
Angle : 2e avenue
Tél. : 528-5986
Heures : régulières et le dimanche de 11h à 17h

Voici un endroit rempli de DVD, de disques compacts, de cédéroms, de cassettes, de vidéo-cassettes et de jeux vidéo d'occasion pour les consoles Play Station 2, Nintendo, Nintendo 64, Super Nintendo, Genesis, Game Boy et Game Gear. De plus, on présente des livres d'occasion et des bandes dessinées. Autres magasins : (vente et achat d'argent canadien) 2035 rue Jean-Talon E. (727-9917); 3320 rue Ontario (527-2121); 4069 rue Ontario E. (524-3065). www.lideefixe.ca

Le Fox Troc

819 avenue Mont-Royal Est
Angle : rue Saint-Hubert
Tél. : 521-9856
Heures : régulières et dimanche de 11h à 18h

Présentés proprement par ordre alphabétique sur deux murs, 95 % de l'éventail du magasin offre des disques compacts et on consacre le restant aux DVD et aux vidéocassettes. On y trouve également de la musique francophone.

Le Free Son

1477 avenue Mont-Royal Est
Angle : rue Fabre
Tél. : 521-5159
Heures : régulières et dimanche de midi à 17h

Une longue et étroite allée vous amène à l'étalage mural rempli de disques compacts et de DVD d'occasion; avec l'autre allée, vous revenez vers à l'avant de la boutique où on vous propose des disques compacts neufs. Les styles de musique sont variés : rock progressif, métal, importation, musique pop. Il y a deux lecteurs de disques compacts pour que vous écoutiez le disque avant de l'acheter. www.freeson-rock.com

Le Tuyau Musical

781 avenue Mont-Royal Est
Angle : rue Saint-Hubert
Tél. : 525-1257
Heures : régulières et dimanche de 11h à 18h

Ce magasin ouvert depuis 23 ans est l'un des plus anciens du genre. On y déniche un grand choix de disques compacts (un mur et trois allées). Il y a une partie de l'étalage mural qui propose des vieux microsillons et des vidéo-cassettes.

Marché du Disque et du Vidéo

793 avenue Mont-Royal Est
Angle : rue Saint-Hubert
Tél. : 526-3575
Heures : dimanche au vendredi de 10h à 21h, samedi et dimanche de 10h à 17h

Dans ce magasin, vous pourrez fouiner parmi plus de 8 000 disques compacts et cassettes d'occasion, 4 000 vidéocassettes et 4 000 nouvelles importations. Les collectionneurs de tout le pays se précipitent dans ce magasin pour profiter de la plus grande sélection de microsillons d'occasion, de vieux succès et d'articles de collection. Autres magasins : Les Jardins Dorval (631-9800); Place Versailles (355-1474); Longueuil, Place Desormeaux (450-646-1748).

Mars/Déjà Vu

460 rue Sainte-Catherine Ouest (sous-sol)
Angle : rue City-Councillor
Tél. : 844-4329
Heures : lundi au vendredi de 11h à 21h, samedi et dimanche de 11h à 18h

Si vous arrivez à vous faire un passage à travers tout ce joyeux bordel de marchandise variée, vous serez ravi de trouver des articles d'occasion : disques compacts, DVD, jeux vidéos (Nintendo, Play Station), bandes dessinées, vidéocassettes, 78 tours, cassettes et nouvelles importations. On fait l'achat et la vente de magazines rock et d'affiches neuves.

Melodisc

954-A boul. Décarie
Angle : rue Decelles
Tél. : 747-3989
Heures : lundi au samedi de 11h à 21h, dimanche de midi à 18h

Dès votre entrée dans ce magasin, le décor aux couleurs éclatantes et les affiches attireront votre attention pour vous inciter à acheter de la musique. On trouve de tout : classique, francophone, trame sonore de film, musique du monde, funk, rock, jazz, pop, blues, rap, R&B et même des disques compacts de fin de série, des importations et des 33 tours.

FOURRURES D'OCCASION

Fourrures Marcel Jodoin

1228 rue Saint-Denis
Angle : rue Sainte-Catherine
Tél. : 288-1683
Heures : lundi au jeudi de 9h à 18h, vendredi de 9h à 21h, samedi de 9h à 17h (fermé en juillet et le samedi en juin et août)

Voici l'un des rares endroits en ville où il est possible d'acheter de la fourrure d'occasion. On offre des modèles relativement neufs de 2 à 4 ans et les modèles peuvent varier de l'étole de renard au manteau long en vison. Les prix varient entre 300 $ et 2 000 $ pour un manteau de fourrure très spécial. On fait aussi la location.

Roland Fourrure

400 boul. de Maisonneuve Ouest, suite 410
Angle : rue de Bleury
Tél. : 844-6430
Heures : lundi au vendredi de 9h à 17h

Cette entreprise de plus de 75 ans consacre une grande partie de ses ventes aux manteaux d'occasion. Donc, il vous suffit de les appeler si vous êtes prêt à vendre votre manteau ou à profiter d'aubaines en achetant un modèle d'occasion.

INSTRUMENTS DE MUSIQUE D'OCCASION

Arduini Atelier du Musicien

1427 rue Amherst
Angle : rue Sainte-Catherine
Tél. : 527-2727
Heures : régulières

Si vous désirez adhérer à une fanfare, ce magasin en affaires depuis 50 ans se fera un plaisir de vous montrer un instrument à cuivre ou à vent en bois d'occasion.

Bouthillier Musique

3338 rue Bélair, Rosemont
Angle : 12e avenue
Tél. : 722-8741
Heures : régulières et dimanche de 11h à 17h

Ce commerce de 62 ans offre environ 100 pianos d'occasion (30 pianos à queue) qui attendent d'être réparés ou prêts pour la revente. Entre 900 $ et 2 400 $, vous pourrez trouver une très bonne sélection de vieux pianos droits ayant conservé la finition originale du bois.

Jack's Musique

77 rue Saint-Antoine Ouest
Angle : rue Saint-Urbain
Tél. : 861-6529
Heures : régulières

Depuis 1938, ce commerce vend ou achète tous les instruments de musique ou les accessoires : guitare, batterie, banjo, saxophone, accordéon, clarinette, clavier, microphone, amplificateur, etc. Achetez-en un et jouez une chanson que vous aimez tant !

Montréal Piano

61 rue Rachel Ouest
Angle : rue Clark
Tél. : 288-4311
Heures : lundi au vendredi de 8h à 18h, samedi de 9h à 17h

Depuis 30 ans, cette boutique vend une sélection de pianos remis à neuf aux pianistes en herbe. Vous pouvez les contacter pour effectuer des réparations sur votre piano. www.montrealpiano.com

Pianos Prestige

6078 rue Sherbrooke Ouest
Angle : rue Hampton
Tél. : 482-5304
Heures : lundi au vendredi de 10h à 18h, samedi de 10h à 17h

Même si la plupart des pianos en magasin sont neufs (Steinway, Boston, Essex, Bosendorfer, Mendelsohn), il y a quelques modèles d'occasion (entre 1 500 $ et 3 500 $). Si vous achetez un piano dans ce commerce, il est toujours possible d'acheter ensuite un modèle plus sophistiqué et d'obtenir un crédit pour tout le prix du premier piano. Vous pouvez également louer un piano et faire réparer votre piano. Il s'agit d'un bon endroit pour magasiner les feuilles de musique. De plus, n'oubliez pas de fouiner dans le contenant de liquidation.

West End Piano

17 rue Roland
Angle : rue Avon
Tél. : 486-5373
Heures : Sur rendez-vous

La deuxième génération a repris le commerce familial. On y offre les services de remise à neuf et de restauration des pianos Steinway et des pianos à queue pour le marché du Nord-Est des États-Unis. On effectue la vente de détail et une garantie de cinq ans. On rachète également les instruments que vous avez achetés en magasin lorsque vous désirez acheter un meilleur modèle de pianos. www.humepiano.com (N'oubliez pas les pianos Yeats & Hume).

LIVRES D'OCCASION

À La Doc

3778 rue Saint-Denis
Angle : rue des Pins
Tél. : 499-0654
Heures : Heures régulières et dimanche de 10h à 17h

Cette boutique a pignon sur rue depuis de nombreuses années. On vous offre un service d'achat à domicile dans Internet, en plus d'acheter, de vendre des livres et de proposer un plan de mise de côté. Cette boutique fourmille de livres sur l'art, l'histoire, de romans policiers, de recueils de poésie, de littérature, de philosophie, etc. Contactez la boutique par courriel pour toute demande : 3f.2a@sympatico.ca.

Atwater Library Book Room

1200 avenue Atwater
Angle : boul. René-Lévesque
Tél. : 935-7344
Heures : jeudi au samedi de midi à 15h

Si vous appréciez les livres reliés, cette petite salle sera pour vous une bénédiction. L'éventail de livres de cette librairie est vendu à des prix de liquidation : la plupart des bouquins sont étiquetés à 1 $ et il y a plusieurs boîtes de livres de poche à 0,50 $ chacun. Il y a également des livres qui coûtent un peu plus cher. www.atwaterlibrary.ca

Book Market

3343H boul. des Sources, D.-D.-O.
Angle : boul. de Salaberry
Tél. : 683-9890
Heures : régulières et le dimanche de midi à 17h

Ce magasin effectue l'achat et la vente de tous les livres reliés et les livres de poche d'occasion. On y trouve également des magazines, des manuels scolaires, des livres pour enfants et des bandes dessinées. On vous rachètera également les livres que vous avez achetés dans ce magasin. Prenez note qu'il y a davantage de livres en anglais que de livres en français. Autre magasin : Kirkland, 2935 boul. Saint-Charles (694-1546). www.bookmarket.ca

Diamond Books

5035 rue Sherbrooke Ouest, Westmount
Angle : rue Grey
Tél. : 481-3000
Heures : régulières et dimanche de 10h à 17h

Monsieur Russell est le propriétaire de la plus ancienne et de la plus connue des librairies d'occasion en ville. Après que la ville a repris possession du terrain de son vieux magasin sur la rue Saint-Antoine pour la construction du Palais de Congrès, il ne lui reste que ce magasin. Vous y trouverez un peu de tout : des antiquités, des surplus de stock de livres neufs et des exemplaires de service de presse. De plus, les étalages sont bien présentés et très propres.

Ex Libris

3465 ch. Côte-des-Neiges
Angle : rue Sherbrooke
Tél. : 932-1689
Heures : lundi au vendredi et samedi de 11h à 18h, samedi de 11h à 17h

Dans cette maison de ville grisâtre à hauts plafonds, vous découvrirez surtout des livres reliés d'occasion : antiquités, histoire de la science, histoire de la médecine, lettres, philosophie ou édition rare.

Footnotes

1454 rue Mackay
Angle : boul. de Maisonneuve
Tél. : 938-0859
Heures : lundi au vendredi de 10h à 19h, samedi de midi à 17h

Foire du livre annuelle

Université McGill

4359 avenue McTavish, Redpath Hall
Angle : rue Sherbrooke
Tél. : 398-6800 ou 398-5000
Heures : Octobre, 2 jours

Voici le paradis des amateurs de lecture depuis 1971 ! On y trouve plus de livres (peut-être 40 000) qu'on ne peut imaginer dans un seul endroit : livres de poche, livres reliés, livres sur l'art, encyclopédies, livres pour enfants et bien plus. Les prix débutent à 0,25 $. Si vous voulez vous débarrasser de vos vieux livres, apportez-les au Redpath Hall après le mois d'avril, le mardi de 10h à 14h ou téléphonez pour connaître l'adresse du dépôt de votre quartier.

Cette boutique vous offre des surplus de stock de nouveaux livres et des livres universitaires touchant la philosophie, la littérature et l'ethnologie.

La Book-tique

79 et 81 rue Donegani, Pointe-Claire
Angle : rue King
Tél. : 694-5553
Heures : lundi au mercredi de 11h à 18h, jeudi et vendredi de 11h à 19h, samedi de 10h à 17h, dimanche de 13h à 17h

Un mari et sa femme ont mis sur pied cette librairie offrant pour la plupart des livres en anglais (il y a une petite section en français). Sur les murs, les étagères présentent des romans. Dans les étalages du milieu de la boutique, vous trouverez des livres de recettes, des romans à énigme, des livres sur l'histoire, des biographies, des livres d'humour, etc.

La Bouquinerie du Plateau

799 avenue Mont-Royal Est
Angle : rue Saint-Hubert
Tél. : 523-5628
Heures : tous les jours de 10h à 22h

Ce magasin est grand, éclairé et aéré. Ce sont des adjectifs rarement utilisés pour décrire une librairie d'occasion, mais vous serez choyé dans celle-ci. On y trouve presque uniquement des livres en français touchant des sujets divers : psychologie, art, santé, sexualité, religion, guerre, informatique, culture québécoise, voyages et plus encore. Autres librairies (avec davantage de nouveautés) : Marché du Livre, 801 boul. de Maisonneuve E. (288-4350); 4075 rue Saint-Denis (288-5567).

Le Colisée du Livre

908 rue Sainte-Catherine Est
Angle : rue Saint-André
Tél. : 845-1792
Heures : tous les jours de 10h à 22h

Environ 95 % des livres de cette librairie sont en français. À l'étage, il y a également un mur rempli de livres de poche en anglais et une section offrant des microsillons. Au rez-de-chaussée, on trouve des disques compacts. On dispose aussi de chaises comme chez Chapters. Autre librairie : 1809 ave. Mont-Royal E. (521-6118).

Le Mot

469 rue Milton
Angle : rue Aylmer
Tél. : 845-5640
Heures : lundi au mercredi de 9h30 à 18h,
jeudi et vendredi de 9h30 à 21h, samedi de
11h à 18h

Depuis 24 ans, on change la vitrine quotidiennement ainsi que les livres présentés dans celle-ci pour mettre en valeur un nouveau thème. Si vous passez et que le magasin est fermé, glissez une note sous la porte, indiquant le titre du livre désiré et l'heure de votre passage. Il se pourrait qu'on ait le livre désiré en magasin. Si une vitrine connaît du succès, tous les livres seront vendus dans la demi-heure suivant l'ouverture du magasin. On mise plutôt sur les classiques et les arts libéraux. Vous trouverez tous les genres de livres, du livre reliés écornés au livre de collection. Il y a habituellement un étalage à l'extérieur présentant des livres de poche pour 0,50 $; à l'intérieur, un banc offre des livres à 1 $.

Librairie Astro

1844 rue Sainte-Catherine Ouest
Angle : rue Saint-Mathieu
Tél. : 932-1139
Heures : lundi au mercredi de 11h30 à 19h,
jeudi et samedi de 11h30 à 21h, dimanche
de 12h30 à 18h

Dans cette librairie d'occasion, on vous propose des livres de poche de lecture d'évasion (la plupart des éditions récentes). Depuis longtemps, les collectionneurs de bandes dessinées raffolent de cet endroit pour ses bas prix. Quelques disques compacts et des cassettes d'occasion remplissent les tablettes de même que des cartes de sports, des jeux et des cartes de magie.

Librairie Bibliomanie

460 rue Sainte-Catherine Ouest, suite 406
Angle : rue Saint-Alexandre
Tél. : 933-8156
Heures : lundi au samedi de midi à 18h

Voici un magasin qui se consacre aux livres d'occasion et neufs touchant différents domaines artistiques : théâtre, photographie, danse, musique, mode, cinéma, architecture, littérature, philosophie, arts décoratifs, antiquités et objets de collection. Ne manquez pas

les livres anciens, les guides de collectionneurs et les gravures. Leur dernier dada : les livres d'histoire et les livres de recettes. www.abebooks.com/home/block

Librairie Guérin

4440 rue Saint-Denis
Angle : ave. Mont-Royal
Tél. : 843-6241
Heures : régulières

Vous connaissez ce nom de cette chaîne de librairies qui se spécialise dans les livres éducatifs, mais dans cette succursale uniquement, vous dénicherez une grande sélection de livres d'occasion en français offrant beaucoup de romans. Il y a une promotion sur les romans à l'eau de rose : vous en obtenez un gratuitement en rapportant deux romans du même genre.

Librairie Henri-Julien

4800 avenue Henri-Julien
Angle : rue Villeneuve
Tél. : 844-7576
Heures : mardi, mercredi et samedi de midi à 18h, jeudi et vendredi de midi à 20h, dimanche de 13h à 18h

Ce magasin de quartier situé dans une petite rue est rempli d'étalages où les livres sont proprement classés, jusqu'au plafond. On trouve principalement des livres en français : classiques, arts, philosophies, sciences, occulte, Russie, Moyen Âge, XVIIe et IXe siècles, architecture, antiquités. On vous propose également un catalogue sur demande.

Librairie Mona Lisait

2054 rue Saint-Denis
Angle : rue Ontario
Tél. : 849-0987
Heures : samedi au mercredi de 11h à 19h, jeudi et vendredi de 11h à 21h

Dans cette boutique, on vous propose environ 20 000 livres d'occasion en français et en anglais. Vous pouvez acheter ou vendre des dc d'occasion pour adultes et il y a quelques titres pour enfants également.

Librairie Vortex

1855 rue Sainte-Catherine Ouest
Angle : rue Saint-Marc

Tél. : 935-7869
Heures : lundi au samedi de midi à 21h,
dimanche midi à 20h

Ce magasin est très étroit mais bien ordonné.
On propose des livres reliés ou des livres de
poche : drame, poésie, littérature, histoire de
l'art, science et philosophie.

Livres Anthologies Books

1420 rue Stanley
Angle : rue Saint-Marc
Tél. : 287-9929
Heures : mardi au vendredi de 11h à 21h,
samedi de 11h à 17h, dimanche de midi à 17h

En plus de la sélection habituelle
de livres d'occasion (littérature, poésie, roman à énigme,
religion, art, recettes de cuisine, histoire, science fiction), vous pouvez égale-
ment trouver des surplus
d'éditeur.

Livres Bronx

7682 rue Édouard, Lasalle
Angle : 6ᵉ avenue
Tél. : 368-3543
Heures : mardi au
dimanche de 13h à 18h

Si vous aimez fouiner de pièces en pièces dans
une maison remplie de livres, du plancher au
plafond, voilà l'endroit pour vous. On y trouve
de tout : des livres rares et osés, des livres de
recettes, des livres sur la guerre, les ovnis, des
Harlequin, des vieux magazines, des microsillons, des vidéocassettes, des livres de lecture
obligatoire pour l'école secondaire, des livres
ésotériques interdits. www.bronxbooks.com

Odyssey

1439 rue Stanley
Angle : rue Sainte-Catherine
Tél. : 844-4843
Heures : lundi au mercredi de 10h à 20h,
jeudi de 10h à 20h30, vendredi de 10h à
21h, samedi de 11h à 18h, dimanche de midi
à 18h

L'éventail de marchandise dans ce magasin
dépasse largement l'assortiment habituel de la
librairie d'occasion offrant des livres de poches.
On y vend des livres reliés d'occasion. De plus,

on s'efforce de séparer les nouveaux livres pour
permettre aux clients de fouiner facilement parmi les nouveautés : roman à énigme, littérature, jazz, philosophie, histoire, art, livre de
recettes, nature et livres d'érudition.
www.odysseybooks.qc.ca

S. W. Welch

3878 boul. Saint-Laurent
Angle : rue Duluth
Tél. : 848-9358
Heures : dimanche au mercredi de 11h à 22h,
jeudi de 11h à minuit, samedi de 10h à minuit

Pour le lecteur sérieux, ce magasin offre des
livres de poche et des livres reliés (littérature,
science-fiction, roman à énigme, guerre). La
plupart des livres sont en anglais. Il y a une
section de livres pour enfants et des
livres de poche anciens.
Vous ne trouverez pas de
best-sellers de lecture
d'évasion ni de
romans à l'eau de
rose. Vous pouvez
fouiner dans des con-
tenants de livres à 1 $.
Le personnel est très
serviable et on cherchera
des livres rares pour vous.
www.swwelch.com

Volumes Wellington

5153 rue Wellington, Verdun
Angle : rue Desmarchais
Tél. : 767-2589
Heures : samedi au mercredi de 11h à 17h,
jeudi et vendredi de 11h à 21h

Ce magasin de livres offre une sélection variée
de livres dans les deux langues officielles. On
y trouve des livres touchant différents sujets :
humour, géographie, voyage, roman à énigme,
science-fiction, livres d'enfants, théâtre et même
des livres Star Wars et Star Trek et bien plus
encore.

Westcott Books

2065 rue Sainte-Catherine Ouest
Angle : rue du Fort
Tél. : 846-4037
Heures : tous les jours de 10h à 23h

Dans cette librairie, vous dénicherez de la littérature classique, des livres sur l'art, la poésie,

la philosophie, la religion et même des livres de recettes. On y trouve des sujets un peu inusités comme l'histoire militaire, la pêche à la mouche et les trains miniatures, etc. Autre librairie : 1917 rue Sainte-Catherine O., (Heures : lundi au mercredi de 10h30 à 18h, jeudi au dimanche de 10h30 à 22h).

MACHINES À COUDRE

Machine à Coudre Lakeshore

51 avenue Cartier, Pointe-Claire
Angle : ch. Bord-du-Lac
Tél. : 697-1715
Heures : lundi au vendredi de 9h à 17h30, samedi de 9h à midi

Cela va de soi : un magasin qui vend des nouvelles machines à coudre et qui offre un service de réparation aura toujours une sélection de modèles d'occasion que les clients ont échangés pour réduire le coût de l'achat d'une nouvelle machine à coudre.

MATÉRIAUX DE CONSTRUCTION D'OCCASION

Harvey & Fils

3055 rue Harvey, Saint-Hubert
Angle : route 116
Tél. : 450-676-7777
Heures : lundi au mercredi de 8h à 17h30, jeudi et vendredi de 8h à 20h, samedi de 8h à midi

Si vous vous aventurez à l'étage supérieur et traversez le labyrinthe, vous trouverez des matériaux provenant de surplus de chantiers comme les armoires de cuisine en mélamine peu coûteuse et même parfois des armoires en chêne, des portes intérieur ou extérieure (regardez au rez-de-chaussée), des fenêtres et plus encore.

VÊTEMENTS D'OCCASION

À La Deux

316 avenue Mont-Royal Est
Angle : ave. Henri-Julien
Tél. : 843-9893

Heures : lundi au mercredi de 11h à 18h, jeudi et vendredi de 11h à 21h, samedi de 10h à 18h, dimanche de midi à 17h

Pour l'homme et la femme qui désirent des articles uniques pour leur garde-robe, voilà l'endroit où vous dénicherez des vêtements en cuir, des robes habillées, des chemisiers, beaucoup de gilets de complet, de la fourrure, des chapeaux, des cravates et même des soutiens-gorge, des maillots de bain et des rideaux.

Acte II

4967 ch. Queen-Mary
Angle : rue Westbury
Tél. : 739-4162
Heures : lundi au samedi de 11h à 17h

Seuls les grands noms de la mode (Jean-Paul Gaultier, Issey Miyake, Yamamoto, Dolce & Gabana, Chanel, Serge et Réal, Armani, Donna Karan, Prada), les marques connues de vêtements carrière et de tous les jours (tailles 4 à 14 ans) et les sacs à main haut de gamme (Bottega, Chanel, Louis Vuitton et Gucci) sont offerts dans cette boutique.

Annie & Sue

304 ch. Bord-du-Lac, Pointe-Claire
Angle : rue Saint-Joachim
Tél. : 697-3204
Heures : lundi au mercredi de 10h à 17h30, jeudi et vendredi de 10h à 18h, samedi de 10h à 17h, dimanche de 12h30 à 16h30

Depuis 18 ans, les femmes habillant les tailles 6 à 20 ans accourent dans cette boutique sympathique pour profiter de la grande sélection de vêtements de la saison en cours. Vous dénicherez des vêtements sport, des vêtements de soirée et même des accessoires et des chaussures.

Boutique Encore

2165 rue Crescent
Angle : rue Sherbrooke
Tél. : 849-0092
Heures : mardi au vendredi de 10h à 18h, samedi de 10h à 17h

Ce magasin caché dans cette charmante petite maison de ville est toujours aussi florissant après 49 ans. Celui-ci est rempli à craquer de vêtements de qualité, presque neufs, portant des étiquettes de designers bien connus (Gucci, Moschino, Armani, Versace, Chanel, Anne Klein, Sonia Rykiel, Jaeger). En plus des vêtements de tous les jours, vous dénicherez des vêtements de soirée, des manteaux, des sacs à main (Louis Vuitton, D&G), des chapeaux, de la fourrure, des vêtements en cuir, des chaussures, des écharpes Hermès et même des bijoux provenant de successions. Du côté des hommes, on offre la même qualité de vêtements (Armani, Hugo Boss, Brioni) comme des complets, des imperméables et parfois même des smokings.

Boutique Eva B.

2013 boul. Saint-Laurent
Angle : rue Ontario
Tél. : 849-8246
Heures : lundi au mercredi de 10h à 19h, jeudi et vendredi de 10h à 21h, samedi de 10h à 19h, dimanche de midi à 18h

La quantité de vêtements dans ces deux magasins connexes est tout à fait incroyable : il y a toutes sortes de vêtements, des bottes, des chaussures, des manteaux et des accessoires des années 60 à 90. Voici un endroit prisé par les jeunes adultes. On y présente également des articles tendance créés spécialement pour eux. Quelle idée géniale ! On offre la location de vêtements pour votre fête de fin d'études, les soirées costumées, les costumes de théâtre ou de cinéma dans l'autre magasin : 1604 boul. Saint-Laurent.

Boutique Trading Post

26 rue Valois, Pointe-Claire
Angle : rue Donegani
Tél. : 695-1872
Heures : mardi, mercredi, vendredi et samedi 10h à 17h, jeudi de 10h à 21h

Dans cette petite maison, il y a un magasin qui, depuis 1958, offre sur deux étages de vêtements mode pour toute la famille. La marchandise est proprement disposée et on vend des chaussures, des sacs à main ainsi qu'une bonne sélection de complets pour hommes et d'habits de neige pour enfants.

Frenetic Vibe

314 avenue Mont-Royal Est
Angle : ave. Henri-Julien

Tél. : 286-7042
Heures : lundi au mercredi de 11h à 18h, jeudi et vendredi de 11h à 21h, samedi de 11h à 17h, dimanche de midi à 17h

Si vous recherchez des prix de liquidation sur cette rue de magasins rétro, cette boutique offre des aubaines irrésistibles : les jeans (neufs, occasion, Levis recyclés) sont vendus entre 30 $ et 75 $, les hauts, 10 $ et plus, les manteaux sont 30 $. Et vous pourrez profiter de la promotion offrant le deuxième article à demi-prix.

Fripe-Prix Renaissance Montréal

7250 boul. Saint-Laurent
Angle : rue Jean-Talon
Tél. : 276-3626
Heures : lundi au mercredi de 9h à 19h, jeudi et vendredi de 9h à 21h, samedi de 9h à 17h, dimanche de 10h à 17h

Cet organisme de bienfaisance offrant de la formation pour un retour sur le marché du travail, est le pendant américain de l'organisme Goodwill. On offre des vêtements presque neufs très bien présentés à des prix exceptionnels. Les étalages sont proprement disposés et on indique les sections de vêtements pour toute la famille (il y a même des patins, des skis et un mur de chaussures). Il y a une salle offrant des ordinateurs et des logiciels, des chaises, des sofas, des lampes, des articles pour la maison, des jeux et plus encore. Au sous-sol, vous trouverez des livres. Le premier lundi du mois, il y a la journée des aînés et on leur accorde 30 % de rabais. Informez-vous des soldes à 50 % et des ventes aux enchères par écrit. Autres magasins : P-.A.-T., 1480 rue Saint-Jean-Baptiste (640-0245); 801 boul. Décarie (747-2635); 3200 rue Masson (376-8836); 6960 rue Saint-Hubert (274-9666); 4261 rue Wellington (766-5059). www.renaissance-quebec.ca

La Friperie d'Amélie

5921 rue Jean-Talon Est, Saint-Léonard
Angle : rue l'Assomption
Tél. : 254-3442
Heures : mardi au vendredi de 13h à 17h, samedi de 11h à 16h

La Société Saint-Vincent-de-Paul a ouvert ce magasin de quartier très propre et bien garni. Vous trouverez des vêtements pour toute la famille (des manteaux et des chaussures également). En sortant de la première partie, vous tomberez sur les appareils ménagers, la salle de jouets et les meubles, etc.

La Friperie de Roxboro

9 rue Centre Commercial, Roxboro
Angle : 3e avenue
Tél. : 683-3107
Heures : lundi au samedi de 11h à 16h

Voici un magasin débordant de vêtements d'occasion pour toute la famille qui offre des prix abordables et des étalages très bien organisés : manteaux entre 13 $ et 20 $, chaussures, bottes et équipement de hockey. Plus loin sur la même rue (21 rue Centre Commercial), il y a des meubles pour la maison (683-3303). Tous les profits sont versés à la banque alimentaire, aux cuisines communautaires, aux camps d'été et aux maisons de femmes en détresse. Autre magasin : Sainte-Geneviève, 15,734 boul. Gouin O. (620-6133).

La Ligue

386 avenue Victoria, Westmount
Angle : rue Sherbrooke
Tél. : 488-8262
Heures : mardi au samedi de 9h à 16h (déc. à fév. fermé le lundi et deux semaines en juillet)

Cette boutique met l'accent sur les vêtements mode pour femmes (tailles 6 à 22) : jupes, pantalons, robes et manteaux. De plus, on vous propose quelques vêtements pour hommes (jusqu'à 48). Les étalages sont très bien organisés et il y a même un comptoir de bijoux, d'écharpes et des sacs à main.

La Petite Boutique

1002 avenue Ogilvy
Angle : boul. L'Acadie
Tél. : 279-6722
Heures : mercredi, jeudi et samedi de 14h à 17h

Vous devez être très mince pour magasiner dans ce magasin rempli de salles aux mille et un trésors. Celles-ci débordent de marchandise rétro pour vous ou votre maison. Il vous faudra déployer beaucoup de patience pour fouiner dans les montagnes d'articles. Il y a des vêtements de collection, des nappes en dentelles, des napperons, des chapeaux, des boîtes à chapeaux, des coussins décoratifs, des courtepointes, des peignoirs, des chemisiers et encore plus.

Le Mercaz

5850 boul. Décarie, Snowdon
Angle : Place Cochrane
Tél. : 344-8845
Heures : lundi, mercredi et jeudi de 9h30 à 16h30, mardi de 9h30 à 20h vendredi de 9h30 à 13h, dimanche de 10h à 15h

Bien sûr, dans ce magasin, vous dénicherez des vêtements d'occasion à bas prix et des accessoires (ceintures, sacs à main, chaussures, chapeaux) puisque toute la marchandise provient de dons. De plus, avec un peu de chance, vous pouvez trouver des articles neufs à prix incroyablement bas. Les profits sont remis à des banques alimentaires : voilà l'occasion de faire des économies et une bonne action.

Le Prêt-À-Reporter de Susan

3241 rue Jean-Béraud, Laval
Angle : boul. Daniel-Johnson
Tél. : 450-978-9352
Heures : mardi et mercredi de 10h à 18h, jeudi et vendredi de 10h à 21h, samedi de 9h à 17h, dimanche de midi à 17h

Avec son apparence de magasin ordinaire, cette boutique de consignation offre un très grand choix de vêtements de toutes les tailles (2 à 26 ans). On y trouve uniquement des modèles de cette saison : robes, jupes, blouses, chemisiers, pantalons, tailleurs, vestes, manteaux en cuir, etc.

Le Rétroviseur

751 rue Rachel Est
Angle : rue Châteaubriand
Tél. : 528-1645
Heures : lundi au mercredi de midi à 18h, jeudi et vendredi de midi à 21h, samedi et dimanche midi à 17h

Dans cette jolie petite boutique située dans un immeuble de pierres grises sur un coin de rue, on vous offre depuis plus de 20 ans, de la mode rétro et des vêtements mode neufs (jupes longues, jeans, robes, chandails, chemisiers, manteaux et chapeaux, soutiensgorge, sous-vêtements, chaussettes). Même les hommes (tailles petit à très grand) peuvent s'habiller : jeans, kakis, pantalon cargo, vestes en denim, chandails, imperméables et beaucoup de chemises en coton.

Les Chapeaux de la Chaudière Friperie

117 6e avenue, Lachine
Angle : rue Saint-Louis
Tél. : 634-2151
Heures : lundi au mercredi de 13h à 17h,
jeudi et vendredi de 13h à 20h, samedi de
13h à 17h

Wow ! Vous pouvez vous perdre dans cet
endroit ! Ce magasin offre un étage de vêtements d'occasion pour toute la famille et un
autre étage, à la location de costumes. Il y a
un stock impressionnant incluant un étalage
de chaussures, une pièce de vêtements d'extérieur, des chandails coordonnés par couleur,
des chandails, des chemisiers, des pantalons, des jupons, des imperméables, des
vestons, des gilets pour hommes, des foulards,
des gants et plus encore. Les penderies à l'a-
vant présente les nouveautés.

Magasins de l'Armée du Salut

1620 rue Notre-Dame Ouest
Angle : rue Guy
Tél. : 935-7425 ou 935-7427
Heures : régulières

Voici le plus grand magasin de cet organisme.
Dans ce magasin, on vous propose deux étages
proprement présentés remplis de marchandise
abordable. Les vêtements sont situés à l'avant
de la boutique, au premier étage; les articles
pour la maison au deuxième étage. Les ordinateurs, les réfrigérateurs, les machines à
coudre, les cuisinières, les équipements de
sport, les jouets et les meubles sont placés à
l'arrière du magasin. Autres magasins :
Laval, 4305 Samson (450-978-7057); 505 boul.
des Sources (683-6414); 4890 rue Jean-Talon
O. (738-1796); 7066 rue Saint-Hubert (276-
0349); 5762 rue Sherbrooke O. (488-8714);
Longueuil, 127 rue King-George (450-468-
7194); Brossard, 5840 boul. Taschereau (450-
462-9185).

Montréal Fripe

371 avenue Mont-Royal Est
Angle : rue Saint-Denis
Tél. : 842-7801
Heures : lundi au mercredi de 11h à 18h,
jeudi et vendredi 11h à 21h, samedi 11h à
17h, dimanche de midi à 17h

Le retour aux années 60 et 70 semble être à
la mode de nos jours. Donc, les hommes et les
femmes trouveront de tout : jeans, hauts, vestes
de cuir, manteaux, robes, écharpes, etc. pour
garnir leur garde-robe. Autres magasins :
Requin Chagrin, 4430 rue Saint-Denis (286-
4321); Friperie Saint-Laurent, 3976 boul. Saint-
Laurent (842-3893).

Paula Howe-Harding

353 avenue Prince-Albert, Westmount
Angle : rue Sherbrooke
Tél. : 932-6951
Heures : mardi, mercredi, vendredi et samedi
11h à 16h, jeudi de 11h à 18h (fermé entre
Noël et le 14 fév. et de juillet à août)

La propriétaire est diplômée de la London
School of Design. Depuis 14 ans, celle-ci
répond aux besoins de sa longue liste de clients
en offrant un excellent service et en
dénichant toujours le morceau idéal pour vous
parmi tous les vêtements de designers
(tailles 4 à 14 ans). Il y a des échantillons de
très beaux chandails en tricot pour enfants, de
foulards et de châles.

Phase II

327-A ch. Bord-du-Lac, Pointe-Claire
Angle : rue Saint-Joachim
Tél. : 695-9119
Heures : lundi de midi à 17h, mardi et mercredi de 11h à 17h, jeudi et vendredi de 10h
à 18h, samedi de 10h à 16h30, dimanche de
midi à 16h

Pour la femme très occupée (tailles 1 à 6), cette boutique offre un service spécialisé de garde-robe en choisissant des articles coordonnés. Dans les collections de designers (Jaeger, Ralph Lauren, Algo, Royal Robbins, Teenflo, J.J. Farmer, Jones N.Y.), vous dénicherez un grand choix de tailleurs, de chemisiers, de jupes et de vêtements décontractés.

Prise II

207 rue Woodstock, Saint-Lambert
Angle : rue Victoria
Tél. : 450-923-1725
Heures : mardi et mercredi de 10h30 à 17h30, jeudi de 10h30 à 20h30, vendredi de 10h30 à 18h, samedi de 10h à 17h, dimanche de midi à 17h

On vous offre des trésors : des styles d'allure jeune de cette saison (tailles 4 à 18) et des marques haut de gamme comme Tristan & Iseult, Simon Chang, Mr. Jax, Mondi, Blacky, Jean-Claude Poitras, Adrienne Vittadini, Gap, Esprit et Steilmann à prix réduits.

Rétro Raggz

171 avenue Mont-Royal Est
Angle : rue Hôtel-de-Ville
Tél. : 849-6181
Heures : lundi au mercredi de 11h à 18h, jeudi et vendredi de 11h à 21h, samedi et dimanche de 11h à 18h

Si vous voulez l'allure colorée des années 70 et 80, venez dans cette boutique joliment décorée pour profiter des plus bas prix offerts sur cette rue de friperies. Ce magasin est également rempli de vêtements pour hommes et femmes (85 % de vêtements d'occasion, 15 % de nouveauté) et de bas prix : hauts, vestons, chemises, chandails, jupes, pantalons, jeans et manteaux.

Rétromania

820 avenue Mont-Royal Est
Angle : rue Saint-Hubert
Tél. : 596-2618
Heures : lundi au mercredi 11h à 18h, jeudi et vendredi 11h à 21h, samedi 11h à 17h, dimanche de midi à 17h

Avec quatre présentoirs de bijoux, vous pourrez compléter votre nouvelle tenue. Dans cet environnement spacieux, les femmes achèteront des pantalons, des jupes, des chandails, des jeans, des tailleurs et des blazers.

Rose Nanane

118 avenue Mont-Royal Est
Angle : rue Coloniale
Tél. : 289-9833
Heures : lundi au mercredi et samedi de midi à 18h, jeudi et vendredi de midi à 21h, dimanche de 13h à 17h

Il y a des tonnes de vêtements présentés proprement : des vestes en cuir, des vestons sport, des manteaux, des chemisiers, des jupes courtes et des robes courtes habillées. Il y a également beaucoup d'accessoires comme des sacs à bandoulière et des chaussures.

Vêtements Marie-Claude

2261 rue Papineau (sous-sol)
Angle : rue Sherbrooke
Tél. : 529-5859
Heures : lundi au mercredi de 11h à 18h, jeudi et vendredi de 11h à 21h, samedi de 11h à 17h

Voici l'un des plus grands magasins en ville offrant des vêtements dernier cri (même Moschino, Escada) pour hommes (Hugo Boss, Armani) et femmes (jusqu'à 18 ans). Bien sûr, il y a des chemisiers, des pantalons, des tenues, des jupes, des blazers, etc. De plus, on présente une bonne sélection de chaussures, des bretelles, des ceintures, des tonnes de complets et de manteaux pour hommes. Autre boutique (vêtements pour femmes) : Presque Neuf, 1118 ave. Laurier O. (278-4197).

Via Mondo

1103 avenue Laurier Ouest
Angle : avenue Querbes
Tél. : 278-7334
Heures : mardi et mercredi de midi à 18h, jeudi et vendredi de midi à 19h, samedi de midi à 17h

Si vous aimez les vêtements de designers (Thierry Mugler, Armani, Dorothee Bis, Dolce & Gabbana, Sonia Rykiel) et que vous portez des tailles 4 à 10 ans, vous pourriez dénicher un splendide vêtement dans l'une des petites salles de cette boutique en pierres grises qui offre des trouvailles à prix réduits depuis 11 ans.

Village Valeurs

4906 rue Jean-Talon Ouest
Angle : avenue Victoria
Tél. : 739-1962
Heures : lundi au vendredi de 9h à 21h,
samedi de 9h à 17h, dimanche de 10h à 17h

Dans une atmosphère de grand magasin, où tous les articles sont soigneusement suspendus et agencés par couleurs, vous trouverez des prix fantastiques sur toute la marchandise d'occasion : articles de maison, vêtements pour toute la famille, chaussures, jouets préemballés, livres, rideaux et bijoux de fantaisie. Le ramassage de vos dons d'articles peut se faire en téléphonant à la FQDI au 725-9797. Autres magasins : 2033 boul. Pie-IX (528-8604); 6779 rue Jean-Talon E. (254-0433); 3860 boul. Taschereau (450-923-4767); 7401 boul. Newman (595-8101); 875 boul. Curé-Labelle (450-978-4108); 5620 boul. Henri-Bourassa E. (327-7447); 1393 ch. Chambly (450-677-1677); 3399 boul. des Sources (684-1326).

VÊTEMENTS POUR ENFANTS

9 mois plus tard

6596 boul. Saint-Laurent
Angle : rue Beaubien
Tél. : 270-0664
Heures : mardi et mercredi de 10h à 18h, jeudi et vendredi de 10h à 21h, samedi 10h à 17h, dimanche de midi à 17h

Voici un magasin situé au centre ville qui répondra à tous les besoins de bébé. On y trouve des couchettes, des tables à langer, des chaises hautes, des parcs et des sièges d'auto. On offre des jouets et de la literie pour compléter l'éventail de marchandise de cette boutique. Le personnel est très serviable et connaît bien ses produits.

Baby Encore

3631 rue Notre Dame Ouest
Angle : avenue Rose de Lima
Tél. : 489-1231
Heures : mardi au jeudi de 11h à 19h, vendredi de 11h à 21h, samedi de 11h à 18h, dimanche de 13h à 18h

Même s'il y a des vêtements pour bébé sur le mur gauche de la boutique, on mise surtout sur les articles d'occasion sécuritaires en très bon état pour votre bébé : couchettes, tables à langer, poussettes, sièges d'auto, chaises hautes, parcs (et même des jouets). Il est également possible de louer des articles et de conserver une liste des articles que vous recherchez.

Boutique Rose-Anne

1612 rue Sherbrooke Ouest
Angle : rue Guy
Tél. : 935-7960
Heures : mardi au vendredi de 10h à 18h, samedi de 10h à 17h

Si vous appréciez obtenir un excellent service à la clientèle, cette boutique de deux étages gérée par deux bonnes amies saura répondre à vos besoins. Chaque propriétaire occupe un étage : au rez-de-chaussée, on offre des vêtements pour enfants et au deuxième, des vêtements pour femmes. La section pour femmes (tailles 6 à 16) offre des vêtements décontractés ou habillés de même que des sacs à main, des chaussures, des ceintures et des manteaux. Pour les enfants (tailles nouveau-né à 14 ans), il y a beaucoup de marques de designer ainsi que des vêtements décontractés et classiques.

Friperie Peek a Boo

807 rue Rachel Est
Angle : rue Saint-Hubert
Tél. : 890-1222
Heures : lundi au vendredi de 10h à 18, samedi de 10h à 17h, dimanche de midi à 17h

Les couleurs éclatantes et les jolis étalages rendent cette boutique agréable et on s'y amuse tout en magasinant pour des vêtements de marques connues (Deux par Deux, Mexx, Gap, Esprit, Miniman, Petit Bateau, Catamini, Jacadi) pour enfants (tailles 0 à 16 ans). À l'arrière, il y a des vêtements de maternité neufs ou d'occasion ainsi que des jouets et des chapeaux uniques faits à la main. Autre boutique : 6252 rue Saint-Hubert (270-4309).

Memory Lane

5560 avenue Monkland, N.-D.-G.
Angle : rue Old Orchard
Tél. : 482-0990
Heures : lundi au samedi de 10h à 17h (jeudi de 10h à 20h en saison)

Dans cette jolie boutique de vêtements pour enfants (tailles 0 à 14 ans), environ 80 % des vêtements offerts sont en consignation (Old Navy, IKKS, Petit Boy, Mexx, Marese, Gap, Roots, Colimaçon) et 20 % sont des échantillons ou des fins de série. Les vêtements sont si beaux qu'il est difficile de différencier les articles d'occasion des articles neufs. Ici et là, vous trouverez de l'équipement pour bébé d'occasion, des jouets neufs et d'occasion, des vidéocassettes et des livres. Si vous désirez un article qui n'est pas offert en boutique, ajoutez-le à la liste de suggestions et on vous contactera par téléphone lorsque celui-ci sera arrivé.

Oz

342-B avenue Victoria, Westmount
Angle : boul. de Maisonneuve
Tél. : 485-9610
Heures : mardi au samedi de 9h à 17h

Ce magasin de vêtements presque neufs pour enfants existe depuis 11 ans. Le secret de son succès : on y offre beaucoup de marques connues (Gap, OshKosh, Mexx, Catimini, Kenzo, Roots, Miniman) (tailles 0 à 14) de vêtements décontractés et habillés. La propriétaire choisit avec soin la marchandise et de nombreux clients viennent dans ce magasin. De plus, il y a des jouets, des livres, des vidéocassettes et des accessoires pour bébé. On propose également une liste d'acheteurs et de vendeurs pour les plus gros accessoires pour bébé.

Scarlett Jr.

256 avenue Mont-Royal Est
Angle : rue Laval
Tél. : 842-6336
Heures : lundi au mercredi de 11h à 18h, jeudi et vendredi de 11h à 19h, samedi de 10h à 17h, dimanche de midi à 17h

Voici le seul magasin pour enfants sur cette rue connue pour ses magasins de vêtements rétro et d'occasion. On mise sur les collections

de qualité (Le Petit Bateau, Deux par Deux, Gap, OshKosh, La Mère Michèle, Roméo et Juliette) et les vêtements de designers pour garçons et fillettes (tailles 0 à 12 ans). On reçoit également des échantillons neufs.

Village d'Enfants

290 ch. Bord-du-Lac, Pointe-Claire
Angle : rue Lanthier
Tél. : 695-0480
Heures : lundi au mercredi de 9h30 à 18h, jeudi et vendredi de 9h à 20h, samedi de 9h30 à 17h, dimanche de midi à 17h

Cette boutique offre de la marchandise pour tous les budgets. Au rez-de-chaussée, vous trouverez des vêtements neufs de designers québécois et européens (Deux par deux, Kaboo, BLU, Petit Lem, Point Zero, Ocean Pacific) et un coin de costumes pour les jeux d'enfants (tutus, boas, baguettes magiques, vétérinaire). Les vêtements légèrement portés de marques OshKosh, Gap, Esprit, Marese, Mexx, Roots et les importations européennes (tailles 0 à 8 ans) se retrouvent maintenant au sous-sol. On y offre également des poussettes d'occasion, des balançoires, des sièges d'autos, des jouets, des livres, des vidéocassettes et plus encore. On accepte les consignations (50 %) et les échanges (35 %). Si vous préférez effectuer la transaction tout de suite, on achète la marchandise (30 %) dont vous n'avez plus besoin.

II. LES RÉPARATEURS

Malheureusement, nous évoluons dans une société de consommation où tout est jetable. De plus, en tant que consommateurs, nos attentes face à un bien a changé : nous ne nous attendons même pas à ce que la durée de vie d'un bien neuf soit aussi longue que les modèles d'autrefois. Ceux d'entre vous qui aimez préserver des articles ou qui appréciez vraiment le travail des maîtres-artisans seront ravis par les renseignements contenus dans ce chapitre. Les autres personnes, celles qui veulent simplement savoir où faire réparer leurs biens, trouveront également des réponses pratiques.

Je Répare

3387 boul. Brunswick, D.-D.-O.
Angle : boul. de Salaberry
Tél. : 684-8675
Heures : lundi de 10h30 à 18h, mardi et mercredi de 9h30 à 18h, jeudi et vendredi de 9h30 à 19h, samedi de 9h30 à 17h

On aimerait tous connaître une personne de confiance pour prendre soin de tous ces biens qui brisent. Depuis 1981, ce magasin géré par la deuxième génération répare de tout. De plus, les femmes s'y sentiront à l'aise d'apporter des appareils et des articles : bijoux, montres, horloges, téléviseurs, magnétoscopes, chaînes audio, radios, aspirateurs, téléphones, télécopieurs, imprimantes, écrans d'ordinateur, caméscopes, lecteurs de DVD, micro-ondes. On taille également des clés et on perce même les oreilles.

Mr. Fix-It

4652 boul. Décarie, Snowdon
Angle : chemin Côte-Saint-Luc
Tél. : 484-8332
Heures : lundi au vendredi de 9h à 18h, samedi de 9h à 17h

Si un article se brise et que nous ne savez pas où le faire réparer, voici l'endroit idéal pour vous ! On prendra soin avec joie de tous les petits appareils électriques, les téléviseurs, les magnétoscopes, les horloges, le cristal, la porcelaine, les parasols de jardin, les antiquités et les lampes. Étant un agent agréé des fabricants Proctor-Silex, Cuisinart, Melitta, Moulinex, Panasonic, Westbend, Braun, Philips, Dirt Devil, Air King, Water Pik, Bionaire, Black & Decker, Gaggia, Seb-Tefal et plus encore, on peut dire que ce réparateur a une excellente réputation. Depuis plus de 50 ans, il mène une lutte acharnée contre le courant actuel des biens jetables et il y réussit très bien ! www.themrfixit.com

ACCESSOIRES DE BÉBÉ

Bébé Roulant

3957 rue Monselet, Montréal-Nord
Angle : rue des Récollets
Tél. : 327-9813
Heures : mardi au vendredi de 13h à 17h, samedi de 10h à 15h

Voilà un maître dans la réparation d'équipement pour bébé qui offre des prix raisonnables. Cet homme très créatif répare les poussettes et les parcs, rembourre les chaises hautes et les sièges d'auto, retisse les berceaux en osier et restaure même les carrosses anciens.

Le Carrousel du Parc

5608 avenue du Parc
Angle : rue Saint-Viateur
Tél. : 279-3884
Heures : lundi au mercredi de 10h à 18h, jeudi et vendredi de 10h à 20h, samedi de 10h à 17h

Ce magasin sympathique vend l'éventail complet de poussettes Perego et d'équipement pour bébé Graco, Cosco, Evenflo et Kooshies. On répare et rembourre n'importe quel siège de poussette, siège d'auto ou chaise haute en autant que les pièces sont en magasin. On y fait la location d'équipement et on nettoie même les poussettes.

Meubles Juvéniles Décarie

5167 boul. Décarie, Snowdon
Angle : ch. Queen-Mary

Tél. : 482-1586
Heures : lundi au mercredi de 9h30 à 18h,
jeudi de 9h30 à 21h, vendredi de 9h30 à
20h, samedi de 9h30 à 17h

Voici un autre endroit où vous pourrez vous
procurer les pièces nécessaires pour l'équipement pour bébé : roues de poussettes,
poignées, essieux, courroies pour siège d'auto, boucles, couvercles ou pièces de couchettes.
Si on n'a pas la pièce en magasin, on la com-
mandera pour vous. Si vous préférez, on éva-
lue les réparations gratuitement avant d'effectuer la réparation pour vous.

AIGUISAGE

Ferraris

5825 rue Jean-Talon Est, Saint-Léonard
Angle : rue l'Assomption
Tél. : 253-3337
Heures : lundi au vendredi de 6h à 16h

Depuis 40 ans, ce magasin aiguise tout ce qui
a besoin d'aiguisage : couteaux et ciseaux, bien
sûr, mais aussi des machines à pain et toute
une panoplie d'appareils.

La Maison Bertoldis

10,344 boul. Saint-Laurent
Angle : rue Fleury
Tél. : 389-2917
Heures : lundi au vendredi de 6h à 16h

Depuis 1902, ce commerce effectue l'aiguisage
d'outils. De nos jours, on y aiguise toujours les
couteaux et les haches. De plus, on a inclut
les ciseaux, les ciseaux à cranter, les outils de
sculpture, les taille-haies, les tondeuses à gazon,
les perceuses pour la glace, les souffleuses à
neige, etc. Autre magasin : 1860 rue Amherst
(525-1410). Dans ce magasin, on répare aussi les moteurs hors-bord et les tracteurs. De
plus, vous pouvez en acheter des nouveaux.

APPAREILS ÉLECTROMÉNAGERS – GROS

Centre de Pièces d'appareils ménagers N.D.

8000 boul. Pie-IX, Montréal-Nord
Angle : rue Jarry

Tél. : 374-4500
Heures : lundi au mercredi de 8h30 à 17h30,
jeudi et vendredi de 8h30 à 21h, samedi de
8h30 à 17h, dimanche de 11h à 16h

Dans ce magasin de pièces, vous trouverez
ce dont vous avez besoin pour la plupart de
vos appareils de marque connue (GE, RCA,
Westinghouse, Hotpoint, McClary, Beaumark,
Baycrest, Moffat, Frigidaire, Roy Gibson, Kelvinator, Whirlpool, Inglis). On y trouve également les pièces de rechange pour les réfrigérateurs, les lave-vaisselle, les cuisinières, les congélateurs, les sécheuses ou les laveuses
(modèles de moins de cinq ans). On vend les
pièces de petits appareils et on répare les petits
appareils électriques (mélangeurs, fers à
repasser, cafetières, poêles à frire, fours grille-
pain, robots culinaires, aspirateurs) des
fabricants Black & Decker, Moulinex, Sunbeam,
Krupps, Delonghi, T-Fal, Bionaire, Melitta,
Braun, Electrolux et Eureka. Un service de réparation est offert. Veuillez contacter le 1-800-
661-1616. Autres magasins (heures différentes) : 314 boul. Benjamin-Hudon (339-
9918); 6185 boul. Taschereau (450-443-8213);
Laval, 3300 boul. St-Martin O. (450-680-1333).
www.piecesnd.com

Maytag

10,301 boul. Ray-Lawson, Ville d'Anjou
Angle : Crescent 4
Tél. : 351-1210
Heures : lundi au vendredi de 8h à 17h

Voilà l'endroit d'où votre réparateur Maytag
attend votre appel. Ce point de service est un
distributeur important de pièces des fabricants
de gros appareils électroménagers (Maytag,
Magic Chef, Norge, Hardwick, Crosley et Jenn-
Air). Pour le service de réparation, contactez
le 351-0230.

Midbec

751 rue Jarry Est
Angle : Saint-Hubert
Tél. : 270-5775
Heures : lundi au vendredi de 8h à 17h,
samedi de 8h à 16h

Ce grossiste de pièces offre de trouver n'importe quelle pièce pour vos gros appareils électroménagers (G.E., Inglis, Whirlpool, Maytag,
etc.) : réfrigérateurs, cuisinières, lave-vaisselle,
laveuses, sécheuses, broyeurs à déchets, cli-

matiseurs. Autres magasins : Longueuil, 2136 ch. Chambly (450-463-0011); Laval, 1790 boul. des Laurentides (450-629-5559).

Pieces Reliables

8259 boul. Saint-Michel
Angle : rue Jarry
Tél. : 374-8444 ou 1 800 361-5512
Heures : lundi au vendredi de 8h30 à 17h, samedi de 8h30 à 17h

Vous pourrez dénicher des pièces pour tous vos appareils électroménagers de marques GE, Speed Queen, White-Westinghouse, Amana, KitchenAid, Maytag, Admiral, Roy, Inglis, Thermidor, Frigidaire, Kelvinator, West King, etc.) Si vous avez des problèmes avec votre laveuse, votre sécheuse, votre réfrigérateur, votre climatiseur, votre lave-vaisselle ou votre cuisinière, visitez ce magasin pour le service amical bilingue et un travail d'expert. Autres magasins : Laval, 2329 boul. Curé-Labelle (450-686-0731). www.reliableparts.com

Western Réfrigération

2905 rue Notre-Dame, Lachine
Angle : 29e avenue
Tél. : 637-2587
Heures : lundi au mercredi de 8h à 17h30, jeudi et vendredi de 8h à 19h, samedi de 9h à 15h

Ne vous laissez pas le nom vous distraire : il s'agit d'un magasin de pièces depuis 1957 pour tous les gros appareils électroménagers (réfrigérateurs, laveuses, sécheuses, congélateurs, cuisinières et climatiseurs) et les barbecues au gaz. On répare les marques Frigidaire, GE, Fedders, KitchenAid, Kenmore, Inglis, Moffat, etc. Il y a également une petite section d'appareils remis à neuf en magasin.

APPAREILS ÉLECTROMÉNAGERS – PETITS

Café Union

148 rue Jean-Talon Ouest
Angle : rue Waverly
Tél. : 273-5555 ou 800-493-1971
Heures : lundi au vendredi de 8h à 17h30, samedi de 9h à 15h

Puisqu'on y vend du café depuis 1910, ce commerçant a ajouté des cafetières et des machines à café expresso à son éventail de marchandise. Donc, voilà pourquoi il est tout à fait naturel que celui-ci élargisse encore une fois son champ d'activité pour offrir un service de réparation. Toute machine à café expresso résidentielle ou commerciale de marque Gaggia, Rancilio, Pavoni, Saeco, Mokita, etc. peut être apportée pour une remise à neuf ou une réparation. www.cafe-union.com

Centre du Rasoir

1241 Carré-Phillips
Angle : rue Sainte-Catherine
Tél. : 842-2921
Heures : régulières et dimanche de midi à 17h

En plus des rasoirs, cette chaîne de magasins répare certaines marques (Braun, Philips, Remington, Cuisinart, Waterpick, Moulinex) de petits appareils : séchoirs à cheveux, fers à friser, humidificateurs, purificateurs d'air, fers à repasser, grille-pain, cafetières, mixers. On effectue également l'aiguisage de couteaux. Les réparations sont effectuées dans les magasins suivants : Carrefour Laval (450-688-0160); Centre Rockland (737-0426); Centre Duvernay (450-661-5710); Mail Champlain (450-465-9750); Place Longueuil (450-670-0380); Place Versailles (354-1040); Place Vertu (334-7140); Promenades Saint-Bruno (450-653-0474); Carrefour Angrignon (364-9706); Centre Fairview (697-6343); Galeries d'Anjou (493-1611) et encore plus.

Heller's

6408-A boul. Décarie
Angle : rue Garland
Tél. : 738-5331
Heures : lundi au vendredi de 9h30 à 17h30

Depuis 1950, les clients apportent des petits appareils électriques dans cette toute petite boutique de réparation, encombrée et située au sous-sol. On y répare de tout : aspirateurs, grille-pain, réveil-matin, robots culinaires, micro-ondes, téléphones, téléviseurs, magnétoscopes, chaises, tondeuses à gazon, déshumidificateurs, radios et horloges de toutes marques. Vos appareils auront une durée de vie plus longue grâce à leurs mains expertes. On offre le service à domicile pour la réparation de gros appareils électroménagers (incluant le système d'aspirateur central). Sur une tablette à l'avant du magasin, vous trouverez des appareils remis à neuf.

LaFlamme Électrique

1596 rue Amherst
Angle : boul. de Maisonneuve
Tél. : 527-9151
Heures : lundi au vendredi de 8h à 17h,
samedi de 9h à midi

Vous pouvez vous procurer ici toutes les pièces pour les petits appareils électriques de marque GE, Bionaire, Delta, Toastmaster, Black & Decker, Air King, Hamilton Beach, West Bend, Moulinex, Proctor-Silex, Braun, T-Fal, Delonghi et Power Wheel, Presto, Rival, Seb et Oster. On offre un service de réparation pour les petits appareils (fers à repasser, théières, humidificateurs, déshumidificateurs, séchoirs à cheveux, extracteurs à jus, aspirateurs, malaxeurs, mixers, machines à café, robot culinaire, grille-pain, etc.). Autres magasins : 1133 rue Beaubien E. (273-5755); 6667 rue de Marseille (253-5353).

Les Importations Giannini

982l rue Lausanne, Montréal-Nord
Angle : boul. Industriel
Tél. : 324-7441
Heures : lundi au mercredi de 9h à 18h, jeudi et vendredi de 9h à 20h, samedi 9h à 17h

Les gens du quartier achètent toujours dans ce magasin leurs appareils ménagers d'importation italienne, les accessoires de cuisine, les aliments et leur machine à café expresso. On répare également plusieurs marques de machines à café expresso.

StanCan

5104 rue Sherbrooke Ouest
Angle : rue Grey
Tél. : 489-7813
Heures : lundi au vendredi de 9h à 17h

Depuis 40 ans, dans cette petite boutique familiale de réparations, un père et son fils, qui gèrent le magasin depuis 1987, tenteront l'impossible pour réparer n'importe quel petit appareil électrique (radio, téléviseur, magnétoscope, grille-pain, fer à repasser, aspirateur, etc.). On propose des prix très raisonnables. Les humidificateurs peuvent être nettoyés aussi. Si une réparation est inutile, on vous le dira. Un service de ramassage est offert également.

APPAREILS AUDIO-VIDÉO ET APPAREILS PHOTO

AFC Camera Service

1015 Beaver Hall Hill, suite 106
Angle : rue de La Gauchetière
Tél. : 397-9505
Heures : lundi au vendredi de 9h à 18h

On y répare presque toutes les marques d'appareils photo (même numériques) : Minolta, Canon (agent agréé), Nikon, Pentax, Ricoh, etc. Les réparations prennent moins d'une semaine. Les magnétoscopes, les caméscopes et les projecteurs de diapositives peuvent aussi être réparés. On vous donne les évaluations la journée même et, pour un appareil photo, il en coûte 12 $ si vous ne désirez pas effectuer la réparation. On garantit tout le travail pendant 6 mois.

AMT Service

8344 rue Labarre, Ville Mont-Royal
Angle : rue de la Savane
Tél. : 738-7044
Heures : lundi au vendredi de 8h30 à 17h

Depuis 23 ans, des experts effectuent les réparations sur toutes les marques d'appareils photo (même numériques), de magnétoscopes et de caméscopes. On s'occupe aussi des téléviseurs, des ordinateurs portables Sharp, des télécopieurs, des imprimantes Okidata, des écrans d'ordinateur Acer, ADI, LG et Sony ainsi que le matériel compatible IBM.

Audio Service Stéphane

4635 rue de Salaberry
Angle : rue Dépatie
Tél. : 332-5261 ou 332-5289
Heures : lundi au vendredi 9h à 17h

Cela fait déjà quelques années que vous avez acheté votre chaîne audio, la garantie est terminée et maintenant, elle se brise ! Que faire ? Dans ce magasin, on répare tout depuis 1981 : plateaux tourne-disque, haut-parleurs, amplificateurs, magnétophones, magnétoscopes, lecteurs de disques compacts, équipement de sonorisation professionnel et interphones. Si vous désirez acheter un modèle neuf, vous trouverez celui-ci dans les catalogues.

Audiotech

Tél. : 482-6102
Heures : lundi au dimanche de 9h à 17h sur rendez-vous

Ce réparateur indépendant effectue du travail pour certains détaillants d'équipement audio. Il est également un agent agréé pour les marques Nakamichi, Nad, Nikko, Rotel, Marantz, Adcom et Bang & Olafsen. On y répare magnétophones, syntoniseurs, lecteurs de disques compacts, plateaux tourne-disques, haut-parleurs et tout ce qui touche les chaînes audio haut de gamme. On s'occupera également de votre baladeur et de votre magnétoscope. On vend parfois de l'équipement d'occasion et des modèles de démonstration. De plus, on peut convertir un appareil à voltage international de 110 à 220 volts et vice versa.

Radio Hovsep

5945 avenue du Parc
Angle : avenue Bernard
Tél. : 274-0589
Heures : mardi, mercredi et vendredi de 10h à 18h, jeudi de 10h à 21h, samedi de 10h à 17h

Voici un endroit parfait pour trouver des vieux tubes électriques, des pièces pour les appareils à ondes courtes, des accessoires de transistor, des écouteurs, des aiguilles et des cartouches. Depuis 40 ans, on effectue avec plaisir les réparations sur les nouvelles et anciennes radios. www.radiohovsep.freeyellow.com

Zoomtron

1170 rue Beaulac
Angle : boul. Thimens
Tél. : 333-0004
Heures : lundi au vendredi de 9h à 18h

Quand l'entreprise Minolta a décidé de quitter le Québec, le réparateur de l'atelier du fabricant a acheté ce commerce. En plus d'être l'agent agréé Minolta, il est agréé par Brother (imprimantes, télécopieurs, machines à coudre), G.E. et RCA (appareils photo, camescopes et équipement vidéo).

ASPIRATEURS

La Maison de l'Aspirateur

5860 boul. Saint-Laurent
Angle : avenue Bernard
Tél. : 273-2821
Heures : lundi au vendredi de 8h à 18h, samedi de 9h à 17h

Offrant des services de réparateur depuis 64 ans, ce commerce est l'endroit idéal pour apporter votre aspirateur. On effectuera une évaluation gratuite des réparations. On y vend des pièces, des sacs, des aspirateurs neufs ou remis à neuf. On offre le plus grand choix au Canada d'aspirateurs à main (Miele, Hoover, Panasonic, Eureka, Royal) et on vend les systèmes d'aspirateur central Astro-vac et Hoover. Autres magasins : Pointe-Claire,151 ave. Cartier (697-8481); Laval, 1160 boul. des Laurentides (450-667-3750); 5700 rue Jean-Talon E. (251-7373). www.maisonaspirateur.com

AUTOMOBILE

Automobile Protection Association

292 boul. Saint-Joseph Ouest
Angle : rue du Parc
Tél. : APA-5555
Heures : lundi au vendredi de 9h à midi et de 13h à 17h

En adhérant à l'APA (52 $), non seulement vous aurez accès à tous les renseignements et les dernières nouvelles à propos des voitures neuves et d'occasion, mais vous obtiendrez également une liste de garages recommandés (inspection en 40 points à 55 $) et les services d'un expert en inspection (voir ci-dessous pour plus de détails). Référez-vous au répertoire de concessionnaires de voitures neuves et d'occasion professionnels qui offrent des excellents prix. La APA offre également des aubaines sur les assurances de voiture et habitation. Avant d'acheter une voiture, lisez le magazine Lemon Aid, gratuit pour les membres et appelez-les pour connaître le prix réel de n'importe quelle marque de voiture, neuve ou d'occasion. Les membres peuvent obtenir des taux préférentiels sur la location de voiture pour un week-end (3 jours pour 14,99 $, kilométrage illimité). www.apa.ca

Club Automobile CAA

1180 rue Drummond, suite 100
Angle : boul. René-Lévesque
Tél. : 861-7111 ou 861-7575
Heures : lundi au mercredi de 9h à 18h
(heures différentes pour d'autres succursales, certains succursales ouvert le samedi)

En plus de la raison la plus populaire pour adhérer au programme CAA (son service d'urgence sur les routes), il y a de nombreux autres avantages à devenir membre de cette association. Des centres d'inspection mandatés par la CAA demandent 124 $ pour une inspection en 150 points incluant un test sur la route. Ceux-ci sont situés au 2380 rue Notre-Dame O. (937-5341) et au 550 boul. des Sources (636-1309). Vous devez prendre rendez-vous pendant les heures d'ouverture, du lundi au vendredi de 8h à 17h. Pour les réparations générales, on offre une liste de garages qualifiés. La CAA offre gratuitement un service d'agence de voyage, de chèques de voyage et encore plus. Autres bureaux : Brossard, 3 Place du Commerce; Pointe-Claire, 1000 boul. Saint-Jean; Laval, 3131 boul. Saint-Martin O.; Saint-Léonard, 7360 boul. Langelier. www.caaquebec.com

L'Inspecteur d'auto

Tél. : 751-0871

Cet homme et son commerce d'inspection de voitures ambulante sont mandatés par l'APA. Peu importe si la voiture que vous désirez acheter se trouve dans une entrée résidentielle ou chez un concessionnaire, pour 80 $, il viendra y faire sur place une inspection complète, incluant un ultrason de la carrosserie. Ce service est très pratique pour vérifier votre voiture avant la date limite de la garantie, après une réparation (pour vous assurer que celle-ci a

été effectuée avec succès), avant l'achat d'une voiture d'occasion, avant la vente de votre voiture à un individu (pour le rassurer sur l'état de votre voiture ou pour savoir si cela vaut la peine de changer de voiture), avant de partir en vacances ou simplement pour vérifier que tout fonctionne bien. Il a connu un très grand succès en cour comme témoin à preuve contre des concessionnaires malhonnêtes qui faussaient les données des odomètres.

BARBECUE AU GAZ

Joey Services

12320 boul. Gouin Ouest, Pierrefonds
Angle : boul. des Sources
Tél. : 684-3211
Heures : régulières et dimanche de 9h à 17h30 (hiver, fermé le dimanche)

Vous pouvez emporter votre barbecue en magasin ou on peut aller le ramasser à la maison (frais supplémentaire). On propose des pièces pour toutes les marques de barbecues au gaz. On vend également des barbecues neufs ainsi que des accessoires.

Monin

555 Montée Saint-Francois
Angle : autoroute 440
Tél. : 450-661-7783
Heures : lundi au vendredi de 8h30 à 17h

En plus d'offrir un service de réparation pour les appareils au propane, ce magasin vend des barbecues, des lampes au propane, des cuisinières, des réfrigérateurs et des foyers. Ils vendent également des pièces au besoin.

BAIGNOIRES

Bain Magique

1550 rue Saint-Zotique Est
Angle : rue Fabre
Tél. : 270-6599
Heures : lundi au vendredi de 8h à 18h, samedi de 9h à midi

Depuis 20 ans, on offre une nouvelle technologie pour rénovation de la salle de bains : la baignoire en acrylique sans joint qui changera l'apparence de votre vieux bain. Offerte en blanc, amande, gris ou chiné, la baignoire s'installe en deux heures et coûte environ 500 $. Ce fabricant, en affaires depuis 10 ans, vous donne une garantie de cinq ans sur les pièces et la main-d'œuvre. Une unité murale pour la douche est aussi offerte. Autres magasins : (siège social) Saint-Eustache (450-472-0024); Ouest de l'île (637-1919); Laval (450-667-3399); Rive Sud (450-674-9299).

Super Tub/Bathtub Dr.

Tél. : 633-0955 ou 450-656-1356
Heures : lundi au vendredi de 9h à 17h

Depuis 1954, cette entreprise utilise une technologie suisse pour émailler les baignoires et réparer les écorchures. Tout le travail se fait à votre domicile et coûte environ 300 $ avec une garantie de 5 ans. Une évaluation gratuite est offerte.

BATEAUX

Marine Sainte-Anne

46 rue Sainte-Anne, Sainte-Anne-de-Bellevue
Angle : rue Lamarche
Tél. : 457-3456
Heures : lundi au vendredi de 8h à 18h, samedi de 8h à 17h, dimanche de 9h à 15h (mai à octobre)

Les mises au point du printemps pour les moteurs est leur spécialité. On peut aussi réparer les moteurs intégrés au bateau. Les tondeuses à gazon LawnBoy peuvent être inspectées, ajustées, huilées, nettoyées et les lames peuvent être équilibrées et aiguisées. On vend aussi des bateaux neufs (Prince Craft) et d'occasion ainsi que des moteurs (Johnson, Mariner).

Pilon Marine

357 boul. Curé-Labelle
Angle : boul. des Oiseaux
Tél. : 450-625-2476
Heures : lundi au mercredi de 9h à 18h, jeudi et vendredi de 9h à 21h, samedi de 9h à 17h

On répare dans ce magasin les embarcations en fibre de verre ou en aluminium ainsi que les moteurs hors-bord. On n'effectue pas malheureusement de réparations sur les voiliers.

BÂTONS DE GOLF

Almec (Loisirs Fletcher)

104 rue Barr, Ville Saint-Laurent
Angle : Côte-de-Liesse
Tél. : 341-6767
Heures : lundi et vendredi de 8h30 à 17h

Voici le plus grand centre de réparation d'équipement de golf au pays. On peut faire toutes sortes de réparations. Vous désirez des nouvelles poignées pour vos bâtons de golf, cela sera mis en place en un jour. La remise à neuf des manches peut prendre 72 heures. Le meilleur moment pour demander au magasin d'ajouter une finition sur vos bâtons (même en métal ou au titane) est à l'automne, lorsque le magasin est beaucoup moins occupé.

Chuck Brown

7745 ch. Côte-de-Liesse, Golf Gardens
Angle : rue Hickmore
Tél. : 731-3219
Heures : régulières (excepté d'avril à septembre, lundi au vendredi de 9h à 21h, samedi de 9h à 17h, dimanche de 9h à 18h)

Ne paniquez pas si la poignée de votre bâton de golf se déchire, cette entreprise offre un service de réparation de 24 heures ou 48 heures. On remplace les tiges et les insertions aux bois. De plus, on peut ajuster les manches. Il y a une boutique complète d'équipement de golf à des prix très concurrentiels. Autres magasins (heures différentes) : 5775 boul. Léger (327-4334); Saint-Hubert, 3970 rue Mont-Royal (450-656-8378 ou 1-800-861-1594); Laval, 1670 boul. l'Avenir (450-686-2099) ; 6361 autoroute Transcanadienne (426-0444).

Golf UFO

491 rue Viger Ouest
Angle : Beaver Hall Hill
Tél. : 393-1800
Heures : régulières (1er mai au 31 août, dimanche de midi à 17h)

Ce magasin pratique situé au centre-ville effectue des réparations sur vos bâtons de golf : remise en état, recollage, remplacement, nouvelle finition, etc. Autres magasins : Laval, 4600, boul. Dagenais O. (450-627-1214); Brossard, 5705 boul. Taschereau (450-443-6788). www.golfufo.com

BICYCLETTES ET PATINS À ROUES ALIGNÉES

ABC Cycle & Sports

5584 avenue du Parc
Angle : rue Saint-Viateur
Tél. : 276-1305
Heures : régulières (octobre à février fermé les mercredis et trois semaines après Noël)

Ce commerce sympathique ouvert depuis 1931 compte huit mécaniciens à son service. Les clients sont sûrement satisfaits pour revenir dans ce magasin ! Il faut même prendre rendez-vous pour les mises au point.

Atelier Réparation Martin Swiss Repair

313 avenue Victoria, Westmount
Angle : boul. de Maisonneuve
Tél. : 481-3369
Heures : lundi au mercredi de 8h30 à 17h30, jeudi et vendredi de 8h30 à 19h, samedi de 10h à 17h

Cette boutique propose de réparer les bicyclettes, aiguiser des patins, des couteaux, des ciseaux et des lames de tondeuse à gazon manuelle, vérifier l'état de vos skis et de réparer le support à sac de golf. On offre également un service de serrurier.

Cycle & Sports Paul

44 rue Sainte-Anne, Pointe-Claire
Angle : ch. Bord-du-Lac
Tél. : 695-5282
Heures : régulières et dimanche de midi à 17h (mai jusqu'à la fête du travail)

Étant l'une des plus anciennes (54 ans) boutiques de bicyclettes en ville, ce magasin de l'Ouest de la ville peut sans aucun doute prendre soin des réparations et effectuer des mises au point (25 $ à 50 $) dont votre vélo aura besoin.

La Cordée

2159 rue Sainte-Catherine Est
Angle : ave. de Lorimier
Tél. : 524-1106
Heures : régulières et dimanche de 10h à 17h

Si vous fermez les yeux, traversez ce magasin rempli d'équipement d'escalade et traînez votre vélo en bas de la pente douce, vous serez récompensé par un excellent atelier de réparation ainsi qu'un choix complet de pièces. Les mises au point débutent à 30 $ et les vélos à 300 $. Autre magasin : Laval, 2777, boul. Saint-Martin O. www.lacordee.com

Le Centre du Vélo McWhinnie

6010 rue Sherbrooke Ouest
Angle : rue Belgrave
Tél. : 481-3113
Heures : régulières et dimanche de 11h à 15h (seulement d'avril à juin)

On trouve des bicyclettes pour toute la famille : tricycle, vélo de montagne, BMX, bicyclette hybride, bicyclette de cyclotourisme et vélo de course à 21 vitesses. Grâce à son excellent service et aux prix concurrentiels, ce magasin a su demeurer actif depuis 73 ans. Des bicyclettes d'occasion et neuves sont vendues, de même que toutes les pièces et les accessoires. Il y a un excellent service de réparation et de références pour un entraîneur. Un serrurier travaille sur les lieux et on peut même aiguiser les patins. www.mcwhinnie.com

Les Bicycles Quilicot

1749 rue Saint-Denis
Angle : rue Ontario
Tél. : 842-1121
Heures : régulières et dimanche de 11h à 17h

Cette entreprise vend des vélos depuis 1915, donc la réparation de vélos n'a plus de secret pour eux. Les mises au point sont habituellement 24,99 $, 39,99 $ ou 89,99 $ pour une mise au point complète.

Échange du ski

54 rue Westminster Nord, Montréal-Ouest
Angle : rue Sherbrooke
Tél. : 486-2849
Heures : lundi au mercredi de midi à 18h, jeudi et vendredi de midi à 21h, samedi de 10h à 17h, dimanche de midi à 17h

Durant les mois d'été, ce magasin de skis d'occasion devient le paradis du patin à roulettes. On fait toutes sortes de réparations et on fabrique des patins sur mesure en interchangeant des bottes, le châssis ou les roues.

West Island Sport

559 ch. Bord-du-Lac, Dorval
Angle : rue Dahlia
Tél. : 636-1324
Heures : lundi au mercredi de 10h à 17h30, jeudi et vendredi de 10h à 20h, samedi de 9h à 16h et dimanche de midi à 15h (fermé dimanche de septembre à mars)

Ouvert depuis 21 ans pour prendre soin de l'équipement des cyclistes sérieux, cette boutique offre des mises au point : pour 39,95 $. Il y a également de l'équipement de plongée sous-marine.

CASSEROLES ET CHAUDRONS

Clinique de la Casserole

7577 rue Saint-Hubert
Angle : rue Villeray
Tél. : 270-8544
Heures : lundi au vendredi de 9h30 à 17h30, samedi de 9h à 17h

De nos jours, les casseroles et les chaudrons représentent un investissement important. Il est donc préférable de les réparer pour prolonger leur durée de vie. Quel réconfort de savoir qu'un expert peut effectuer le soudage, le polissage et l'émaillage (même pour les casseroles de fonte), l'étamage du cuivre et l'ajout de Teflon ainsi que les réparations comme le remplacement des poignées des chaudrons en cuivre, en acier inoxydable ou en alumini-

um ou l'entretien des autocuiseurs Presto. On effectue l'entretien des poignées Wear Ever (1947) et des poignées Rena Wear. Il y a également des casseroles Paderno et Sealomatic ainsi que des couvercles Corning.

Del Mar

4048 rue Jean-Talon Est, Saint-Michel
Angle : boul. Pie-IX
Tél. : 723-3532
Heures : lundi au vendredi de 9h30 à 18h, samedi de 9h à 17h

Cet homme très talentueux vous offre plusieurs genres de réparations : soudure, remplacement des poignées ou des boutons, émaillage, polissage de l'aluminium, du cuivre et de l'acier inoxydable, application de Teflon. On vend également des pièces pour votre autocuiseur Presto, Monix et Seb (joint d'étanchéité, soupape de sécurité et rondelle d'étanchéité entre 10,95 $ et 29,95 $). Vous pouvez vous acheter le nécessaire pour le polissage, des casseroles et des chaudrons de qualité (Strauss Pro, Casa Elite, Titanium, Beaufort , Multi-Metal) de même que des autocuiseurs (jusqu'à 12 quarts), des plaques de cuisson et de la coutellerie en acier inoxydable.

Hôpital du Chaudron

3951 rue Mont-Royal, Saint-Hubert
Angle : rue Robillard
Tél. : 450-678-2527
Heures : lundi au mercredi de 9h à 17h, jeudi et vendredi de 9h à 21h, samedi de 9h à 15h

On répare dans ce magasin toutes sortes de casseroles et de poêles en acier inoxydable et en aluminium : poignées brisées ou chancelantes, rondelles d'étanchéité des autocuiseurs, etc. On vend également des chaudrons de qualité supérieure de marque Kitchen Craft.

CHAUSSURES

Astro

6565 rue Saint-Urbain
Angle : rue Beaubien

Jouets Brisés

Rien n'est plus frustrant pour un enfant que de perdre un morceau important de son jouet préféré, ou pire encore, de le briser. Les détaillants vous aideront seulement si le jouet est neuf. Tout dépendant de la politique de retour, vous devez présenter la facture et placer le jouet dans son emballage original. Cependant, pour les vieux jouets toujours en bon état, voici la liste des fabricants à contacter :

American Plastic Toys, 800-521-7080, 799 Ladd Rd., Wald Lake, Michigan 48390

Battat, 800-247-6144, poste 275 ou 341-6000

Binney & Smith, 800-Crayola

Brio Scanditoy, Creativity for Kids, Ambi Toys, Plasto Bambola, 800-461-3057, 980 Adelaide St. S., Unit 32, London ON N6E 1R3

Cardinal Games, Cranium at Mottro Canada, 800-387-7586, 400 Ambassador Dr., Mississauga, ON L5T 2J3

Creative Education, 800-982-2642

Hasbro Canada Inc., (pour les marques Playskool, Milton Bradley, Tonka, Kenner, Parker Bros., Nerf, Laramie), 450-670-9820, 2350 rue de la Province, Longueuil, QC J4G 1G2

Irwin, 800-268-1733, 43 Hanna Ave. Toronto, ON M6K 1N6

K'Nex, Lincoln Logs, 800-543-5639, P.O. Box 700, Hatfield PA 19440

Learning Curve, 800-704-8697, 314 W. Superior, 6th Floor, Chicago IL 60610

Lego Canada, 800-267-5346, 800-387-4387 ou 800-453-4652. Pour commander des pièces, photocopiez la page et encerclez la pièce désirée : 45 Murel St., Unit 7, Richmond Hill, ON L4B 1J4

Little Tykes, 800-321-0163 ou 519-763-0990, P.O. Box 2277, Hudson, Ohio 44236

Mattel Fisher-Price Canada (Power Wheels et Tyco), 800-567-7724, 6155 Fremont Blvd., Mississauga, ON L5R 3W2. Mattel : 800-665-MATTEL. Tyco : 800-263-0863.

Megablocks by Ritvik, 800-465-6342 ou 333-5555, 4505 rue Hickmore, Ville Saint-Laurent, QC H4T 1K4

Nintendo, 800-255-3700. Service technique : 514-737-5217, 5106 rue Sax, Montréal QC H4P 2R8

Playmobil Canada, 800-263-4734, 7303 E. Danbro Crescent, Mississauga, ON L5N 6P8

Sega (États-Unis), 800-872-7342 (pièces) ou contactez la National Electronics Services Association au 416-292-3334, 24 Progress Ave. Scarborough ON M1P 2Y4 pour les réparations des consoles de jeux Dreamcast ou Genesis II.

Sony Computer Entertainment of America, 800-345-7669 ou 800-488-7669 (pièces – États-Unis)

Tutti Fruitti, Rollopuz, Bo-Jeux, 355-4444, 7760 rue Grenache, Ville d'Anjou QC H1J 1C3

V-Tech ou **Capsele**, 800-267-7377, 7671 Alderbridge Way, Richmond BC V6X 1Z9

Tél. : 273-6345
Heures : lundi au vendredi de 7h à 15h45

Ce fournisseur pour les cordonniers de la ville peut également vous vendre directement des accessoires. Vous désirez acheter des embauchoirs, des chausse-pieds plaqués argent ou un ensemble de cirage à chaussures Tarrago offerts en sept couleurs ? Vous penser polir votre canapé ou votre veste en cuir ? Les produits Grison sont vendus en 16 couleurs. Ce magasin offre les semelles intérieures de marque Pedag qui occupent tout un mur : il y a des semelles qui favorisent l'aération, en cuir, munies d'un filtre au carbone, en laine d'agneau, absorbantes, etc.

Chaussures Carinthia

1407 rue Saint-Marc
Angle : rue Sainte-Catherine
Tél. : 935-8475
Heures : lundi au vendredi de 7h à 18h

Pour installer des talons, des semelles (bottes d'escalade ou de sport), ajoutez des fermetures à glissière et des élastiques sur les bottes ou pour toute autre réparation de chaussures, essayez cette cordonnerie ouverte depuis 82 ans. On y fabriquera avec plaisir des chaussures orthopédiques et on effectuera des ajustements à vos orthèses.

Cordonnerie Argentino

5027 rue Wellington, Verdun
Angle : 5e avenue
Tél. : 769-1377
Heures : lundi au mercredi de 8h à 18h, jeudi et vendredi de 8h à 19h, samedi de 8h à 17h

Avec ses 44 ans d'expérience en cordonnerie, ce cordonnier peut également réparer les valises, les manteaux en cuir déchirés, les fermetures à glissière, ajouter un élastique aux bottes pour ceux qui ont de larges mollets et effectuer une teinture. On y vend des ceintures, des sacs à main et des sacs d'école.

Cordonnerie Benny

6560 rue Sherbrooke Ouest
Angle : boul. Cavendish
Tél. : 481-6179
Heures : lundi au mercredi de 8h à 18h, jeudi et vendredi de 9h à 19h, samedi de 9h à 17h

Ce cordonnier peut ajouter des semelles orthopédiques, élargir l'arrière de bottes, ajouter

de fermetures à glissière ou ajouter des protège-chevilles en cuir.

Cordonnerie Dax

1846 rue Sainte-Catherine Ouest
Angle : rue Saint-Marc
Tél. : 932-4814
Heures : lundi au vendredi de 8h30 à 18h, samedi de 8h30 à 17h

Voici un endroit idéal au centre-ville pour faire réparer vos chaussures. On y fait la teinture; de plus, on répare les valises, des manteaux de cuir et les parapluies. Il y a également un service de taille de clés.

Cuir et Liège Fédéral

368 rue Fairmont Ouest
Angle : ave. du Parc
Tél. : 276-4719
Heures : lundi au vendredi de 6h30 à 15h45

Ce magasin spécialisé offre des pièces en cuir pour réparer les chaussures, les sacs à main, les valises ou tout autre article en cuir (incluant le matériel d'artisanat). Depuis 55 ans, cette famille vend des boucles, de la teinture, des semelles, des lacets, des œillets, des polis, des talons, des brosses, des fermoirs de sacs à main, des courroies et des poignées pour vos valises. On y trouve même des ceintures de 84 pouces de longueur.

CORDES À LINGE

Corde à linge

Tél. : 731-7261
Heures : Sur rendez-vous

Rien ne vaut l'odeur de fraîcheur des draps séchés à l'extérieur. Si vous désirez faire sécher vos vêtements à l'extérieur sur la corde à linge, que ce soit pour économiser des sous, pour des raisons écologiques ou parce que vous n'avez pas de sécheuse, cette nouvelle entreprise vous installera une corde à linge (49 $ de main-d'œuvre et coût des pièces en sus). On installe des poteaux et on répare aussi les vieilles cordes à linge à l'intérieur d'un certain territoire. Les techniciens installent même de nos jours les fils électriques et le câblage dans les maisons.

CUIR

Fibrenew

Tél. : 344-4084 ou 952-8108
Heures : Sur rendez-vous

Cette franchise ayant plus de 50 succursales au Canada met à votre disposition une équipe de réparations qui se rend dans votre maison. On peut réparer les trous, les brûlures, les fissures, les déchirures, les taches et la décoloration sur le cuir, le vinyle, le plastique, le tapis et le tissu. Les réparations les plus populaires sont effectuées sur les sièges de voiture. Cependant, le trou que vous avez fait avec la pointe d'un crayon dans votre sofa peut également être réparé pour environ 90 $.

Leatherwear

28 18ᵉ avenue, Roxboro
Angle : 14ᵉ avenue
Tél. : 685-4012
Heures : lundi au vendredi de 9h à 17h, samedi de 9h à 14h sur rendez-vous

Le nettoyage, la transformation et la réparation de vêtements en suède, en cuir ou en fourrure : voilà la spécialité de cette boutique depuis 38 ans. On effectue également le ramassage et la livraison pour le centre-ville.

Les Sacs Kirkland

3630 boul. Saint-Charles, Kirkland
Angle : rue Dubarry
Tél. : 694-4565
Heures : lundi au mercredi de 10h à 18h, jeudi et vendredi de 10h à 20h, samedi de 10h à 17h

Ne laissez pas les sacs à main dans la partie avant de la boutique vous distraire : ce magasin est un endroit incontournable pour faire réparer tous vos articles en cuir. Pour les mollets larges, il est possible d'ajouter une fermeture à glissière. Les déchirures peuvent être réparées. Les vêtements en cuir ou en suède peuvent également être retouchés. Vous pouvez leur confier toutes vos réparations de valises et de sacs à main.

HORLOGES ET MONTRES

Aram Barkev

4050 rue Jean-Talon Ouest (dans le magasin Mosel)
Angle : avenue Victoria
Tél. : 995-4917
Heures : lundi au vendredi de 10h à 18h, samedi de 10h à 17h

Si, comme ce réparateur de montres, votre passion était de réparer des montres depuis maintenant 45 ans, vous seriez maintenant maître de votre art. Ce gentil monsieur se cache dans une cabine pour réparer les montres des clients du magasin Mosel ainsi que celles de ses propres clients. Il est maintenant temps de l'annoncer. Confiez-lui vos montres anciennes et automatiques; il est un as des horloges de parquet et il aime travailler avec les coucous.

Atelier d'horloges Unique

5895 avenue Victoria, Snowdon
Angle : rue de la Peltrie
Tél. : 731-8029
Heures : lundi au mercredi de 9h à 18h, jeudi et vendredi de 9h à 20h et samedi de 9h à 17h

Pour vous aider à être ponctuel, venez dans cette entreprise familiale, établie depuis 23 ans, gérée par la seconde génération. Toutes les horloges de votre vie (horloge de parquet, coucou, 400 jours, horloge à carillon) de même que vos montres et vos bijoux de valeur ou de fantaisie peuvent être réparés. On y vend aussi des horloges et des montres.

Heinrich Inhoff

Tél. : 450-424-4050
Heures : Sur rendez-vous

En Allemagne, on exige neuf années d'études, une période d'apprenti et un examen rigoureux avant d'obtenir une maîtrise en horlogerie. Monsieur Inhoff possède ce diplôme ainsi qu'une expérience de 48 ans comme horloger. Plusieurs magasins en ville ont recours à ses services pour la réparation et vous pouvez demander ses services également pour vérifier le mouvement de votre horloge de parquet ou toute autre horloge dans votre maison.

Horloger et Bijoutier l'Acadie

1400 rue Sauvé Ouest
Angle : boul. de L'Acadie
Tél. : 333-1785
Heures : mardi au samedi de 10h à 17h

Le propriétaire de ce commerce a appris son art, tout petit, sur les genoux de son père. Ensuite, il a continué son apprentissage auprès de plusieurs maîtres horlogers. Manuel Y Jean a ensuite travaillé pour Henry Birks & Sons pendant quelques années. Maintenant, il donne des conférences et des démonstrations sur l'entretien des montres Rolex pour la prestigieuse American Watch Institute en plus de réparer vos horloges et vos montres.

Juergen Sander

Tél. : 694-4541 ou 949-1232
Heures : Sur rendez-vous

Ce maître horloger (neuf années d'études) gère sa propre boutique depuis 55 ans. Ce gentil monsieur est maintenant à la semi-retraite, mais il effectue toujours de la restauration et la réparation d'horloges de parquet et d'horloges anciennes. www.juergensander.com

Service de réparations de Montres Nicola

1117 rue Sainte-Catherine Ouest, suite 120
Angle : rue Peel
Tél. : 287-1458
Heures : lundi au vendredi de 9h à 18h, samedi de 9h à 13h

Nos horaires surchargés font que la montre à notre poignet est un outil essentiel dans notre vie. Si la vôtre se brise, voici un atelier du centre-ville qui répare les montres et les horloges depuis 30 ans.

INSTALLATIONS & ASSEMBLAGES

M. Blanchard

Tél. : 450-689-8667
Heures : Sur rendez-vous

Maintenant que vous avez économisé des sous en achetant vos appareils électroménagers dans un magasin offrant des prix réduits, qui installera vos nouvelles acquisitions à la maison ? Cette famille œuvre dans le secteur de l'installation d'appareils depuis 29 ans. On effectue un excellent travail pour les lave-vaisselle, les climatiseurs, les réfrigérateurs, les sécheuses, les laveuses et les systèmes de ventilation.

Toolkit Residential Services

Tél. : 488-9951
Heures : tous les jours de 9h à 21h

Si vous n'êtes pas très habile pour l'assemblage ou les réparations, cette entreprise peut tout faire cela pour vous : barbecues, appareils de conditionnement physique, portes de garage électriques, tablettes, câblage pour le téléviseur et le téléphone, luminaires, ventilateurs de plafond, calfeutrage de portes et réparations générales. Attendez-vous à patienter au moins une semaine pour leur permettre de vous ajouter à leur horaire très occupé.

INSTRUMENTS DE MUSIQUE

Arduini Atelier du Musicien

1427 rue Amherst
Angle : rue Sainte-Catherine
Tél. : 526-5656
Heures : régulières

Si vous avez dû quitter la fanfare parce que votre instrument de musique est brisé, visitez sans tarder cette boutique de réparation d'instruments de musique (cuivres et instruments à vent en bois).

Musique Twigg

1230 rue Saint-Hubert
Angle : rue Sainte-Catherine
Tél. : 843-3593 ou 843-8107
Heures : lundi au mercredi de 8h30 à 18h, jeudi et vendredi de 8h30 à 21h, samedi de 9h à 17h

Vous serez rassuré de trouver des spécialistes réputés pour la réparation des instruments de musique à vent en bois, les cuivres, les percussions et même des cornemuses. Depuis 44 ans, on effectue la réparation, la vente et la location d'instruments de musique. Il y a quelques modèles d'occasion à vendre. www.twigg-musique.com

Wilder et Davis, Luthiers

257 rue Rachel Est
Angle : ave. Henri-Julien
Tél. : 289-0849
Heures : lundi au mercredi, vendredi et
samedi de 9h30 à 18h, jeudi de 9h30 à 21h

On propose la réparation, la vente (consignation) et l'évaluation de votre instrument à corde, que ce soit un violon, une viole ou un violoncelle. Les archets peuvent être réparés et on y fait également la location d'instruments.
www.wilderdavis.com

JONC, ROTIN & CANNE

Abaco

9100 rue Claveau, Ville d'Anjou
Angle : rue Jarry
Tél. : 355-6182
Heures : lundi au vendredi de 8h30 à midi et
de 13h à 16h

En combinant une technique ancestrale vieille de 500 ans et des méthodes plus modernes, cette entreprise emploie des personnes ayant une déficience visuelle pour effectuer les réparations sur les meubles de rotin, en jonc, en ficelle de papier, en osier, en canne, en roseau.

Au Jonc Canne

4681 rue Saint-Denis
Angle : rue Gilford
Tél. : 849-4545
Heures : lundi au vendredi de 7h30 à 16h30,
samedi de 10h à 15h

Dans ce magasin, vous trouverez un service complet de réparation de chaises en rotin, en jonc, en roseau, en canne, en osier, etc. Un service de ramassage est offert pour les articles plus gros.

LAMPES ET ABAT-JOUR

Abat-jour Marie Élizabeth

115 rue Cartier, Pointe-Claire
Angle : rue Horizon
Tél. : 695-0045
Heures : lundi au samedi de 10h à 17h et sur
rendez-vous

Lorsque vous désirez obtenir un abat-jour sur mesure coordonné à votre papier peint, votre sofa ou votre base de votre lampe, cet artisan peut le crée avec du papier parchemin, du papier d'aluminium, de la fibre, des feuilles d'or, de la soie, ou du tissu. La réparation d'abat-jour peut aussi être faite en magasin. On vend également beaucoup de lampes amusantes fabriquées à l'aide de machines à moudre le café, de fusils, de fers à repasser anciens, de théières en argent, d'instruments de musique, etc.

Henrietta Antony

4192 rue Sainte-Catherine Ouest
Angle : rue Greene
Tél. : 935-9116
Heures : mardi au vendredi de 10h à 17h30,
samedi de 10h à 15h

Voici l'un des antiquaires les mieux connus et offrant l'un des plus grands choix d'articles en ville, ce grand magasin de quatre étages regorge de lustres uniques et il peut transformer vos lampes, les réparer et fabriquer des abat-jour sur mesure.

La Contessa

5903 rue Sherbrooke Ouest, N.-D.-G.
Angle : rue Royal
Tél. : 488-4322
Heures : lundi au vendredi de 10h à 18h,
samedi de 10h à 16h30

Depuis 53 ans, ce magasin, qui a changé de propriétaire récemment, recouvre les abat-jour. On y fait des abat-jour à la main ainsi que des lampes sur mesure dont la base peut mettre en valeur des objets inusités. On effectue au besoin le câblage et les réparations de certaines pièces électriques. On y trouve également des lustres, des lampes de table, de plancher ou suspendues ainsi qu'un choix d'abat-jour tout faits.

Lampes Experts J. P.

1206 boul. de Maisonneuve Est
Angle : rue Amherst
Tél. : 523-0656
Heures : mardi au vendredi de 9h30 à 17h,
samedi et dimanche de 11h à 17h.

Lorsque vous avez besoin des services d'un spécialiste pour une lampe ancienne, cette boutique trouvera la solution pour vous. Celle-ci se spécialise dans le nettoyage, la réparation, l'installation d'une lampe suspendue, l'entretien des fils électriques et, bien sûr, la vente de lampes.

Quelques Choses

5133 rue Sherbrooke Ouest
Angle : rue Vendôme
Tél. : 486-3155
Heures : lundi au vendredi de 10h à 17h

Les décorateurs et les amateurs de décoration viennent magasiner dans ce commerce depuis 25 ans afin d'obtenir de l'aide avec le câblage et toute autre réparation de lampes. Il y a des abat-jour sur mesure créés par l'un des cinq artisans pour agencer celui-ci à votre base de lampe.

MACHINES À COUDRE

M. Kamel

Tél. : 624-0166 ou 577-9870

Il doit y avoir un très grand nombre de couturières à la maison, car ce charmant monsieur fait la réparation de machines à coudre à domicile depuis maintenant 12 ans. Il se rend chez vous, souvent le lendemain de votre appel, et il peut réparer toutes sortes de machines à coudre avec l'arsenal de pièces qu'il apporte avec lui. Des évaluations gratuites sont effectuées avant d'entreprendre le travail. La mise au point coûte 29,95 $ et ses services sont garantis pendant toute une année.

Machine à Coudre Lakeshore

51 avenue Cartier, Pointe-Claire
Angle : ch. Bord-du-Lac
Tél. : 697-1715
Heures : lundi au jeudi de 9h à 17h30, vendredi de 9h à 20h30, samedi de 9h à midi

Depuis 51 ans, les techniciens de ce commerce réparent tous les modèles de machines à coudre. Vous pouvez obtenir une mise au point pour 18 $ et on vous fera une évaluation des travaux pour déterminer si des réparations s'avèrent nécessaires. On compile une base de données informatisée contenant les renseignements de chaque machine à coudre pour identifier les problèmes récurrents. On vend également des machines neuves et d'occasion.

MEUBLES EN BOIS

Meubles Medic

Tél. : 450-424-4657 ou 877-423-4657
Heures : Sur rendez-vous

Voici une franchise américaine qui affirme qu'en une seule visite, un représentant pourra faire disparaître toutes les égratignures, les marques de coup ou les taches d'eau sur un meuble en bois. Les chaises ou les pattes de tables peuvent être recollées et les plateaux de table ayant perdu leur lustre pourront le retrouver. On peut également changer la couleur de votre table.

NETTOYAGE À SEC

Les Nettoyeurs & Tailleurs Bellingham

2655 avenue Bates, Outremont
Angle : rue Wilderton
Tél. : 733-4444
Heures : lundi au mercredi de 7h30 à 18h30, jeudi et vendredi de 7h30 à 19h, samedi de 8h à 17h, dimanche de 11h à 17h

Depuis 1940, cette entreprise est bien connue pour son nettoyage spécialisé pour les vêtements de cuir et de suède, les robes de mariée, la soie, les oreillers de plumes et les duvets. Avec le service Deluxe, les articles délicats sont nettoyés à la main. Ce magasin a offert en primeur le service de nettoyage à sec avec commande à l'auto. Autres magasins : 1115 rue Sherbrooke O. (843-4632); 1 Westmount Square (934-3353). Le service de ramassage de vêtements à la maison et au bureau est offert sur tout le territoire de l'île de Montréal.

Miss Brown

4930 rue Sherbrooke Ouest, Westmount
Angle : rue Claremont
Tél. : 489-7669
Heures : lundi au vendredi de 8h à 18h, samedi de 9h à 17h

Depuis 1928, cette entreprise familiale est l'endroit incontournable pour faire nettoyer les vêtements délicats, en suède ou en cuir, le duvet, les stores verticaux, les tapis, les garnitures de meuble et les rideaux. Les robes de mariée peuvent être entreposées. On rafraîchit également les oreillers de plumes. Autres magasins : Lachine, 67 rue Provost (637-6741); 950 boul. Brunswick (697-0297).

ORDINATEURS

Imatek

541 avenue Lépine, Dorval
Angle : rue Guthrie
Tél. : 636-5210
Heures : lundi au vendredi de 8h30 à 17h

Vous pouvez économiser 80 % sur le coût de vos cartouches pour les imprimantes à jet d'encre (Epson, Lexmark, Canon, HP) en apprenant à faire le remplissage vous-mêmes. Le coût moyen d'une cartouche peut varier entre 30 $ et 50 $, mais en les remplissant vous-mêmes, il vous en coûtera seulement entre 4 $ et 10 $. Apportez votre cartouche dans ce magasin et ces gentilles personnes vous apprendront comment procéder. Vous pourrez aussi acheter le nécessaire pour le remplissage. Les cartouches pour les imprimantes laser peuvent également être remplies; contactez-les pour un appel de service. www.generation.net/~selco

PEINTURE POUR LES APPAREILS ÉLECTROMÉNAGERS

Marad Appliances

Tél. : 934-0835
Heures : lundi au vendredi de 8h à 16h

Si la couleur de votre appareil électroménager ne vous convient plus, vous n'avez pas à dépenser une fortune pour le remplacer. Pour seulement 185 $ (cuisinière), 189 $ (réfrigérateur) ou 149 $ (laveuse), incluant le transport, on peut les peinturer pour vous. Et ceci n'est pas seulement réservé aux appareils électroménagers : on peinturera de n'importe quelle couleur les meubles de jardin en plastique, en fibre de verre ou en métal, les photocopieurs, l'intérieur du réfrigérateur, les classeurs, les ordinateurs, les luminaires, etc.

PIPES

Blatter & Blatter

365 rue du Président-Kennedy
Angle : rue de Bleury
Tél. : 845-8028
Heures : lundi au vendredi de 8h30 à 18h, samedi de 9h à 17h

Robert Blatter est un artiste qui fabrique des pipes depuis 1907. Il est donc évident qu'il s'agit d'une bonne adresse pour faire réparer votre pipe. Peter, qui travaille au comptoir, range le tabac qui provient de partout dans le monde. Il y a environ 1 000 modèles de pipes différentes et 95 % des cigares en magasin sont des vrais cigares cubains. Les fumeurs de pipe sérieux se rencontrent ici le vendredi pour le lunch.

PLAQUÉ ARGENT

Atelier Réparation Standard

6245 boul. Décarie, Snowdon
Angle : ave. Van Horne
Tél. : 738-9393
Heures : lundi au vendredi de 8h30 à 16h30

Ce magasin propose un service complet de réparation et de placage pour l'argenterie, les antiquités et les articles en cuivre, depuis 36 ans. Vous pouvez y acheter des produits de nettoyage et de polissage comme Hagerty.

Birks

1240 Carré Phillips
Angle : rue Union
Tél. : 397-2511
Heures : régulières

On a tendance à oublier qu'en plus de vendre des bijoux, ce magasin réputé propose d'autres services : placage de l'argenterie (informez-vous de la date du solde), ré-enfilage des colliers et bronzage de chaussures d'enfants. Vous n'avez qu'à apporter l'objet désiré dans l'un de magasins suivants : Fairview Pointe-Claire (697-5180); Centre d'Achats Rockland (341-5426); Carrefour Laval (450-688-3431); Les Promenades Saint-Bruno (450-461-0011).

Jean Savard

1067 rue Amherst
Angle : boul. René-Lévesque
Tél. : 526-0885
Heures : lundi au vendredi de 8h à 16h30

Cette entreprise a été créée en 1890, et, même si les propriétaires ont changé depuis, on effectue toujours la restauration et le placage de l'argenterie (or, cuivre, laiton, nickel) et les antiquités. On peut aussi réparer les luminaires.

PLONGÉE SOUS-MARINE ET SKI NAUTIQUE

La Boutique Sharks

313-E boul. Cartier Ouest
Angle : ave. Ampère
Tél. : 450-663-5543 ou 800-473-5543
Heures : régulières et dimanche de midi à 17h

À tous les amateurs de sports nautiques : voici la boutique de réparations pour tout votre équipement (planche à voile, planche nautique, skis nautiques, surf cerf-volant et bien plus).

Waddell Aquatics

6356 rue Sherbrooke Ouest, N.-D.-G.
Angle : West Hill

Tél. : 482-1890
Heures : lundi au vendredi de 9h à 21h, samedi et dimanche de 9h à 18h (été, samedi et dimanche de 9h à 21h)

Cette boutique spécialisée répare tout le matériel pour la plongée sous-marine et la plongée en apnée. On effectue des réparations sur les réservoirs, les régulateurs, les ouvrages de commande de flottabilité et les masques. www.total-diving.com

PORCELAINE ET VERRERIE

A.T. Art/ Alex Art Restoration

Tél. : 485-0929
Heures : lundi au vendredi de 9h à 18h

Les services de cet artisan sont retenus par les antiquaires de la ville. Il peut réparer toutes sortes de choses dans son atelier à la maison : la vaisselle, les bibelots, les peintures, les cadres, le marbre, les statues, les objets d'art en bronze, les vases, la porcelaine, l'ivoire, les boiseries et encore plus.

Minas Studio d'Art

7364 ch. Côte-Saint-Luc
Angle : ave. Robert-Burns
Tél. : 485-9222
Heures : lundi au jeudi de 8h à 18h, vendredi de 8h à 17h

Cet atelier de réparation s'occupe de tout : réparation du cristal, verre et porcelaine, lampes anciennes, peintures à l'huile, etc. On répare aussi l'art inuit, les sculptures de bois, les œuvres d'art en métal, l'ivoire, les feuilles d'or et même le papier mâché. Prévoyez payer un prix raisonnable en tenant compte de la formation de l'artisan, du temps investi et de la nature artistique de ce service. L'évaluation de la valeur de vos antiquités est également offerte.

Vitrerie Michelois

98 rue Donegani, Pointe-Claire
Angle : rue Queen
Tél. : 697-5749
Heures : lundi au vendredi de 8h à 17h, samedi de 8h à 12h

Il y a deux emplacements, l'un dans l'Est de la ville et l'autre dans l'Ouest. On y répare les petits et gros problèmes touchant les verres de cristal, les miroirs, les vases, les fenêtres et les moustiquaires, etc. Autre magasin : 11,770 boul. Rivière-des-Prairies (648-9020).

POUPÉES

Articraft

8294 avenue Henri-Julien
Angle : rue Guizot
Tél. : 383-3955
Heures : Sur rendez-vous

La réparation de poupées anciennes, surtout celles en porcelaine, est la spécialité de ce commerce. On tentera également de réparer les poupées modernes si le mécanisme le permet (ce qui n'est malheureusement pas le cas la plupart du temps). Vos petits dormiront mieux en sachant qu'à cet endroit, on peut aussi réparer leur ourson en peluche. On donne des cours de fabrication de poupées pour tenter de copier les poupées anciennes et modernes.

TISSAGE INVISIBLE

French Art Weaving

2001 rue University, suite 306
Angle : boul. de Maisonneuve
Tél. : 288-0610
Heures : lundi au vendredi de 8h à 18h

En 1926, il fut le premier au Canada à développer l'art du tissage invisible afin de réparer efficacement les trous de mites dans les vêtements, les brûlures, les déchirures, etc. On fait un travail excellent pour les retouches.

Nettoyeur Jean-Talon

2575 rue Jean-Talon Est
Angle : 1re avenue
Tél. : 725-4211
Heures : lundi au mercredi de 9h à 18h30, jeudi et vendredi de 9h à 19h, samedi de 9h à 14h

Avez-vous déjà troué un complet ? Vous pensiez que ce complet était bon à jeter ? Pour sauver les vestes de complet, les pantalons,

les gilets et les jupes, vous pouvez profiter du tissage invisible, qui fait disparaître un trou, comme par magie. Une autre solution pour un problème ennuyant est le service de raccourcissement des manches de chandails. La confection sur mesure et le nettoyage à sec sont également offerts.

SACS À MAIN ET VALISES

Carman

6887 boul. Saint-Laurent
Angle : rue Bélanger
Tél. : 274-1633
Heures : mardi au samedi de 10h à 16h et sur rendez-vous

Depuis 1945, les clients ont trois bonnes raisons de magasiner dans ce commerce. Tout d'abord, on y trouve des valises de marque (Samsonite, Delsey, Travel Pro, Hedgren, Skyway, High Sierra) et les prix sont réduits. Ensuite, il y a un service de réparation de valises sur place. De plus, il s'agit d'un endroit idéal pour faire confectionner des valises et des malles sur mesure pour les ordinateurs, les appareils photo, les échantillons de représentant de commerce, etc. On vend également des malles et vous pouvez profiter des leçons pour faire votre valise de façon plus efficace en prévision d'un voyage de même que des services d'une personne qui fera vos valises pour vous.

J.P.Grimard

177 rue Beaubien Est
Angle : rue Casgrain
Tél. : 277-4171
Heures : lundi au mercredi de 9h à 18h, jeudi et vendredi de 9h à 20h, samedi de 9h à 17h

Il est extraordinaire de dénicher une entreprise existant depuis 66 ans gérée par la quatrième génération. Soyez assurés : vos valises seront bien réparées. Les compagnies d'aviation envoient même leurs réclamations. On y vend plusieurs marques de valises (Delsey, Samsonite, American Tourister, Atlantic, Skyway, Briggs & Riley), y compris les valises en aluminium, en fibre ABS et en fibre vulcanisée. Autre magasin : 2305 rue Guy (932-6979). www.jpgrimard.com

L'Atelier du Sac à Main

5479 boul. Décarie, Snowdon
Angle : boul. Édouard-Montpetit
Tél. : 486-2028
Heures : mardi au mercredi de 9h à 18h,
jeudi et vendredi de 10h à 19h, samedi de
10h à 16h

Cette entreprise répare les sacs à main, les porte-documents, les valises (réclamations des compagnies aériennes), les parapluies et les fermetures à glissière (même sur les manteaux). Vous pouvez aussi acheter des valises à prix réduits (Delsey, American Tourister, Atlantic).

La Bagage Willy

5456-A rue Westminster, suite 206,
Montréal-Ouest
Angle : ch. Côte-Saint-Luc
Tél. : 481-8446
Heures : mardi au vendredi de 9h30 à 18h,
samedi de 9h30 à 17h

Vous n'avez qu'à vous rendre à l'étage pour faire réparer les fermetures à glissière, les serrures, les charnières, les roues, les valises en tissu et en vinyle, les toits en vinyle de la voiture ainsi que les fenêtres de Jeep. Voici l'endroit qui effectue tout ce travail depuis plus de 49 ans. On s'occupe des réclamations de compagnie aérienne, des sacs à main et des fourretout. Des roues peuvent être installées sous vos valises et vous pouvez également trouver des malles de rangement.

SKIS, PLANCHES À NEIGE ET PLANCHES À ROULETTES

Boutique de ski Autrichien

4942 ch. Côte-des-Neiges
Angle : ch. Queen-Mary
Tél. : 733-3666
Heures : régulières et dimanche de 9h à 17h
(dimanche, du 1er nov. au 1er mars)

Cette boutique se charge de tous les problèmes touchant les skis (ski alpin, ski de fond). On peut les laminer et réparer les skis de bois, les carres, les parois latérales et la base. On effectue également l'ajustement sur mesure des bottes et il est possible d'ajouter des semelles orthopédiques dans celles-ci. On y vend également ment de l'équipement neuf.

Doug Anakin Sports

454 boul. Beaconsfield, Beaconsfield
Angle : avenue Woodland
Tél. : 695-0785 ou 695-5700
Heures : lundi au mercredi 10h à 19h, jeudi
et vendredi 10h à 21h, samedi 9h à 17h,
dimanche 10h à 16h

On effectue l'installation et l'ajustement des fixations dans ce magasin. La mise au point d'une paire de ski coûte 19,95 $, y compris les réparations sur la base, les carres, l'aiguisage et le cirage. Les skis de fond sont cirés à la main, selon la tradition, et le fartage des skis pourrait inclure des petites réparations. On y fait aussi des réparations importantes.

En Équilibre

2765 boul. de la Concorde Est, Laval
Angle : rue Champlain
Tél. : 450-661-0571
Heures : régulières et dimanche de midi à 17h

Voici quelques exemples de réparations et de mises au point effectuées sur les planches à neige et les planches à roulettes : aiguisage, vérification des fixations, des roues et des bandes antidérapantes de planche à roulettes.

Play It Again Sports

2973 boul. Saint-Charles
Angle : boul. Hymus
Tél. : 697-1079
Heures : lundi au mercredi de 10h à 19h,
jeudi et vendredi de 10h à 21h, samedi de 9h
à 17h, dimanche de 10h à 17h

Il y a deux types de mises au point pour les skis dans ce magasin : la première coûte 19,99 $ et comprend l'aiguisage et le cirage tandis que la deuxième coûte 24,99 $ et inclut l'ajustement de vos fixations. On répare aussi les planches à neige.

Yéti Boutique Plein Air

5190 boul. Saint-Laurent
Angle : rue Fairmont
Tél. : 271-0773
Heures : régulières

Cette boutique se spécialise dans la réparation et la mise au point des planches à neige (vérification des fixations, de la semelle, des carres, des vis) et des skis de fond (fixations, semelles, réparation des égratignures, carres) en plus de la location d'équipement. Il est également possible de préparer pour la saison la semelle de vos skis de fond et de télémark.

Vous pouvez louer le matériel de camping, des vélos, de l'équipement pour l'escalade et de nombreuses sortes de skis ou vous pouvez acheter tout ce que vous avez loué pour la journée.

SPORT – ÉQUIPEMENT

Argentino Sport

5025 rue Wellington, Verdun
Angle : 5e avenue
Tél. : 766-2726
Heures : lundi au mercredi et vendredi de 8h30 à 17h30, jeudi de 8h30 à 20h, samedi de 9h à 17h (plus tôt le vendredi et fermé le samedi en été)

Cet endroit est assez bon pour fournir l'équipe de hockey Le Canadien, alors vous devriez trouver tout ce dont vous avez besoin. En tant qu'agent agréé des marques Jofa, Bauer, Koho, Titan, CCM, Heaton, Easton et Outbound, on répare également l'équipement de hockey et de base-ball. Vous pouvez renforcer les œillets, ajouter des bouts durs, remettre à neuf vos gants et même changer le contour de votre lame de patin pour lui permettre de glisser plus facilement sur la glace.

STYLOS ET CRAYONS

La Maison du Stylo Peel

1212 rue Union
Angle : Carré Phillips
Tél. : 866-1340
Heures : lundi au vendredi de 8h à 18h, samedi de 10h à 16h (fermé le samedi en été)

Voici l'endroit où l'on pourra réparer votre plume en or (celle que vous avez sans doute reçue à la fin de vos études) ou toute autre plume qui mérite d'être conservée. Il est également possible d'acheter une nouvelle plume.

TAPIS

Heller Oriental Carpets

6681 avenue du Parc
Angle : rue Saint-Zotique
Tél. : 271-7750
Heures : lundi au samedi de 9h à 17h

Lorsque vous désirez envoyer votre tapis oriental (ou tout autre tapis) pour un petit lavage, vous pouvez l'envoyer dans ce magasin, car on y fait le nettoyage et la teinture de tapis depuis 70 ans. On peut restaurer, retisser ou changer les franges. Vous pouvez également pour acheter un tapis en provenance d'Iran, du Pakistan, de l'Afghanistan, de Russie, de la Chine ou d'Inde.

TEINTURES

Ami-Fer

6782 rue Saint-Hubert
Angle : rue Saint-Zotique
Tél. : 277-2815
Heures : régulières et dimanche de midi à 16h

La teinture de chaussures de satin (pointures 4 1/2 à 11 entre 40 $ et 120 $) est effectuée en une heure pour 10 $. Les autres tissus peuvent prendre jusqu'à une semaine. N'oubliez pas d'apporter votre échantillon de couleur.

Chaussures Tania

6852 rue Saint-Hubert
Angle : rue Jean-Talon
Tél. : 276-3789
Heures : lundi au mercredi de 9h30 à 18h, jeudi et vendredi de 9h30 à 21h, samedi de 9h à 17h

Voici les experts en teinture pour les chaussures (de 10 $ à 25 $) et les sacs à main depuis 23 ans. Visitez la boutique pour jeter un coup d'œil à la plus grande sélection de collections (comme Doriani et Kenneth Cole) en peau de soie et en soie, offerts dans les pointures 4 à 13 (largeurs B à E). Certains modèles pour enfants également. Sans oublier leur choix de chaussures de marques Steve Madden, Tommy Hilfiger, Aerosoles, Kenneth Cole Reaction ainsi que des collections new-yorkaises et des importations italiennes.

Les Teintures C. Sauriol

7231 rue Saint-Hubert
Angle : rue Jean-Talon
Tél. : 273-1211
Heures : lundi au vendredi de 7h à 17h30,
samedi de 8h à 15h

Pour la teinture de chaussures que ce soit en satin, en peau de soie ou en cuir, ce teinturier s'occupera de vos besoins pour environ 23 $. On peut même teindre les sofas de cuir.

Nettoyeurs Vitalizing Cleaners

901 avenue Mont-Royal Est
Angle : rue Saint-André
Tél. : 525-3737
Heures : lundi au mercredi de 7h à 18h, jeudi et vendredi de 7h à 21h, samedi de 7h à 17h

Les teinturiers de tissus sont difficiles à trouver. Celui-ci travaille uniquement avec les vêtements en coton comme les jeans, les chandails, les chemises et les manteaux.

TENTES ET TOILES

Auvents National

9900 rue Saint-Vital
Angle : boul. Industriel
Tél. : 277-4158
Heures : lundi au vendredi de 9h à 17h

Fidèle à la tradition depuis 1946, cette compagnie effectue encore d'excellentes réparations sur les articles divers : voiles, tentes en toile ou en soie (fermetures à glissières ou moustiquaire), chaises de toile, lits de camp, auvents et housses de bateaux faites sur mesure. Les couturières seront heureuses d'apprendre qu'elles peuvent acheter de la toile industrielle à la verge, de différentes largeurs et de résistances variées. On fabrique également des auvents, des tentes et des abris pour les voitures.

LasCan

9001 rue Elmslie, Ville Lasalle
Angle : rue Dollard
Tél. : 366-2800
Heures : lundi au vendredi de 8h à midi et de 13h à 16h30

Depuis 44 ans, cette entreprise vous propose un grand éventail d'articles : tentes, auvents, housses en toile, housses pour camions, cordages de toutes sortes. On répare les filets pour le sport, les auvents et les articles en toile. On vend la toile au mètre.

VERRE BOMBÉ

Vitrerie Acbent (Acme Bent Glass)

10211 rue Armand-Lavergne, Montréal-Nord
Angle : boul. Industriel
Tél. : 327-5064
Heures : lundi au jeudi de 8h à 16h30, vendredi de 8h à midi

Si vous avez la chance de posséder un meuble joliment agrémenté de verre bombé et que, par malheur, vous découvrez des fissures, ne vous en faites pas ! Cet établissement est là pour tous ces besoins. Le coût est calculé au pied carré. De plus, plus l'article est gros, plus la facture sera abordable. On peut réparer les portes vitrées, les vitres d'horloges et toutes les vitres des meubles dans votre maison.

VITRAUX

Les Verriers Saint-Denis

4326 rue Saint-Denis
Angle : rue Marie-Anne
Tél. : 849-1552
Heures : mardi et mercredi sur rendez-vous, jeudi et vendredi de 11h à 19h, samedi de 10h à 17h, dimanche de midi à 17h

Dans cette boutique, on s'occupe de la réparation et de la restauration des lampes Tiffany et d'autres œuvres d'art en vitrail.

Verrerie d'Art Classique

4801 boul. Saint-Laurent
Angle : rue Villeneuve
Tél. : 844-5424
Heures : lundi au mercredi de 9h30 à 18h, jeudi et vendredi de 9h30 à 20h, samedi 9h30 à 17h, dimanche de midi à 17h (été, fermé le dimanche et le jeudi ouvert jusqu'à 19h)

Ce magasin très achalandé peut effectuer toutes les réparations qui s'avèrent nécessaires sur vos objets en vitrail (plomb de vitrail, cuivre en feuille, panneau de lampe plié).

III. LES SPÉCIALISTES

Après avoir économisé tout cet argent dans les magasins d'escomptes et, après avoir fait réparer vos articles au lieu d'en acheter des nouveaux, voici maintenant le temps des folles dépenses. Cette section vous propose une liste des magasins spécialisés variés, parfois uniques et insolites, qu'on peut trouver à Montréal. Quelques-uns proposent de la marchandise coûteuse, mais d'autres vous surprendront, comme celui offrant des chemisiers sur mesure à partir de 70 $. Certains magasins répondront peut-être à quelques-uns de vos problèmes de magasinage. Mais, tous les magasins sont assurément intéressants pour y fouiner et y faire des emplettes.

ANGES

Ange Neige

251, rue Rachel Est
Angle : rue Laval
Tél. : 845-2643
Heures : lundi au mercredi de 11h à 18h, jeudi et vendredi de 11h à 19h, samedi et dimanche de 11h à 17h

Dans cette boutique qui a choisi les anges comme thème central, vous trouverez toutes sortes d'objets garnis d'anges comme les écharpes, les albums de photos, les lampes et les bijoux. Amusez-vous avec les casse-tête d'anges ou apprenez-en plus sur les anges avec les livres et les cassettes. Décorez votre maison avec de la tapisserie, des bols en céramique, des miroirs, des jetés et des veilleuses. Organisez un souper et envoyez des invitations avec des anges. Placez ensuite sur la table des verres à vin et des chandeliers garnis d'anges.

ACCESSOIRES SCIENTIFIQUES

Lab A-Z La Maison des Sciences

1240, rue Notre-Dame Ouest
Angle : rue de la Montagne
Tél. : 866-4252 ou 395-8756
Heures : lundi au mercredi de 9h à 18h, jeudi et vendredi de 9h à 21h

Vous êtes-vous déjà demandé où vous pourriez trouver du papier réactif, des gobelets, des éprouvettes, des erlenmeyers, des balances,

des loupes, des vrais microscopes, des capsules de gélatine, un mortier ou un pilon ? Voici un endroit parfait pour dénicher tous vos accessoires scientifiques. Les enfants adoreront voir la cristallogenèse (croissance artificielle des cristaux) et la pièce remplie de jeux d'expériences scientifiques (laboratoire d'insectes, trousse d'horloge parlante). On peut commander pour vous des accessoires difficiles à trouver ou un des 33 000 produits chimiques.

APPAREILS 220 VOLTS

Export Dépôt

1619, autoroute Transcanadienne, Dorval
Angle : boul. Côte-Vertu
Tél. : 745-9999
Heures : lundi au vendredi de 9h30 à 18h, dimanche de 11h à 17h

Pour les voyageurs ou les gens qui vont travailler à l'étranger, cette entreprise vous propose des petits appareils à voltage 220 comme les fers à repasser, les cafetières, les outils, les micro-ondes, les grille-pains, les téléviseurs, les magnétoscopes, les chaînes audio, les balayeuses et des gros appareils ménagers. Sur certains appareils, il y a un interrupteur « 110/220 », mais pour d'autres modèles, vous devrez acheter des transformateurs pouvant convertir de 50 à 3 000 watts. On vend un système jumelé de chaufferette et d'air conditionné ainsi que des aspirateurs intégrés. www.exportdepot.com

ARTICLES DE VOYAGE

Jet-setter

66, avenue Laurier Ouest, Outremont
Angle : rue Clark
Tél. : 271-5058
Heures : Heures régulières et dimanche de midi à 17h

Chacun de nous doit voyager un jour ou l'autre. Ce magasin vend des articles nécessaires pour faciliter vos voyages : il y a tout l'éventail de gadgets indispensables. En plus du grand choix de valises, vous trouverez toutes sortes de portefeuilles discrets, des protecteurs en papier pour les sièges de toilette, des appareils électriques compacts, des convertisseurs de voltage, des jeux miniatures, des brosses à dents jetables, des fers à la vapeur, des filtreurs d'eau et, bien sûr, des livres et des cartes géographiques.

ARTISANAT

Baby's Breath & Holly

745, boul. Décarie (étage)
Angle : rue de l'Église
Tél. : 744-8133
Heures : mardi au vendredi de 10h à 16h

Quand vient le temps d'organiser la chambre de bébé, dirigez-vous dans cette boutique où une propriétaire très créative vous aidera à coordonner et à concevoir la literie de bébé, les rideaux, les serviettes, les oreillers, les courtepointes traditionnelles, etc. Il y a des cadeaux personnalisés faits à la main : des albums photos, des chaises berçantes, des paniers d'osier, des malles pour les jouets, des tabliers, des meubles en bois, des portemanteaux, des échelles de croissance, etc. Un registre de cadeaux pour le bébé peut également être mis sur pied.

Dix Mille Villages

290, ch. Bord-du-Lac, Pointe-Claire
Angle : rue Saint-Joachim
Tél. : 428-0450
Heures : lundi au vendredi de 10h à 18h, samedi de 10h à 17h et dimanche de 13h à 17h (juillet et août, jeudi et vendredi de 10h à 21h)

Trois églises de l'Ouest de la ville aident à gérer ce magasin qui encourage le commerce équitable pour créer des emplois auprès des artisans sans ressources du tiers-monde (Chili, Inde, Bangladesh, Mexique, Vietnam, Pakistan, Kenya, Équateur, Botswana, Égypte). Les artisans reçoivent à l'avance 50 % de leur coût, afin de les aider à briser le cercle de la pauvreté. Des volontaires vous vendent donc des paniers, des instruments de musique, des bols et de la vaisselle en céramique, des carillons, des jouets, des masques, des napperons tissés, des bijoux, du thé et du café équitables. Autre boutique : 4282, rue Saint-Denis (848-0538). www.tenthousandvillages.com

Galerie Le Chariot

446, Place Jacques-Cartier, Vieux-Montréal
Angle : rue Notre-Dame
Tél. : 875-4994
Heures : lundi au samedi de 10h30 à 18h, dimanche de 10h30 à 15h

Sur trois étages, vous trouverez un trésor d'objets d'arts inuit et amérindien en provenance du Nunavut, de l'Île de Baffin, d'Iroquois, de Tuscarorus, de Lake Harbour, de Seneca, d'Onondaga et plus. Des lithographies, des objets d'art faits d'os de baleine, des fossiles, des défenses de mammouth, des chapeaux de fourrure, des bijoux en amolite, des canards en bois, des sacs en cuir de daim, et, bien sûr, des mocassins.

Guilde Canadienne des Métiers d'Art du Québec

1460, rue Sherbrooke Ouest
Angle : boul. de Maisonneuve
Tél. : 849-6091
Heures : lundi au vendredi de 10h à 18h, samedi de 10h à 17h

Depuis 1906, cette entreprise a comme mandat de préserver et de promouvoir les arts et l'artisanat de notre pays. Vous aurez l'impression d'entrer dans une galerie d'art, avec ses expositions itinérantes présentant les meilleurs artisans et artistes du pays. Vous y trouverez les meilleurs projets d'artisanat, des sérigraphies et des sculptures. De plus, on mise sur les plus talentueux artisans du Canada.

Héritage

30, rue Saint-Paul Est, Vieux-Montréal
Angle : rue Saint-Gabriel
Tél. : 392-9272
Heures : tous les jours de 10h à 21h

Les touristes seront émerveillés par cette boutique débordant d'objets d'art amérindiens et inuits authentiques, de répliques de sculptures en pierre de savon, d'estampes et de masques. Il se peut que vous ne pouviez pas retourner à la maison avec la tête de bison, mais une pochette garnie de wampum ou des raquettes pourraient faire de beaux cadeaux... Ou peut-être des mocassins, des pantoufles en suède, une veste en fourrure ou en cuir, un chapeau ou simplement un chandail très coloré.

Indianica

79, rue Saint-Paul Est, Vieux-Montréal
Angle : rue Saint-Gabriel
Tél. : 866-1267
Heures : tous les jours de 10h à 22h (avril à novembre) et en hiver de 10h à 18h

Depuis 33 ans, ce magasin se distingue de tous les autres magasins de cette rue, parce qu'on mise sur l'artisanat amérindien et inuit. Des raquettes de différentes grandeurs, des mocassins, des colliers en perles, des calumets de la paix, des vestes frangées, des chapeaux de fourrure, des tambours, des poupées et, bien entendu, des sculptures. www.indianica.com

L'Empreinte Coopérative

272, rue Saint-Paul Est, Vieux-Montréal
Angle : Marché Bonsecours
Tél. : 861-4427
Heures : lundi au mercredi de 10h à 18h, jeudi au samedi de 10h à 22h, dimanche de 10h à 18h (en été, tous les jours de 10h à 22h)

Voici une coopérative qui, depuis 28 ans, regroupe plus de 70 artistes et artisans québécois. On y trouve une variété d'objets comme de la céramique, du papier fait à la main, des sculptures en verre, des chandails en mohair, des chaussettes, des vêtements en soie peinte à la main, des marionnettes, des miroirs en mosaïque, des lampes en papier, des bijoux originaux et des attaches en bois. Pour les amateurs de souvenirs, il y a des peintures des rues de Montréal.

Les Artisans du Meuble Québécois

88, rue Saint-Paul Est, Vieux-Montréal
Angle : rue Saint-Gabriel
Tél. : 866-1836
Heures : lundi au samedi de 10h à 20h, dimanche de 11h à 19h (mai à septembre, tous les jours de 10h à 21h)

En plein centre du Vieux-Montréal, cette boutique installée depuis 34 ans permet à plus de 450 artisans de vendre en consignation leurs oeuvres : verrerie, canards en bois, céramiques, arrêts de porte, broderies faites à la main, poupées, courtepointes, crèches, bijoux (or, argent et perles), boîtes en bois et plus encore.

Okwari

Route 138, Kahnawake
Tél. : 450-632-7527
Heures : tous les jours de 9h30 à 17h

Près de chez vous (prenez le pont Mercier, la route 138 et le magasin est à droite au premier feu de circulation), se trouve un magasin ne vendant que des articles faits par les Amérindiens. Ici, il n'y a aucun article « fait en Chine », mais uniquement de l'artisanat comme les canots en écorce de bouleau, les vestes en cuir de daim frangées, les attrape-rêves, les bijoux en os d'orignal, les parures de têtes, les tomahawks, les mocassins, les raquettes, les tapis, les vestes de cuir, les sculptures sur bois de six nations autochtones, les sculptures en pierre de savon ou les gravures inuits. Tout est fait à la main, fabriqué et vendu par des Amérindiens.

Tant qu'il y aura des fleurs...

347, rue Saint-Paul Est, Vieux-Montréal
Angle : rue Saint-Claude
Tél. : 395-9079
Heures : tous les jours en hiver de 10h à 17h, en été de 10h à 19h (heures variables)

Vous aurez l'impression de mettre les pieds dans une jolie maison rustique. Il y a de nombreux articles pour décorer la vôtre comme des plaques pour interrupteur peintes, des légumes et des fruits artificiels, des chandeliers, des chandelles, des oreillers matelassés, des napperons en dentelle, des napperons tissés, de la vaisselle, des vases, des bijoux intéressants, de jolis tire-bouchons, et, pour une touche de folie, des coqs, des canards et des chats décoratifs.

UNICEF

4474, rue Saint-Denis
Angle : avenue Mont-Royal
Tél. : 288-1305
Heures : lundi au mercredi de 10h à 17h,
jeudi et vendredi de 10h à 20h, samedi de
10h à 17h, dimanche de midi à 17h

Imaginez : un magasin UNICEF où vous pouvez magasiner chaque fois que vous avez besoin d'un petit cadeau. Alors, dépensez vos sous sur les cartes, les tasses, les casse-tête, les jouets, les agendas, les livres pour les enfants, les t-shirts, les bijoux et les calendriers. En plus de faire un cadeau magnifique, vous vous réchaufferez le coeur en sachant que vous aidez par la même occasion les enfants dans le monde. Demandez un catalogue et placez vos commandes par téléphone au 1-800-567-4483. En novembre et décembre, des kiosques ouvrent leurs portes dans les centres commerciaux pour vendre des articles pour les fêtes. www.unicef.ca

Un Monde

4271, rue Saint-Denis
Angle : avenue Mont-Royal
Tél. : 281-8461
Heures : régulières et dimanche de 11h à 18h

Vous serez émerveillé par les couleurs et les textures de l'artisanat du monde entier. Vous pourrez acheter des instruments de musique faits à la main, des chandails, des bâtons de pluie, des bols peints, des plats à sushi, des masques, des boîtes en bois décoratives, des armoires, des carillons et du tissu. N'oubliez pas le coin des girafes en bois de deux à six pieds de hauteur. Autre magasin : 4590, rue Saint-Denis.

BAS ET SOUS-VÊTEMENTS

Caleçons Vos Goûts

705, rue Sainte-Catherine Ouest, Centre Eaton
Angle : rue McGill College
Tél. : 843-6555
Heures : régulières et dimanche de midi à 17h

Cette chaîne de magasins de sous-vêtements pour hommes offre toutes sortes de modèles : shorts boxeur ample et ajusté, caleçon bikini à cordons, caleçon de sport, shorts de cycliste et même l'ensemble une-pièce t-shirt et boxeur.

Il y a des maillots de bain, des cravates et des pyjamas. Autres magasins : Place Montréal Trust (849-3382); Carrefour Laval (450-688-9480); Place Vertu (335-1036); Fairview Pointe-Claire (426-1829); Place de la Cathédrale (499-9101); Place Rosemère (450-430-1698); Galeries d'Anjou (356-0335); Complexe Desjardins (288-8380); Place Angrignon (365-2363); Mail Champlain (450-465-1440).

Secrets d'Homme

812, avenue Mont-Royal Est
Angle : rue Saint-Hubert
Tél. : 521-7556
Heures : régulières

Bien au-delà du caleçon blanc traditionnel, cette boutique vous vendra des sous-vêtements (petit à très grand) comme des caleçons bikinis transparentes ou des tangas à cordons (Letiga, Martinique, Indigo, Skiny, Boga, Infil, Jim et Punto Blanco), des pyjamas (Indigo et Boga) ainsi que des peignoirs.

Soxbox Accessoires

1357, avenue Greene, Westmount
Angle : rue Sherbrooke
Tél. : 931-4980
Heures : lundi au vendredi de 9h à 18h,
samedi de 9h à 17h

Si vous êtes à la recherche d'une couleur bien particulière de chaussettes ou d'un style bien précis, venez magasiner dans cette boutique de chaussettes, de bas-culottes et de collants qui s'adresse surtout à une clientèle féminine, mais qui offre aussi des articles pour hommes et enfants. Cette boutique est remplie à craquer de chaussettes de tous les modèles, de toutes les couleurs, avec différents motifs, avec différents dégrés d'opacité, de marques canadiennes et d'importations (Italie, France, Allemagne, États-Unis, Autriche), bon marché ou haut de gamme, qui s'agenceront à merveille avec toutes vos tenues. Au sous-sol, vous pouvez acheter des vêtements de conditionnement physique, des soutiens-gorge de sport, des sous-vêtements et des tenues décontractées pour le week-end.

Underworld

Place Ville-Marie
Angle : rue University

Tél. : 874-0811
Heures : lundi au mercredi de 7h à 18h, jeudi
et vendredi de 7h à 20h, samedi de 10h à
17h, dimanche de midi à 17h

Voici une petite boutique pratique située au
centre-ville que vous devez visiter pour son
mur de camisoles qui se portent sous les
tailleurs, les bas-culottes de marques Filodoro,
Ibici, Silks et les sous-vêtements Jockey for
her et Hanes. Pour les soirées intimes, vous
pouvez vous procurer des tout-en-un transparents et des bas-culottes avec couture.

BISCUITS ET BONBONS

Confiserie Louise Décarie

4424, rue Saint-Denis
Angle : avenue Mont-Royal
Tél. : 499-3445
Heures : lundi au mercredi de 11h à 18h,
jeudi et vendredi de 11h à 21h, samedi de
11h à 17h

Voici le paradis des friands de sucreries. On
offre des bonbons importés de Belgique,
d'Écosse, d'Angleterre, d'Italie et spécialement
de France. Il y a les petites bouchées Barnier
et l'assortiment Barnier qui comprend les
caramels salés et de la Dame Tartin, une con-
fiserie de beurre et de pomme. D'Italie, il y a le
Regal Torino, les *pastiglie* en violet et la réglisse
de 1857 Leone. Laissez-vous tenter par les
boîtes de métal Cachou Lajaunie, Edinburgh
Castle Rock, le Calisson de Provence, le loukoum du Moyen-Orient, les biscuits français et
écossais ainsi que les produits de l'érable.

BOUTIQUES DE MUSÉE

Biodôme de Montréal

4777, ave. Pierre-de-Coubertin
Angle : boul. Viau
Tél. : 868-3068
Heures : tous les jours de 9h30 à 17h30
(jusqu'à 19h30 en été)

Puisqu'il s'agit d'un musée des sciences, il y
a beaucoup de souvenirs : cassettes vidéo ou
audio d'animaux, cravate avec des motifs animaliers, animal dans une conserve (14,95 $),
ferme en bois pour les insectes, casse-tête en

perroquet, fossiles, jeux de société mettant en
vedette des animaux, réveil-matin en forme de
poisson-globe, mangeoires d'oiseaux, crayons
en écorce, bâtons de pluie, chandails à motifs
de poissons et trombones en forme d'animaux.

Musée d'Art Contemporain de Montréal

185, rue Sainte-Catherine Ouest
Angle : rue Jeanne-Mance
Tél. : 847-6904
Heures : dimanche et lundi de 10h à 18h,
mardi et samedi de 10h à 20h, mercredi et
vendredi de 10h à 21h10

Pour illustrer les œuvres présentées dans ce
musée d'art contemporain, les souvenirs et les
cadeaux sont très avant-gardistes. Voyez les
bijoux de fantaisie dessinés par FAF, Gilles Mau-
rel, Pascal Guimot, Flox, JOA, Zhu Zhu et Lise
Fortin. Il y a de très jolis crayons, des bouchons
d'évier en forme de cochon, des insectes
mécaniques, des plateaux en bois pour sushi,
des jardins zen, des boîtes en étain pour les cartes
à jouer Frank Lloyd Wright, des plaques d'interrupteur Mona Lisa, des objets en verre, des
rideaux de douche avec photos, des lampes originales, de la papeterie et quelques jouets.

Musée des Beaux-Arts de Montréal

1379, rue Sherbrooke Ouest
Angle : rue Crescent
Tél. : 285-1600
Heures : jeudi au dimanche et mardi de 11h
à 18h, mercredi de 11h à 21h

Voici la plus grande boutique de cadeaux de
musée qui offre une multitude d'objets touchant
les sujets explorés par les expositions et des
articles provenant d'autres boutiques de
musées internationaux comme le Musée Rodin,
le *British Museum*, le Musée Salvator Dali, etc.
Ne manquez pas la verrerie, les cartes, les
jouets, les livres, douze présentoirs de bijoux
d'artisans et, bien sûr, des reproductions.
www.mmfa.qc.ca

Musée Pointe-à-Callière

150, rue Saint-Paul Ouest, Vieux-Montréal
Angle : Place Royale
Tél. : 872-9147
Heures : mardi au dimanche de 11h à 18h
(été, de 11h à 19h)

Puisqu'il s'agit d'un musée archéologique sur l'histoire de Montréal, le magasin reflète ce passé. On offre des bijoux d'artisanat et de l'artisanat amérindien ainsi que des pipes de taverne, des jouets anciens, de la cire à sceller, des modèles réduits de bateaux, de la verrerie et de la céramique, des cadrans solaires de même que des livres sur l'histoire.

CAFÉ

A.L. Van Houtte

150, rue Sainte-Catherine Est, Complexe Desjardins
Angle : rue Jeanne-Mance
Tél. : 844-0255
Heures : régulières

Depuis 1919, les Montréalais savourent le plaisir du bon café de cette dynastie. Même s'il s'agit du tout premier magasin de la chaîne, l'entreprise compte maintenant 65 succursales. Vérifiez la liste dans l'annuaire du téléphone pour trouver celle la plus près de chez vous.

Brossard Frères

10848, Place Moisan, Montréal-Nord
Angle : boul. Industriel
Tél. : 321-4121
Heures: lundi au vendredi de 8h à 17h

Les fanatiques du café ou du thé seraient heureux de profiter d'un service abordable de livraison de café à domicile. Voilà ce qu'offre ce magasin pour une commande minimum de 10 livres (café régulier à 5,25 $ la livre, décaféiné à 6,25 $, aromatisés à 7,15 $). Plus d'une douzaine de variétés de thé en vrac sont offertes à 6,90 $ la livre. De plus, il y a des tisanes naturelles et les tisanes Courtisanes. La livraison est faite le lendemain de votre achat. Sentez-vous déjà l'arôme de votre prochaine tasse ? www.cafebrossard.com

Brûlerie St-Denis

3967, rue Saint-Denis
Angle : rue Duluth
Tél. : 286-9158
Heures : lundi au jeudi de 8h à 23h, vendredi et samedi de 8h à minuit et dimanche de 9h à 23h

Le torréfacteur dans la vitrine attire l'attention des passants et indique d'emblée la vocation de cet établissement où on offre du café venant de 26 pays (Blue Mountain de Jamaïque, Moca Matari du Yémen, Kona hawaïen) et plusieures saveurs intéressantes à découvrir (cerise, vanille, chocolat aux noisettes, menthe, crème irlandaise) et du café décaféiné (KVW, New Orleans, méthode suisse). Il y a quelques thés, des cafetières et des accessoires sont aussi offerts. Vous pouvez également déguster tranquillement sur place. Autres magasins : Édifice Alcan, 1188, rue Sherbrooke O. (985-9159); 5252, ch. de la Côte-des-Neiges (731-9158); 1587, rue Saint-Denis (286-9159); Aéroport de Dorval (633-9972); Mail Champlain (450-671-1506); 1599, boul. Saint-Martin O. (450-975-9159); 977, rue Sainte-Catherine O. (287-7878).

Café Dépôt

3601, boul. Saint-Laurent
Angle : rue Prince-Arthur
Tél. : 285-0009
Heures : Ouvert 24 heures

Ouvert depuis 1994, le café est placé par couleur selon le degré de torréfaction : canelle pâle (blond), brun, brun foncé, mi-noir (mouture française) et noir (mouture italienne). Les saveurs sont irrésistibles : pacanes au beurre exotiques, pina colada des îles, noisettes hawaïennes, crème d'abricot, tira misu. Ceux portant des noms inspirés de voyages exotiques sont tout aussi savoureux : Brésilien Bourbon Santos, Tanzanie Peaberry, Sumatra Mandheling, Mexicain Maragogype, Cuba Turquino Lavado. Le café décaféiné est offert en deux saveurs : noisettes hawaïennes et expresso. Autres franchises : Carrefour Laval; Galeries d'Anjou; 800, boul. René-Lévesque O.; 1677, boul. Saint-Martin O.; Carrefour Angrignon; Complexe Desjardins; Centre commercial Rockland; 383, rue Saint-Jacques O.; 1490, boul. de Maisonneuve O.; 201, ave. du Président-Kennedy et bien d'autres.

Café Union

148, rue Jean-Talon Ouest
Angle : avenue Waverly
Tél. : 273-5555
Heures : lundi au vendredi de 8h à 17h30, samedi de 9h à 15h

Depuis 1910, les amateurs de café raffolent de cette institution de Montréal. Ce grossiste effectue la torréraction du café sur place et vend aussi au détail. Choisissez des grains parmi les quatre mélanges pour expresso, un mélange maison pour café régulier, Kenya, Columbia Supremo, Sumatra, décaféiné et décaféiné selon la méthode suisse (meilleure pour les machines avec filtre) ou certains cafés aromatisés comme noisettes, chocolat bavarois et crème irlandaise. On vend et offre beaucoup de conseils à propos du café et des machines à expresso (Gaggia, Saeco, Rancilio, Pavoni, Mokita) et des théières aussi. On y fait les réparations de machines à café. www.cafe-union.com

Centre Gourmet

4868, rue Sherbrooke Ouest, Westmount
Angle : rue Victoria
Tél. : 369-0368
Heures : lundi au vendredi de 7h à 18h, samedi de 8h à 17h, dimanche de 11h à 17h

On vend des grains de café en 40 saveurs tendance (pralines, macadamia, Khalua, expresso italien, Yrgacheffe de Sumatra, Jamaican Blue Mountain, Kona hawaïen) et du café décaféiné selon la méthode suisse à l'eau. Il y a aussi un comptoir pour les thés réguliers et les tisanes en vrac. Essayez le bar à café si vous êtes pressé de goûter votre café. Un éventail complet de condiments gastronomiques et des paniers-cadeaux sont offerts. www.cafegourmet.ca

Second Cup

1551, rue Saint-Denis
Angle : boul. de Maisonneuve
Tél. : 285-4468
Heures : ouvert 24 heures

En plus de vendre des tasses de café, vous pouvez acheter les grains à la livre (La Minita de Costa Rica, San Agustin de Colombie et Fazenda Vista Alegre du Brésil, Paradiso, Moka Java, Continental). Ou vous pouvez déguster votre café (trois degrés de torréfaction) de différentes façons : expresso décaféiné, double expresso, expresso court ou allongé, expresso granité (glace concassée), moccaccino (avec chocolat), macchiato (nuage de lait moussé), café con panna (crème fouettée) et, évidemment, le café latte. Autres magasins : (heures variables) : 3695, boul. Saint-Laurent; 1465, rue Crescent; 7999, boul. des Galeries d'Anjou; 1648, ave. Mont-Royal E.; 1386, rue Greene; 1275,

rue Bernard (271-6624); 1351, rue Sainte-Catherine E. (598-7727); 5550, ave. Monkland; 3343, boul. des Sources, D.-D.-O.; 3498, ave. du Parc; et plus de 30 autres franchises.

CHAPEAUX ET PERRUQUES

Almar Hats

4721, avenue Van Horne, suite 10, Snowdon
Angle : rue Victoria
Tél. : 731-9985
Heures : mardi et mercredi de 15h à 18h, jeudi de 15h à 19h, vendredi de 11h à 14h, dimanche de 11h à 15h

Vous allez devoir gravir les escaliers pour obtenir votre chapeau. Dans cette petite boutique, des chapeaux pour toutes les occasions par Borsalino et Stetson partagent les étalages avec les chapeaux imperméables, les chapeaux de paille, les chapeaux de marque Kangol et les chapeaux de fourrure (principalement pour hommes et quelques modèles pour femmes). On offre aussi des brosses à chapeaux, les services de nettoyage et de remodelage.

Chapofolie

3944, rue Saint-Denis
Angle : rue Roy
Tél. : 982-0036
Heures : lundi au jeudi de 11h à 18h, vendredi de 11h à 21h, samedi de 11h à 17h, dimanche de 13h à 17h

Pour des couvre-chefs, venez dans cette boutique offrant 45 collections de chapeaux, incluant des centaines de modèles et des chapeaux uniques. Pour les femmes, il y a des chapeaux en velours, en crocheté, en paille ou en feutre en plus des jolies écharpes, des gants, des parapluies et des épingles à chapeaux. Les hommes en trouveront également des chapeaux melon chameau, bleu, gris et même rouge.

C'hat'Peau La Griffe

3877, rue Saint-Denis (étage)
Angle : rue Roy
Tél. : 288-5254
Heures : lundi et mardi (appellez à l'avance), mercredi de 11h à 18h, jeudi et vendredi de 11h à 21h, samedi de 11h à 17h, dimanche 13h à 17h

Montez ces escaliers typiquement montréalais jusqu'à ce petit atelier pour magasiner parmi la collection de chapeaux de tous les jours en laine, en feutre, en velours, en cachemire et en laine, en paille, en lin et en coton. Quelques-uns sont mous et pliables. D'autres sont conçus pour les occasions spéciales. Le propriétaire vous aidera à faire ressortir votre propre personnalité par le biais de votre chapeau.

Haya Kova

6900, boul. Décarie, Carré Décarie
Angle : rue Vézina
Tél. : 731-4383
Heures : lundi au mercredi de 10h à 18h, jeudi de 10h à 19h30, vendredi 10h à 15h, dimanche de midi à 17h

Si vous désirez un chapeau comme celui d'Audrey Hepburn, venez ici pour des importations européennes (Marzi Firenze, Peter, Bettley, Eric Javits et, drôle de coïncidence… Sandra Phillips !) qui peuvent être simples ou tout simplement splendides (85 $ à 900 $). Des modèles de tous les jours varient entre 12 $ et 85 $. Il y a également des perruques italiennes, en cheveux naturels ou synthétiques entre 100 $ et 1 500 $.

Henri Henri

189, rue Sainte-Catherine Est
Angle : rue de l'Hôtel de Ville
Tél. : 288-0109
Heures : régulières

On espère tous que la mode du port du chapeau chez l'homme, placé en biais sur le front, à la Rhett Butlet, reviendra. Si jamais cette tendance revient, ce chapelier est prêt. Depuis

1932, ce magasin est le seul endroit qui offre une collection des plus complète de chapeaux western, de bérets, de panamas, de casquettes, de chapeaux en fourrure et de chapeaux en feutre d'excellente qualité ainsi que les autres marques comme Borsalino, Mayser, Christy's, Stetson, Akubra, Jonathan Richards. Il y a également des cannes et des parapluies. Il est possible de remodeler et de nettoyer les chapeaux dans ce magasin. Venez acheter votre chapeau et soyez le premier à lancer la mode !

Maison André Marchand

4880, rue Saint-Denis
Angle : boul. Saint-Joseph
Tél. : 843-5823 ou 800-949-0919
Heures : mardi au samedi de 10h à 11h30 et 13h à 16h (sur rendez-vous)

Ce maître perruquier permet à chaque client de personnaliser sa perruque (450 $) pour que celle-ci convienne parfaitement à la forme de la tête, au tour de tête et à la coloration naturelle en trouvant une mise en plis idéale. L'achat d'une perruque est une expérience peu courante et le choix de la bonne perruque est si important, que, pour ce perruquier, chaque client doit être parfaitement à l'aise. Vous pouvez retouner jusqu'à un mois après votre achat pour des ajustements gratuits ou pour une mise en plis. Préparez toutes vos questions à l'avance : on sera prêt à vous répondre. Les réparations, une nouvelle coupe, une permanente, le lavage et la mise en plis seront exécutés dans une cabine privée.

Perruques Louis XIV

1356, rue Sainte-Catherine Est
Angle : rue Beaudry
Tél. : 522-7615 ou 1-877-799-7615
Heures : lundi au vendredi de 9h30 à 17h, samedi de 9h30 à 15h30

Ouvert depuis 1963, voici probablement le plus ancien et le plus grand magasin de perruques en ville offrant plus de 250 modèles pour hommes, femmes et enfants (René of Paris, European, Henry Margu). Les perruques sont fabriquées de cheveux naturels ou synthétiques et les prix sont abordables. Il y a également des postiches et des queues de cheval. À part le lavage et la mise en plis, vous pouvez apporter une photo et les professionnels copieront la coupe pour vous. www.louisXIVwigs.com

CHAUSSURES
POINTURES LARGES ET ÉTROITES

Bottes Impérial

2117, rue de Bleury
Angle : rue Sherbrooke
Tél. : 844-5611
Heures : régulières

Si vous voulez avoir des bottes faites sur mesure, ce cordonnier du centre-ville les fabrique depuis 32 ans et offre des modèles pour hommes et femmes. Apportez un échantillon pour donner au cordonnier une meilleure idée de ce que vous désirez. Des orthèses peuvent être placées dans les chaussures. De plus, il y a tous les services réguliers de cordonnerie.

Chaussures d'Antin

6629, rue Saint-Hubert
Angle : rue Beaubien
Tél. : 276-8388 ou 800-774-0770
Heures : lundi au mercredi et samedi de 9h30 à 17h, jeudi et vendredi de 9h30 à 20h, dimanche de midi à 17h

Depuis 33 ans, ce magasin aide les femmes (pointures 3 à 13, largeurs AAA à EE) qui ont de la difficulté à se trouver des chaussures convenables. Si vous avez les pieds petits, grands, étroits ou larges, ou simplement un mollet large, vous y trouverez des bottes. De plus, on peut coudre des fermetures à glissières. Il y a un grand choix de modèles classiques et confortables.

Chaussures Le Dépôt

501, rue de l'Église, Verdun
Angle : rue Evelyn
Tél. : 768-0642
Heures : lundi au mercredi de 8h30 à 18h, jeudi et vendredi de 8h30 à 21h, samedi de 8h30 à 17h

Ce type de magasin est très rare de nos jours : ils ont des vendeurs qui savent ajuster les chaussures. Les hommes et les femmes portant des grandes pointures peuvent trouver une chaussure large (hommes jusqu'à 16 EEEE et femmes jusqu'à 12 AA à EE) dans les marques SAS, Clark, Naturalizer, Ecco, Rohde, Rockport, Florsheim, Mephisto, New Balance, Rieker, Tender Tootsies, Stonefly, Dr. Martens,

Dexter, Reeboks, Columbia, Munro, Theresia, Pajar et d'autres. On vend également des chaussures dans lesquelles on peut insérer des orthèses et des chaussures orthopédiques.

Chaussures Tony Shoe Shop

1346 Greene, Westmount
Angle : de Maisonneuve
Tél. : 935-2993
Heures : lundi au vendredi de 7h à 18h, samedi de 7h à 17h

Ce magasin situé au coeur de Westmount, et vous pouvez vous attendre à trouver les plus récents styles (Hush Puppies, N.E.O.S., Sketchers, Ecco, New Balance, Allen Edmonds, SAS, Aquatalia, Bostonian, Dr. Martens, Clarks, Birkenstock, Amalfi, Kaufman, Unisa, Steve Madden). La plus agréable surprise, c'est la grande variété de pointures et de largeurs : chaussures pour dames de 4 à 14, largeurs AAAA à G, et chaussures pour hommes de 5 à 17, largeurs jusqu'à EEEE. Il y a aussi des couvre-bottes.

La Bottinerie

6595, rue Saint-Hubert
Angle : rue Beaubien
Tél. : 276-9022
Heures : régulières et dimanche de midi à 17h

Les grands hommes ont besoin de grandes chaussures et voici l'endroit pour les trouver. Depuis 41 ans, on offre des chaussures mode dans les pointures 5 à 20 largeurs A à EEEEE de marques Florsheim, Mephisto, Sebago, Bostonian, Sioux, New Balance, Manz, Clarks, Red Wing, Reich Comfort, etc. Voici l'endroit pour se procurer des patins à roues alignées (pointure 18) et des espadrilles (jusqu'à la pointure 20), des bottes de ski (pointure 16), des chaussures de golf (pointure 16) et des bottes de travail (pointure 20).

Mayfair

1, Place Ville-Marie
Angle : rue University
Tél. : 866-1123
Heures : régulières et dimanche de midi à 17h

Les femmes qui ont les pieds longs seront ravies par cette chaîne qui a ouvert un magasin spécialement pour elles, avec des pointures jusqu'à 13 et des largeurs AA à B pour les chaussures et les bottes à la mode.

Naturalizer

6701, rue Saint-Hubert
Angle : rue Saint-Zotique
Tél. : 270-1534
Heures : régulières et dimanche de 12h30 à 16h30

Les femmes qui ont de la difficulté à trouver chaussures à leurs pieds peuvent arrêter leurs recherches dès maintenant. Ce magasin offre une collection de chaussures confortables de marques très connues dans les pointures 4 à 11 et les largeurs AA à EE.

CHEMISES SUR MESURE

Basma Chemises Sur Mesure

1118, rue Sainte-Catherine O., suite 400
Angle : rue Peel
Tél. : 861-3761
Heures : lundi au vendredi de 9h à 18h, samedi de 9h à 17h

Les chemises faites sur mesure ne sont pas aussi hors de prix que l'on croit ! Dans cet atelier, les prix commencent à partir de 100 $ pour une chemise dans un tissu pratique facile d'entretien ou en coton.

Denis Chemises et Blouses sur Mesure

7, Place Frontenac, Pointe-Claire
Angle : boul. Brunswick
Tél. : 426-6667
Heures : lundi au vendredi de 8h30 à 17h30, samedi de 9h à 16h

Les hommes et femmes professionnels qui se préoccupent de la qualité de leurs vêtements aimeront acheter des chemises ou des chemisiers sur mesure dans cette boutique. Depuis 27 ans, ce tailleur de chemises crée ses patrons et coud les cols à la main pour un meilleur ajustement. Il y a une grande variété de tissus et de patrons et le prix commence à 125 $.

Eddy's Custom Shirt

1470, rue Peel, suite 264
Angle : boul. de Maisonneuve
Tél. : 849-5962
Heures : lundi au vendredi de 10h à 18h30, samedi de 10h à 14h

Choisissez ce qui vous plaira parmi le vaste éventail de tissus importés d'Angleterre, de Suisse ou d'Italie. Le sympathique propriétaire vous confectionnera une chemise de coton, soit unie ou rayée, pour seulement 100 $ et plus. Les commandes doivent être placées pour un minimum de trois chemises.

Russells

2175, rue de la Montagne
Angle : rue Sherbrooke
Tél. : 844-8874
Heures : lundi au vendredi de 8h à 17h, samedi de 8h à 15h

En entrant dans cet immeuble magnifique, vous serez reçu si gentiment qu'il est facile de comprendre pourquoi leurs chemises sont prisées à travers le monde depuis 52 ans. Pour 225 $, vous pourrez obtenir une chemise sur mesure et choisir parmi plus de mille sortes de cotons provenant d'Italie, d'Angleterre et de Suisse. Les chemises peuvent convenir à un port de tous les jours, une allure habillée ou décontractée. On fabrique aussi des complets sur mesure.

CHOCOLATS

Chocolats Finesse

5945, avenue Victoria, Snowdon
Angle : rue Linton
Tél. : 735-1925 ou 735-8084
Heures : lundi au jeudi de 8h30 à 18h, vendredi de 8h à 15h (jusqu'à 18h en été), dimanche de 10h à 16h (fermé le dimanche en été)

Essayez ce bel assortiment de chocolats (même du chocolat cascher), sans oublier les truffes ou les chocolats remplis d'alcool. On peut vous préparer et expédier un panier-cadeau, une bouteille de vin (32,55 $), des cadres en chocolat (22,50 $) ou un cygne (71,50 $). Vous pouvez offrir une jolie boîte-cadeau d'une livre de chocolats assortis pour 22,95 $. On offre également des chocolats sans sucre, des cadeaux d'entreprise et des chocolats moulés sur mesure. Le gâteau le plus populaire pour les anniversaires est le gâteau au chocolat et au smash.

La Brioche Lyonnaise

1593, rue Saint-Denis
Angle : boul. de Maisonneuve
Tél. : 842-7017
Heures : tous les jours de 9h à minuit
(ouvert à 8h en été)

Si vous entrez dans cette charmante pâtisserie française, il est impossible de ne pas sentir l'arôme alléchant de beurre. Concentrez-vous sur l'étalage des chocolats Voisin de France. On y offre environ 50 différentes variétés (environ 8 $ pour 100 grammes). Vous êtes téméraires ? Offrez-vous un chocolat recouvert d'une véritable feuille d'or.

Le Chocolat Belge

1442, rue Sherbrooke Ouest
Angle : rue Mackay
Tél. : 849-7609
Heures : lundi au vendredi de 10h à 18h, samedi de 10h à 17h, dimanche de midi à 17h

Optez pour les chocolats Neuhaus importés chaque semaine de Belgique. Vous trouverez au moins 69 variétés de pralines. Goûtez à une des cinq sortes de truffes, les pralines ou les chocolats manon (crème riche) à 10,50 $ pour 100 grammes. Le chocolat sans sucre Bel Arte, le chocolat noir extra amer, les bonbonnières et les paniers-cadeaux sont aussi offerts. Autre magasin : Complexe Pointe-Claire (697-6720).

Léonidas

605, boul. de Maisonneuve Ouest
Angle : rue Union
Tél. : 849-2620
Heures : régulières

Lorsque vous devez vous gâter avec le meilleur chocolat belge, visitez ce magasin pour l'une de leurs 65 différentes variétés (dont 10 avec crème fraîche). Essayez les truffes aux délicieux parfums ou le chocolat Manon Blanc avec mocha et crème fraîche ou le Merveilleux avec de la mousse au chocolat. Le chocolat belge arrive tous les vendredis par avion et se vend 6,85 $ pour 100 grammes. Autres magasins : 5195, ch. de la Côte-des-Neiges (737-5755); La Gare Centrale, 895, rue de la Gauchetière O. (393-1505); 5111, ave. du Parc (278-2150).

Les Chocolats Andrée

5328, avenue du Parc
Angle : avenue Fairmount
Tél. : 279-5923
Heures : lundi au vendredi de 10h à 18h, samedi de 9h à 17h (fermé lundi en été)

Depuis 62 ans, deux soeurs ont confectionné de façon méticuleuse des chocolats miniatures autour du même poêle d'époque. Elles connaissaient les préférences de leurs clients dont la liste inclut des gens très connus. De nos jours, la survivante de ces soeurs, aujourd'hui octogénaire, vient encore chaque jour dans son magasin. De plus, cette dernière reconnaît toujours bien les 60 sortes de chocolat par la forme des tourbillons qui garnissent les chocolats (18,75 $ pour 200 grammes).

Pâtisserie Belge

3485, avenue du Parc
Angle : rue Milton
Tél. : 845-1245
Heures : lundi de 9h à 18h, mardi au mercredi de 8h30 à 18h, jeudi et vendredi de 8h30 à 20h, samedi de 8h30 à 17h30, dimanche de 9h à 16h30

Cette pâtisserie de choix fabrique des truffes et vend également des chocolats faits à la main. À l'arrière de la boutique, il y a un comptoir vitré rempli de délicieux chocolats à 7,50 $ pour 100 grammes.

Pâtisserie de Gascogne

6095, boul. Gouin Ouest, Cartierville
Angle : rue Lachapelle
Tél. : 331-0550
Heures : mardi au jeudi de 9h à 18h, vendredi de 9h à 19h, samedi de 8h30 à 17h30 et dimanche de 8h30 à 17h

Durant la période de Pâques, les gens se précipitent ici pour les lapins en chocolat et autres friandises des chocolatiers primés Francis et

Jean-Michel Cabanne. En autres temps, vous éviterez la cohue et vous pourrez essayer leur sélection de truffes maison, 40 sortes de pralines, les chocolats fourrés aux fruits (fruits de la passion, cerise avec nougat et amande) ou remplis de boissons alcoolisées (Poire William, Cointreau, framboises) ou de chocolat ganache à 7,80 $ pour 100 grammes. Autres magasins : 940, boul. Saint-Jean, Pointe-Claire (697-2622); Avec restaurant-café : 4825, rue Sherbrooke O. (932-3511); 237, ave. Laurier O. (490-0235).

COSTUMES

Boutique de Danse Wendy

295-A, boul. Saint-Jean, Plaza Pointe-Claire
Angle : autoroute 20
Tél. : 695-0285
Heures : régulières et dimanche de midi à 16h

Pour les résidents de l'Ouest de la ville (ou d'ailleurs), voici un endroit bien situé pour acheter des chaussures de danse, que ce soit pour la danse de salon (*ballroom*), le ballet jazz, le ballet classique, les claquettes, la gymnastique, les danses traditionnelles irlandaise ou écossaise. Les vêtements de ballet et de danse aérobique de marques Mondor, Danskin et Gilda Marx partagent l'espace de ce magasin avec une penderie remplie de tenues de patinage artistique en consignation.

Centre National du Costume

158, avenue Bernard Est, Outremont
Angle : rue Casgrain
Tél. : 272-7422
Heures : lundi à vendredi (sur rendez-vous)

La mission de cet organisme est de collectionner, de conserver des vêtements et des accessoires historiques du Canada et de les offrir à la recherche et en location. Environ 80 % des vêtements sont authentiques et ceux-ci couvrent les 150 dernières années; 20 % sont des répliques de vêtements de la période entre 1534 et 1970. Les sections de costumes rares et celles de référence sont mises à la disposition des chercheurs seulement. Celles-ci

comprennent plus de 136 000 vêtements, 960 livres, 7 280 magazines (datant de 1898), des photos, 1 320 patrons originaux, 200 catalogues de grands magasins ainsi que 200 catalogues et des collections de designers. Il y a un frais de 5 $ pour l'abonnement annuel pour une personne. collections.ic.gc.ca/costume

Danz Etc

920 rue Jean-Talon Est
Angle : rue Saint-Henri
Tél. : 271-6512
Heures : régulières et dimanche de 13h à 16h (moins d'heures en été)

Une des boutiques d'accessoires de danse les plus anciennes à Montréal, qui, depuis 35 ans, vous offre tout le nécessaire pour les cours de ballet, de flamenco, de danses écossaises ou toute autre danse. Il y a des chaussures, des linges de corps, des collants, des léotards, des chaussons de ballet de marques connues comme Danskin, Mirilla, Capezio, Mondar, etc. Le personnel de la boutique a des connaissances approfondies en danse et se spécialise dans l'ajustement. De plus, vous pouvez demander des bottes ou des chaussures sur mesure.

Joseph Ponton Costumes

480, rue Saint-François-Xavier, Vieux-Montréal
Angle : rue Notre-Dame
Tél. : 849-3238
Heures : lundi au mercredi de 9h à 17h, jeudi de 9h à 20h, vendredi de 9h à 18h, samedi de midi à 17h (fermé le samedi en juillet et août)

Depuis plus de 137 ans, cet atelier ouvert depuis 1865 confectionne des costumes de personnages et des mascottes que vous pouvez ensuite louer. On propose aussi des perruques, du maquillage et des masques pour vous amuser. Si vous êtes intéressé, quelques costumes sont à vendre.

Les Accessoires de Théâtre Johnny Brown

7300, rue Hutchinson
Angle : avenue Ogilvy

Tél. : 495-4002
Heures : lundi au vendredi de 9h30 à 17h30,
samedi de 9h30 à 17h

Depuis 70 ans, cette importante entreprise de
matériel de théâtre vend toutes les sortes de
modèles de chaussures de danse : chaussons
de ballet, chaussures pour le ballet jazz et les
claquettes ainsi que les léotards assortis. Il y a
aussi un vaste choix de maquillage de théâtre
incluant le maquillage non toxique pour enfants,
des barres pour le ballet, des lumières spéciales,
des masques, des perruques et des costumes
spéciaux. Maintenant, on offre également la
location de costumes, la création de mascottes,
la coordination de mariages médiévaux et, si
vous planifiez tourner un film ou monter un
spectacle, on peut vous aider avec les costumes.

Malabar Costumes

5121, avenue du Parc
Angle : avenue Laurier
Tél. : 279-3223
Heures : lundi à mercredi et vendredi de 10h
à 17h30, jeudi de 10h à 20h, samedi de 10h
à 16h

Dans ce magasin qui existe depuis 1910, il est
possible de louer ou de commander une éton-
nante variété de costumes authentiques. Des
prix spéciaux sont accordés aux écoles et des
costumes de mascotte peuvent être conçus.

MaquiPro

1849, rue Saint-Catherine Ouest
Angle : rue Saint-Marc
Tél. : 998-5703
Heures : régulières et dimanche sur rendez-
vous

Des maquilleurs professionnels, des pho-
tographes, des chirurgiens plasticiens et des
studios de production viennent s'approvisionner en produits qui ne sont pas vendus en magasin. Vous pouvez acheter du maquillage spécialisé (Cinema Secrets, Joe Blasco, Grafto-
bian, Kryolan, Visiora, RCMA, Ben Nye et Serge
Louis Alvarez), des pinceaux, des outils, des
contenants vides, des flacons pulvérisateurs,
des petits flacons pressables en plastique et
des boîtiers de rouges à lèvres. Des produits
pour les effets spéciaux (nez de chat, joue
déchirée, loup-garou, faux sang), des produits
correcteurs pour les décolorations de la peau
et une collection pour les teints plus foncés

(Nacara) partagent les tablettes avec la peinture de corps et les cils colorés. Un service
d'urgence 24 heures est offert aux tournages
de production. www.maquipro.com ou
www.artisticmakeup.com

Rossetti's

3923, rue Saint-Denis
Angle : rue Roy
Tél. : 842-7337
Heures : régulières

Depuis 52 ans, cette boutique se spécialise
dans les vêtements et les accessoires de ballet pour femmes, hommes et enfants. On y
trouve la collection Capezio, Bloch, Mondor,
Coppelia et Mirella, des léotards, les tutus et
les chaussons de ballet faits sur mesure. Pour
les autres styles comme le flamenco, la salsa,
le tango et les claquettes, vous devez venir
visiter la boutique pour un ajustement personnalisé. Un endroit incontournable si vous
devez faire confectionner des chaussures sur
mesure pour une pièce de théâtre ou pour
s'agencer avec un costume d'époque.

DÉCORATIONS
POUR LES GÂTEAUX

Accessoires Rose Blanche

665, 1re avenue, Lachine
Angle : rue Provost
Tél. : 634-0017
Heures : lundi au mercredi de 10h à 17h,
jeudi et vendredi de 10h à 19h, samedi de
9h30 à 13h

Lorsque vous désirez décorer un gâteau de
mariage ou toute autre création de fantaisie,
vous avez trouvé le bon endroit. Les accessoires
dont vous avez besoin comme le fondant roulé,
la pâte d'amande, le shortening Covo, le glaçage
à l'abricot, les douilles, la gelée transparente et
les fleurs de sucre sont en stock de même que
les boîtes à gâteaux, les plateaux, les rubans,
les feuilles, la mariée et le marié et toute autre
décoration de gâteaux. Vous pouvez louer des
moules à gâteaux, les fontaines pour gâteaux
et même trouver des garnitures pour les sacs
à glaçage et une vaste sélection de chocolats
et de moules à chocolats. Ils se feront également un plaisir de vous préparer un gâteau sur
mesure, y compris un gâteau de mariage.

Vixit Frances Décor

290, boul. Henri-Bourassa Ouest
Angle : rue Jeanne-Mance
Tél. : 331-5028
Heures : lundi à vendredi de 9h à 17h, samedi de 9h à midi

Pour les nombreux Montréalais qui aiment cuisiner, voici la place idéale pour trouver de tout. Offrez-vous de l'équipement professionnel ou des articles décoratifs si difficiles à trouver. Toutes les sortes et les grandeurs de moules à gâteaux, des douilles, des sacs à glaçage, des napperons, des couteaux, des plateaux en carton, des moules à biscuits et des personnages sont entassés du plancher au plafond. Au deuxième étage, on y trouve tout le nécessaire pour faire un gâteau de mariage, du chocolat, des bonbons ainsi que des tonnes de rubans et de boîtes pour emballer le tout. www.vixit.com

DENTELLE

Créations Nicole Moisan

4324, rue Saint-Denis
Angle : rue Marie-Anne
Tél. : 284-9506
Heures : lundi au mercredi de 10h à 18h, jeudi et vendredi de 10h à 17h et samedi de 10h à 17h

Ce magasin se spécialise uniquement dans la dentelle européenne provenant d'Hollande, de France, de Belgique, d'Allemagne et d'Écosse. On vous propose un éventail d'environ 3 000 modèles différents de 12 pouces à 118 pouces de largeur (pour les rideaux sans couture) dont les prix se situent entre 7 $ et 450 $ le mètre. Vous pouvez les confectionner vous-mêmes ou les commander sur mesure sur place. Les napperons et les nappes en dentelle sont aussi offerts.

ÉQUIPEMENT DE CONDITIONNEMENT PHYSIQUE

Fitness Dépôt

61-A, boul. Brunswick, D.-D.-O.
Angle : boul. des Sources

Tél. : 421-2302
Heures : lundi au vendredi de 9h à 21h, samedi de 10h à 18h, dimanche de midi à 17h (été, lundi au vendredi de 10h à 20h)

Au lieu de payer des frais d'abonnement à un centre sportif, de se soucier de notre tenue vestimentaire pour la classe d'aérobie, de trouver une gardienne, de chercher un stationnement et d'affronter la température, vous pouvez opter d'investir dans un équipement pour la maison de marques de grands fabricants : Schwinn, Pacemaker, Northern Lights, Pacific Fitness, Precor, Johnson, Trimline. Vous trouverez des vélos stationnaires, des tapis roulants, des escaliers d'exercise, des machines ellipiques, des machines à rames, des poids et haltères et toutes sortes de machines de conditionnement physique. Autres magasins : 3216, autoroute 440 O., Laval (450-688-1440); 616, Place Trans-Canada, Longueuil (450-677-9999); 6131, boul. Métropolitain E. (321-7000). www.fitnessdepot.ca

ÉQUIPEMENT DE SÉCURITÉ

Équipement de Sécurité Universel

6750, rue Saint-Jacques Ouest
Angle : boul. Cavendish
Tél. : 369-6699
Heures : lundi au jeudi de 7h à 18h, vendredi de 7h à 17h, samedi de 8h à 15h

Qu'est ce qu'un citoyen ordinaire peut bien vouloir se procurer ici ? Bien des choses ! Il y a des lunettes protectrices, des réflecteurs pour votre ensemble de sport, une trousse de sécurité pour votre voiture, des bouchons jetables pour les oreilles, des trousses de premiers soins, des semelles antidérapantes pour la glace, des bottes, des gants en PVC ou des salopettes de peintre pour 8,95 $. Il y a aussi un rayon de vêtements de travail. www.unisafety.com

FLÉCHETTES

Lawrmet

5666, rue Sherbrooke Ouest, N.-D.-G.
Angle : rue Oxford
Tél. : 481-7011
Heures : lundi au vendredi de 9h à 17h

Pour les joueurs sérieux et les fous de fléchettes, vous trouverez dans ce magasin tout le nécessaire pour ce jeu : cibles, boîtiers, pièces de rechange et leur propre marque de fléchettes.

FOURNITURES MÉDICALES

J.E. Hanger

5545, rue Saint-Jacques Ouest, N.-D.-G.
Angle : rue Girouard
Tél. : 489-8213
Heures : lundi au vendredi de 8h à 17h

Depuis 40 ans, ce commerce a grandi au point d'offrir un grand éventail d'articles et a bâti son propre laboratoire pour les prothèses et les orthèses. Venez ici pour les orthèses Townsend en différentes couleurs mode, des chariots pour le magasinage, des escaliers mécaniques, des barres d'appui pour la salle de bains, des chaussures orthopédiques, des chaussettes spéciales et des outils pour faciliter les repas. De plus, vous recevrez l'aide amicale de thérapeutes d'expérience. Ils se feront un plaisir de vous offrir une évaluation à domicile. Autres magasins plus petits : 3875, rue Saint-Urbain (842-0078); 3881, boul. Saint-Jean, D.-D.-O. (624-4411); 2655, boul. Daniel-Johnson, Laval (450-975-2797); 5300, ch. de la Côte-des-Neiges, suite 200 (340-1124); 5345, rue l'Assomption, Montréal (253-9433).

Laboratoire J. Slawner

5713, ch. de la Côte-des-Neiges
Angle : ch. de la Côte-Sainte-Catherine
Tél. : 735-6565 ou 731-3378
Heures : lundi au vendredi de 8h à 18h, samedi 9h30 à 16h (fermé le samedi de juillet à août)

En plus de répondre aux besoins des soins de santé et orthopédiques à domicile, ce magasin d'équipement médical vend depuis 48 ans toutes sortes de gadgets indispensables qui rendent les tâches quotidiennes plus faciles. Il y a des barres d'appui, des couches pour adultes et des cannes repliables (avec des lumières) ! Plusieurs autres outils peuvent être commandés : des gadgets pour tenir un crayon, pour attacher les boutons, pour remonter les chaussettes, prendre les canettes, pour jouer aux cartes, tenir un livre, des ciseaux sans poignée, des enfile-aiguilles, et, pour les trottoirs glissants, des crampons pour les chaussures et les cannes.

Autre magasin : 90, ch. Morgan, suite 220 (457-6733). www.slawner.com

Les Équipements Médicus

5050, boul. Saint-Laurent
Angle : avenue Laurier
Tél. : 276-3691
Heures : lundi au vendredi de 8h à 18h, samedi de 9h à 16h

Ce magasin offre la location, la vente et la réparation d'équipement médical et tout accessoire utile pour les soins à domicile (chausse-pieds de 2 pieds, broyeur ou diviseur de pilules, chaussettes non élastique), incluant les chaussures orthopédiques et les tire-lait. Ils ont un éventail complet de prothèses (Amoena, Natural Wear) pour les femmes qui ont subi une mastectomie ainsi que des chemises de nuit, des maillots de bain et des soutiens-gorge. Autres magasins : 300, boul. de la Concorde E. (450-662-6160); 5135, 10e avenue (525-3757); 1667, ch. Chambly (450-442-2233).

Ultravision

5645, ch. de la Côte-des-Neiges
Angle : ch. de la Côte-Sainte-Catherine
Tél. : 344-3988
Heures : lundi de 11h à 17h, mardi, mercredi et vendredi de 10h à 18h, jeudi de 10h à 21h, samedi de 10h à 17h

Peut-être qu'un magasin spécialisé en produits pour personnes ayant une vision partielle ne vous semble pas très intriguant, mais on y trouve des gadgets très intéressants comme un téléphone avec gros chiffres ou avec un téléphone avec volume très élevé (jusqu'à 50 décibels), une horloge ou une montre parlante, un clavier d'ordinateur à lettres géantes, une loupe pour l'épilation ou le maquillage, des lunettes de la conduite de nuit, un agrandisseur d'écran de télé, un système d'amplification des sons pour la télé, des jumelles portables et un écran Compulenz pour éliminer le reflet dans l'écran d'ordinateur qui sert également ment à agrandir les lettres.

FOURNITURES DE MUSIQUE

Archambault

500, rue Sainte-Catherine Est
Angle : rue Berri

Tél. : 849-6201 ou 849-8589
Heures : régulières et dimanche de midi à 17h

Après avoir franchi le portail de style art nouveau du plus vieux et plus grand magasin de musique de Montréal, vous serez heureux de découvrir les quatre étages totalisant 45 000 pieds carrés d'équipements de musique. Des feuilles de musique au grand salon de pianos, voici un magasin rempli de disques compacts, de cassettes et de livres. Autres magasins : Place des Arts (281-0367); 1545, boul. Le Corbusier, Laval (450-978-9900). www.archambault.ca

Musicircle

4822, boul. Saint-Jean, Pierrefonds
Angle : boul. Pierrefonds
Tél. : 696-8742
Heures : régulières

Ce magasin offre une grande sélection de feuilles de musique populaire, des livres, des gadgets et des accessoires. Ils vendent des instruments à vent et à cordes, des guitares, des claviers et des amplificateurs. Ils ont aussi une école de musique et on loue des instruments pour les étudiants.

GOURMET À EMPORTER

Anjou Québec

1025, avenue Laurier Ouest, Outremont
Angle : rue Hutchison
Tél. : 272-4065 ou 272-4086
Heures : mardi au mercredi de 9h à 18h, jeudi de 9h à 19h, vendredi de 9h à 20h, samedi de 9h à 17h

C'était tout naturel pour cette boucherie et charcuterie d'ajouter à son éventail des plats frais maison à emporter. Chaque semaine, le chef planifie sept nouveaux plats comme l'agneau provençal et la blanquette de veau ainsi que des soupes (comme la crème de poireaux) et des plats d'accompagnements (pommes de terre dauphinoises, purée de céleri-rave, salade de lentilles, mousse d'épinards). Leur bonne réputation et l'excellente qualité des aliments demeurent les mêmes depuis plus de 46 ans. Il y a un congélateur rempli de différents dîners congelés.

Beyrouth-Yervan

420, rue Faillon Est
Angle : rue Berri
Tél. : 270-1076
Heures : lundi au mercredi de 8h à 19h, jeudi et vendredi de 8h à 20h, samedi et dimanche de 8h à 17h

Vos invités seront ravis par ces délicieux mets exotiques comme l'*esphia*, un pâté à la viande à l'arménienne aux tomates et aux pignons, les feuilles de vigne farcies, le taboulé, les tartelettes d'épinards ou de fromage. L'entrée de *lahmadjoun* est un genre de pizza épicée qui fond dans la bouche (1 $ chaque ou 8 $ la douzaine). Comme dessert, gâtez-vous avec un *baklava*.

Gastronomia Roberto

2227, rue Bélanger Est
Angle : rue Sagard
Tél. : 374-5653
Heures : mardi et mercredi de 9h à 19h, jeudi et vendredi de 9h à 21h, samedi et dimanche de 9h à 18h30

Adjacent au fameux salon de gelato de Roberto, vous trouverez leur magasin de mets à emporter. Les choix du jour peuvent inclure la lasagne à la viande, les cannelonis, le poulet ou l'aubergine parmagiana ou l'une des salades froides (patates, céleri-rave ou lentilles). Vous pouvez également choisir l'une des quatre choix de pizzas ou un sandwich focaccia. Les pâtes fraîches ou congelées comme les fettucinis, les linguinis, les gnocchis, les tortellinis peuvent être apprêtées avec des sauces bolognese, amatriciana, puttanesca, cardinale ou pesto.

Gourmaison

Tél. : 737-6335
Heures : tous les jours en commandant à l'avance

Obtenez une copie de leur menu de 15 pages (par la poste ou par télécopieur) et il ne vous restera qu'à commander votre dîner au téléphone. Un service de traiteur pour la maison (repas faibles en sel ou en calorie) ou le bureau est offert. Leur spécialité est le grand assortiment de sandwiches sans aucune commande minimum requise. Choisissez soit le menu du jour ou des plats congelés (poulet au miel et à l'ail, sushi, veau au citron et à la crème, nouilles thaïlandaises au poulet) et diverses entrées, des soupes, des salades et des desserts (gâteau suicide au chocolat, brownies au fromage et tiramisu).

Jean-Talon Poissonerie

3562, rue Jean-Talon Est, Rosemont
Angle : 15e avenue
Tél. : 721-9948
Heures : lundi au mardi de 9h à 17h30, mercredi de 9h à 18h, jeudi et vendredi de 9 à 20h30, samedi de 9h à 17h

Si vous planifiez une soirée et désirez un petit changement, emportez un des plats délicieux cuisinés dans ce magasin. Les escargots sont vendus 3,89 $ la douzaine, une quiche contenant une demi-livre de fruits de mer est seulement 3,95 $, un pâté aux fruits de mer de 16 onces à 8,95 $. Ou encore, essayez le filet de sole farci, le célèbre pâté au saumon d'une livre à 4,50 $, les crêpes aux fruits de mer, la bisque de homard ou les langoustines dans le beurre à l'ail. Aucun agent de conservation ni de glutamate monosodique n'a été utilisé dans ces délices maison. N'oubliez pas : on vous offre également une poissonnerie ordinaire aussi !

Le Commensal

1720, rue Saint-Denis
Angle : rue Ontario
Tél. : 845-2627
Heures : lundi au samedi de 8h à 21h, dimanche de 11h à 20h

Des aliments santé sont une autre solution de mets à emporter. Cette compagnie très connue offre des mets à emporter comme les côtelettes au seitan, le coucous aux légumes,

le tofu au cari, la tarte au seitan, le pain au levain, les biscuits macrobiotiques, les carrés aux dattes, la tarte aux bleuets et six soupes différentes. Autres magasins (buffets) : 3715, ch. Queen-Mary (733-9755); 1204, rue McGill College (871-1480); 4817, boul. Taschereau, Greenfield Park (450-676-1749); 3180, boul. St-Martin O., Laval (450-978-9124); 360, rue Sicard, Sainte-Thérèse (450-433-0505).

Le Faubourg Sainte-Catherine

1616, rue Sainte-Catherine Ouest
Angle : rue Guy
Tél. : 939-3663
Heures : tous les jours de 9h à 21h30

Puisque ce centre commercial est entièrement consacré à l'alimentation, vous pourrez aisément trouver tout ce qu'il faut pour un repas exotique. Faire le tour est un peu comme un voyage autour du monde : Chine, Thaïlande, Mexique, France, Italie, Caraïbes, Espagne, Belgique, Grèce, Moyen-Orient, États-Unis et, bien entendu, Canada.

Les Aliments M & M

6321, aut. Transcanadienne, Pointe-Claire
Angle : boul. Saint-Jean
Tél. : 426-1894
Heures : régulières et dimanche de 10h à 17h

Si vous ne voulez plus jamais cuisiner, vous pouvez choisir parmi tous les plats surgelés et avoir un plat différent presque tous les soirs pendant longtemps. Vous pourriez commencer avec les plats de poulet comme le poulet à la Kiev ou le poulet Newburg ou la dinde Wellington pour ensuite déguster le filet de sole farci, la lasagne végétarienne et les tortellinis à la viande. Il y a des carrés d'agneau surgelés, des queues de homard, des côtelettes, des pâtés chinois, des quiches, des bâtonnets de courgettes frits, des cigares au chou, des pâtés au poulet, des desserts (barres nanaimo, gâteaux au fromage, etc.) et plus de 25 hors-d'oeuvres différents. Autres magasins : 550, boul. Curé-Labelle, Laval (450-628-8881); 3192, boul. St-Martin O. (450-686-0220); 6295, rue Somerled (485-9913); 3547, boul. Saint-Charles (694-9515); 475, rue Dumont (633-9350); 2137, boul. des Laurentides (450-975-9595); 6925, boul. Taschereau (450-926-9518); 8453, boul. Newman (363-2929); 7684, rue Sherbrooke E. (493-1444) et plus. www.lesalimentsmm.com

Les Jardins du Gastronome

3535, autoroute 440, Marché 440
Angle : boul. Curé-Labelle
Tél. : 450-682-0144
Heures : régulières et dimanche de 9h à 16h

Wow ! Tout un magasin qui se consacre à cuisiner des repas pour vous. Vous ne mangerez plus de repas congelés ordinaires puisque ce magasin vous propose un canard parfumé à l'orange, des langoustines au curry et poulet, des crevettes à la provençale, des raviolis aux fruits de mer avec gratin au persil, un couscous à l'agneau, du poulet et des saucisses merquez. Voici d'autres menus gastronomiques qui vous donneront l'eau à la bouche : feuilleté au ris de veau, aux pétoncles ou aux escargots, canard à l'épine-vinette avec coulis de foie gras ou cervelle à la sauce au poivre noir et au brandy. Vous pouvez emporter des sauces (crème de gingembre, champagne, foie gras, estragon et moutarde), des soupes, des vinaigrettes, des plats de légumes ou les conseillers peuvent planifier tout un menu pour tout un souper gastronomique pour emporter.

Pasta Casareccia

5849, rue Sherbrooke Ouest, N.-D.-G.
Angle : rue Draper
Tél. : 483-1588
Heures : lundi au mercredi de 9h à 21h, jeudi au samedi de 9h à 22h, dimanche de 11h à 21h

Pour une ambinace familiale, ce restaurant offrant également un comptoir de mets à emporter ose être délicieusement différent. On vous propose des olives farcies de viande, du *soppressata*, du *bottaraga*, du *porcini* ou de la salade aux truffes, du *suppli di riso*, des cannellonis aux fruits de mer, de l'*agnolotti* aux amandes, des pâtes *fagioli* et des roulés au prosciutto et au mozzarella. On fait les pâtes fraîches sur place et au moins huit sauces maison, Il y a un mur d'huiles et de vinaigres. Autre magasin : 805, boul. Décarie (748-0805). *Buon appetito* !

Pâtisserie de Gascogne

6095, boul. Gouin Ouest, Cartierville
Angle : rue Lachapelle
Tél. : 331-0550 ou 331-0112
Heures : mardi au jeudi de 9h à 18h, vendredi de 9h à 19h, samedi de 8h30 à 17h30, dimanche de 8h30 à 17h

Cette pâtisserie de choix a toujours un congélateur rempli de délicieux plats gastronomiques à emporter. Vous pouvez planifier à l'avance lors de vos journées occupées en achetant un navarin d'agneau, une blanquette de veau, un boeuf Wellington en croûte, une bisque de homard, un lapin à la moutarde, du ris de veau avec bolets au porto, du porc à l'érable, des cailles à l'orange, du saumon aux légumes, de l'*osso bucco*. Pour compléter votre repas, essayez une des salades (au poulet niçois) ou des entrées comme les rillettes de lapin, du pâté de faisan, tourte au jambon et trois différentes quiches. Mais surtout, n'oubliez pas que vous êtes dans une pâtisserie ! Autres magasins : 940, boul. Saint-Jean (697-2622); Avec restaurant-café : 4825, rue Sherbrooke O. (932-3511); 237, ave. Laurier O. (490-0235).

JEUX ET JOUETS

Jigsaw Jungle

392, avenue Dorval, Les Jardins Dorval
Angle : autoroute 220
Tél. : 422-0783
Heures : régulières et dimanche de midi à 17h

Que vous soyez un enfant ou un grand-père, les casse-tête sont amusants. Pour ceux d'entre vous qui aiment le défi, essayez les casse-tête à doubles côtés, les casse-tête à 90 degrés de rotation, ceux dans lesquels on ajoute cinq pièces supplémentaires ou optez pour la chapelle Sixtine toute entière. Vous pouvez faire transformer votre photo en casse-tête, acheter des surfaces pour rouler un casse-tête ou de la colle pour conserver un casse-tête assemblé. De plus, il est possible de faire laminer votre casse-tête. www.jigsawjungle.com

Kidlink

5604, avenue Monkland, N.-D.-G.
Angle : rue Oxford
Tél. : 482-4188
Heures : lundi au vendredi de 10h à 18h, samedi de 10h à 17h, dimanche de midi à 17h

Ouvert depuis 1993, ce magasin de livres et de jouets se consacre aux enfants, mais offre aussi si des romans pour adultes ainsi que de nombreux livres sur le rôle parental (25 % de rabais sur les livres américains cartonnés). Du côté des enfants, ce commerce engage des testeurs pour sélectionner la marchandise qui sera vendue en boutique comme la musique et les vidéocassettes, le bricolage, les cadeaux pour les nouveaux-né, les journaux et les jouets durables comme la caméra aérienne pour accrocher sur le cerf-volant ou le globe terrestre parlant.

Le Valet de Coeur

4408, rue Saint-Denis
Angle : avenue Mont-Royal
Tél. : 499-9970
Heures : lundi au mercredi de 11h30 à 18h, jeudi et vendredi de 11h30 à 21h, samedi de 10h à 17h, dimanche de midi à 17h

Ce sont sûrement les jeux de fantaisie, les figurines, les livres de référence, les livres de règlements, les t-shirts et les cédéroms qui attirent autant de gens dans ce magasin. Vous y trouverez également des jeux classiques comme le jeu de ma-jong, les échecs, le jeu de backgammon, les jeux de société (français et anglais) et les accessoires de jongleurs, les cartes de tarot et les kaléidoscopes. www.levalet.com

Tour de Jeux

705, rue Sainte-Catherine Ouest, Centre Eaton
Angle : rue McGill College
Tél. : 987-5103
Heures : lundi à vendredi de 10h à 21h, samedi et dimanche de 10h à 17h

Voici la boutique idéale pour les jouets éducatifs, le bricolage et le service personnalisé. On vous propose un grand éventail de jeux amusants comme les trousses de voyage pour les casse-tête, les jeux de société sur porte-clés, les cartes à jouer avec des reproductions d'œuvres d'art, les jeux d'adresse en métal et les jeux de voyage. Le personnel connaît bien tous les produits et on jouera à un jeu de société avec vous pour voir si celui-ci conviendra à votre neveu de neuf ans. Pour amuser la galerie lors de votre prochaine fête, procurez-vous les jeux très populaires Cranium ou Goblet. Autres magasins : Centre Rockland (739-9037); Centre Fairview (630-4886); Carrefour Laval (450-681-0113).

JOURNAUX ET MAGAZINES

Maison de la Presse Internationale

550, rue Sainte-Catherine Est
Angle : rue Berri

Tél. : 842-3857
Heures : lundi au mercredi de 7h30 à 23h, jeudi au samedi de 7h30 à minuit, dimanche de 8h à 23h

Cette chaîne vend des journaux de plus de 20 pays. Des magazines touchant tous les sujets possibles y sont vendus ainsi que vos livres de poche préférés. Autres magasins : 5149, ch. de la Côte-des-Neiges (735-2086); 1371, ave. Van Horne (278-1590); 4261, rue Saint-Denis (289-9323); 728, rue Sainte-Catherine O. (954-0333).

Metropolitain News

1109, rue Cypress
Angle : rue Peel
Tél. : 866-9227
Heures : tous les jours de 9h à 18h

Le plus ancien (1918) et le plus complet des kiosques à journaux du Canada offre plus de 5 000 journaux et magazines du monde entier (Afrique du Sud, Vietnam, Cambodge, États-Unis et villes européennes importantes) en plus d'expédier sa marchandise sur le territoire de Montréal et partout dans le monde. Il y a également des guides sur les médias et sur les sports.

Multimags

1570, boul. de Maisonneuve Ouest
Angle : rue Guy
Tél. : 935-7044
Heures : lundi au jeudi de 6h à 1h du matin, vendredi de 6h à 2h, dimanche de 7h à minuit

Comme le nom le suggère, vous trouverez ici un vaste choix de magazines ainsi que des journaux de quelques pays (États-Unis, Angleterre, France, Moyen-Orient) et une grande variété de livres de poche. Autres magasins (heures

L'allée des antiquités

À quel moment précis un objet d'occasion devient-il une antiquité ? Vous pouvez décider vous-mêmes en vous promenant parmi tous ces antiquaires situés sur la rue Notre-Dame Ouest, en débutant avec la rue Atwater et à l'est jusqu'à la rue Guy (quelques magasins vers la rue de la Montagne). Par exemple :

2733 - S. Martin Antiquaire, 995-3310 – Porcelaine, verre, argent.

2717 - Boutique Eklektik, 933-5666 – Art nouveau du 20e siècle, art déco, meubles et objets des années 60.

2695 - Proulx & Synnett, 939-2146 – Meubles, porcelaine, lampes, métal gravé, lithographies.

2691 - Helene Holden, 989-9542 – Porcelaine, poupées, verrerie, luminaires.

2679 - Antiquités pour la table, 989-8945 – Vaisselles, porcelaine, cristal, argenterie.

2672 - Denis Blanchet, 989-9495 – Peintures, ensembles de salle à dîner, meubles européens, chaises rembourrées.

2660 - Rien de Neuf, 932-8838 – Meubles en pin faits à partir de pin vieilli.

2657 - L'Antique-Art, 989-1224 – Meubles, vitraux, vaisselle, objets.

2652 - Rétro-ville, 939-2007 – Anciennes publicités, jouets, magazines, décor de bar, enseignes en métal, magasin rustique.

2615 - Kavanagh, 931-7474 – Meubles français et anglais, objets décoratifs.

2507 - Pierre St-Jacques Antiquaire & Fleur de juin Fleuriste (933-9293) - Meubles européens et canadiens, reproductions, fleurs coupées et fleurs séchées.

2509 - Napoléon Antiquités, 932-6844 – Boutique remplie à craquer de verre taillé, de bâtons de golf, d'argenterie, de plats à bonbons, de photos, de montres, de laiton et de bijoux.

2501 - Antiquités Beaumont, 937-6877 – Meubles anglais et armoires.

2499 - Jacques Milliard, 938-4152 – Meubles européens, cadres et beaucoup de restauration de peintures.

2475 - Arcadia, 846-3314 – Meubles importés, dessertes, armoires.

2417 - Dynasties Art, 939-1670 – Tables de salle à dîner, chaises, lustres, importations européennes.

2465 – Castor, 932-4321 – Reproductions dans différents bois, quelques antiquités.

2451 - Clair Obscur, 937-8022 – Luminaires d'Europe, remis à neuf. Ce magasin peut restaurer les vôtres pour vous.

2459 - Galerie Lucie Olsen, 937-0608 – Importations françaises, meubles en verre, argenterie, porcelaine, succession.

2448 - Les Antiquités Grand Central, 935-1269 – Le magasin le plus élégant de l'allée. Établi depuis 25 ans. Sonnez pour entrer – Meubles raffinés, lustres, ameublements de salle à dîner.

2440 - Antiquités Beaule, 931-2507 – Meubles d'époque français et anglais (17e, 18e et 19e siècles), meubles de salle à dîner, beaucoup de miroirs.

1980 - Antiques de France-Devaux, 932-2366 – Principalement des meubles français, mais quelques-uns anglais. Chaises, commodes, bureaux, tables (18e au 20e siècles). antiquesfrance-devaux.com

1970 - Viva Galerie, 932-3200 – Vaste sélection d'armoires orientales, bahuts, lits, peintures, sculptures, vases et chaises.

1904 - Lucie Favreau, 989-5117 – Articles pour la maison, jouets, contenants, livres de hockey, balles de baseball autographiées, vieils équipements de sport, téléphones de cuisine, enseignes publicitaires.

1896 - Antiquités Foley & L'Écuyer, 932-8461 – Époque victorienne, objets décoratifs, bâtons de marche, valises, chapeaux haut de forme.

1894 - Antiquités Renaissance, 931-7650 – Quincaillerie de porte en laiton, trous de serrure, bras de lumière, chandeliers de cristal.

1886 - Obsession, 933-6375 – Tables à abattants, bancs d'église, meubles en chêne, bijoux, un peu d'argenterie.

1880 - Deuxièmement, 933-8560 – Accessoires pour la location, chapeaux safari, masques africains, boîtes en bois, cabarets, fers pour le foyer, horloges de pupitres, bases de lampe, pichets, cache-pot en laiton.

1870 - Milord, 933-2433 – Meubles européens, candélabres, miroirs.

1838 - ADA, 937-2440 – Double magasin rempli de meubles peints canadiens (bleu, vert, rouge).

1810 - Michel L'Italien, 933-9940 – Meubles et grilles en fer forgé de l'époque 1900 à 1950, luminaires art déco, chaises et armoires.

1800 - François Raschella Antiquaire, 933-3721 – Beaucoup de fauteuils, meubles et bibelots, objets divers, luminaires.

1752 - Claude Blain, 938-9221 – Services à thé, meubles, chandeliers, tasses chinoises, bibelots et verrerie.

1748 - Antiquités VR, 933-7333 – Porcelaine du 19e siècle, bijoux rétro, bois rares, boîtes à pilules, restauration, plateaux en argent, coussins en tapisserie à l'aiguille et service de recherche.

1744 - Freddy Weil, 846-3710 – Meubles et objets français, fauteuils, luminaires raffinés, objets divers, miroirs, chaises, tables de salle à dîner, vaisselier. Abatjour sur mesure Elizabeth B. Art.

1726 - Antiquités Landry, 937-7040 – Un vrai magasin d'antiquités avec deux pièces à l'étage remplies à craquer et un sous-sol semblable – Meubles, argenterie, porcelaine, miroirs, lampes, vases, globes.

1708 - Le Village des Antiquités, 931-5121 – Genre marché aux puces avec étalages, l'allée centrale remplie de meubles, de vêtements, de bijoux et de peintures.

1654 - Michel R. Richard/Spazio, 846-1700 – Très grand magasin (rénovations de cuisine et de salle de bains).

Suite...

L'allée des antiquités *(suite)*

1650 - Antiquités Michelle Parent, 933-9435 – Très élégant et plein de meubles européens, lustres, porcelaine, oeufs dorés, argenterie.

1646 - Héritage Antique Métropolitain, 931-5517 – Beaucoup de meubles et d'objets raffinés garnis d'incrustations et de dorures, horloges en laiton, sculptures, lampes Tiffany, vases chinois, piédestals en marbre.

1642 - Daniel J. Malynowsky, 937-3727 – Très beau magasin avec choix de tables dispendieuses, chaises, peintures, miroirs, antiquités du 18e et du 19e siècles, restaurations et reproductions possibles.

1612 - Ambiance, 939-8813 – Restauration, poignées, miroirs, meubles, accessoires de cuisine, chandeliers.

1638 - Vendôme, 933-0291 – Meubles d'époque français et anglais du 18e et 19e siècles, chaises, lustres, objets d'art. Chaque article comporte une note sur son origine.

1510 - L'Antiquaire, 937-0057 – Meubles français et anglais.

Un autre coin de la ville qui semble se spécialiser dans les articles rétro des années 50 et 60 et dans les meubles d'occasion est celui de la rue Amherst, près de la rue Ontario.

Rue Amherst :

1447 - Antiquité Pednault, 521-4447 – Deux étages remplis de bibelots, verrerie, tables, meubles, lampes, chandeliers.

1454 - La Librairie Antiquaire, 288-3777 – Livres, articles de collection, bijoux, jouets, vitraux, bibelots.

1475 - L'Antiquaire Joyal, 524-0057 – Secrétaires, tables, armoires, luminaires.

1623 - Kitsch, 526-5050 – Articles de maison, jouets, cartes postales, machine à jus, verrerie.

1691 - Seconde chance, 523-3019 – Objets et meubles du 20e siècle.

1757 - Antiquités Boudreau, 590-0659 – Vaisselles, bijoux, objets, cristal, lampes.

1761 - Cité Déco, 528-0659 – Chaises des années 30 à 60, tables, réfrigérateurs, cuisinières, sofas et chaises de cuir.

1769 - Antiquités Curiosités, 525-8772 – Tables en bois foncé, secrétaires, bureaux, chaises.

1863 - Decorium, 816-8111 – Articles de cuisine, verrerie, tabourets, cendriers des années 60 et 70.

1851 - Rétro Stop, 527-0966 – Tables des années 50, chaises, lampes, petits appareils ménagers.

1903 - Phil'z – Boutique remplie de lampes, d'articles de cuisine chromés, luminaires, etc. Visitez le magasin situé au 1840 de l'autre côté de la rue pour les meubles.

Le quartier Hochelaga-Maisonneuve est en pleine ébullition. Les premiers signes de cette tendance sont visibles dans les boutiques d'occasion de la rue Sainte-Catherine Est, qui deviennent de plus en plus raffinées (entre les rues Dézéry et Chambly) :

3339 - Les Trésors du Passé, 529-0848 – Porcelaine, objets en argent, petites tables, bibelots et quelques meubles.

3355 - L'Antiquaire de l'Est, 523-0379 – Armoires et tables en pin.

3411 - Le Butin Antiquités, 523-2138 – Deux boutiques offrant des bureaux en pin anciens et neufs, des armoires, des chaises, des chaises berçantes, des secrétaires à cylindre, des luminaires et des vitraux.

3413 - Antiquité Nancy, 521-5523 – Magasin rempli de tables pour la salle à manger, de secrétaires, de malles, de coiffeuses et de bureaux de travail.

3423 - Arte, 522-0505 – Moulures en plâtre, secrétaires, crochets en bois pour les manteaux, parements en bois, portes et fenêtres.

3547 - Le Petit Saint-Ouen, 597-0101 – Bureaux et armoires en pin anciens ou neufs.

4128 - Marcelleau, 528-8788 – Objets, bijoux et penderies.

suite de la page 185

variables) : 2085, rue Sainte-Catherine O. (937-0474); 5236, ch. Queen-Mary (489-4495); 920, ave. Mont-Royal E. (523-3158); 3552, boul. Saint-Laurent (287-7355); Complexe Pointe-Claire (695-9840); 352, rue Sainte-Catherine O. (866-5081); 5508, ave. Monkland (485-0269); 5018, rue Sherbrooke O. (487-8388).

LITS ESCAMOTABLES

B.O.F.F.

4823, boul. Métropolitain Est, suite 203
Angle : boul. Viau
Tél. : 374-8570 ou 450-686-9828
Heures : sur rendez-vous

Si vous avez besoin de place pour faire dormir un invité et que votre espace est si restreint que vous n'avez pas de canapé-lit, vous pouvez faire installer un lit escamotable de type Murphy. Ils sont fabriqués sur mesure par un fabricant canadien, établi depuis 1986, pour les chambres d'amis, les bungalows, les condominiums ou votre sous-sol. On vous propose douze choix de mélamine plaquée imitation bois. Vous pouvez demander une estimation gratuite des travaux. Le coût moyen est d'environ 1 095 $ pour un grand lit, incluant l'installation. Il est également possible d'ajouter des accessoires coordonnés aux lits escamotables (tiroirs, tablettes ou bureau) pour compléter un effet d'une unité murale de neuf pieds.

Stil Design

42, boul. Hymus, Pointe-Claire
Angle : boul. des Sources
Tél. : 697-3128
Heures : lundi au vendredi de 9h à 17h et sur rendez-vous

Ce commerce est le bureau de vente officiel de l'entreprise Murphy Wall-Beds of Canada, la solution pratique pour économiser de l'espace depuis maintenant plus de 100 ans. Cadillac des lits escamotables, les modèles de cette entreprise sont offerts en 10 choix de plaqués imitation bois (pin, chêne, érable). Vous pouvez faire installer le tout horizontalement ou verticalement. Si vous ne voulez pas dépenser le prix d'un lit (lit double avec installation environ 1 800 $) et que vous êtes habiles, vous pouvez acheter l'ensemble de pièces, les instructions et une liste de montage pour faire la structure vous-mêmes. www.stildesign.ca

LIVRES – ART

Stage

2123, rue Sainte-Catherine Ouest
Angle : rue Chomedey
Tél. : 931-7466
Heures : lundi au mercredi de 10h à 18h, jeudi et vendredi de 10h à 19h, samedi de 11h à 17h

Tous les fans de vedettes de cinéma qui se rendent ici seront ravis. Les sujets sont nombreux : art visuel, théâtre, essais sur les médias, films, histoire de l'art, musique, danse, architecture, photographie, peinture, dessin, costumes et mode.

LIVRES – BANDES DESSINÉES

1,000,000 Comix

1418, rue Pierce
Angle : rue Sainte-Catherine
Tél. : 989-9587
Heures : lundi et mardi de 11h à 18h, mercredi de 11h à 19h, jeudi et vendredi de 11h à 21h, samedi de 11h à 18h, dimanche de midi à 17h

Dans ce petit magasin, vous trouverez les collections bien connues comme Marvel et d'autres collections. Il y a de la marchandise neuve et d'occasion, des cartes de bandes dessinées, des romans illustrés, des jeux, des DVD, des figurines articulées et même des animations japonaises. www.1000000comix.net

Capitaine Québec

1837, rue Sainte-Catherine Ouest
Angle : rue Saint-Mathieu
Tél. : 939-9970
Heures : lundi et mardi de 11h à 18h, mercredi et vendredi de 11h à 20h, samedi de 10h à 17h, dimanche de midi à 17h

Les fous de bandes dessinées seront au paradis ici où ils trouveront un choix énorme de *comics* (récents ou non), des sacs et des boîtes remplies de *comics*, des cartes de collection, des séries de science-fiction (Star Wars et Star Trek), de la magie, des jeux de Donjons et Dragons et autres jeux de rôles. On propose également des cartes Pokémon, des vêtements, des animations japonaises et de la porcelaine de collection.

Cosmix

931, boul. Décarie, Ville Saint-Laurent
Angle : rue Decelles
Tél. : 744-9494
Heures : lundi au mercredi 10h30 à 18h, jeudi et vendredi de 10h30 à 20h, samedi de 10h à 17h

Survivre plus de 18 ans, c'est une longue aventure pour un magasin de *comics*. Attendez-vous à un bon service et à une grande sélection : des bandes dessinées alternatives, des mangas, des romans illustrés, des livres de science-fiction, des jeux de rôles, des figurines et des articles à l'effigie des séries très populaires Star Trek, Star Wars, X Files, Babylon Five et Buffy the Vampire Slayer. www.cosmix.ca

LIVRES – ENFANTS

Livres Babar Books

46, ave. Sainte-Anne, Pointe-Claire
Angle : ch. Bord-du-Lac
Tél. : 694-0380
Heures : lundi au jeudi et samedi de 10h à 17h, vendredi de 10h à 20h

Tout le monde aimerait avoir un magasin de livres d'enfants de ce genre dans leur quartier. Il y a un choix fabuleux de bons livres, une des meilleures sélections de contes accompagnés d'une cassette, des cassettes des chanteurs préférés de vos petits et un bon choix de jouets éducatifs. Il y a un événement spécial, une fois par mois, le samedi à 15h : souvent, un auteur vient raconter son livre.

LIVRES ET LOGICIELS – ORDINATEUR

Camelot Info

1187, Place Phillips
Angle : boul. René-Lévesque
Tél. : 861-5019
Heures : lundi au mercredi de 8h30 à 18h, jeudi et vendredi de 8h30 à 21h, samedi de 9h à 17h et dimanche de 10h à 17h

Voici une bonne adresse pour magasiner parmi plus de 15 000 livres traitant d'informatique (IBM et MacIntosh) et plus de 2 000 logiciels. On offre une vaste sélection en anglais et en français (environ le tiers des articles) et de livres sur tous les sujets reliés à l'ordinateur, que ce soit éducatif ou pour le divertissement. Autres magasins : 1, Place Ville-Marie (861-7400); Carrefour Laval (450-682-2289); Côtes-des-Neiges (342-2772). www.camelot.ca

Info Livres Plus+

1245, rue University
Angle : rue Cathcart
Tél. : 878-2522
Heures : lundi et mercredi de 10h à 18h, jeudi et vendredi de 10h à 20h, samedi de 10h à 17h, dimanche de midi à 17h

Dans ce magasin, la moitié des livres sur l'informatique sont réduits de 50 %. Pour les publications plus récentes, on vous offre un rabais de 15 %. En plus de ces promotions, regardez pour le coin des liquidations à 0,99 $.

LIVRES – VOYAGE

Librairie Ulysses

4176, rue Saint-Denis
Angle : rue Rachel
Tél. : 843-9447
Heures : lundi au mercredi et samedi de 10h à 18h, jeudi et vendredi de 10h à 21h, dimanche de 11h à 17h30

Cette librairie se spécialise dans les livres de voyage, les guides touristiques et les cartes routières en anglais et français. Autre magasin : 560, ave. du Président-Kennedy (843-7222). www.ulysses.ca

MAGIE

Magie Parfaite

4781, avenue Van Horne, suite 206, Snowdon
Angle : avenue Victoria
Tél. : 738-4176
Heures : lundi au mercredi et vendredi de 10h à 17h, jeudi de 10h à 19h30 et samedi (appellez à l'avance)

Pour les magiciens amateurs et professionnels ou toute personne qui aime s'amuser, rendez-vous dans ce magasin installé depuis 27 ans pour trouver de nombreux tours et de l'équipement. Vous pouvez obtenir un ensemble de magicien débutant rempli de tours profession-

nels pour environ 20 $. Voilà un cadeau merveilleux pour commencer. On offre aussi un cours débutants pour adultes pour apprendre la technique, la présentation et la magie de gros plans. Des livres et des cassettes vidéos sont aussi offerts. Vous pouvez même louer un piano automatique de musique *ragtime* pour égayer votre spectacle. www.perfectmagic.com

Magie Spectram

1592, rue Jean-Talon Est
Angle : avenue Papineau
Tél. : 376-2312
Heures : régulières

Depuis 10 ans, cette boutique offre par magie des tours, des accessoires de jonglerie, du faux sang, mais aussi des accessoires amusants comme le gag classique de la poignée de main électrique, les coussins péteurs, les poulets en caoutchouc, des trappes pour les doigts, l'encre invisible, etc. Les débutants peuvent commencer avec des livres et des ensembles (Magic Show, Merlin Magic School), des cassettes vidéo éducatives ou prendre des cours (9 ans et plus). Lorsque vous êtes prêts à montrer de quoi vous êtes capable, vous pouvez acheter des perruques, des gants, des chevalets, des éléments pyrotechniques et des poupées ventriloques. www.spectram.com

MATÉRIEL POUR LE DÉMÉNAGEMENT

Magasin Festival

8282, ch. de la Côte-de-Liesse,
Ville Saint-Laurent
Angle : Montée de Liesse
Tél. : 340-1119
Heures : lundi au vendredi de 8h30 à 17h (samedi de 9h à 15h de mai à septembre)

Propriété d'un fabricant de caisses en carton ondulé, voilà l'endroit où vous pouvez acheter des boîtes (informez-vous des boîtes d'occasion) variant entre 2 pi^3 et 6 pi^3, pour le déménagement, l'entreposage (boîte-classeur à 2,76 $) et l'expédition. Il y a également des boîtes spéciales pour les miroirs, les oeuvres d'art, les abat-jour, les albums en vinyle, la vaisselle et le cristal ainsi que la garde-robe. L'emballage protecteur pour l'expédition comme l'emballage à bulles, le papier journal sans encre, le papier de soie, les flocons de plastique et les grands emballages en plastique pour les matelas et les canapés est aussi offert. Vous pouvez louer des couvertures de déménagement, des diabolos pour le réfrigérateur et le piano ainsi que des courroies pour les appareils ménagers. Ce commerce recycle en rachetant les boîtes presque neuves. www.ml-group.com

MATÉRIEL D'ARTISANAT

Artisanat Hano

162, boul. Saint-Jean Baptiste, Châteauguay
Angle : boul. Sainte-Marguerite
Tél. : 450-691-6310
Heures : régulières

Depuis 20 ans, ce magasin offre un éventail complet de matériel d'artisanat : des fleurs séchées et en soie, des paniers, des ensembles pour confectionner des bougies, des moules pour le chocolat, des accessoires de mariage incluant des rubans et de la dentelle, des fournitures pour la peinture décorative et même une boutique de tissus au sous-sol où vous trouverez de la mousse. Ce commerce offre également des cours de peinture décorative, d'arrangements floraux et des cours pour enfants. Informez-vous de la carte de membres pour obtenir des escomptes.

Brickpoint Needlework

318, ave. Victoria, Westmount
Angle : boul. de Maisonneuve
Tél. : 489-0993
Heures : mardi au samedi de 11h à 17h

Ouverte depuis plus de 40 ans, cette boutique est gérée par une équipe de mère et fille depuis maintenant 20 ans. La moitié de la boutique est dédiée à la tapisserie à l'aiguille; l'autre partie, au tricot. On vous offre de la laine et du fil provenant de partout au monde : Norvège, France, Italie, Angleterre, Allemagne, Nouvelle-Zélande, Irlande. Il y a des tonnes de livres de patrons et même des patrons rétro authentiques que vous pouvez copier. Les leçons individuelles sont très populaires et les cours débutent habituellement en septembre. Cette boutique est réputée pour son service de finition pour les coussins, les bancs de piano, les draperies, les butoirs de porte, les bas de Noël et même les sacs à main.

British Blueprint Co.

1831, rue Sainte-Catherine Ouest
Angle : rue Saint-Mathieu
Tél. : 935-9919 ou 935-8550
Heures : lundi au mercredi de 8h30 à 17h45, jeudi au vendredi de 8h30 à 20h45, samedi de 9h à 17h

En entrant dans ce magasin familial rénové qui fêtera ses 60 ans, vous serez fasciné par la chaleur et l'ambiance d'autrefois, la senteur de la peinture à l'huile et le service amical comme dans le bon vieux temps. Tout le matériel habituel pour l'encadrement, les arts et le dessin (peintures, papiers, colles, toiles, brosses, portfolios, etc.) est encore offert. Des cours sont offerts et les étudiants et les personnes âgées peuvent obtenir un rabais de 10 %. www.britishblueprint.com

Emilia Craft Studio

145, boul Maple, Châteauguay
Angle : boul. Saint-Francis
Tél. : 450-692-5554
Heures : régulières et dimanche de midi à 17h

Rendez-vous dans ce centre commercial pour acheter des fournitures pour la peinture décorative, des objets en céramique à peindre, des livres de motifs, des pièces en bois, des fleurs séchées, des rubans, des abat-jour, des perles, du matériel pour confectionner des chandelles (gel ou cire), du matériel pour la broderie (fil DMC, bourre de soie, laine) en plus de trouver un propriétaire très aimable.

L'ami de l'artisan

274, ch. Bord-du-Lac, Pointe-Claire
Angle : rue de Lourdes
Tél. : 694-0816
Heures : régulières et dimanche de midi à 17h

Ce grand magasin est devenu l'endroit à ne pas manquer pour les amateurs de peinture décorative (tabourets, malles à trousseau, cintres, plateaux, tablettes). À part les pièces de bois non traités, on peut couper des pièces sur mesure pour vos projets de création. Vous pouvez suivre des cours grâce auxquels vous pourrez créer de magnifiques objets décoratifs. www.lamidelartisan.com

L'Oiseau Bleu Artisanat

4146, rue Sainte-Catherine Est
Angle : boul. Pie IX
Tél. : 527-3456
Heures : régulières et dimanche de midi à 17h

Le doyen des magasins d'artisanat de Montréal (depuis 1952) ne cesse de s'agrandir pour continuer d'offrir tout le nécessaire pour le dessin, la peinture décorative, le découpage, le pochoir, le faux fini, le moulage du chocolat et de savon, les étampes en caoutchoucs, les mosaïques, le lettrage, la fabrication de chandelles et de poupées, le tricot, la tapisserie à l'aiguille et la broderie. Il y a également des fleurs séchées, des perles diverses, de la pâte Fimo, du rotin, des chapeaux en paille, des paniers, du ruban et beaucoup plus encore. www.loiseaubleu.com

La Maison Calico

324, ch. Bord-du-Lac, Pointe-Claire
Angle : rue du Golf
Tél. : 695-0728
Heures : lundi au mercredi et samedi de 9h à 17h, jeudi de 9h à 18h, vendredi de 9h à 18h, dimanche de 11h à 17h

En entrant dans cette vieille maison, laissez-vous séduire par le décor et l'artisanat qui vous rappelleront vos bons souvenirs. Les gens créatifs et doués voulant créer une courtepointe, des fronces, des oursons en peluche, des appliqués, de la broderie au ruban de soie et, même de l'aquarelle ou de la mosaïque en papier peuvent se rendre dans ce magasin pour y prendre des cours et acheter du matériel comme des dés à coudre faits à la main. Le magasin est rempli d'idées-cadeaux et quelques pièces de dentelle faites à la main sur place ou importées. Les délicieux arômes proviennent du salon de thé et de café situé à l'arrière.

Le Petit Bonnet Bleu

2923, boul. Saint-Charles, Kirkland
Angle : boul. Hymus
Tél. : 697-1627
Heures : lundi au mercredi et vendredi de 9h30 à 18h, jeudi de 9h30 à 21h, samedi de 9h30 à 17h, dimanche de midi à 17h

La peinture décorative est, depuis longtemps, très populaire et cette petite boutique vous propose des pièces en bois à peindre (portemanteaux, chaises pour enfant, boîtes à outils, lampes, canards décoratifs, cabanes à oiseaux, boîtes rondes, écritoires à pince, etc.) en plus des cours de peinture décorative, de rougissage à l'huile, d'aquarelle, de calligraphie, de dessin, de gravure sur verre, de faux fini ainsi que des cours pour les enfants et les adolescents. Si vous visitez la boutique pendant la journée porte ouverte, vous économiserez 10 % sur les pièces en bois ou 15 % sur les cours. www3.sympatico.ca/mews.bonnet.htm

Les Artisans d'Aujourd'hui

4563, boul. St-Charles, Kirkland
Angle : rue Oakwood
Tél. : 624-1992
Heures : régulières et dimanche de midi à 17h

Ce magasin mise sur les créations florales. On vous propose une multitude de couronnes, des paniers, des rubans et des cordons, le nécessaire pour l'art topiaire et de formes pour le papier mâché. On y trouve également le matériel pour la peinture décorative, des abat-jour troués, de la cire d'abeille et des estampes. Renseignez-vous des cours à prix très abordable (peinture décorative, artisanat floral et victorien ainsi que des cours pour enfants et des ateliers pour des fêtes d'anniversaires d'enfants !). www.lesartisans.com

Les Décorateurs de Montréal

251, rue Sainte-Catherine Est
Angle : rue Sainte-Élizabeth
Tél. : 288-2413
Heures : lundi au mercredi de 8h30 à 18h, jeudi et vendredi de 8h30 à 21h, samedi de 8h30 à 17h

Seuls les artistes dans le secret qui peignent des faux finis connaissent ce magasin incontournable pour s'approvisionner en pinceaux, pochoirs, éponges de mer, poudres de bronze pour couleurs métalliques, pigments naturels (peinture à l'huile ou au latex), peinture Hammerite pour le métal, teinture pour le bois, peinture fluorescente, peinture à la caséine, solution pour créer des fissures, cire d'abeille et des préparations pour le moulage. Il y a du matériel pour les maquettes, les formes en fils de fer, les agents ignifuges pour accélérer le séchage de la peinture, la peinture sur verre et de l'emballage à bulles pour protéger toutes vos œuvres. Maintenant que vous connaissez le secret, vous pouvez y prendre également des cours.

Les Lainages du Petit Mouton

295-B, boul. Saint-Jean, Plaza Pointe-Claire
Angle : autoroute 20
Tél. : 694-6268
Heures : régulières et dimanche de 11h à 16h (fermé le dimanche de mai à août)

Voici un endroit pratique dans l'Ouest de l'île pour répondre à tous vos besoins de tricot et de tapisserie èa l'aiguille (petit point). Un choix de plus de 1 000 livres, y compris des patrons conçus par des designers du Canada et d'ailleurs (Lily Chin, Jo Sharp). Vous y dénicherez également les toiles et les tissus Aida et Hardanger, les fils DMC, Balger et Caron, les fils Weeks Dye Works, les tapisseries Margot, la laine Patons, Misson Falls, Berroco et Sirdar ainsi que les aiguilles Bryspun. Vous serez impressionnés par le grand choix de plus de 185 couleurs de rubans de soie YLI. On offre des cours de tricot, de crochet et de broderie.

Omer DeSerres

2134, rue Sainte-Catherine Ouest
Angle : rue Atwater
Tél. : 938-4777
Heures : lundi au mercredi de 8h30 à 19h, jeudi et vendredi de 8h30 à 21h, samedi et dimanche de 9h30 à 17h

Cette chaîne vend un vaste éventail de matériel de qualité pour les artistes : papiers, crayons, chevalets, peintures, crayons à dessin spécialisés, crayons pour calligraphie, matériel d'art, estampes, papier origami, compresseurs, portfolios, cadres et livres sur les arts. Un escompte de 10 % est offert aux étudiants.

Autres magasins : 334, rue Sainte-Catherine E., 842-OMER (cours de graphisme offerts); 3705, boul. Taschereau (450-443-6669); 1604, rue de l'Avenir, Laval (450-682-2019). www.omerdeserres.com

Tandy Produits de cuir

4564, rue Papineau
Angle : avenue Mont-Royal
Tél. : 526-6298 ou 800-315-0660
Heures : lundi au mercredi de 9h à 17h30, jeudi et vendredi de 9h à 19h, samedi de 9h à 16h (samedi de 9h à 13h en été)

Depuis l'époque des premiers colons, l'art de travailler le cuir persiste. Ce magasin unique vend toutes les fournitures nécessaires pour la fabrication de vêtements de cuir, de portefeuilles, de ceintures, de mocassins, etc. On vend le cuir seul également, que ce soit du cuir de veau, de la peau de porc, de daim, de chèvre, de mouton ou de lapin. On trouve tout le matériel pour l'artisanat amérindien comme les perles, les plumes et le crin de cheval. Contactez-les pour obtenir un catalogue gratuitement. On y donne des cours pour débutants pour le travail du cuir.

MAILLOTS DE BAIN ET RETOUCHES DE SOUTIENS-GORGE

Bikini Village

6586, rue Saint-Hubert
Angle : rue Beaubien
Tél. : 271-5599
Heures : régulières et dimanche de midi à 17h

Les maillots de bain ne sont plus un vêtement essentiel uniquement pour la saison estivale. Il y a tellement de personnes qui voyagent ou qui se baignent à la piscine de leur centre sportif ou de leur édifice à appartements que cette chaîne répond aux besoins du marché. Cette chaîne de magasins vend principalement des maillots pour femmes (tailles régulières jusqu'à 44 et maillots de maternité), mais on y offre également quelques modèles pour hommes et pour enfants. Vous y trouverez des marques connues : Catalina, Speedo, Kiwi, Jantzen, Gottex, Christina et des importations françaises. Autres magasins : 1334, rue Sainte-Catherine O.; Carrefour Laval; Mail Champlain; Centre

Rockland; Place Vertu; Place Versailles; Magasin de liquidation : 2727, boul. Taschereau (450-923-1212). www.bikinivillage.com

La Tour Eiffel

6975, rue Saint-Hubert
Angle : rue Bélanger
Tél. : 276-0347
Heures : régulières (fermé de janvier à mars)

Rien ne dénude l'âme... et le courbes comme un maillot de bain. Quand l'inévitable survient et que vous devez porter un maillot, mais que les tailles régulières ne vous conviennent pas, essayez ce magasin. On y trouve un vaste éventail de maillots et une couturière pour faire des retouches sur ceux-ci ainsi que sur des soutiens-gorge (jusqu'à 52 I) et des gaines. Les femmes qui portent des prothèses seront heureuses de découvrir ce magasin.

Lili-les-Bains

1336, rue Notre-Dame Ouest
Angle : rue Peel
Tél. : 937-9197
Heures : mercredi au samedi sur rendez-vous

Consciente de la mode et extrêmement amicale, la propriétaire et designer de cette boutique utilise seulement des tissus importés d'Italie qui respectent des critères stricts de souplesse et de durabilité. Peu importe la taille, les femmes se réjouiront des maillots de bain sur mesure hauts en couleurs. Le coût varie entre 295 $ et plus. Des cache-maillots et des vêtements se vendent également ici. Ne manquez pas les vêtements de voyage (pantalons, paréos, chapeaux, colliers magnétiques) dans Le Petit Salon de Lili.

MATERNITÉ

Formes

2185, rue Crescent
Angle : rue Sherbrooke
Tél. : 843-6996
Heures : lundi au mercredi de 10h à 17h30, jeudi et vendredi de 10h à 18h, samedi de 10h à 17h, dimanche de 13h à 17h (octobre à décembre)

Nous avons été la première ville en Amérique du Nord qui a pu profiter des vêtements de maternité de designers français. La collection exclusive de Daniel Boudon et son équipe permet aux femmes enceintes (tailles 38 à 44 et 3 à 14) d'avoir une allure très chic jusqu'à ce que bébé soit né.

MÉDIEVAL

Boutique Médiévale La Table Ronde

1600, boul. Le Corbusier, Centre Laval
Angle : boul. Saint-Martin
Tél. : 450-681-5686
Heures : régulières et dimanche de midi à 17h

Si vous rêvez de chemises à manches bouffantes, de robes lacées, de vestes et de capes, voici l'endroit à ne pas manquer. Vous pourrez agencer le tout avec les bijoux, admirer l'épée de Lancelot, boire dans des gobelets en étain, acheter une boule de cristal et de la musique médiévale. Vous pouvez commander votre généalogie sur parchemin pour 13,95 $ ou les armoiries de votre famille. Autres magasins : Place Rosemère (450-434-5126); Carrefour Laval (450-682-9320).

Excalibor

122, rue Saint-Paul Est, Vieux-Montréal
Angle : Place Jacques-Cartier
Tél. : 393-7260
Heures : dimanche au mercredi de 10h à 18h, jeudi et vendredi de 10h à 21h (hiver) et tous les jours de 10h à 21h (été)

Richard Cœur de lion aurait pu magasiner ici. Il aurait choisi une trousse pour confectionner une chemise en cotte de mailles, des vêtements pour sa dulcinée, un livre avec une reliure en cuir, des chandeliers en étain, des gargouilles et, bien sûr, une épée pour les Croisades. Pour 13,95 $, vous pouvez acheter un parchemin expliquant l'historique de votre nom de famille. Autre magasin : 4400, rue Saint-Denis (843-9993). www.excalibor.com

L'Échoppe du Dragon Rouge

3804, rue Saint-Denis
Angle : rue Roy
Tél. : 840-9030
Heures : lundi au mercredi de 11h à 18h, jeudi et vendredi de 11h à 21h, samedi de 10h à 18h, dimanche de 11h à 17h

Si vous voulez voir une joute à l'épée, dirigez-vous dans ce magasin. Vous pouvez décorer avec des chandelles, des statues, des gobelets, des miroirs et, sans oublier, une arbalète. Vous pourrez vous habiller de vêtements et de bijoux médiévaux. Des livres et des dc de musique médiévale sont également vendus. On offre aussi un sceau à la cire pour décorer vos lettres.

MEUBLES – CUIR

Meubles Re-No

2673, avenue Charlemagne
Angle : ave. Pierre-de-Coubertin
Tél. : 255-3311 ou 800-363-1515
Heures : lundi au mercredi de 9h30 à 17h30, jeudi et vendredi de 9h30 à 21h, samedi de 10h à 16h

Si vous acceptez de sortir un peu des sentiers battus, vous pouvez bénéficier des modèles ingénieux qu'offre cette entreprise en affaire depuis trois générations (42 ans). Ils offrent des meubles de cuir de qualité en provenance de Scandinavie, des unités murales, des sofas, des tables laquées et du verre gravé (Fasem, Fiam, Molinari, Porada et Reflex) à environ 30 % de rabais. On vous offre également un service de décoration à domicile et une vaste sélection de tissus. Allez jeter un coup d'œil au troisième étage pour les articles en liquidation. www.mreno.com

MEUBLES – SOFAS SUR MESURE

Biltmore

4419, boul. Saint-Laurent
Angle : rue Marie-Anne
Tél. : 288-SOFA ou 844-3000
Heures : régulières

Enfin, un magasin où l'on peut commander un sofa sur mesure, en choisir le tissu, le rembourrage (mousse, plume, duvet), le style et la taille parmi les 20 différents modèles. Ceux-ci peuvent être convertis en canapé-lit. On les fabrique pour convenir à vos besoins (plus profond ou plus haut). Le rembourrage et les housses sont aussi offerts. Donc, apportez une photo de votre salon pour agencer le sofa à votre décor. On offre le service de consultation à domicile à partir de 75 $. www.biltmore.com

MIROIRS

Ô Miroir

4556-B, boul. Saint-Laurent
Angle : avenue Mont-Royal
Tél. : 282-0900
Heures : lundi au vendredi de 10h à 18h, samedi de 10h à 17h et dimanche de 13h à 17h

Si vous cherchez des miroirs, ne perdez pas votre temps avec les quelques modèles offerts dans les magasins de meubles : dirigez-vous directement là où le choix est incomparable. Regardez les modèles sur les murs et les panneaux mobiles à droite du magasin pour voir toute la sélection : miroirs contemporains, en métal, garnis de mosaïque, en fer forgé, sur pied et, bien sûr, les miroirs en dorure. Vous pouvez également commander le modèle qui vous plaît dans d'autres dimensions.

MOULURES

Langevin & Forest

9995, boul. Pie-IX, Montréal-Nord
Angle : boul. Industriel
Tél. : 322-9330 ou 800-889-2060
Heures : lundi au mercredi de 8h à 18h, jeudi et vendredi de 8h à 21h, samedi de 8h à 17h

Si vous étiez un termite au palet délicat, cet endroit serait l'endroit rêvé ! Ils vendent 95 sortes de bois exotiques en provenance du monde entier. Il y a des moulures en cèdre, en frêne, en acajou, en chêne, en érable, en bouleau et, évidemment, en pin. Ils peuvent agencer les moulures existantes dans votre maison en plus de préparer et tailler le bois. Dans leur nouveau magasin de 8 000 pieds carrés, on vous propose environ 16 000 d'articles difficiles à trouver, environ 2 000 livres sur le travail du bois en plus des tablettes et des contenants remplis de pièces de bois faites au tour (même des boîtes) pour faire des meubles, des jouets et même des cannes pour les sièges de chaise.

Maison de Contreplaqué

7032, ch. de la Côte-des-Neiges, suite 3
Angle : ave. de Courtrai

Tél. : 731-3363
Heures : lundi au vendredi de 9h à 17h
(sur rendez-vous)

Pour embellir la décoration d'une pièce avec des moulures avec une corniche, des traverses de chaises, des plafonds en étain, des colonnes et des appliqués, cette salle d'exposition est une destination incontournable depuis 39 ans. Il offre un choix énorme de jalousies californiennes et des portes françaises sur mesure.

Stuc Nola

4345, rue Majeau, Montréal-Nord
Angle : boul. Pie-IX
Tél. : 721-0343
Heures : lundi au vendredi de 9h à 17h,
samedi de 9h à 13h

Si vous désirez redécouvrir l'art des moulures en plâtre décoratives et donner à votre demeure l'ambiance des vieux pays ou si vous rénovez une maison ayant des moulures semblables, cette famille d'artisans fabrique des modèles sur mesure. Ils excellent dans la tradition de la création de colonnes, de rosaces, de corniches, de consoles, d'angles et d'engravures. www.stucnola.com

OISEAUX ET REPTILES

La Maison De La Nature / Wildlifers

90, ch. Morgan, Plaza Baie d'Urfé
Angle : autoroute 20
Tél. : 457-4144
Heures : lundi au mercredi de 10h à 18h,
jeudi et vendredi de 10h à 19h, samedi de
10h à 17h

Dans ce magasin, on met l'accent sur l'ornithologie en offrant une belle sélection de mangeoires (suif, arachides et toutes les autres variétés), de nourriture pour oiseaux et d'accessoires (jumelles Bausch & Lomb et Bushnell). Le thème des oiseaux occupe une bonne partie du restant de la marchandise. Vous y trouverez des chandails de coton ouaté, des guides d'excursions, des disques compacts, des calendriers, des cravates, des épinglettes, de la papeterie, des napperons, des sous-verres, des chapeaux Tilley et des cartes à jouer à l'effigie des oiseaux. Il y a également des activités scientifiques pour les enfants, des jeux et des livres. Des pièges anti-douleur Havahart pour les souris,

les ratons-laveurs et les écureuils peuvent être loués à la journée (2,75 $ à 5 $ par jour).

Nature Expert

7950, rue Marseilles
Angle : boul. Honoré-Beaugrand
Tél. : 351-5496
Heures : lundi au mercredi de 9h30 à 18h,
jeudi et vendredi de 9h30 à 19h, samedi de
9h30 à 17h

Les chants mélodieux des oiseaux vous séduiront lors de votre magasinage dans le plus grand magasin consacré aux oiseaux dans l'Est du Canada. Il y a environ 2 000 livres sur les oiseaux, des jumelles (Zeiss, Swarofski, Pentax, Bausch & Lomb, Tasco, Bushnell, Nikon), des graines d'oiseaux, des mangeoires pour chaque espèce, de l'art, des magazines, des cartes ornithologiques et une centaine de modèles de maisons et perchoirs. Vous pouvez acheter une cassette, DC ou vidéo de chants d'oiseaux, acheter une maison à logements pour oiseaux ou vous procurer un oeuf d'autruche peint. www.ccfa.qc.ca

Reptile Dépôt

3618, rue Notre-Dame ouest
Angle : rue Atwater
Tél. : 933-1916
Heures : mardi et mercredi de 11h à 18h,
jeudi et vendredi de midi à 21h, samedi et
dimanche de 10h à 17h

Si les serpents, les lézards, les iguanes, les scorpions, les caméléons et les tortues sont votre dada, vous serez au paradis dans ce grand magasin aux odeurs nauséabondes. Les reptiles ont, pour la plupart, été élevés en captivité dans leur propre lac ou un étang ou bien par des éleveurs de renom.

PLANCHES – ROULETTES ET NEIGE ET **PATINS À ROUES ALIGNÉES**

Diz

48, ave. Westminster Nord, Montréal-Ouest
Angle : rue Sherbrooke
Tél. : 486-9123
Heures : lundi au mercredi de midi à 18h,
jeudi et vendredi de midi à 21h, samedi et
dimanche de midi à 17h

Mis sur pied par deux frères, ce magasin vend
toutes les planches à roulettes, les planches à
neige et de l'équipement protecteur. Visitez
ce commerce pour son immense choix des
meilleures marques de patins à roues alignées,
les vêtements Hurley, les planches à roulettes
(Anti-Hero, Black Label, Element, Birdhouse),
les planches à neige (Nitro, LibTech, Burton,
Ride et Gnu). Ils ont une machine pour mouler
les bottes et une meule pour sabler la base de
la planche.

En Équilibre

2765, boul. de la Concorde Est, Laval
Angle : rue Champlain
Tél. : 450-661-0571
Heures : régulières et dimanche de midi à 17h

Cette boutique offre, au deuxième étage, tout
l'équipement et les vêtements de marques pour
la planche à roulettes et la mode urbaine. Dans
les chaussures, on offre les marques DC, ES,
Emerica, Globe, Ethnies; les vêtements, Vol-
com, Split, Quicksilver, Roxy, 3 Stone, Four
Square, Bonfire. Pour le planche nautique, il y
a les vêtements Hyperlink et pour la planche à
roulettes (World Industry, Birdhouse, Zero,
Black Label, Blind, Planet Earth, Element). Au
sous-sol, vous pourrez vous approvisionner
en planches à neige (Burton, Salomon, Lib
Technology, Forum) et en bottes (Burton, Vans,
Northwave, DC). On y fait les réparations
aussi. www.enequilibre.com

Montréal En-Ligne Plus

55, rue de la Commune, Vieux-Montréal
Angle : rue Saint-Sulpice
Tél. : 849-5211
Heures : Tous les jours de 10h à 20h (fermé
de novembre à mars)

La plupart des gens que vous voyez en patins
à roues alignées dans le Vieux Port ont probablement loué leurs patins dans cette boutique
ouverte depuis 13 ans. Vous pouvez également
acheter des patins (Salomon, K12), soit
neufs ou d'occasion dans un choix de plusieurs
marques. On vend et on loue également des
mobylettes et des vélos.

PLANTES ET ARBRES

Calfolia/Le Plantrepot

1250, rue Beaulac, Ville Saint-Laurent
Angle : boul. Côte Vertu
Tél. : 956-9856
Heures : lundi au jeudi de 9h à 17h, vendredi
de 9h à 21h, samedi de 10h à 17h

Vous aussi pouvez recréer votre voyage en
amoureux à Tahiti chez vous grâce à cette entreprise si novatrice qui utilise trois sortes d'arbres artificiels : on peut ajouter à votre décor
des troncs en plastique, des troncs naturels
importés avec un feuillage en tissu ou des
espèces préservées naturellement. Ils peuvent
fabriquer les arbres selon vos critères de
grandeur, de couleur ou même la direction des
feuilles. Bien sûr, vous pouvez également choisir
un modèle offert sur le plancher de ventes en
plus des produits naturels de la forêt, du bois
noueux, des pots géants et créez un arrange-
ment vous-mêmes !

Planterra

2275, ch. Saint-François, Dorval
Angle : boul. Hymus
Tél. : 684-1711
Heures : lundi au vendredi de 7h30 à 17h,
samedi de 9h à 16h

Aimeriez-vous posséder votre arbre à vous
sous lequel vous pourriez vous asseoir et lire ?
Dans cet immense serrre, vous pouvez acheter
ou louer des plantes tropicales comme le yucca de 6 pieds pour environ 150 $ ou des arbres
de toutes les tailles, qu'ils soient naturels ou
artificiels. Des plateaux de 60 cactus de 1 pieds
et demi sont vendus à 60 pour 90 $ pour com-
mencer un mini-jardin. www.planterra.ca

PLONGÉE SOUS-MARINE ET SURF

Au Vent Fou Warehouse

3839, rue Saint-Jean-Baptiste Sud,
Montréal-Est
Angle : boul. Métropolitain, sortie 83
Tél. : 640-3001 ou 800-336-2126
Heures : lundi au vendredi de 10h à 18h,
samedi de 10h à 17h (appelez pour les heures
d'ouverture en soirée pour jeudi et vendredi)

Bruce Willis est venu ici pour acheter des vêtements de plongée sous-marine pour ses enfants. Le magasin offre des combinaison pour hommes et femmes. Environ un article sur deux est réduit. Il y a de la marchandise de liquidation, donc vous pouvez économiser jusqu'à 60 % sur les planches nautiques, les planches à voile, les skis nautiques, les kayaks, les accessoires pour le surf cerf-volant, les tuyaux et les gilets de sauvetage.

La Boutique Sharks

313-E, boul. Cartier Ouest, Laval
Angle : avenue Ampère
Tél. : 450-663-5543 ou 800-473-5543
Heures : régulières et dimanche de midi à 17h

Voici la boutique spécialisée dans l'équipement de sports nautiques la plus connue à Montréal. Attaquez la vague sur votre planche de surf (Loco Motion, Wave Riding Vehicle, Hawaiian Style), vos skis nautiques, votre planche nautique, votre planche à voile (Mistral, Kinetic, Neil Pryde, Hi Fly) ou un surf cerf-volant (*windsurfing*). Pour l'hiver, il y a des planches à neige (Rossignol, Option, Sims), des vêtements (nfa, Arson, 3 Stone, Quiksilver/Roxy, Billabong, Cabrinha, Naish), des accessoires et des modèles d'occasion. On peut réparer vos accessoires également. Informez-vous du club de planche à voile sur l'île Margarita. www.sharksco.com

Sports Nautiques Waddell

6356, rue Sherbrooke Ouest, N.-D.-G.
Angle : avenue Westhill
Tél. : 482-1890
Heures : lundi au vendredi de 9h à 21h,
samedi et dimanche de 9h à 18h (en été, le
samedi de 9h à 21h)

Il doit y avoir beaucoup d'amateurs de plongée sous-marine à Montréal pour que ce magasin puisse tourner à plein régime pendant toute l'année. Tout le nécessaire pour la plongée sous-marine est assemblé pour vous : réservoirs, régulateurs, ouvrages de commande de flottabilité, masques, combinaisons provenant des plus importants fabricants (U.S. Divers, Sherwood, Aqualung, Whites, Bare, OMS). Vous trouverez dans ce livre une section sur les cours de plongée sous-marine. www.total-diving.com

SACS

Joy Sacs

319, ch. Bord-du-Lac, Pointe-Claire
Angle : rue Saint-Joachim
Tél. : 695-2608
Heures : lundi au vendredi de 10h à 18h,
samedi de 10h à 17h, dimanche de midi à
17h (fermé le dimanche en janvier et février)

Ce commerce fabrique sur place toutes sortes de sacs spécialisés en Cordura, un nylon texturé enduit d'uréthane qui ressemble à une toile, imperméable, qui ne pourrit pas et ne moisit pas, ne se décolore pas et lavable à la machine, tout en étant beaucoup plus solide que la toile. On propose des sacs à main, des fourre-tout, des porte-documents, des sacs de voyage, des sacs en toile et des sacs d'école. Les coutures et les fermetures à glissière sont garanties à vie. Ils sont assez chers entre 25 $ et 175 $, mais vous les mettrez de côté avant qu'ils ne soient usés. Vous avez un grand choix de couleurs et vous pouvez même y faire broder un monogramme sur n'importe quel sac.

SALLE D'EXPOSITION DE MEUBLES DESIGN

Triede Design

385, Place d'Youville, suite 15, Vieux-Montréal
Angle : rue McGill
Tél. : 845-3225
Heures : lundi au vendredi de 10h à 18h,
samedi de 11h à 17h

Cet édifice fait office de salle d'exposition pour quelques entreprises de meubles de design européen haut de gamme provenant surtout d'Italie et d'Amérique. Vous y trouverez des articles de marques Amat, Arteluce, Flos, Baleri, Kartell, Andreu World, Punt Mobles, Ingo Maurer, Metalarte, Zanotta, Molteri-Cappellini et les accessoires Mepra dans un décor attrayant. Pour les tapis, dirigez-vous au magasin Toulemonde Bochart. Optez pour les échantillons en solde portant une étiquette jaune ou rouge.

SORBETS ET GELATI

Au Duc De Lorraine

5002, ch. de la Côte-des-Neiges
Angle : ch. Queen-Mary
Tél. : 731-4128 ou 731-8081
Heures : lundi au jeudi de 8h30 à 18h, vendredi de 8h30 à 18h30, samedi et dimanche de 8h30 à 17h

Bien qu'il soit presque impossible d'ignorer le comptoir de pâtisseries et les délicieux croissants, soyez sage pour l'instant en vous dirigeant directement vers le congélateur pour essayer les délicieuses friandises glacées. Pendant toute l'année, vous y trouverez de succulents sorbets (4 $, 7 $, 14 $) à la mangue, aux fruits de la passion, à la mandarine, aux pistaches, aux cassis, etc. ainsi que de la crème glacée à la praline, aux cerises noires, aux bleuets, au café, à la mousse au chocolat et à la vanille (3 $, 5 $, 10 $).

La Belle Italienne

5884, rue Jean-Talon Est, Saint-Léonard
Angle : rue Valdombre
Tél. : 254-4811
Heures: Dimanche au jeudi de 8h à minuit, vendredi et samedi de 8h à 2h le matin

Voilà le café du grossiste Ital Gelati, dont les produits sont vendus dans la section du congelé des supermarchés). Dans le bistro, on fabrique 16 saveurs de crème glacée (6 $ le litre) comme fudge mocha aux amandes, mangue, baies sauvages, kiwi, café ou melon d'eau. Des créations magnifiques sont offertes comme le gelati forma di frutti, des formes de fruits au

gelati ou des fruits fourrés au sorbet (pêche, melon, orange, citron, ananas, mangue, papaye et même noix de coco). Il y a aussi le *coppa di gelato*, une coupe de crème glacée dans laquelle on a mélangé des fruits frais. On vous propose le tartuffe, une boule de crème glacée à la vanille recouverte de chocolat, la bûche *cassata* aux noisettes et chocolat et le gâteau gelati pour un anniversaire ou un simple repas (fudge mocha aux amandes, pralines et crème, mousse au chocolat). Autres magasins (il s'agit du bureau de l'entreprise, mais vous pouvez acheter directement du congélateur) : 8390, rue Le Creusot, Saint-Léonard (ouvert lundi au samedi de 9h à 17h).

La Brioche Lyonnaise

1593, rue Saint-Denis
Angle : boul. de Maisonneuve
Tél. : 842-7017
Heures : Tous les jours de 9h à minuit (ouvert à 8h en été)

Les Français sont réputés pour l'excellence de leurs sorbets et cet établissement l'est également pour ses merveilleux sorbets aux saveurs naturelles de fruits. Les gens viennent de partout en ville pour déguster un délicieux sorbet et, bien sûr, les crèmes glacées maison.

Pâtisserie de Gascogne

6095, boul. Gouin ouest, Cartierville
Angle : rue Lachapelle
Tél. : 331-0550
Heures : Mardi au jeudi de 9h à 18h, vendredi de 9h à 19h, samedi de 8h30 à 17h30 et dimanche de 8h30 à 17h

Après un bon festin, pourquoi ne pas servir comme dessert léger un sorbet rafraîchissant ? On fabrique sur place les sorbets dans les saveurs de citron, chocolat, framboise, cassis, mangue ou fraise que l'on présente dans des créations glacées des plus impressionnantes. Autres magasins : 940, boul. Saint-Jean, 697-2622; Avec restaurant-café : 4825, rue Sherbrooke O. et 235, ave. Laurier O., 490-0235.

Roberto's Restaurant and Gelateria

2221, rue Bélanger Est
Angle : rue Sagard

Tél. : 374-9844
Heures : Dimanche au mercredi de 9h à 23h, jeudi au samedi de 9h à minuit

Épargnez-vous un voyage en Italie si vous désirez savourer un vrai gelati ! Cet endroit charmant sert des saveurs de glaces comme *zuppa inglese*, *baci*, amaretto, noisette, tiramisu, menthe, chocolat, café et pistache. Vous voulez savourer des sorbets aux fruits ? Ne vous inquiétez pas : il y a les saveurs de melon d'eau, bleuet, citron et plus encore. Le menu affiche aussi les *sundaes* assortis, la fantasie *di fruita*, le gelati aux boissons alcoolisées, les igloos et les gâteaux maison.

Terrasse Via Roma

7064, boul. Saint-Laurent
Angle : rue Jean-Talon
Tél. : 277-330l
Heures : lundi à mercredi de 11h30 à 22h, jeudi de 11h30 à 22h30, vendredi et samedi de 11h30 à 23h et dimanche de 11h30 à 22h

Les gelatis italiens mélangent la richesse de la crème glacée avec la texture glacée des sorbets pour vous offrir un dessert estival rafraîchissant. On offre tous les jours un choix de sept saveurs (café, nougat, chocolat, noisettes, amaretto, citron, banane et même vanille) que vous pourrez déguster sur la terrasse extérieure ou emporter à la maison.

STYLOS ET CRAYONS

La Maison du Stylo Peel

1212, rue Union
Angle : Carré Phillips
Tél. : 866-1340
Heures : lundi au vendredi de 8h à 18h, samedi de 10h à 16h (fermé le samedi de juin à août)

Pour ceux d'entre vous qui écrivent encore à la main (et non avec un traitement de texte !) et qui aiment la fluidité d'une VRAIE plume, cette boutique ouverte depuis 50 ans est le paradis pour les amateurs de plumes. On y trouve toutes les marques de plumes, de stylos et d'ensembles pour les bureaux (Waterman, Pelican, Sheaffer, Parker, Mont Blanc, Sensa, Omas, Caran d'Ache, etc). Les cadeaux peuvent être gravés au nom de la personne et un service de réparation est offert pour réparer

la plume en or que vous avez reçue comme cadeau de fin d'études (ou toute autre plume à laquelle vous tenez beaucoup).

TABAC

Davidoff Tabac

1458, rue Sherbrooke Ouest
Angle : rue Mackay
Tél. : 289-9118
Heures : lundi au mercredi de 10h à 18h, jeudi et vendredi de 10h à 21h, samedi de 10h à 18h, dimanche de 11h à 17h

Cette tabagie bien connue vend des cigares (Davidoff, Cohiba, Montecristo, etc.), des pipes et du tabac provenant de partout dans le monde. Vous trouverez ici tous les accessoires pour le fumeur, des boîtes à cigares en bois ou en argent, des coupe-cigares ainsi que des étuves pour entreposer les cigares à la maison et au bureau ainsi que de plumes haut de gamme comme Mont Blanc, S.T. Dupont, Graf von Faber-Castel, Montegrappa, des verres à pieds Riedel, de la porcelaine Rtizenhoff et des lampes Berger.

Henri Poupart

1474, rue Peel
Angle : rue Sainte-Catherine
Tél. : 842-5794
Heures : lundi au mercredi de 9h à 18h30, jeudi et vendredi de 9h à 21h, samedi de 9h à 18h, dimanche de midi à 16h

Depuis 1905, ce magasin est la plus chic tabagie de Montréal. Comme dans le bon vieux temps, chaque marque de cigarettes est rangée dans son tiroir en noyer. Ce magasin offre le plus grand choix de cigarettes, de cigares (oui, même cubains) et de tabac à pipe provenant du monde entier : États-Unis, Turquie, Italie, France, Cuba, Brésil, Hollande, Angleterre, Afrique du Nord et Écosse. On trouve également du tabac à chiquer et à priser. On passe aussi les pipes. De plus, on vend et répare les porte-plumes Mont Blanc, Lamy et Waterman.

La Casa del Habano

1434, rue Sherbrooke Ouest
Angle : rue Bishop
Tél. : 849-0037
Heures : régulières et dimanche de midi à 17h

Cet importateur canadien de cigares cubains vient tout juste d'ouvrir ce magasin de détail. À part les cigares, on y trouve également des étuves pour entreposer les cigares, des briquets, des coupe-cigares, des cendriers, du café cubain et de la musique. Il y a un lounge et un bar à expresso qui attirent les jeunes couples et les femmes. Pour un frais annuel de 500 $, vous pouvez louer un espace pour entreposer vos cigares dans l'étuve de cet établissement.

Tabagie Pat & Robert

1474, rue Ontario Est
Angle : rue Plessis
Tél. : 522-8534
Heures : lundi au samedi de 7h à 21h, dimanche de 8h à 21h

Si vous voulez voir une tabagie AUTHENTIQUE, ouverte depuis 34 ans, visitez ce magasin pour voir les feuilles de tabac, les machines à rouler les cigarettes et évidemment, le tabac à pipe et les cigares cubains, honduriens, dominicains, jamaïquains, nicaraguayens ainsi que les cigares Davidoff. Il y a aussi des coupe-cigares, des briquets et des cigarillos.

TABLES DE BILLARD

Canada Billard and Bowling

3300, boul. Saint-Martin Ouest, Laval
Angle : boul. Daniel-Johnson
Tél. : 450-963-5060
Heures : régulières

Cette compagnie ouverte depuis 1973 est le distributeur de boules de quilles Brunswick en plus de fabriquer ses propres tables de billard. Les queues de billard sont vendues entre 22,95 $ et 39,95 $ ou entre 55 $ et 2 000 $ pour une queue deux-pièces. Vous trouverez aussi des boules pour les quilles, des chaussures, des tables de jeu de hockey pneumatique, des jeux de palets américains (*shuffleboard*), des cibles de fléchettes, des jeux de soccer et même des lampes.

Palason Billiard

2363, 43ᵉ avenue, Lachine
Angle : ch. de la Côte-de-Liesse
Tél. : 631-1069
Heures : lundi au mercredi et vendredi de 9h à 18h, jeudi de 9h à 21h, samedi de 9h à 17h, dimanche de 11h à 17h

Depuis plus de 27 ans, cette famille mis ses talents en commun pour créer des tables de billard « faites au Québec » variant entre 1 295 $ et 6 000 $. Vous pouvez en faire fabriquer une sur mesure pour agencer votre décor selon la taille désirée. On vend aussi d'autres jeux de table (baby foot, jeu de hockey pneumatique et le Switch Top, qui comprend les jeux de ping pong, de hockey, de poker et de hockey dome). On offre également le plus grand éventail de queues de billiard (ensemble une-pièce à 40 $ et plus et deux-pièces à 50 $ et plus), des lampes, des vidéos et des tableaux de pointage. On peut réparer, recouvrir et donner des leçons privées. Maintenant, il est aussi possible d'acheter des étuves pour entreposer les cigares. www.palason.ca

TAPIS

Tapis Lipman Carpet

4240, ch. de la Côte-de-Liesse, V. Mont-Royal
Angle : rue Lucerne
Tél. : 737-5022
Heures : lundi au vendredi de 9h à 17h30, samedi de 9h à 16h (fermé le samedi en juillet et en août)

Cette entreprise familiale possède un choix impressionnant d'échantillons de tapis, (Karastan, Polo Ralph Lauren, Laura Ashley, Nourison, Frank Lloyd Wright, tapis Tufenkian, tapisserie Asmara et chemins d'escalier Jules Flipo). Ils se spécialisent dans les tapis sur mesure, la teinture, les bordures et les tapis non-standards. On vend aussi du tapis pour usage commercial, pour la cuisine et pour l'extérieur. Le service est très personnalisé et courtois; sa réputation s'est bâtie surtout grâce au bouche à oreille.

TISSUS

Mink's

1355, rue Greene, Westmount
Angle : rue Sherbrooke

Tél. : 937-3800
Heures : lundi au jeudi de 9h30 à 18h,
vendredi de 9h30 à 15h

Ne cherchez plus ailleurs : voici l'endroit idéal
pour trouver les tissus haute couture provenant
de France, de Suisse et d'Italie. Les couturières
de talent qui veulent créer des vêtements mode
en utilisant les mêmes tissus que les grands
couturiers trouveront les soies perlées à la main
de Valentino, les tissus exquis de Giorgio
Armani, Versace, Lacroix, Yves Saint-Laurent,
Ungaro, Gandini et Chanel. N'oubliez pas de
visiter le sous-sol : il y a une table et des penderies remplies d'aubaines.

VÊTEMENTS
DE TAILLES SPÉCIALES

Cadance Petite

7999, boul. des Galeries d'Anjou
Angle : rue Jean-Talon
Tél. : 351-0530
Heures : régulières et dimanche de midi à 17h

Pour les petites femmes (5 pieds 4, tailles 2 à
16 ans) qui aiment les vêtements bien propor-
tionnés, cette chaîne de magasins propose des
marques de designers (Simon Chang, Spanner,
Climax, Michael Phillips, EllJay, Jones N.Y., Conrad C, Hilary Radley, Dolce, Utex, Nuage) pour
une garde-robe complète. Autres magasins :
Promenades Saint-Bruno (450-441-4668);
Fairview Pointe-Claire (697-9978); Carrefour Laval
(450-681-1929); Mail Champlain, Charmante
(tailles petites et régulières) (450-671-2392).

Chic Chez Vous

22, rue Saint-Louis, Ville Lemoyne
Angle : rue Victoria
Tél. : 450-923-5933 ou 1 888 923-9366
Heures : Lundi au vendredi de 9h à 18h et
samedi de 9h30 à 17h

Depuis 15 ans, ce magasin se spécialise dans
les vêtements pour personnes âgées ou handi-
capées à mobilité réduite. Ils se rendent aux
résidences ou dans des maisons de repos pour
offrir des vêtements, des sous-vêtements et
des pantoufles. On porte une attention toute
particulière aux problèmes reliés à l'habil-
lage : velcro plutôt que boutons, ouvertures à
l'arrière pour les personnes alitées, tailles élas-

tiques. S'ils n'ont pas ce dont vous avez besoin,
ils tenteront de le trouver pour vous. Autre magasin : 3545, boul. Henri-Bourassa E. (326-1116).

Création Confort

6015, rue Louis-Hémon
Angle : rue Bellechasse
Tél. : 728-6889 ou 800-394-1513
Heures : mardi, mercredi et vendredi de 10h à
18h, jeudi de 10h à 20h, samedi de 9h à 17h

Cette boutique se consacre dans la vente de
vêtements pour les personnes alitées ou en
fauteuil roulant (hommes P à TG et femmes
TP à TTG). Dans de jolis tissus, on confectionnera pour vous des chemises, des pantalons, des robes, des sous-vêtements et des
peignoirs avec du velcro ou des attaches faciles.
Il y a une boutique mobile qui peut visiter les
centres pour les personnes âgées ou les hôpi-
taux. www.creationconfort.com

Grand'Heur

4131, rue Saint-Denis
Angle : rue Duluth
Tél. : 284-5747 ou 1 888 284-5747
Heures : mardi et mercredi de 11h à 18h,
jeudi et vendredi de 11h à 20h, samedi de
10h30 à 17h et sur rendez-vous

Les grandes femmes (5 pieds 8 et plus) se sentiront très à l'aise dans cette boutique (plafond
à 8 pieds de haut). Ce designer personnalise
ses patrons originaux pour vous, du prêt-à-
porter aux vêtements sur mesure, si vous
désirez changer de tissu pour un autre en stock.
Il y a environ 40 modèles de pantalons, de
vestes, de jupes, de robes, de peignoirs et de
jeans dans des modèles qui sauront plaire
autant aux jeunes qu'aux femmes plus matures.
Présentez votre carte d'étudiant et obtenez un
rabais de 10 %. www.grandheur.com

Jeannine Julien

1330, rue Beaubien Est
Angle : rue de Lanaudière
Tél. : 277-2779 ou 800-361-2779
Heures : mardi et mercredi de 10h à 18h,
jeudi et vendredi de 10h à 21h, samedi de
10h à 17h

Voici le magasin parfait pour les femmes de
taille forte pour acheter des sous-vêtements et
des vêtements mode (Lisa Marlene, Doris Stre-
ich, Eugen Klein dans les tailles 16 à 30). Ce

magasin au décor magnifique propose des chemises de nuit ravissantes, des maillots de bain (jusqu'à 28), des combinés, des jupons, des combinés-culottes, des pyjamas, des guêpières, des bustiers, des soutiens-gorge (jusqu'à 56l) et des culottes. La propriétaire sait trouver la bonne taille pour vous.

Les Vêtements du 3e âge

45-B, rue Green, Saint-Lambert
Angle : rue Victoria
Tél. : 450-672-8976
Heures : lundi au vendredi de 9h30 à 17h, samedi de 10h à 16h (été jusqu'à 15h)

Lorsqu'une personne vit une perte de mobilité et que son habillement devient un problème, cette boutique propose des vêtements qui s'enfilent facilement, garnis de fermetures en velcro au dos, d'ouvertures entières ou partielles, des braguettes de pantalon en velcro, des soutiens-gorge avec des attaches avant en velcro, des sacs pour cacher les jambes de personnes en fauteuil roulant, des ponchos de pluie plus court à l'arrière et même des sacs à main pour le fauteuil roulant. Vous pouvez également trouver du shampooing sans alcool.

M.H. Grover & Fils

4741, rue Wellington, Verdun
Angle : 3e avenue
Tél. : 769-3771
Heures : régulières et dimanche de midi à 17h

Depuis 1925, cette entreprise familiale habille les hommes qui ont de la difficulté à trouver des vêtements à leur taille. Des sous-vêtements aux vêtements sport, vous trouverez de tout, même des complets (jusqu'à 66), dans un éventail de prix raisonnables (Chaps, Nautica, Arrow, Guy La Roche, Tommy Hilfiger, Hathaway, Axis, Columbia). On offre des ensembles de course, des jeans (jusqu'à 80), des chemises sport ou habillées (jusqu'à 8TG), des pantalons chics (jusqu'à 80) ou en velours côtelé (jusqu'à 60), des ceintures (jusqu'à 80), des maillots de bain et des manteaux d'hiver (jusqu'à 8TG). www.groversbigandtall.com

VINS ET BIÈRES

Sélection

440, boul. de Maisonneuve
Angle : rue City-Councillor

Tél. : 873-2274
Heures : régulières et dimanche de midi à 17h

Les clients qui raffolent des bons vins, des cognacs, des portos, des scotchs rares, des grappas et des bières de micro-brasserie trouveront le décor élégant et le personnel compétent dans cette succursale spécialisée de la Société des Alcools du Québec. La sélection des vins est placée par région (Bourgogne, Champagne, Alsace, Italie, Californie, etc.) pour faciliter votre magasinage. Autres magasins : 4128, rue Saint-Denis (845-5630) et bien d'autres adresses. www.saq.com

VITRAUX

Centre du Vitrail de Montréal

1523, boul. Henri-Bourassa Est
Angle : boul. Hamel
Tél. : 389-7310
Heures : lundi au mercredi de 9h30 à 18h, jeudi et vendredi de 9h30 à 19h30, samedi de 9h30 à 17h (à l'automne, dimanche de midi à 16h)

Depuis 25 ans, cet endroit fait office de magasin de détail et de gros pour tout le nécessaire pour la fabrication des vitraux. Vous pouvez prendre des cours ou encore, si le talent artistique vous échappe, acheter une lampe de style Tiffany, une fenêtre ou une porte superbes garnies de vitrail ou des vitres sablées et du verre thermoformé. On y fait aussi les réparations.

Les Verriers Saint-Denis

4326, rue Saint-Denis
Angle : rue Marie-Anne
Tél. : 849-1552
Heures : Mardi et mercredi sur rendez-vous, jeudi et vendredi de 11h à 19h, samedi de 10h à 17h, dimanche de midi à 17h

Afin de donner une touche décorative à votre maison, cette boutique crée depuis 20 ans des vitraux, des lampes, des plafonniers, des bras de lumière, des portes, des attrape-rêves pour les chambres d'enfants et des murales. On y répare et rénove les lampes Tiffany. Il est possible d'entreposer votre vitrail ou votre matériel et d'acheter des cristaux, des prismes, du matériel de soudage, des baguettes de verre Murano, des billes de verre bobiné et des cadeaux en verre soufflé.

ALIMENTS INTERNATIONAUX

Montréal est une ville choyée par sa grande diversité culturelle. Chacun des groupes ethniques entretient un lien tout particulier avec leur patrie d'origine à travers les habitudes alimentaires traditionnelles. Souvent grâce à des voyages vers des destinations exotiques, nous apprenons à découvrir et à apprécier une nouvelle tradition culinaire. De nombreuses personnes profitent également du plaisir renouvelé d'un bon repas cuisiné à la maison pour faire l'expérience de leurs nouvelles découvertes. La section suivante est un éventail de magasins où vous pourrez dénicher les ingrédients pour votre festin de spécialités ethniques. Vous vous régalerez !

La Vieille Europe

3855 boul. Saint-Laurent
Angle : avenue des Pins
Tél. : 842-5773
Heures : lundi au mercredi de 7h30 à 18h, jeudi et vendredi de 7h30 de 21h, samedi de 7h30 à 17h et dimanche de 9h à 17h

Depuis 50 ans, cette charcuterie, l'une des plus vieilles et des plus renommées en ville, offre un vaste choix d'articles provenant de tous les coins du monde. On y trouve un grand choix de fromages, des thés et des cafés fraîchement torréfiés sur place, des tonnes de barres de chocolat, milles sortes de biscuits, de l'ail grillé, de la confiture d'oignon, des spécialités russes, du vinaigre balsamique de 45 ans, des harengs de Scandinavie, des préparations pour crème caramel, du caviar, des truffes, toutes sortes de condiments, des herbes et des épices qui attirent dans ce magasin beaucoup de cuisiniers spécialisés venant de tous les coins de la ville.

Le Marché des saveurs du Québec

280 Place du Marché-du-Nord
Angle : avenue Henri-Julien
Tél. : 271-3811
Heures : lundi au vendredi de 9h à 18h, jeudi et vendredi de 9h à 21h, samedi et dimanche de 9h à 18h

Ce grand magasin bien éclairé, nouveau chouchou du marché Jean-Talon, vous offre des saveurs gastronomiques, uniquement du Québec. Les mets sont variés : raviolis au saumon fumé, foie gras, coulis de canneberges, moutarde de champignons sauvages, vinaigre de vin au pissenlit ou à la merise, terrine de lapin ou de caribou, magret de canard séché, brochettes d'ému, gelée à la rose, confiture d'oignons, chutney aux baies de sureau ou pistaches au miel. Vous pouvez accompagner le tout d'un vin du Québec et, si vous ne pouvez résister, de petits-cochons marinés.

Les Douceurs du Marché

138 ave. Atwater, Marché Atwater
Angle : rue Notre-Dame
Tél. : 939-3902
Heures : lundi au vendredi de 8h30 à 18h, jeudi de 8h30 à 19h, vendredi de 8h30 à 20h, samedi et dimanche de 8h30 à 17h

Véritable institution du marché Atwater, ce magasin est le paradis des amateurs de gastronomie. Visitez-le tranquillement pour découvrir le gingembre au sirop, le mur d'huiles exotiques, les blocs de sucre d'érable, la purée de tomates séchées au soleil, le chocolat brut Domori, les flocons d'avoine irlandaise, la crème d'artichaut, les oignons confits, l'huile de noix de coco, les thés Yamamoto, la soupe de miso, les sauces Cajun épicées, les nouilles de riz, les oignons Vidalia, la sauce de figues... et encore plus.

CASHÈRE

Cité Cashère

4765 avenue Van Horne, Snowdown
Angle : avenue Victoria
Tél. : 733-2838 ou 735-0374
Heures : dimanche au mercredi de 7h à 19h20, jeudi de 7h à 21h, vendredi de 8h à 14h30 (en été jusqu'à 17h30)

Dans ce supermarché bien rénové, vous n'avez pas à vérifier la liste d'ingrédients quand vous achetez des aliments cashers : ils portent tous l'étiquette MK. À part la section des produits laitiers, il y a des mets à emporter : salade d'aubergines, poulet Général Tao, boulettes de poisson, boulettes de viande, hot dog Glatt, craquelins Biegel Beigel, sauces Gefen, vin de cuisine Kedem. On offre également du pain frais et des pâtisseries sans oublier les bagels et le saumon fumé.

Home Made Kosher

1085 avenue Bernard Ouest
Angle : avenue Querbes
Tél. : 276-2105
Heures : dimanche au mardi de 7h à 20h20, mercredi de 7h à 21h, jeudi de 7h à 22h, vendredi de 7h à une heure avant le coucher du soleil

Si vous désirez déguster des pâtisseries cachère, vous trouverez des excellents produits dans cette chaîne : challah, danoises, gâteaux au chocolat, petits pains, pain kimmel, gâteaux au fromage et gâteaux éponge. Comme mets à emporter, on vous offre ces choix : poisson gefilte, quatres sortes de knishes, latkes ou varenikas à la pomme de terre, salades (concombre, aubergine, salade de choux et kugels). Autres magasins : 6795 rue Darlington (342-1991); 5638 rue Westminster N. (486-2024); 6685 ave. Victoria (733-4141); (entrepôt pour de meilleurs prix) 6915 ave. Querbes (270-5567).

Métro/IGA/Super C/Provigo

5201 chemin Queen-Mary
Angle : boul. Décarie
Tél. : 488-5171
Heures : tous les jours de 8h à 23h et dimanche de 10h à 17h

Certains magasins de ces chaînes ont une section exclusivement réservée aux produits cachères. Certains d'entre eux ont une section complète de produits laitiers et de boucherie, d'autres offrent uniquement des produits en conserve ou emballés. Quelques-uns ferment toute cette section le samedi. Métro : 4840 rue Sherbrooke O. (488-4083); 2875 ave. Van Horne (739-3139); (aliments secs) 13,057 boul. Gouin O. (620-7370); 6645 ave. Somerled (486-3042). IGA : 7151 ch. Côte-Saint-Luc (486-3254); 4885 ave. Van Horne (731-8336); 5800 boul. Cavendish (482-4710). Super C : 3291 boul. des

Sources (685-0071); 6900 rue Saint-Jacques O. (484-3136). Loblaws : 300 ave. Saint-Croix (747-0606); 4849 boul. Saint-Jean (624-6369).

Montréal Kosher Quality Bakery

5855 avenue Victoria, Snowdon
Angle : rue Bourret
Tél. : 731-7883
Heures : dimanche au mercredi de 6h à 21h, jeudi de 6h à 22h, vendredi de 6h à 14h (avant le coucher du soleil)

Au cœur d'un quartier qui est juif depuis bien des années, vous trouverez cette boulangerie cachère qui offre tous les pains et gâteaux traditionnels pour votre repas : pain kimmel, pain de seigle noir, gâteaux aux graines de pavot, torsades au chocolat, gâteau au chocolat 7 étages, gâteau éponge et challah (rond, long ou raisins secs). L'autre partie de ce commerce comprend un mini-marché d'aliments ainsi qu'un énorme comptoir de mets à emporter. Tous les favoris sont offerts : latkes aux pommes de terre, kugels, pointe de poitrine (brisket), veau farci, kasha, boucles, tzimmes, cigares aux choux, saumon mariné, schnitzel, une variété de mets chinois et 10 sortes de soupes. Autres magasins (plus petits) : Centre d'Achats Wilderton, 2865 ave. Van Horne (737-0393); entrepôt pour des aubaines, 7005 ave. Victoria (739-3651).

CHINE ET EXTRÊME-ORIENT

Épicerie Coréenne et Japonaise

6151 rue Sherbrooke Ouest, N.-D.-G.
Angle : avenue Beaconsfield
Tél. : 487-1672
Heures : lundi au samedi de 10h à 21h, dimanche de 10h à 20h20 h

Spécialisée dans les produits coréens et japonais, cette épicerie de quartier vend des produits frais, congelés ou en boîte : yaki-soba frais, algues surgelées ou séchées, nouilles de Shanghai ou au sarrasin, feuilles de poivrons assaisonnées, calmar cuit, ail ou gingembre marinés, platycodon déshydraté, pâte de soya et de fèves noires, raie déshydratée et anchois, oeufs de poisson, dumplings maison surgelés, kimchi au gallon.

Épicerie Kien Vinh

1062 boul. Saint-Laurent
Angle : rue de la Gauchetière
Tél. : 393-1030 ou 393-1031
Heures : tous les jours de 9h à 20h 20 h

Ce magasin très animé offre un comptoir de boucherie, une sélection de poissons frais et surgelés ainsi que beaucoup de légumes exotiques. C'est tout une expérience pour la personne qui ne connaît pas ces produits : les tablettes sont remplies de pâte de graines de lotus, de bonbons aux prunes, de radis et de gingembre marinés, d'œufs de cailles, de nouilles de riz, de biscuits à l'igname, d'algues grillées et assaisonnées, de moutarde fermentée, de soupe de fèves rouges et de calmars marinés. À l'avant, vous pouvez choisir un canard barbecue ou un sandwich offert au comptoir pour emporter.

Marché Duc-Thanh

6430 avenue Victoria, Snowdon
Angle : avenue Barclay
Tél. : 733-7816
Heures : tous les jours de 9h30 à 21h

Si vous avez besoin de produits vietnamiens, thaïlandais, philippins ou chinois, dirigez-vous sans tarder dans ce magasin pour les légumes frais, la viande, les saucisses vietnamiennes, le tamarin, les oreilles et les intestins de porc, les roches de sucre, le milagrosa, le calmar séché, les fruits de palmiers à sucre, le gluten aromatisé aux ormeaux, le poisson-castor mariné, le lait de noix de coco, les cristaux de chrysanthèmes et un congélateur rempli de poissons. Autre magasin : 477 ave. Van Horne (731-5203).

Marché Kim Phat

3588 rue Goyer
Angle : ch. Côte-des-Neiges
Tél. : 737-2383
Heures : dimanche au mercredi de 9h à 19h, jeudi, vendredi de 9h à 21h 20 h2121

Il vous sera possible de vous procurer des produits de Chine, de la Thaïlande, du Vietnam, du Japon, de la Corée, du Cambodge, du Laos et des Philippines. Après la boucherie, il y a un comptoir de poissons (crabes vivants), une section de produits préparés surgelés (rouleaux du printemps, crevettes shao mai), des produits congelés de base (seiche, petits pains de graines de lotus) et une grande section de légumes. N'oubliez pas les feuilles de nouilles

de riz, les craquelins aux crevettes, les œufs de cailles, le riz pour le sushi, les nouilles udon, la pâte pour les galettes au crabe, les feuilles de banane et les lis déshydratés. Autres magasins : 1875 rue Panama (450-923-9877); 8080 boul. Taschereau (450-923-9973); 3733 rue Jarry E. (727-8919).

Miyamoto

382 avenue Victoria, Westmount
Angle : rue Sherbrooke
Tél. : 481-1952
Heures : lundi au vendredi de 10h à 20h, 20 hsamedi et dimanche de 9h à 17h

Voici une épicerie japonaise offrant un éventail complet de produits. On y trouve des mets préparés, comme le sushi, et des ingrédients pour cuisiner votre propre festin : soba, galettes de poissons, shin shin, miso, farine de riz sucrée, algues rôties, assaisonnées ou séchées, sardines séchées, nouilles de riz ou udon et prunes assaisonnées. En plus du nécessaire pour la cérémonie du thé ou ikebana, vous pouvez acheter du sushi pour emporter, prendre des cours de cuisine et profiter du service de traiteur.

Super Marché Sun Hing

1050 boul. Saint-Laurent
Angle : rue de la Gauchetière
Tél. : 866-8110
Heures : tous les jours de 9h30 à 21h

Ce grand magasin de quartier dégage moins d'odeurs qui peuvent sembler étranges pour les personnes qui ne vont pas souvent dans ce genre de magasin, mais vous trouverez tout de même des légumes frais, de la viande, du poisson congelé, des canards barbecue suspendus, du porc rôti, des racines de lotus, des préparations de soupes tonkinoises, du wasabi en tube, le nécessaire pour les wontons, des oeufs de canards en conserve, de la citronnelle surgelée, des boissons aux arachides, des bâtons Pocky et même un comptoir pour les plats pour emporter.

ESPAGNE ET PORTUGAL

Intermarché Universal

89 avenue Mont-Royal Est
Angle : rue Coloniale
Tél. : 849-6307
Heures : tous les jours de 8h à 22h

Après avoir placé une commande au comptoir de la boucherie pour du chourico, du boudin, de la saucisse farinheira ou du salami paio, complétez votre festin portugais avec de la morue salée, des sardines congelées, du thon Bom Pestico, du fromage St. John, de la pâte de piment fort, de la confiture de coing, des piments marinés, des olives marinées, des marrons, de l'huile d'olive portugaise, des céréales Nestum et Cerelac, des fèves lupini et une boisson Sumal à l'orange ou à l'ananas.

Librairie Espagnole

3811 boul. Saint-Laurent
Angle : rue Roy
Tél. : 849-3383
Heures : régulières

Le son sensuel du flamenco (section arrière avec cassettes, disques compacts et livres) donne une ambiance exotique pour vous donner le goût de vous procurer une variété d'aliments et de produits provenant d'Espagne et d'Amérique latine : huile d'olive espagnole, amarillo déshydraté, yerba mate, dulce de leche, nougat Turron, cidre espagnol, taupe en conserve, préparation pour le flan, crème de coings, maïs bleu, cinq sortes de farine, chorizos, tortillas congelées, tapas, plats à paellas et plats de service en grès. Ce commerce porte le nom de librairie, car on y offre des journaux du El Salvador, du Guatemala, du Honduras, de l'Argentine, de l'Espagne, du Pérou, de l'Équateur, de l'Uruguay et du Costa Rica.

Marché Soares et Fils

130 rue Duluth Est
Angle : rue de Bullion
Tél. : 288-2451
Heures : lundi au mercredi de 8h à 20h20, jeudi et vendredi de 8h à 21h, samedi de 8h à 19h

Ce marché ressemble à un supermarché ordinaire, mais en regardant de plus près, vous allez trouver deux sortes de chourico, de la morue séchée et salée, du limiano, du thon portugais, des fromages frais St. John et Terra Nostra, des céréales pour bébé Nestum, du flan Chino, du nectar de pêche Sumol, des boissons gazeuses à l'ananas, de l'huile d'olive portugaise, de la sauce épicée piri piri, des poissons congelés (morue, sardine, épinoche) et des poudings Boca Doce.

Padaria e Pastelaria Notre Dame du Rosario

227 rue Rachel Est
Angle : rue Laval
Tél. : 843-6668
Heures : lundi au dimanche de 7h à 22h

Cette boulangerie est l'une des seules à vous offrir des spécialités portugaises. Vous aimerez goûter les desserts de pâte frite appelée farturas, les tartelettes à la crème pâtissière et aux amandes, le pain de maïs ou le délicieux pain croûté de style espagnol.

Pâtisserie Notre Maison Padaria Portuguesa

4101 boul. Saint-Laurent
Angle : rue Duluth
Tél. : 844-2169
Heures : lundi au mercredi de 7h à 20h20, jeudi et vendredi de 7h à 21h, samedi de 7h à 19h, dimanche de 7h à 17h

Pour compléter le repas portugais que vous avez préparé, rendez-vous dans cette pâtisserie pour vous procurer du pain de maïs, des pasteis de nata, des tartelettes aux oeufs et à la noix de coco, des rissois de crevettes ou de viande (seulement 0,65 $) ou essayer les pasteis à la morue.

Stella

22 rue Duluth Est
Angle : rue Saint-Dominique
Tél. : 843-7012
Heures : tous les jours de 7h à 20h

Pour les papos secos (petits pains cuits à la portugaise) ou le pao caseiro, le pain de maïs, les gâteaux et les pâtisseries (noix de coco, amande, crème pâtissière aux oeufs), essayez cette boulangerie de quartier qui existe depuis 33 ans. On offre également un délicieux gâteau éponge rempli de crème pâtissière et de crème fouettée, le guardanapos, et il y a toujours le flan.

Supermarché Andes

4387 boul. Saint-Laurent
Angle : rue Marie-Anne
Tél. : 848-1078
Heures : régulières

Ce magasin propose un mélange d'ingrédients provenant d'Amérique du Sud et d'Amérique centrale ainsi que de la musique tropicale. On y trouve de la préparation de purée de maïs, du lait de noix de coco, des saucisses, du nance, du loroco, des naranjillas en moitié, du platano, du cactus tendre, la boisson de goyave colombienne, le kola inca péruvien, de la boisson gazeuse au malt, de la canne à sucre, de la perche séchée, du plantain, et des croustilles de yucca ou de plantain. Vous pouvez goûter aux empanadas, aux tamales ou aux fajitas. Autre magasin (aliments cuisinés d'Amérique centrale, du Guatemala et du El Salvador) : 436 rue Bélanger E. (277-4130).

EUROPE CENTRALE

Batory Euro-Déli

115 rue Saint-Viateur Ouest
Angle : rue Saint-Urbain
Tél. : 948-2161
Heures : mardi de 10h à 18h, mercredi de 10h à 19h, jeudi et vendredi de 10h à 21h, samedi de 10h à 16h, dimanche de 9h à 14h

Si vous avez une envie subite de mets polonais, hâtez-vous dans ce resto pour déguster le met national, le bigos. Complétez votre repas avec le kielbasa. Ensuite, goûtez un pierogi farci de viande, de fromage, de patate, de chou et de champignons ou de bleuets. Vous pouvez les acheter pour manger sur place ou emporter un sac de délices surgelés à la maison. Pour le dessert, dirigez-vous au comptoir des fromages et des strudels aux graines de pavot et aux pommes. Les viandes froides peuvent être achetées pour emporter à la maison, en plus d'autres aliments : soupes déshydratées Winiary, beurre de pruneaux Paloma, moutarde Kotlin ou sauce Kamis, boissons gazeuses Tymbark, nécessaire à dumpling, sirop de cerises acides, six sortes de choucroute en bocal et même de la soupe aux tripes.

Boucherie Hongroise

3843 boul. Saint-Laurent
Angle : rue Roy
Tél. : 844-6734
Heures : lundi au mercredi de 9h à 18h, jeudi et vendredi de 9h à 21h, samedi de 8h à 17h et dimanche de 9h à 18h

Pour un prix très abordable de 2,50 $, vous pouvez déguster l'une de leurs savoureuses saucisses, un sandwich à la viande tranchée ou un schnitzel. Pour emporter, on y offre de la choucroute maison (3,50 $ le kilo), une grande variété de saucisses hongroises et allemandes (comme la hurka), une douzaine de sortes de bacons fumés, des croustilles de bacon, des saucisses hongroises Csabai séchées, des oreilles, des queues ou des pieds fumés et de la charcuterie de veau, de bœuf ou de porc, dont la majorité ne contient pas de glutamate de sodium. Vous y trouverez aussi des aliments importés des pays d'Europe de l'Est comme des confitures, des letcho en conserve et du paprika fort.

Bretzel

997-B boul. Saint-Jean, Pointe-Claire
Angle : rue Labrosse
Tél. : 697-4096
Heures : mardi et mercredi de 7h à 18h, jeudi et vendredi de 7h à 19h, samedi de 7h à 17h

On vous propose quotidiennement 21 sortes de pains européens au levain bio (allemands, autrichiens, hongrois) de même que 10 sortes de petits pains : seigle noir, graines de tournesol, noisette, lin, olive, campagnard, épis, danoise, fines herbes, fromage blanc et fruits, raisins secs, œufs et muesli. Du côté des gâteries, ne manquez pas les bretzels tendres (même aux amandes sucrées), le marzipan, les strudels aux pommes, le gâteau aux prunes ou aux griottes, le gâteau Sacher ou le furst puckler. On y trouve quelques produits allemands (spaetzle, bonbons et confitures), des viandes froides ainsi que des journaux et des magazines allemands.

Euro-Plus

279 ch. Bord-du-Lac, Pointe-Claire
Angle : avenue de Lourdes
Tél. : 694-4728
Heures : lundi de 7h à 17h, samedi et dimanche de 8h à 17h (en été, tous les jours de 8h à 21h pour le café)

Si vous avez une fringale pour une délicieuse spécialité hollandaise, voici l'endroit où vous pouvez satisfaire votre envie. Vous pourrez vous régaler avec des saucisses fumées, du gâteau au beurre, des biscuits au gingembre, des speculas, des stroopwafels, du hareng matjes, du maquereau fumé, sept variétés de fromages gouda, du bœuf ou de l'anguille fumés de même que des croquettes de bœuf maison. On trouve également du hareng scandinave et des produits Indonésien Conimex. Comme desserts, optez pour les chocolats Côte d'Or, Droste, Anton Berg, Euroshopper, Verkade et Ritter.

Pâtisserie Swiss Vienna & Delicatessen

297 boul. Saint-Jean, Pointe-Claire
Angle : autoroute 220
Tél. : 697-2280
Heures : régulières et le dimanche de 8h30 à 17h

Cette pâtisserie fait le meilleur mille-feuilles en ville. N'oubliez pas de jeter un coup d'œil aux gâteaux : triple mousse au chocolat, noisettes, danoises au beurre, strudels aux pommes et biscuits florentins. On y trouve aussi un grand choix de produits exotiques provenant de tous les pays (crabe en crème Abba, paprika hongrois, marmite), des barres de chocolat d'importation et des saucissons (de Debrecen, kielbassa). De plus, maintenant, on offre un éventail de salades froides et chaudes de même que des grignotines exotiques (boulettes des Caraïbes, pâté au poulet, knishes à la pomme de terre, cigares aux choux, panini).

Salamico

1980 rue Lucien-Thimens, Ville Saint-Laurent
Angle : boul. Marcel-Laurin
Tél. : 336-7104
Heures : lundi de 10h à 18h, mardi et mercredi de 9h à 18h,20 h jeudi de 9h à 20h, vendredi de 9h à 21h, samedi de 9h à 16h

Depuis 39 ans, vous pouvez toujours compter sur ce magasin pour trouver le goût de votre pays d'origine, que ce soit l'Allemagne, la Suisse, la Pologne ou la Hongrie. Les spécialités alléchantes incluent le salami hongrois, les saucisses lyoner, les saucisses gendarme, le bacon au paprika, le teewurst, la longe ou les jarrets de porc fumé, le gras de canard et la choucroute importée. Vous pouvez vous procurer 20 sortes de saucisses sans nitrate

comme la saucisse allemande blanche au veau, la saucisse italienne et la saucisse pour déjeuner à partir de 9,49 $ le kilo. En plus des magazines allemands et des livres de recettes, les étagères près de l'entrée du magasin sont remplies de produits d'importation : confitures de groseilles, de prunes ou d'oignon, sirop de griottes, hareng, graines de pavot moulues, nouilles aux oeufs et petits gâteaux.

Slovenia

3653 boul. Saint-Laurent
Angle : rue Prince-Arthur
Tél. : 842-3558
Heures : lundi au mercredi de 9h à 18h, jeudi de 9h à 19h30, vendredi de 9h à 21h, samedi de 9h à 17h

Le délicieux arôme des saucisses hongroises grillées vous séduira dès que vous entrerez dans ce magasin. Pour 2 $, vous pourrez grignoter une saucisse tout en fouinant dans le magasin. Ce marché vend des saucisses yougoslaves, hongroises et polonaises comme les saucisses de veau, les saucisses croquantes au veau, les saucisses lyoner, les saucisses pariser, le bacon (déshydraté, cuit, pour le déjeuner, frit, au paprika) et des spécialités comme les piments marinés, la pâte de paprika piquante, la pâte d'ail, les confitures hongroises, le gras de canard et les tartinades de légumes yougoslaves. Autre magasin (différent propriétaire, même noms et saveurs semblables) : 6424 rue Clark (279-8845).

Zytynsky

3350 rue Beaubien Est
Angle : 12e avenue
Tél. : 722-0826
Heures : lundi de 10h à 18h, mardi au vendredi de 9h à 18h, samedi de 9h à 16h

Depuis trois générations, du père au fils à la petite-fille, les traditions se poursuivent dans ce magasin existant depuis 80 ans. Le mets le plus prisé est le bon vieux sandwich à la viande fumée (qui fait de ce magasin l'un des rares charcutiers à travailler la viande à la main selon la riche tradition), le jambon, le saucisse croquante et la kielbassa. En essayant les délicieuses spécialités (plus de 100 produits), vous serez agréablement surpris de la savante combinaison d'épices significativement moins salée que la plupart des produits du genre en ville. Optez pour les piérogues maison fourrés de fromage cottage et de pommes de terre, de cheddar et de pommes de terre ou à la choucroute pour 4,75 $, la douzaine ou les cigares aux choux à 1,25 $.

Des piérogues surgelés de marque Supreme sont toute une aubaine (trois sacs pour 9,99 $ dans des saveurs similaires à celles offertes dans le magasin) : fromage cottage et pommes de terre, cheddar et pommes de terre, choucroute, viande, bleuets, fraises ou cerises.

FRANCE

Anjou Québec

1025 avenue Laurier Ouest, Outremont
Angle : rue Hutchison
Tél. : 272-4065 ou 272-4086
Heures : mardi et mercredi de 9h à 18h, jeudi de 9h à 19h, vendredi de 9h à 20h20, samedi de 9h à 17h

Depuis 1953, cette boucherie-charcuterie nous offre ses spécialités culinaires françaises à emporter. Vous pouvez vous approvisionner de plats préparés congelés (canard dans une sauce aux poivrons, lapin à la moutarde, crevettes créoles, saumon dans une sauce au safran, faisan aux abricots, coq au vin, bisque de homard, soupe de poisson, poisson au fenouil) et de sauces congelées (poivrons, chasseur). On vous propose également des pommes de terre dauphinoises, de la mousse de foie gras ou de cailles, des terrines, du confit de canard ou du cassoulet. Prenez l'un des sept plats préparés, pour le déguster dans la quiétude de votre foyer.

Au Duc de Lorraine

5002 ch. Côte-des-Neiges
Angle : ch. Queen-Mary
Tél. : 731-4128 ou 731-8081
Heures : lundi au jeudi de 8h30 à 18h, vendredi de 8h30 à 18h30, samedi et dimanche de 8h30 à 17h

Il est difficile de manger qu'un seul croissant au beurre, mais ces gâteries valent toutes les calories absorbées. En plus des baguettes et de 80 choix de produits des plus délicieux (essayez les allumettes au fromage), on offre des rillettes d'oie ou de porc, de la terrine de faisan, de la mousse de foie gras, des truffes ou du canard et toute autre charcuterie en tranches, idéale pour un pique-nique. Il y a un

joli petit salon de thé qui vous permet de déguster toutes ces bonnes choses par un bel après-midi ensoleillé.

Boulangerie au Pain Doré

1415 rue Peel
Angle : rue Cathcart
Tél. : 843-3151
Heures : lundi au mercredi de 8h à 18h30, jeudi et vendredi de 8h30 à 19h30, samedi et dimanche de 8h30 à 17h30

Pour les Montréalais, ce fut le coup de foudre dès la première bouchée dans l'une de ces 40 variétés de pains de cette boulangerie (gérée par la troisième génération). Les pains français (croûté, blé concassé, six grains, levain bio, olives, fromage) sont si bons que vous pouvez imaginer la fermière les sortir du four. On y vend aussi des pâtisseries, des croissants, des tartes aux fruits, des gâteaux, des sandwiches préparés et des salades. Mais l'article vedette de ce commerce est le pain. Pour une occasion spéciale, il y a des pains en forme d'alligator, de souris ou de tortue. Autres boulangeries : 1145 ave. Laurier O. (276-0947); 3895 rue Saint-Denis (849-1704); 1357 rue Mont-Royal E. (528-1218); 5214 ch. Côte-des-Neiges; 6850 rue Marquette (728-5418); 3075 rue Rouen (528-0809); 3611 boul. Saint-Laurent (982-2520); Laval, 2059 boul. Saint-Martin O. (450-682-6733); 556 rue Sainte-Catherine E. (282-2220); 1236 ave. Greene (846-0067); 5549 ave. Monkland (485-8828); Marché Jean-Talon (276-1215); Place Versailles (356-9397).

Gourmet Laurier

1042 rue Laurier Ouest, Outremont
Angle : avenue Querbes
Tél. : 274-5601
Heures : lundi au mercredi de 9h à 19h, jeudi et vendredi de 9h à 21h, samedi de 9h à 18h, dimanche de midi à 17h30

Dans ce magasin, on mise sur les aliments en conserve ou en sac provenant de France (pâtes aux chanterelles, cacao Suchard, haricots extra fin, quenelles, cèpes déshydratés, crêpes bretonnes, céleri-rave, crème anglaise, nouilles aux œufs d'Alsace) et les aliments gastronomiques anglais comme les thés, les biscuits, les confitures et la moutarde). On vous offre un étalage de barres de chocolat (Valrhona, Barry). Mais, il ne faut surtout pas oublier les comptoirs de charcuterie (gendarme), de fromages importés, d'huiles et de vinaigres, de tisanes et de racines de réglisse, tout près de la caisse.

La Brioche Lyonnaise

1593 rue Saint-Denis
Angle : boul. de Maisonneuve
Tél. : 842-7017
Heures : tous les jours de 9h à minuit
(été jusqu'à 20h)

L'arôme subtil du beurre vous enveloppera dès votre entrée dans ce commerce. Vos yeux seront ensuite ravis par les vitrines alléchantes de pâtisseries. Il y a des gâteaux exquis, des pâtisseries fabuleuses (leurs cheminées sont succulentes). Si vous n'y tenez plus et que vous devez grignoter quelque chose dès maintenant, vous pouvez déguster sur place votre choix de pâtisseries du côté du café. Comme digestifs, vous pourrez vous régaler avec les sorbets et les crèmes glacées maison.

Pâtisserie Belge

3485 avenue du Parc
Angle : rue Milton
Tél. : 845-1245
Heures : lundi de 9h à 18h,
mardi au mercredi de
8h30 à 18h, jeudi et
vendredi de 8h30 à
20h20, samedi de 8h30
à 17h30, dimanche de 9h
à 16h

Cette pâtisserie très bien connue du centre-ville présente une vitrine remplie de gâteaux alléchants (gaulois avec Grand Marnier, brésilien, tarte aux pommes, Mont Royale, praline). Et, oui, ils sont tous aussi bons qu'ils en ont l'air. Le jeudi, si vous êtes chanceux, vous pourrez goûter à la tarte au riz traditionnelle. De plus, on offre des plats préparés pour emporter : médaillon de saumon, bouchée à la reine (poulet), feuilletés aux épinards ou au saumon, quiches (oignons et tomates ou poireaux), pâté de truffes, confit de canard. Ou vous pouvez les savourer sur place dans leur restaurant. Autre pâtisserie : 1075 ave. Laurier O. (279-5274).

Pâtisserie Chez Gaumond

3725 rue Wellington, Verdun
Angle : rue de l'Église

Tél. : 768-2564
Heures : lundi au mercredi de 10h à 17h30, jeudi de 9h à 18h, vendredi de 9h à 19h20, samedi de 8h30 à 17h, dimanche de 9h à 17h

Depuis 1948, le cuisinier (deuxième génération) vous propose les spécialités maison : l'Entremet Gaumond (mousse au chocolat et mangue), crème et fraises, mousse à l'érable, Alibi (mousse au chocolat blanc), tartelettes aux pacanes et aux fraises. Planifiez un pique-nique avec un choix de pâté au saumon, de coquilles Saint-Jacques, de bœuf bourguignon, du pâté aux pistaches et au lapin. Essayez les desserts, les sorbets et le chocolat maison. Autre pâtisserie : Saint-Lambert, 2001 ave. Victoria (450-466-8600).

Pâtisserie de Gascogne

6095 boul. Gouin Ouest, Cartierville
Angle : rue Lachapelle
Tél. : 331-0550
Heures : mardi au jeudi de 9h à 18h, vendredi de 9h à 19h, samedi de 8h30 à 17h30 et dimanche de 8h30 à 17h

Quel plaisir de trouver une pâtisserie de qualité à l'extérieur de la ville. Leurs tartes aux fruits sont des vrais chefs d'œuvre. Essayez une Framboise Royale, le Trois Chocolats, la tarte Verger (avec de la crème fouettée et des fruits), la charlotte aux framboises ou bien l'une de leurs 20 créations de gâteaux au sorbet. Il y a une grande sélection d'aliments gastronomiques à emporter : blanquette de veau, bœuf bourguignon, ris de veau aux cèpes au porto, navarin d'agneau, porc à l'érable, osso buco, cailles à l'orange, salades fraîches, rillettes de lapin, pâté de faisan, tourte au jambon ou trois choix de quiches. Autres magasins : 940 boul. Saint-Jean (697-2622); Restaurant-café : 4825 rue Sherbrooke O. (932-3511) et 235 ave. Laurier O. (490-0235).

Pâtisserie de Nancy

5655 avenue Monkland, N.-D.-G.
Angle : rue Oxford
Tél. : 482-3030
Heures : mardi et mercredi de 8h à 18h30, jeudi et vendredi de 8h à 19h, samedi de 8h à 17h30, dimanche de 8h à 17h

FRANCE

Dans ce quartier tranquille à l'Ouest de Montréal, vous trouverez cette boulangerie achalandée, réputée pour sa qualité. Goûtez aux brioches et aux succulentes pâtisseries. Il y a aussi 12 différentes sortes de tartes aux fruits, trois douzaines de petits animaux en pâte d'amande, de la mousse royale avec du chocolat et des noisettes, des mini-quiches, des hors-d'œuvre et leurs propres chocolats maison. N'oubliez pas de prendre une baguette en partant ! Si vous désirez, il est possible de déguster une pâtisserie sur place, soit à l'intérieur ou sur la terrasse.

Première Moisson

7075 rue Casgrain
Angle : rue Jean-Talon
Tél. : 270-3701
Heures : lundi au mercredi et samedi de 6h à 18h30, jeudi de 6h à 20h20, vendredi de 6h à 21h, dimanche de 6h à 17h30

Visitez cette pâtisserie pour retrouver l'authenticité de la France, sans prendre l'avion. On offre de la fougasse (olives noires ou lardons), des croissants au beurre, des palmiers, des tartes aux abricots, du pâté de bison et de canneberges ou des croissants aux amandes et au chocolat. Il y a des pains tendance à la farine bio moulue sur pierre ou aux grains germés. Ce commerce fait également des conserves maison, du cassoulet, du confit de canard pour vous ou un panier-cadeau pour un ami ainsi qu'une section complète de mets à emporter : quiches (jambon, épinards, brocoli), bœuf bourguignon, salade de crevettes et d'avocats, saucisses lyoner, 24 pâtés et terrines incluant les végé-pâtés et beaucoup plus encore. Autres succursales : Marché Atwater (932-0328); Marché Maisonneuve (259-5929); 1490 rue Sherbrooke O. (931-6540); Marché de l'Ouest (685-0380); Les Halles de la Gare (393-1247); Dorion, 189 boul. Harwood (450-455-2827); 1271 rue Bernard (270-2559).

GRÈCE ET MOYEN-ORIENT

4 Frères

5600 avenue du Parc
Angle : avenue Bernard
Tél. : 272-5258
Heures : tous les jours de 8h à 23h

Pour assouvir vos fringales de mets grecs, présentez-vous au comptoir des produits laitiers qui offre le fromage feta et le yogourt de lait de chèvre. Vous trouverez également du tsatziki et des feuilles de vigne. Vous pourrez vous approvisionner de salami grec (loukaniko) ou de maquereau en conserve Flokos. Dirigez-vous ensuite vers l'assortiment d'huiles d'olive (Minerva, Solon, Spitiko) et les produits secs en conserve de marques Krinos et Ariston. Ne ratez pas les barres de chocolat Ion. Autre magasin : 3701 boul. Saint-Laurent (844-1874).

Al Challal

475 boul. Côte-Vertu, Ville Saint-Laurent
Angle : rue Muir
Tél. : 747-4953
Heures : lundi au mercredi et samedi de 8h30 à 19h, jeudi et vendredi de 8h30 à 21h, dimanche de 9h à 17h

Tout un magasin dédié à la cuisine du Moyen-Orient pour combler votre goût d'exotisme. Le choix de fromages (balaldi, akawie, nabulsi, des tortillons halloom, kashkaval, kasseri, kefalograviera) est très varié et vous trouverez toutes sortes de pains pita et de pains séchés persans ou kaak. Comme hors-d'œuvre, laissez-vous tenter par les kibbe surgelés végétariens ou à la viande, le sambusk et la trempette aux pistaches Al Balad (offert également en version sans sucre). Débutez votre visite au comptoir des viandes qui vous propose des viandes marinées comme le shish taouk, les souvlaki, les saucisses libanaises et le soujouk. Et comme légumes, on vous suggère des conserves de mloukhieh, des feuilles de molokhia en conserve (déshydratées ou surgelées), cinq sortes de feuilles de vigne en conserve et déshydratées. Accompagnez ce festin avec la boisson au lait fermenté Tayn-Koko, le nectar de mangues Viva et, pour terminer, comme dessert, offrez des loukoums, de la réglisse ou du sirop jallab, deux douzaines de sortes de noix ou des pâtisseries du comptoir des mets pour emporter.

Amira

1445 rue Mazurette
Tél. : 382-9823
Heures : lundi au mercredi de 9h à 20h, jeudi et vendredi de 9h à 21h, samedi de 9h à 19h, dimanche de 9h à 18h

Voilà un grossiste qui a ouvert un marché de détail contenant beaucoup d'épices et de condiments en vrac : fenugrec, feuilles de tilleul, épices à shish taouk, henné rouge, farine pour les falafels, gombo déshydraté, loukoum, riz égyptien, sel au citron, etc. Une grande sélection de noix, quatre sortes d'abricots déshydratés, du gelée d'Arabie Saoudite, du maïs grillé, des boissons à l'anis, de la confiture de pétales de rose, de la pâte harissa, de la pâte de dattes, des viandes (basterma sujuk) et des fromages (saidi, mich). www.amira.ca

Boulangerie Nouveau Samos

4379 boul. Saint-Laurent
Angle : rue Marie-Anne
Tél. : 845-8033
Heures : lundi au mercredi de 7h à 20h30, jeudi et vendredi de 7h à 21h, samedi de 7h à 20h, dimanche de 9h à 18h

Après plus de 38 ans à satisfaire les besoins quotidiens en pain de la communauté grecque (kouloura, karveli), cette boutique vous invite à y faire un tour pour y découvrir les saveurs de la Grèce. Commencez avec la tarte aux épinards et au fromage. N'oubliez pas de demander les desserts : toulombas et bougatses (feuilleté à la crème pâtissière), karidopita (gâteau aux épices) et melomakorona (miel), gourambie (amande).

Boulangerie Pâtisserie Serano

4136 boul. du Souvenir, Chomedey
Angle : rue Lebrun
Tél. : 450-681-7684
Heures : lundi au vendredi de 9h à 22h, samedi et dimanche de 8h à 22h

Les noms des pains (karveli, couloura, horiatiko) et des pâtisseries (paksimathakia, kourambiethes, bougatses, frandsola, tifropites, sans oublier le baklava) sont peut-être difficiles à prononcer et à épeler, mais vous n'avez qu'à montrer du doigt les douceurs qui vous plaisent et les déguster. Celles-ci sont fabriquées à base de chocolat, de vanille, d'amandes, de miel, de noix et de pistaches.

La Boulangerie et Pâtisserie Nouveau Navarino

5563 avenue du Parc
Angle : rue Saint-Viateur

Tél. : 279-7725
Heures : lundi au vendredi 7h30 à 21h, samedi de 8h à 20h20 h et dimanche de 8h à 19h

Pour bien terminer votre repas de spécialités grecques, visitez cette pâtisserie pour vous procurer ces délices alléchants : tarte aux épinards, baklava, amygdalota, pastelli (graines de sésame et miel), bougatsa, melomacarona, kourabietes et tyropita. Pourquoi pas vous reposer au café et déguster un plat délicieux ?

L'Épicerie d'Importations Main

1188 boul. Saint-Laurent
Angle : boul. René-Lévesque
Tél. : 861-5681
Heures : régulières et dimanche de 8h à 18h

Ce magasin établi ici depuis 82 ans vend toutes sortes d'aliments du Moyen-Orient. Depuis des générations, les gens qui désirent se procurer des aliments exotiques se dirigent dans ce magasin pour la marchandise variée : olives (siciliennes à l'ail), citrons marinés, fromages, cafés, épices, fruits séchés, noix, huile de palme ou de noix de coco, riz sauvage, saucisses libanaises, couscous, huile de noix de coco et de palmier, etc. Il y a une petite sélection de pâtisseries libanaises, de cafetières syriennes, des couscoussiers et aussi des tambours (bongo) provenant d'Égypte et de Syrie.

Le Supermarché Mourelatos

4919 rue Notre-Dame Ouest, Laval
Angle : rue Melville
Tél. : 450-681-4300 ou 450-681-4345
Heures : lundi au mercredi de 8h à 20h20, jeudi et vendredi de 8h à 21h, samedi de 8h à 19h, dimanche de 9h à 19h

Dans ce commerce, on mise sur la cuisine grecque, mais la viande et les légumes frais ont su attirer tous les gens du quartier depuis plus de 44 ans. Le tsatsiki maison, le yogourt, le fromage feta et les pains campagnards vous donneront l'eau à la bouche. De plus, on vous offre 15 sortes d'huiles d'olive, du sirop de pétales de roses, de la pieuvre congelée, des feuilles de vigne farcies, etc. Autres magasins : 4957 boul. Saint-Jean (620-4200); Lasalle, 400 rue Lafleur (364-1444); Ville Saint-Laurent, 1855 rue O'Brien (956-0100); Laval, 4691 boul. Samson (450-688-4994).

Marché Adonis

2001 rue Sauvé Ouest, Ville Saint-Laurent
Angle : rue de Louvain
Tél. : 382-8606
Heures : lundi au mercredi de 9h à 20h, 20
hjeudi et vendredi de 9h à 21h, samedi de 9h
à 18h30, dimanche de 9h à 18h

Ce magasin ayant dernièrement doublé sa
superficie est un marché de spécialités du
Moyen-Orient très complet comprenant une
boucherie et une pâtisserie. En plus d'effectuer
les coupes de viande que vous désirez, le
boucher vous offre le shish taouk et le shawarma
marinés prêts à cuire ou manger. Découvrez
le kasseri et le kashkaval, les fromages tortillés,
les feuilles de vigne farcies surgelées ou
en conserve, les légumes marinés en vrac, la
confiture de fleurs et de figues, le concombre
sauvage mariné, la pâte d'abricots déshydratés
et, bien entendu, des contenants d'amandes,
de dattes et de figues fraîches. Autres magasins
: 4601 boul. des Sources (685-5050); 705
boul. Curé-Labelle (450-978-2333).

Marché Akhavan

6170 rue Sherbrooke Ouest, N.-D.-G.
Angle : ave. Beaconsfield
Tél. : 485-4744
Heures : lundi au samedi de 9h à 21h,
dimanche de 10h à 20h20 h

Ce magasin d'aliments du Moyen-Orient et des
Antilles se spécialise dans les produits iraniens.
Le jus de grenade iranienne partage les étalages
avec la menthe et l'eau de rose, les cornichons
marinés, la lime déshydratée en
poudre, la confiture de carottes, le sirop de
coings, les échalotes marinées, le safran, le
pain persan de 3 pieds, les bonbons durs, le
samovar, quatre sortes de dattes iraniennes,
les figues, le aheimeh, le ghormeh et le sabzi.
Au mur, on propose du riz, un comptoir de fromages,
40 sortes de feuilles de thés, des sacs
de farine de pois chiche et de riz, 50 sortes de
noix (quatre sortes différentes de pistaches),
un comptoir de boucherie (saucisses turques,
tripes d'agneau, shish taouk, hamburgers marinés)
et un étalage de boulangerie. Il vous
faut essayer les boules au miel.

Marché AlMizan

1690 rue de Maisonneuve Ouest
Angle : rue Saint-Mathieu

Tél. : 938-4142
Heures : lundi au samedi de 9h à 23h,
dimanche de 10h à 22h

Si vous désirez savourer de la tartinade de
figues ou de la confiture de mangues, voilà
l'endroit où les trouver. Les tablettes sont remplies
de produits provenant d'Iran, d'Égypte,
d'Orient et des Antilles. Donc, vous trouverez
des légumes en conserve Phoenicia, des sardines,
du henné, du yogourt de lait de chèvre
frais, de l'eau de rose et du kewra, de la noix
de coco en crème, des viandes hallal, des grains
et des fèves en vrac. On y trouve même des
livres en arabe.

Marché Noor

1905 rue Sainte-Catherine Ouest
Angle : rue Saint-Marc
Tél. : 932-2099
Heures : tous les jours de 9h30 à 21h

Ce petit magasin du centre-ville répond aux
besoins de ceux qui recherchent des aliments
provenant d'Inde, d'Iran et du Moyen-Orient.
Il y a des barils de riz, de lentilles, de pois chiches,
du gombo congelé, du moulokia, des
gourganes, des épices en vrac, du sirop de jallat
et de griottes, de l'huile de noix de coco, de
la confiture de coing, du fromage balladi et plus
encore. On y trouve une épicerie fine offrant
des viandes hallal (bœuf, veau, poulet et
agneau), des viandes de style déli, du fromage
feta, des olives et des baklavas.

Pâtisserie Mahrouse

1010 rue de Liège Ouest
Angle : boul. de l'Acadie
Tél. : 279-1629
Heures : Mardi au samedi de 9h à 19h,
dimanche de 9h à 17h

Depuis 31 ans, cette pâtisserie syrienne confectionne
des délices (fromage, viande, épinard)
et des sucreries (kol shkor et wardeh, assabeh,
bourma, knefeh et swar). Ces délices du Moyen-
Orient sont faits en majorité de noix traditionnelles
(pistaches, amandes, noix d'acajou, noix),
de sirop sucré et d'eau de fleurs d'oranger.

Première Pâtisserie Boulangerie

810 rue Saint-Roch
Angle : avenue Outremont
Tél. : 278-4741
Heures : tous les jours de 9h à 21h

Afin de vous aider à identifier les différents pains croûtés grecs, voici quelques indications : le kouloura est rond avec un trou au centre, le karveli est oval, le frandsola est long; vous pouvez reconnaître le kourabie et le melomakarona par vous-mêmes. Dans les desserts, on vous suggère le nid d'amandes et de miel appelé kataifi, un gâteau crémeux, le yaraktobouriko et un carré de biscuit sec, le paximadi. Bon appétit !

ITALIE

Boulangerie Pâtisserie Charcuterie N.-D.-G.

5801 chemin Upper-Lachine, N.-D.-G.
Angle : rue Melrose
Tél. : 481-4215
Heures : lundi au vendredi de 9h à 18h, samedi de 9h à 17h, dimanche de 9h à 16h

Située à l'extérieur des quartiers italiens, cette épicerie de 27 ans offre une variété d'huiles d'olive, des pâtes sèches ou congelées, des fèves lupini, du salami sec, des boissons Chinotta et San Pellegrino, des fromages, des légumes marinés, du calmar en saumure, du pannetone et des pains frais (pagnota, ciabatta, focaccia, zullu) ainsi que des délices à tremper dans le café (amaretti, biscotti, torrone au chocolat et à la vanille). On propose également un service de paniers-cadeaux. Autre pâtisserie : Lachine, 515 rue Provost (637-0697).

Boulangerie Pizza Motta

303-315 rue Mozart Est
Angle : ave. Henri-Julien
Tél. : 270-5952
Heures : tous les jours de 9h à 21h

Vous serez comblé avec les 20 variétés de pizzas offertes (pommes de terre et oignons, épinards, aubergine et courgette ou pizza fourrée). Comme entrées, venez déguster l'arancini risotto (boule de riz, bolets, mozzarella, parmigiani) ou la croquette pi patate (aux pommes de terre). On vous offre également le calzoni, le stramboli, les aubergines farcies de veau et la fritelle (courgette, chou-fleur ou brocoli frit). Comme repas principal, on vous propose de la tourte au poulet ou aux épinards, un pâté de veau ou de poisson et des roulés de veau à la milanaise, d'épinards, trois fromages ou aux

légumes dans la pâté phyllo. Depuis 29 ans, leurs pains sont très en demande; donc, prenez-en un pour accompagner votre repas : coronna, filone, integrale, pain de maïs, pain aux olives et prosciutto. Pour dessert, prenez le canoli, le bruitti buoni, le sfogliatelle ou le panettone au citron. Il y a un café où vous pouvez déguster les mets du jour (4,99 $ à 7,99 $). S'il vous est impossible d'attendre jusqu'à la maison pour déguster ces délices, on vous suggère de faire réchauffer un peu les pâtisseries que vous venez d'acheter et de les manger sur place.

Boulangerie Roma

6776 boul. Saint-Laurent
Angle : rue Saint-Zotique
Tél. : 273-9357
Heures : tous les jours de 8h à 18h

Cet endroit peut sembler nouveau, mais il n'en demeure pas moins que, depuis 38 ans, on y fait cuire ces miches de pains italiens croûtés : le pain en forme de beigne s'appelle le corone, celui couvert de bosses est le cornetti; il y a le pain ciabatta, le semolina marchigianno ainsi que le meza luna et le filocini. Pour le dessert, laissez-vous tenter par un sfogliatelle, un mimosa (gâteau au citron), un canoli ricotta, un ciardoni (fromage, miel et amandes) ou amarette (chocolat et amandes).

Capitol

158 Place du Marché du Nord
Angle : rue Casgrain
Tél. : 276-1345
Heures : samedi au mercredi de 8h à 18h, jeudi et vendredi de 8h à 21h

Situé au plein cœur du Marché Jean-Talon, ce magasin de provisions italiennes doit concurrencer avec les produits frais des producteurs. Le comptoir de la boucherie longe le mur du magasin dans toute sa longueur; de l'autre côté, il y a des fromages. De plus, il y a un étalage rempli à craquer de pâtes de toutes sortes. On offre des mets cuisinés prêts à emporter comme les courgettes frites, le poulet à l'aubergine, le sauté de veau, l'arancini (épinards, saucisse, parmesan), le panzerotti, huit sortes de pestos et salades (aubergine épicée, orzo salsa, asperges et pâtes, légumes marinés) et sept sauces maison. Vous pouvez également déguster une douzaine de salamis et, pour le dessert, le canoli enrobé de chocolat.

La Maison des Pâtes Fraîches

865 rue Rachel
Angle : rue Saint-André
Tél. : 527-5487
Heures : lundi au mercredi et samedi de 10h
à 20h20, jeudi et vendredi de 10h à 21h,
dimanche de 11h à 19h

Les débuts de ce commerce furent difficiles dans ce quartier, mais celui-ci semble maintenant fonctionner avec succès. Cette mamma et ces deux fils offrent des pâtes fraîches et plus de douzes sauces maison, même des mets gastronomiques : fazzoletti aux fruits de mer, agnoletti avec saumon, tortellini à la sauce rosée, lasagne (viande ou légumes) ou manicotti farci aux épinards et au fromage. Pour compléter au repas, il y a les boulettes de veau, la pieuvre marinée, des aubergines et des courgettes grillées, des palourdes et des crevettes, du risotto, de la capponata et des tartufos pour le dessert. Du côté des produits surgelés, on propose beaucoup de choix et le service de traiteur est également possible.

La Maison du Ravioli

2479 rue Charland
Angle : rue D'Iberville
Tél. : 381-2481
Heures : mardi, mercredi et samedi de 9h à
17h, jeudi et vendredi de 9h à 20h20,
dimanche de 9h à midi

Demandez une bonne adresse pour les pâtes à un de vos amis italiens : on vous parlera de cet endroit. Depuis 1976, leurs clients incluent plus de 300 restaurants qui attesteront de la qualité de leurs produits. Voici leurs spécialités : raviolis et tortellinis à la viande ou au fromage, medaglionis farcis au ricotta et au veau, cappellettis, cannellonis, gnocchis aux pommes de terre, tagliatelles et plus encore. Vous pourrez choisir parmi plus de 70 sortes de pâtes maison et découvrir enfin le vrai goût des pâtes fraîches.

Milano

6862 boul. Saint-Laurent
Angle : rue Beaubien
Tél. : 273-8558
Heures : lundi au mercredi de 8h à 18h, jeudi
et vendredi de 8h à 21h, samedi de 8h à 17h,
dimanche de 8h à midi

Dès que vous entrez dans ce grand marché, l'arôme de tous les fromages (75 variétés) se marient aux autres odeurs de l'Italie. Où pouvez-vous trouver 20 variétés de pâtes fraîches, sèches ou surgelées ? Il y a un choix impressionnant de câpres, d'anchois, de contenants immenses de légumes marinés, de gnocchis et de tomates séchées. On propose des tomates italiennes en conserve, de pannetone, de biscuits comme ceux que vous avez goûtés en Italie et de l'huile d'olive italienne. De plus, le boucher sert les saucisses et les viandes épicées exactement comme les aiment les Italiens.

Panetteria Pasticceria Léger

6241 boul. Léger, Montréal-Nord
Angle : rue Rolland
Tél. : 327-9502
Heures : tous les jours de 8h à 20h 20 h

Cet endroit est très populaire depuis maintenant 20 ans. Venez choisir des salades italiennes pour emporter : aubergines et courgettes marinés, calmars, pieuvres et moules, artichauts. Il y a également de la charcuterie, des fromages et des desserts comme les queues de homard fourrées à la crème pâtissière et de la crème.

Pastadoro

5456 rue Jean-Talon Est, Saint-Léonard
Angle : rue l'Assomption
Tél. : 729-2021
Heures : lundi au mercredi de 9h à 18h, jeudi
et vendredi de 9h à 20h, samedi et dimanche
de 9h à 17h

La communauté italienne vient s'approvisionner en pâtes dans ce magasin depuis 1984. Vous pouvez le faire également. Toutes les pâtes favorites sont offertes : fettuccinis, lasagnes, cappellettis, raviolis, spaghettis, gnocchis, cavatellis, medaglionis, cannellonis, tortellinis (certaines pâtes au blé entier et aux épinards).

Essayez les mets à emporter comme les fazzolettis aux fruits de mer, les cannellonis au fromage et aux asperges ou au poulet, les coquilles farcies au fromage et aux champignons grillés ou choisissez l'une des délicieuses sauces comme la sauce au pesto, aux asperges ou aux artichauts.

Pastafresca

7500 boul. des Galeries d'Anjou
Angle : rue Jean-Talon
Tél. : 354-0538
Heures : régulières et dimanche de 9h à 18h

Pour vendre des pâtes, depuis 18 ans, dans un centre d'alimentation près d'un quartier italien, cela signifie que vous offrez des produits de qualité. On y trouve des pâtes populaires (lasagne, fettucine, ravioli et rigatoni) et des pâtes aux formes intéressantes (cappeli d'angello, medaglione, fazzoletti et cappeletti). Vous pourrez vous procurer huit sauces maison (palourdes, pancetta et prosciutto, vin blanc et anchois) tout à fait irrésistibles !

Pastamore

11644 boul. de Salaberry, Marché de l'Ouest
Angle : boul. des Sources
Tél. : 683-0006
Heures : régulières et le dimanche de 9h à 18h

En plus des pâtes fraîches du jour (blanche, verte, tomates au blé entier) fabriquées à base de semoule de farine de blé dur 100 % et d'œufs, vous serez confus de choisir parmi les 50 sauces maison absolument divines (alfredo, arrabiata, cardinale, erica, marisa, romanoff, spinacella) offertes en alternance et les quatre fromages. Les délices à emporter incluent la lasagne, les cannellonis, les manicottis et les aubergines, le poulet ou le veau parmagiana. Ce magasin qui existe depuis 18 ans peut vous confectionner des portions parfaites pour les réceptions et les soirées.

Pasticcina Alati-Caserta

277 rue Dante
Angle : ave. Henri-Julien
Tél. : 271-3013 ou 277-5860
Heures : mardi au vendredi de 8h à 19h, samedi et lundi de 8h à 18h

En face de l'église, au cœur du plus ancien quartier italien, vous pouvez trouver cette boulangerie qui doit offrir des produits des plus excellents, car celle-ci a su garder son excellente réputation depuis 50 ans. Leur canoli est le meilleur en ville : un mélange parfait entre la fermeté d'une enveloppe croustillante et la douceur d'un intérieur crémeux au ricotta. Bien sûr, on offre également des spécialités italiennes : sfogliatelle, paste alla crema, cassatine, tiramisu, zuppa inglese, torta alla mandorla. Toujours aussi populaire, essayez la queue de homard ou le gâteau classique de mascapone et de noisettes.

Pasticceria San Marco

1581 rue Jean-Talon Est
Angle : rue Marquette
Tél. : 727-5401
Heures : mardi et mercredi de 7h à 18h et jeudi de 7h à 19h, vendredi de 7h à 20h20, samedi de 7h à 18h, dimanche de 7h à 16h

Une visite dans cette boulangerie familiale (42 ans) pour acheter pains et gâteaux est devenue un rituel dans la préparation d'un repas italien. On offre tous les favoris fabriqués maison avec des ingrédients les plus frais : pains croûtés, cannoli siciliani alla ricotta ou à la crème pâtissière, sfogliatelle napolitana, biscotti del Prato ou Italiani et le fruita di bosco, un dessert de fruits frais et de crème Chantilly. Un autre délice populaire : les 15 variétés de pâtisseries miniatures. Autre pâtisserie : Café Via, 1418 rue Crescent (843-3896).

Pâtisserie Alati

5265 rue Jean-Talon Est, Saint-Léonard
Angle : rue Dollier
Tél. : 729-2891
Heures : mardi et mercredi de 8h à 18h30, jeudi et vendredi de 8h à 20h20, samedi de 8h à 18h30, dimanche de 8h à 17h30 (juillet et août dimanche de 8h à 13h)

La famille Alati de la rue Dante a abandonné la retraite pour reprendre ce commerce. On les apprécie pour leur gâteau Alati, qui est un gâteau blanc au fromage ricotta et à la crème pâtissière, ainsi que pour leur gâteau de noces aux décorations très artistiques. Les gâteries de tous les jours incluent l'amaretti (avec pignons), le taralli (avec citron), le biscotti (cannelle et anis), le biscuit aux noisettes, le cassatine (ricotta et pâte d'amande), le sfogliatelle et le canoli (ricotta ou crème) ainsi que des petites queues de homard et plus encore. On vous offre quelques tables pour déguster un expresso ou une douceur.

INDE ET ANTILLES

Aliments Punjab Foods

9000 boul. Newman, Ville LaSalle
Angle : avenue Dollard
Tél. : 366-0560
Heures : lundi au mercredi et samedi de 9h à 19h, jeudi et vendredi de 9h à 21h, dimanche de 10h à 17h

Vous trouverez ici des produits provenant d'Inde, du Pakistan et d'Amérique du Sud : fruits de l'arbre à pain, akées en saumure, gelée de goyave, boissons de mousse d'Irlande, pâte de gingembre, eau de rose, croustilles de plantain, légumes frais (margose, yucca, chou-chine, courge verte, igname jaune, taro) et comptoir de boucherie (viande de chèvre, hallal ou ordinaire, poulet et bœuf hallal, queue de bœuf, maquereau salé, queue de porc salée). Pour desserts, il y a des corossols, des glaces à la goyave ou au litchi. Il y a aussi des produits pour les cheveux et des pâtés pour emporter.

Les Aliments Exotiques

6695 avenue Victoria, Snowdon
Angle : rue Bouchette
Tél. : 733-7577
Heures : lundi au vendredi de 9h à 22h, samedi de 9h à 21h, dimanche 10h à 21h

Vous êtes à la recherche de pattes de bœuf pour votre repas du soir, cette épicerie pourra vous aider. Pour compléter le repas, il y a tout un assortiment d'aliments exotiques variés : chou-chine, igname, manioc, patates sucrées, fruits de l'arbre à pain, épices, viande de chèvre, mouton, morue séchée, langue et queue de bœuf et queue ou pattes de cochon. Il y a également des boissons aux bananes, au tamarin ou à l'oseille. En vous promenant sur cette rue, vous trouverez une saveur des Antilles de même que des journaux des Caraïbes, de la musique reggae ou calypso.

Marché Colonnade

4850 rue René-Émard, Pierrefonds
Angle : boul. Pierrefonds

Tél. : 624-7689
Heures : lundi au vendredi de 9h à 21h, samedi de 9h à 20h20, dimanche de 9h à 18h

Dans l'Ouest de l'île, il y a une pénurie de magasins offrant des produits exotiques, mais cette petite épicerie répond à la demande des besoins des communautés africaines, chinoises et indiennes. Vous trouverez des légumes frais, de la viande (jeudi au dimanche), des produits congelés (poisson volant, conque, pieds de bœuf) et des spécialités intéressantes comme la crème glacée au Grapenuts, la confiture d'ananas, la farine foufou (Ghana), de gros contenants de poudre de cari Madras, le solomon gundy (Jamaïque), les bonbons au tamarin, des cosmétiques et tenez-vous bien : de l'huile de foie de morue. www.geocities.com/marché_colonnade

Marché Ramdas

1503 avenue Dollard, LaSalle
Angle : rue David-Boyer
Tél. : 364-3817
Heures : samedi au lundi de 9h30 à 18h, mardi et mercredi de 9h30 à 19h, jeudi et vendredi de 9h30 à 21h

Dans cet établissement, il y a une boucherie séparée du marché. On y vend de la viande de chèvre, des tripes, du poisson volant, des pieds de vache, des viandes salés, etc. Le marché offre un bon choix de boissons : punch aux arachides, des boissons au ginseng et au malt, boissons gazeuses à la banane et noix de coco. Vous trouverez tout cela dans le comptoir réfrigéré. On peut y acheter des produits en grande quantité : sac de 8 kilos de légumineuses ou sac de riz de 20 kilos. On propose des conserves (gelée de goyave, relish de mangue, moutarde au curry, mouton salé, akées dans une saumure, huile de coco) et des produits préemballés (croustilles de farine de pois chiche, poudre de noix de coco). Il y a au moins 20 sortes de sauces aux piments forts, un choix de légumes frais, des produits de beauté et du pain frais (comme le pain à la noix de coco).

Marché Oriental Victoria

4759 boul. des Sources, D.-D.-O.
Angle : boul. Anselme-Lavigne
Tél. : 685-3280
Heures : tous les jours de 11h à 21h

Un bon endroit dans l'Ouest de l'Île pour dénicher un bon choix de fruits et légumes frais : ocra vert, jaque, fruits de l'arbre à pain, plantain, chou-chine, yucca. D'Inde, on trouve, en saison, des pommes d'éléphant pour fabriquer le délicieux chutney. On offre d'autres ingrédients de base, incluant des allées remplies d'épices, de sauces piquantes, de légumineuses, des pains nan frais et des accessoires de cuisine comme les casseroles karai pour la friture. Autre magasin (même nom, propriétaire différent, variété semblable) : 6324 ave. Victoria, Snowdon (737-4715).

Marché Thurga

444 rue Jean-Talon Ouest
Angle : rue Durocher
Tél. : 276-9262
Heures : tous les jours de 9h à 22h

Ce marché propose des aliments provenant de plusieurs pays : Inde, Afrique, Ghana, Sri Lanka et Caraïbes. Comme légumes frais, on offre les bâtonnets de yucca. Du côté de l'épicerie, on trouve du riz rouge, des confitures de pommes d'éléphant, des conserves de chow-chow, de la farine de manioc, du concentré de noix de palme, du jaque, de la noix de coco en crème et des cafés épicés. Il y a un choix intéressant d'ingrédients en vrac comme les haricots mungo, le kotta kehangu, les graines de coriandre et les piments rouges déshydratés. Près de la caisse, il y a une sélection intéressante de produits pour les cheveux noirs.

RUSSIE ET EUROPE DE L'EST

Bucarest Charcuterie et Pâtisserie

4670 boul. Décarie
Angle : ch. Côte Saint-Luc
Tél. : 481-4732
Heures : lundi au mercredi et samedi de 7h30 à 19h, jeudi et vendredi de 7h30 à 20h20, dimanche de 7h30 à 14h

Les spécialités roumaines ressemblent beaucoup à celles de la cuisine grecque. Cela s'explique en tenant compte des influences de l'empire turc dans ces deux pays. Vous pourrez y trouver tout ce dont vous avez besoin pour obtenir un repas authentique : soupe aux boulettes de viande, feuilles de vigne farcies, moussaka, salade d'aubergine, saucisses

fumées naturellement, cigares aux choux, pastrami d'oie, œufs de poisson frais, choucroute maison, etc. Pour les aliments russes, on vous offre d'essayer ceux-ci : sprat, esturgeon, harengs entiers, lamproie fumée, maquereau, yogourt kéfir, pilmeny (dumplings à la viande), bonbons et gâteaux maison. La plupart des produits en conserve proviennent de l'Europe centrale : tomates aigres, cerises blanches, purée de marrons, paprika hongrois en poudre ou en pâte et le sirop de cassis.

Pâtisserie et Charcuterie Bourret

5771 avenue Victoria, Snowdon
Angle : rue Bourret
Tél. : 733-8462
Heures : samedi au lundi de 9h à 18h, mardi à vendredi de 9h à 20h20 h

Les mets hongrois et roumains à emporter incluent les délices suivants : zakuska, aubergine fumée, salade d'œufs de poisson, choux farcis, saucisses fraîches et fumées et du kocsonja, de la tête fromagée. Vous devez essayer les spécialités de la boulangerie : kifli (amande et abricot), bagli aux graines de pavot et gâteau dobosh à 7 étages. Il y a un mur rempli de produits d'épicerie comme la confiture de groseilles, de la purée de marron et de letcho, des barres de chocolats importées d'Allemagne, de la Belgique, de la Pologne et de la Suisse.

SCANDINAVIE

IKEA

9191 boul. Cavendish, Ville Saint-Laurent
Angle : autoroute Transcanadienne
Tél. : 738-2167
Heures : lundi au vendredi de 10h à 21h, samedi de 9h à 17h, dimanche de 10h à 17h

Même si IKEA est reconnu pour les articles pour la maison, si vous suivez les indications jusqu'au petit restaurant, vous trouverez une sélection intéressante d'aliment suédois. Si vous ne pouvez résister au café Lofberg, aux biscuits Gille, au jus d'airelles, aux pâtisseries à la pâte d'amande, aux tartinades de caviar, au hareng à l'aneth ou à la moutarde, aux confitures variées (groseilles à maquereau, airelles) et sans oublier les boulettes de viande suédoises, vous trouverez tout cela dans cette section.

SERVICES SPÉCIALISÉS

COUSSINETS POUR TABLE DE SALLE À DINER

Dover Pad

Tél. : 420-6030
Heures : lundi au vendredi de 8h à 17h pour rendez-vous

Si vous voulez protéger la surface (bois, vitre ou marbre) de votre table de salle à dîner, vous pouvez demander à cette compagnie, qui existe depuis 52 ans, de vous confectionner un protège-table molletonné sur mesure. Offerts dans des couleurs mode pour convenir à votre décor, les tissus sont résistants à la chaleur et aux taches. Vous pouvez les commander avec des attaches en velcro pour éviter qu'ils ne glissent. Pour un service gratuit à domicile, téléphonez au numéro ci-dessus. www.doverpad.ca

GARDE-ROBES

California Closet Company

1373 avenue Greene, Westmount
Angle : rue Sherbrooke
Tél. : 636-6336 ou 800-274-6754
Heures : lundi au vendredi de 9h30 à 18h, samedi de 9h30 à 17h

Depuis 23 ans, cette entreprise internationale vous surprendra : vous doublerez, voire tripler, l'espace existant de votre garde-robe. On mettra de l'ordre dans votre garage, votre salle de lavage, votre garde-manger, votre bureau à la maison. De plus, il est possible d'ajouter un coffre-fort ou un tiroir de sûreté pour entreposer les bijoux. Des ensembles à assembler sont aussi offerts.

INSPECTION EN BÂTIMENT

Inspectopro

Tél. : 696-6685
Heures : sur rendez-vous

Ce monsieur est un inspecteur licencié en bâtiments et ingénieur indépendant d'expérience (14 ans) qui peut inspecter votre maison, soit avant l'achat ou pour vérifier les évaluations de votre fournisseur de services de rénovations. Attendez-vous à une inspection complète qui prendra quatre à cinq heures (175 $ de l'heure) et à un rapport détaillé écrit ou verbal.

Morris Charney

Tél. : 937-5100
Heures : sur rendez-vous

Les agents immobiliers frémissent lorsqu'ils apprennent que Monsieur Charney, qui est un homme d'une très grande conscience professionnelle, effectuera l'inspection d'une maison. Ses découvertes ont fait perdre des ventes, mais, en général, les gens prennent au sérieux l'achat d'une maison et consentent à négocier les réparations avec le propriétaire. Monsieur Charney donne un devis de l'évaluation des réparations de la maison. L'inspection coûte 150 $ de l'heure et dure au moins trois heures pour évaluer une propriété résidentielle (incluant un rapport verbal). Pour un rapport écrit, vous devez ajouter plus de temps. Il s'agit d'argent sagement dépensé pour l'un des plus importants investissements de votre vie.

Reno-Rite

Tél. : 624-9000
Heures : sur rendez-vous

La femme dynamique qui gère cette entreprise répondra à toutes vos questions de rénovation. Elle se spécialise dans l'utilisation de solutions économiques et efficaces lors la rénovation de votre demeure. La toiture de votre maison ou la finition du sous-sol vous inquiète ? Appelez-la pour vérifier vos plans, obtenir des conseils qui vous feront économiser ou pour évaluer les soumissions des concurrents afin d'obtenir le meilleur prix possible. Elle peut également effectuer des rénovations pour vous.

LEÇON DE COUTURE

Angelina di Bello

1042 rue Lambert-Closse
Angle : rue Souvenir
Tél. : 932-1660
Heures : tous les jours de 8h à 22h

Cette directrice d'école, journaliste, vedette de télévision, auteure et professeure a mis sur pied un programme de couture de niveaux différents, qui vous apprendra à devenir une couturière talentueuse. Les cours sont offerts de jour, de soir ou le week-end pour mieux convenir à votre horaire. Vous y découvrirez les rudiments de l'ajustement, de la coupe, du dessin, le fonctionnement de machines industrielles, la confection de patrons et, bien entendu, les techniques de couture.

LEÇONS DE PLONGÉE SOUS-MARINE

Les Anémones Bleues

Centre Claude-Robillard
1000 avenue Émile-Journault
Angle : rue Christophe-Colombe
Tél. : 388-8588

Excepté lorsqu'il y a des plages de sable fin et l'océan des îles du sud, la plongée sous-marine est une activité qui n'effleure pas l'esprit de bien des gens. Si toutefois vous préparez des vacances, on vous offre un cours de huit semaines (32 heures, 150 $, plus la carte de membre, la location d'équipement, le week-end en eau) en français et parfois en anglais qui vous enseignera tout ce que vous devez savoir sur la plongée.

Sport Nautiques Waddell

6356 Sherbrooke Ouest, N.-D.-G.
Angle : rue West Hill
Tél. : 482-1890
Heures : lundi au vendredi de 9h à 21h, samedi et dimanche de 9h à 18h (en été, samedi de 9h à 21h)

Ce magasin spécialisé dans les sports nautiques possède une piscine chauffée qui permet d'offrir des cours de plongée sous-marine et de plongée en apnée. Le cours dure six semaines et chaque leçon comprend une heure et demi de théorie et une heure et demi dans la piscine. Le coût est de 299 $. www.total-diving.com

LIVRAISON D'ÉPICERIE

JCK Distribution

Tél. : 630-5871 ou 697-2286
Heures : lundi et mardi pour les commandes, mercredi pour la livraison

Pour ceux qui détestent les visites hebdomadaires à l'épicerie ou pour ceux qui n'ont pas le temps ou qui ne peuvent pas se déplacer, ce service super sympathique répond à toutes vos attentes. Vous recevrez une brochure avec plus de 4 500 produits et vous commandez par téléphone : voilà, tout est emballé et prêt à être livré à la maison (livraison dans l'Ouest de l'Île pour 3,50 $). Les prix sont concurrentiels et on trouve des produits qui ne sont pas offerts à l'épicerie ordinaire (muffins Dough Delight, bâtonnets de courgettes frits et congelés, casseroles maison, savon au lait de chèvre, fond de tarte congelé).

LIVRAISON DE GÂTEAUX

Les Délices de Dawn

Tél. : 739-9111
Heures : lundi au vendredi de 8h à 16h

Ne paniquez pas si vous venez tout juste de vous souvenir de l'anniversaire de votre belle-mère. Si vous n'avez pas le temps de cuisiner, avisez simplement cette entreprise 48 heures à l'avance et on viendra livrer le plus délicieux des gâteaux pour elle (25 $ à 70 $ et 5 $ pour la livraison). Dans cette cuisine, on prépare des desserts pour les restaurants (Java Java, gâteau au chocolat Skor à 3 étages, gâteau au fromage et chocolat blanc, tarte aux pacanes et chocolat, tarte Typhoon, Euphoreo, mousse caramel-praline, gâteau au fromage et aux mangues, Stairway to Heaven). Il est donc impossible de choisir un gâteau dans un présentoir vitré. Vous devez téléphoner pour obtenir une liste des gâteaux offerts et il ne vous reste qu'à placer votre commande. www.dawnsdesserts.com

LOCATION DE JOUETS

Joujouthèque

6767, ch. Côte-des-Neiges
Angle : rue Barclay
Tél. : 341-2844
Heures : mercredi de 9h30 à midi, jeudi et vendredi de 14h à 16h30, samedi de 14h à 16h (appelez avant de venir)

Depuis 1977, cet organisation prête des jouets, loue des sièges d'auto, des chaises hautes, de l'ameublement pour enfants et des costumes. Tout est propre et en bon état. On vient cueillir les dons de grandes quantités de jouets. Autres joujouthèques : Rosemont, 5675 rue Lafond (722-1851) mercredi et vendredi de 9h30 à 11h30; Saint-Hubert, 3625 Montée Saint-Hubert (450-678-6038) lundi de 9h à 17h, mardi et jeudi de 9h à 20h.

LOCATION D'OEUVRES D'ART

Artothèque de Montréal

5720 rue Saint-André
Angle : boul. Rosemont
Tél. : 278-8181
Heures : mercredi au vendredi de 12h30 à 19h, samedi de 11h à 17h

On présente 168 artistes et plus de 1 500 oeuvres d'art : vous trouverez sans aucun doute une oeuvre splendide qui embellira votre demeure ou votre bureau. Pour seulement

1,50 $ par mois pour une reproduction de série limitée ou jusqu'à 10 $ pour une oeuvre d'art valant jusqu'à 2 000 $ ou 25 $ pour une oeuvre d'art valant 5 000 $, cela vaut vraiment la peine de devenir membre pour 10 $. La location se fait pour un minimum de trois mois, un maximum de six mois et pour seulement cinq oeuvres d'art à la fois. Le coût d'une location pourra être déduit si jamais vous décidez d'acheter la toile. www.cam.org/~artotek

Musée des Beaux-Arts de Montréal

1390 rue Sherbrooke Ouest
Angle : rue Bishop
Tél. : 285-1611
Heures : mardi, jeudi, vendredi de 11h à 16h, mercredi de 11h à 17h, samedi de midi à 16h, dimanche de 13h à 17h

Pour une location entre 10 $ et 100 $, vous pouvez ajouter une touche élégante ou contemporaine à votre maison à petit prix. Vous pouvez louer l'une des 500 oeuvres d'art (peintures, sérigraphies, sculptures ou photos) d'artistes canadiens (même Riopelle) pour un maximum de six mois. Ensuite, on déduira le coût de la location à l'achat de cette peinture (valeur entre 200 $ et 10 000 $) ou vous pouvez retourner simplement l'œuvre que vous avez louée pour en choisir une nouvelle.

LOCATION DE VÊTEMENTS

Ami-Fer

6782 rue Saint-Hubert
Angle : rue Saint-Zotique
Tél. : 277-2815
Heures : régulières et dimanche midi à 16h

Si vous ne voulez pas vous ruiner pour votre mariage, pourquoi ne pas louer votre robe (entre 300 $ et 500 $) et investir l'argent dans un bien qui sera vraiment utile ? Avec plus de 1 000 robes de mariées (tailles 3 à 44), vous n'aurez que l'embarras du choix. Ce magasin vend aussi des robes de soirée et des chaussures vernies.

Marcel Jodoin Fourrures

1228 rue Saint-Denis
Angle : rue Sainte-Catherine
Tél. : 288-1683
Heures : lundi au jeudi de 9h à 18h, vendredi de 9h à 21h, samedi de 9h à 17h (fermé en juillet et le samedi de juin et août)

Vous pouvez louer un modèle parmi une sélection de 60 manteaux de fourrure pour un mariage, une fête de fin d'études ou toute autre occasion spéciale. De l'étole en renard blanc au manteau de vison pleine longueur, vous pourrez vous balader avec élégance pour 50 $ à 200 $ (incluant l'assurance et le nettoyage) pour un week-end.

Oui, je le vœux

6924 rue Saint-Hubert
Angle : rue Bélanger
Tél. : 276-2945
Heures : lundi au vendredi de 11h à 17h, samedi de 10h30 à 14h (juillet sur rendez-vous)

Vous pouvez louer une robe de mariée entre 250 $ et 550 $ pendant cinq jours. Il y a également des crinolines, des diadèmes et des gants. On offre les services d'une couturière sur place pour obtenir un ajustement parfait. On propose des robes d'occasion à vendre (200 $ à 600 $), des ombrelles et des jarretières. Vous pouvez aussi vendre votre robe de mariée en la laissant dans ce magasin en consignation. On y trouve aussi des robes de première communion (vente et location). www.ouijelevoeux.com

Pour une soirée

4060 rue Sainte-Catherine Ouest, suite 850, Westmount
Angle : rue Atwater
Tél. : 939-1706
Heures : lundi au vendredi de 10h à 17h, samedi de 10h à 14h (juillet sur rendez-vous)

Suivez les enseignes en haut de cet édifice et vous pourrez admirer de superbes robes de soirée et robes cocktail (tailles 2 à 22). Pour un grand événement, vous n'avez pas besoin de vider votre compte bancaire pour acheter une tenue de soirée. Louez plutôt un vêtement audacieux et avant-gardiste (125 $ et 300 $). Vous pouvez louer aussi les accessoires. Ne manquez pas les penderies d'articles en solde.

MONOGRAMME

Bethel Precision

187 boul. Hymus, Pointe-Claire
Angle : boul. Saint-Jean
Tél. : 571-3947
Heures : lundi au vendredi de 9h30 à 18h,

samedi de 11h à 14h

Si vous voulez offrir un cadeau avec une touche toute spéciale, faites ajouter une broderie personnalisée ou un monogramme. Cette entreprise vend des chapeaux, des t-shirts, des chandails en coton ouaté, des casquettes, des vestes et des tabliers pour les groupes ou les personnes. Vous pouvez apporter des chemises, des serviettes ou des robes pour y faire apposer un monogramme. Il y a plus de 1 000 modèles de caractères dans la base de données.

Broderie Belhumeur

Tél. : 695-2228
Heures : sur rendez-vous

Faire ajouter un monogramme ou une broderie personnalisée sur un cadeau rend celui-ci encore plus spécial. Dans ce magasin, les machines automatisées peuvent inscrire votre nom, un monogramme ou un logo sur les serviettes, des chemises polo, des tabliers, des chandails en coton ouaté, des t-shirts, des casquettes, des vestes en denim, des sacs de sport et plus encore. Les prix commencent entre 5 $ et 8 $.

PANIERS CADEAUX

Cornucopia

85 rue de Castelnau Ouest
Angle : boul. Saint-Laurent
Tél. : 276-4712 ou 800-977-4712
Heures : lundi au vendredi de 9h à 18h et sur rendez-vous

Voici la plus ancienne entreprise de paniers-cadeaux en ville. Depuis 1977, cette entreprise prépare des paniers-cadeaux (25,95 $ à 320 $) présentés dans un porte-journaux, une passoire en acier inoxydable, un bol à salade en bois ou une chaise berçante en osier. Vous pouvez même personnaliser votre cadeau, le commander par téléphone ou choisir un article dans leur très jolie brochure. Envoyez un panier contenant uniquement des produits canadiens ou un assortiment italien, un panier de fruits frais, des produits naturels, une trousse anti-stress, des produits personnels, des chocolats ou tout simplement un cadeau pour enfants. www.cornucopia.ca

La Fromagerie Hamel

220 rue Jean-Talon Est
Angle : rue Casgrain
Tél. : 272-1161
Heures : lundi au mercredi de 8h à 18h, jeudi
de 8h à 20h, vendredi de 8h à 21h, samedi
de 7h à 18h, dimanche de 9h à 17

Pourquoi ne pas envoyer une corbeille de délicieux fromages en cadeau ? Depuis 1965, cette
boutique située dans le marché Jean-Talon
ressemble à une ruche hyperactive. Les corbeilles doivent être commandées deux jours
à l'avance et on peut y ajouter du vin, des confitures, de l'huile et du vinaigre, du chocolat,
des craquelins ou des terrines de lapin ou de
faisan. Autres magasins : 2117 ave. Mont-
Royal E. (521-3333); 9196 rue Sherbrooke E.
(355-6657); Repentigny, 622 rue Notre-Dame
(450-654-3578). www.hamel.qc.ca

La Première Compagnie de Paniers

300 ch. Bord-du-Lac, Pointe-Claire
Angle : rue Saint-Joachim
Tél. : 695-7038
Heures : lundi au mercredi de 9h à 18h, jeudi
et vendredi de 9h à 20h, samedi de 9h à 17h,
dimanche de 10h à 18h

Cette entreprise de paniers est nichée à l'intérieur de cette merveilleuse boutique rénovée
remplie de produits gastronomiques, d'articles
pour la cuisine et de cadeaux. Les paniers peuvent être remplis avec tout le choix de confitures, de sauces piquantes, de vinaigres aromatisés, de moutardes, de produits Ty, de
chocolat Rogers, les articles parfumés et beaucoup plus encore. N'oubliez pas les petits bols
pour goûter aux nouveaux produits sur place,

le coin des bonbons, le comptoir des pâtés,
des fromages et des pains. Des tabliers brodés
et des serviettes pour le golf font de magnifiques cadeaux personnalisés.

Les Souhaits en Panier

Tél. : 323-7213
Heures : lundi au vendredi de 9h à 17h

Les paniers-cadeaux les plus populaires présentement sont les corbeilles de fruits ou les ensembles gastronomiques pour toutes les occasions
(arrivée de bébé, séjour à l'hôpital, anniversaire,
Noël, etc.). On offre du café, du thé, des fromages et des craquelins, du saumon fumé, des
douceurs comme les biscuits, les bonbons, du
chocolat, mais aussi des articles de toilette. On
propose également des comptes d'entreprise.
Le prix des paniers débute à 35 $ (plus taxes
et frais de livraison). www.basketgreetings.com

Panier Panache

4968B ch. Queen-Mary, Snowdon
Angle : rue Circle
Tél. : 737-5151 ou 888-3-Pan-Pan
Heures : lundi au vendredi de 9h à 18h,
samedi de 9h à 17h

Vous pouvez maintenant visiter le magasin de
détail pour choisir un panier-cadeau pour
souligner la naissance de bébé, pour offrir à une
personne hospitalisée, pour une occasion spéciale ou tout simplement pour un de vos clients.
On vous propose un grand choix de cadres, de
bonbons, de grignotines gastronomiques, de
peluches et de verrerie. Cette équipe de mari et
femme répondent à toutes les demandes spéciales et proposent des articles personnalisés
incluant les produits gastronomiques, les produits pour les diabétiques et aussi les produits
cachers. www.panierpanache.com

Paniers de Fruits Alexander

5219 boul. Décarie, Snowdon
Angle : ch. Queen-Mary
Tél. : 489-7265
Heures : lundi au jeudi de 9h à 17h, vendredi
de 9h à 14h

Depuis 1965, on offre un étalage de paniers de
fruits variant entre 30 $ et 500 $ pour vous permettre de choisir aisément la grandeur et le prix
de votre cadeau. Quel magnifique présent (sans
oublier nutritif) à offrir pour un anniversaire, un
séjour à l'hôpital, la Fête des pères ou des mères,

une naissance, un décès ou toute autre occasion spéciale. Si vous désirez offrir un panier d'osier, cet endroit est le paradis de l'osier. Ils ont également du chocolat, des plateaux de noix, du caviar, du champagne et autres délices.

PLATS CUISINÉS – LIVRAISON

À La Carte Express

Tél. : 933-7000
Heures : tous les jours de 11h à 23h

Avec le manque de temps et la tendance à moins cuisiner de nos jours, il est toujours possible de commander votre repas dans les restaurants. Depuis 1996, ce service de livraison offre un éventail varié de spécialités (3 Amigos pour le mexicain, Alpenhaus pour la cuisine suisse, bar à sushi, Eggspectation pour les déjeuners et plus de 90 autres restos). Plus de 50 livreurs, vêtus d'un ensemble bleu, pourront vous apporter un repas si vous demeurez à l'intérieur du territoire : Van Horne au nord, le fleuve Saint-Laurent au sud, Papineau à l'est, Décarie à l'ouest, Outremont, le Plateau, et N.-D.-G.

Comfort Meals by ScanBuffet

Tél. : 331-5742

Voici une véritable aubaine pour vos repas (4,25 $ pour 400 g) : vous pourrez savourer des délicieux mets fraîchement cuisinés qui seront livrés à domicile, scellés et prêts pour le micro-ondes, le four ou le congélateur. Voici les choix de menus savoureux : poulet à la Kiev, ragoût irlandais, saucisse italienne, poulet aigre-doux ou tourtière. La livraison est offerte seulement dans l'Ouest de la ville avec un minimum de trois repas. Vous devez commander tous vos repas avant le lundi pour la livraison du mercredi. Également offert, un service de traiteur très abordable.

Plats Cuisinés BVM

3738 rue Masson
Angle : 17e avenue
Tél.: 725-3411 ou 725-1670
Heures : lundi au samedi de 10h à 14h45

On vous propose une sélection de 39 repas (3,50 $ pour 350 g) : bifteck aux poivrons avec riz, saucisses dans une sauce espagnole, bœuf bourguignon, pâté chinois et lasagne. Vous devez commander un minimum de 10 repas (le onziè-

me est gratuit) et prévoir deux jours à l'avance. Il n'y a pas de frais de livraison, mais des journées sont déterminées pour certains quartiers : mercredi pour Outremont, Ville Saint-Laurent et Nouveau-Bordeaux; jeudi pour Ville d'Anjou; vendredi pour le centre-ville et samedi pour Pointe Saint-Charles et Longueuil (minimum de 20 repas pour ces villes). Ou, vous pouvez toujours acheter les repas en personne au magasin ou en acheter quelques-uns pour les essayer.

PNEUS

Pneus Direct

Tél. : 824-0906
Heures : tous les jours de 8h à 20h (7h à 21h en saison et lundi au samedi en été)

Quel plaisir de ne pas devoir confier votre voiture au mécanicien pour le changement de pneus deux fois par année ! Ce service à domicile disposant de quatre camions prend une demi-heure pour quatre pneus. Pendant les saisons achalandées, le temps d'attente pourrait atteindre une semaine et demie. Vous pouvez également acheter des pneus neufs dans ce commerce familial : Pneus President Tire, 307, boul. Marc-Aurèle-Fortin, Laval 450-963-6677.

POISSON FUMÉ

Aliments Kasher Levitt

7070 rue Saint-Patrick, Lasalle
Angle : rue Fenkus
Tél. : 842-9721
Heures : lundi au jeudi de 7h à 15h, vendredi de 6h30 à 14h

Vous êtes un pêcheur invétéré ou vous aimez tout simplement manger du poisson ? Voici une autre façon de se régaler. Pour 13 $, vous pouvez faire fumer votre saumon ici. Le processus prend une semaine. On y fume n'importe quelle variété de poisson casher (avec des écailles) comme l'omble de l'Arctique ou de la truite grise. Pour 13 $, on le taille en filet et, pour nettoyer le poisson, le coût peut s'élever à 20 $. Si vous voulez le poisson tranché, vous devrez payer un autre 13 $ et 1 $ par emballage sous vide. En avisant un jour à l'avance, vous pouvez acheter des produits Levitts comme la dinde fumée.

HJS Aliments de Qualité

7335 avenue Mile-End
Angle : rue de Castelnau
Tél. : 842-4631
Heures : lundi au jeudi de 8h à 17h et vendredi de 8h à 14h

Le poisson le plus populaire est le saumon. Dès votre retour d'un voyage de pêche, apportez votre poisson casher (ceux avec écailles et ailerons) dans ce fumoir et on le préparera pour vous. Vous pourrez ensuite le déguster avec des bagels et du fromage à la crème. Peut être aimeriez-vous essayer le maquereau, la truite ou le cisco fumé ? Leurs produits sont également offerts sous l'étiquette Adar chez IGA, Loblaws, Provigo, Métro et dans les magasins casher. Vous pouvez aussi les acheter directement au fumoir (grande quantité) : 4 $ pour 85 gr, 8,50 $ pour 227 gr, 34,40 $ le kilo pour un filet entier non coupé ou 36 $ pour un filet coupé. Le cisco est offert à 9,50 $ le kilo et le maquereau qui est très populaire (poivre, citron, origan, herbes) est vendu à 10,60 $ le kilo.

SERVICE DE BUREAU

Biblio-Net

4932 rue Sherbrooke Ouest, Westmount
Angle : rue Claremont
Tél. : 482-7772
Heures : lundi au jeudi de 8h à 22h, vendredi de 8h à 20h, samedi de 10h à 18h

En plus d'offrir les services de location de boîte à lettres, l'expédition de colis avec FedEx, la réception de vos messages par boîte vocale ou la location de bloc d'heures d'utilisation sur l'ordinateur (pour votre courriel ou utiliser un scanner), cette entreprise peut également créer et entretenir un site Web pour vous, vous vendre un ordinateur ou faire de la consultation à domicile. Si vous voulez obtenir un numéro de téléphone sans frais ou si vous avez besoin du service de secrétariat pour faire votre dactylographie, de la traduction ou pour préparer vos rapports, vous trouverez tout cela dans cet endroit. www.biblionet.ca

Copie.Courrier & Plus

2001 rue Victoria, Saint-Lambert
Angle : rue Simard

Tél. : 450-465-1012
Heures : lundi au mercredi et vendredi de 8h30 à 18h, jeudi de 8h30 à 19h, samedi de 10h à 12h

Vous pourriez y établir votre bureau ! On vous offre un choix innombrable de services : dactylographie, impression, reliure, photocopie, télécopie, estampe, emballage et expédition (CanPar, FedEx, Speedo, UPS, DHL). Vous pouvez acheter un bloc du temps d'utilisation pour l'ordinateur, faire parvenir des transferts d'argent par Western Union, acheter de la papeterie pour le bureau, des cartes de visites, des enseignes et des bannières. Les clés peuvent être aussi taillées. On peut même effectuer votre déclaration de revenus. Autres compagnies semblables : 2135A boul. des Laurentides (450-967-7678); Rosemère, 277 boul. Labelle (450-971-1211).

Envoy Services d'affaires

5764 avenue Monkland, N.-D.-G.
Angle : rue Wilson
Tél. : 483-6869
Heures : lundi au vendredi de 8h30 à 18h

L'entente de franchise de cette chaîne canadienne permet à chaque propriétaire d'organiser son magasin selon les besoins locaux. Vous pouvez acheter du temps d'utilisation de l'ordinateur en plus de faire des photocopies, des télécopies, d'effectuer la réception de colis (UPS, TNT, FedEx) et en même temps profiter des services de réseautage mis en place par le propriétaire. Il propose aussi un service de travail de bureau aux petites entreprises : répondre au courrier, payer les factures, dactylographier et tout le travail routinier que vous ne voulez pas faire vous-mêmes.

Mail Boxes, Etc.

3539 boul. Saint-Charles, Kirkland
Angle : boul. Brunswick
Tél. : 694-6245
Heures : lundi au vendredi de 8h à 18h

Ce magasin d'expédition (FedEx, Canpar, DHL) offre toutes les boîtes et les emballages pratiques pour expédier toute sorte d'articles. Les gens d'affaires qui travaillent à la maison peuvent avoir accès 24 heures sur 24 aux boîtes à lettres, au photocopieur, au télécopieur, au service de laminage, à la plastification, etc. On offre un service de dactylographie, d'impression et de publipostage. Autres magasins : 1000-20 boul. Saint-Jean (695-7923); Île Perrot, 15,101 rue Don-Quichotte (425-6245); Dorval, 443 rue Dumont (631-6245); 38 Place du Commerce (769-6245); 2348 rue Lucerne (341-6245); Laval, 1804 boul. Le Corbusier (450-681-6245). www.mbe.com

SURVEILLANCE DE MAISONS

Domesti-Serv

Tél. : 426-7277
Heures : lundi au vendredi de 9h à 17h

Depuis 1989, cette entreprise offre ses services de surveillance pour votre maison durant votre absence. On peut y faire un tour quelques fois par jour ou par semaine. En plus du service de promenade de votre chien, de l'entretien intérieur et de la gestion de propriété, on offre un service de garde d'enfants ou de personnes âgées : une personne visitera ou demeurera sur place avec la personne à charge pendant tout votre séjour ou pendant seulement quelques heures. Il y a une réduction pour ceux qui réservent tôt.

House Patrol

Tél. : 695-3325
Heures : 24 heures

Ce sera l'un des deux propriétaires ira visiter votre maison. On fera en sorte que votre demeure donne l'impression d'être habitée, en ouvrant et en fermant les lumières et les stores à différents intervalles et en enlevant la neige de l'entrée. On place également de faux sacs à déchets, on ramasse la poste et le sac publicitaire, etc. Ils peuvent s'occuper des plantes, promener et nourrir vos animaux domestiques. Vous pourrez ainsi partir en toute quiétude durant vos vacances pour seulement 7 $ ou 8 $ par jour.

Progard Surveillance

Tél. : 630-1709
Heures : tous les jours de 8h à 22h

Avec 21 ans d'expérience dans la surveillance de maison (particulièrement dans l'Ouest de l'île) pour leurs clients corporatifs et privés,

cette entreprise familiale offre des solutions pour régler toutes les crises qui peuvent survenir pendant votre absence. Ils possèdent des pompes destinées à vider les sous-sols inondés et des génératrices pour maintenir l'électricité essentielle au chauffage et à l'aquarium de vos poissons tropicaux. Pour seulement 6 $ par jour, vous avez droit à tous ces services, de même que la cueillette du courrier et l'arrosage de vos plantes. De plus, on nourrira votre animal domestique (chats et petits animaux seulement, 1 $ par animal).

Surveillance Vacances

Tél. : 489-7777
Heures : lundi au vendredi de 8h30 à 17h

La prochaine fois que vous partirez en vacances, vous n'aurez plus à vous soucier des voleurs, de la fournaise ou du toutou. Ce service des plus complets enverra des personnes de confiance arroser vos plantes, vérifier le chauffage, sortir et nourrir Fido ou votre minou (ou n'importe quel autre animal), trois fois par jour ou trois fois par semaine, selon vos besoins. On offre également un service de garde de nuit pour les animaux domestiques.

TÉLÉGRAMME CHANTÉ

Gift-A-Gram

4336 boul. Saint-Martin Ouest, Laval
Angle : Place Francoeur
Tél. : 450-335-2030
Heures : lundi au vendredi de 9h à 18h,
samedi de 10h à 17h

Depuis 1980, cette entreprise a envoyé des cupidons, des gorilles, un Roi Lion, des Barney, des crieurs de place publique, des poulets et des strip-teaseurs pour un télégramme chanté, un télégramme accompagné de ballons ou un télégramme et un cadeau, dans toute la ville. Les prix débutent à partir de 30 $. On offre des paniers-cadeaux incluant un télégramme et un messager costumé (85 $ à 110 $) ainsi que des thèmes spéciaux comme le petit déjeuner au lit, l'amoureux fou ou le sportif.

La Compagnie des Télégrammes Chantés de Montréal

Tél. : 487-5400

Cette tradition est toujours offerte, en français ou en anglais, pour seulement 75 $. On enverra une personne pour chanter une chanson à un être cher. Le messager costumé (homme ou femme, au choix) vous remettra une copie du télégramme et une fleur sur un plateau d'argent. Un avis de 24 heures est apprécié, mais on effectue aussi le service le jour même. On propose également d'autres services : ballons décoratifs, divertissement pour les enfants, livraison de ballons ou encore jouer une farce.

VIN ET BOISSON ALCOOLISÉE

Société Opimian

5165 rue Sherbrooke Ouest, suite 410
Angle : avenue Vendôme
Tél. : 483-5551

Cette organisation est une coopérative sans but lucratif qui permet à ses 11 000 membres d'obtenir des vins de qualité provenant du monde entier à des prix concurrentiels. Ils ont la permission de faire des importations privées de vins qu'on ne trouve pas ailleurs au Canada. Cette association organise des dégustations de vins, des conférences, des dîners gastronomiques, des visites guidées de cave à vin. De plus, les membres peuvent recevoir la revue « La Barrique » (21,74 $), qui les informe des événements. Les frais de départ sont de 65 $ et, par la suite, il y a un frais annuel de 65 $.

CALENDRIER D'ACHATS

Pour un consommateur averti, il est important de savoir à quelle période de l'année faire ses achats. Il existe un cycle des périodes de l'année où le choix de marchandises est le meilleur et des périodes où l'on peut profiter des meilleures aubaines; ces périodes coïncident rarement. Ce qui suit est un calendrier pour planifier votre stratégie d'achats.

JANVIER

Automobiles: neuves ou d'occasion, elles peuvent être des aubaines, car en hiver, les ventes diminuent et les inventaires sont élevés, ce qui poussent quelques concessionnaires à réduire le prix de leurs automobiles.

Équipement électronique: il y a des ventes de liquidation après la période de Fêtes dans l'équipement audio-vidéo, les téléviseurs, les appareils audio portatifs qui sont souvent réduits, surtout les modèles de plancher.

Mode: période de ventes traditionnelles pour les vêtements d'hiver pour toute la famille, ainsi que pour les bottes, les souliers, la lingerie, les sacs à main et les habits pour hommes. Comme c'est la période d'inventaire, plus les vendeurs liquident la marchandise, plus c'est facile pour eux de les compter. C'est aussi la période des ventes de trottoir.

Articles pour la maison: c'est le mois où les principaux grands magasins font des ventes sur toutes les marchandises se rapportant au foyer: literie, petits et gros appareils, services de vaisselle, couvre-plancher, ustensiles de cuisine, meubles, lampes et divers accessoires. Les magasins spécialisés dans la vente de meubles et les marchands de tapis tiennent aussi leurs ventes en janvier.

Rénovations: Comme c'est une période tranquille pour les réparateurs, vous pourriez peut-être obtenir de meilleurs escomptes pour la peinture d'intérieur, le sablage de planchers, le nettoyage des vitres et le lavage des murs. Il existe aussi des rabais sur la rénovation de cuisine et sur le nettoyage des tapis et des meubles rembourrés.

Jouets: Des rabais sur les restants de l'inventaire de Noël.

Voyages: Saison basse pour la Floride et les Caraibes. Les compagnies d'aviation offrent des ventes de sièges.

FÉVRIER

Automobiles: neuves ou d'occasion, pour la même raison qu'en janvier. Si vous vendez une automobile usagée, les vendeurs la recherche afin d'avoir un bon inventaire en vue de la grande demande au printemps. Les installateurs de radio et radio-cassette, sont peu occupés, c'est donc le bon temps d'y faire l'installation.

Équipement électronique: C'est la période la plus tranquile, vous aurez beaucoup d'attention et peut-être une bonne aubaine.

Rénovations: c'est la période tranquile pour les compagnies de service, le bon temps pour avoir de la main d'oeuvre (la peinture d'intérieur, le sablage des planchers, le nettoyage des vitres, le lavage des murs, la rénovation de cuisines), et à meilleur prix.

Impôts: Le ler mars est la date limite pour l'achat des régimes enregistrés d'épargne-retraite (RÉER) pour l'année qui vient de se terminer, par contre, on peut y contribuer à n'importe quel moment durant l'année.

Immobilier: au cours de ce mois, on constate une hausse d'activité liée à la frénésie printanière dans le domaine immobilier. C'est donc la meilleure période pour la grande majorité des maisons inscrites dans des sociétés immobilières.

Équipement récréatif: le début des ventes d'écoulement pour l'équipement de ski, les ventes finales des modèles de bicyclettes de l'année précédente et vente d'équipement de golf. Le Salon du bâteau offre de nouveaux bâteaux, des moteurs hors-bord et accessoires.

Mode: Les grandes ventes de janvier de vêtements et d'accessoires d'hiver se poursuivent. Bon temps pour se procurer un manteau de fourrure.

MARS

Automobiles: la belle température du printemps fait hausser les ventes de voitures, mais fait diminuer les escomptes. Grand inventaire. Tous les nouveaux modèles de radio, lecteurs de cassettes et de disques compacts sont disponibles.

Immobilier: il y a un grand choix parce que beaucoup de maisons sont en vente pour le printemps, mais ce n'est pas nécessairement la meilleure période pour les aubaines.

Équipement récréatif: meilleure sélection des nouveaux modèles de bâteaux, skis aquatique, bicyclettes, d'équipement de golf, tennis, soccer et rugby.

AVRIL

Automobiles: Inventaire complet de nouveaux modèles de radio, lecteur de cassettes et de disques compacts. Alors que vous enlevez vos pneus d'hiver, les pneus d'été sont en réduction.

Rénovations: d'ici à la fin de septembre, c'est une période tranquille pour ce qui est du nettoyage des fournaises et des réparations en général. Il n'y a pas de rabais spéciaux, mais c'est une bonne période pour faire exécuter des travaux d'entretien, évitant ainsi les désagréments et les réparations coûteuses durant les longs mois d'hiver. La prévention s'applique aussi à la toiture, à la plomberie et à l'électricité.

Appareils électro-ménagers: Meilleur temps pour les prix et le choix dû au fameux jour de déménagement du ler juillet.

Équipement récréatif: continuation du mois précédent, bonne sélection de bâteaux, bicyclettes, équipement de golf, tennis, soccer et baseball.

Jouets: l'Armée du salut reçoit la majeure partie de ses jouets usagés pendant la période du nettoyage de printemps. Les jouets, dans des états variés, sont vendus à des prix modestes au 1620 Notre-Dame ouest et à d'autres endroits (voir index).

Voyages: Après Pâques, les ventes de sièges des compagnies d'aviation, commencent.

MAI

Antiquités: le nettoyage de printemps marque le début de la saison des ventes de garage. Les gens patients et chanceux peuvent y dénicher de vrais trésors.

Appareils photographiques: les accessoires de photo pour l'extérieur sont souvent à prix réduits; lentilles, filtres de couleur, trépieds et les nouveaux modèles.

Ventes à l'encan: le bon temps pour vous attaquer aux encans de la Communauté urbaine de Montréal, pour les bicyclettes et les articles de maisons non réclamées, qui se tiennent une fois par mois. Surveillez les annonces dans les journaux ou téléphonez au 872-5232.

Automobiles: le mois le plus achalandé pour les installations de radios, lecteur de cassettes et disques compacts, les pneus sont souvent réduits afin de coïncider avec la période de pointe des ventes d'autos.

Équipement récréatif: la bonne sélection de bâteaux se poursuit.

Appareils électro-ménagers: Même qu'en avril, meilleurs prix et choix.

Jouets: c'est un mois où il y a beaucoup de ventes de garage. Vous pouvez y trouver des jouets dont on n'a plus besoin à des prix extraordinaires. C'est aussi une bonne occasion de dénicher des articles usagés pour la maison. Les ventes de garage sont publiées dans les annonces classées des journaux. Voir le mois d'avril pour des renseignements sur l'Armée du salut.

Voyages: il y a de très bons rabais sur des forfaits voyages pour le Canada et les États-Unis. Ces rabais se poursuivent en juin, avant la fin de l'année scolaire et l'affluence des vacances. Vous pouvez obtenir des rabais pour les voyages aux Caraïbes en mai, juin, septembre et octobre, même si le temps est meilleur au printemps.

JUIN

Antiquités: Salon des antiquités à la Place Bonaventure se tient durant la 2e semaine de juin avec plus de 200 vendeurs.

Automobiles: le mois le plus occupé pour l'installation des systèmes d'alarme d'auto. Ventes de promotion pour les supports transporteurs de bicyclettes.

Modes: juin et juillet sont les mois traditionnels de ventes sur les vêtements pour hommes et pour femmes. A la fin de juin, c'est le début des ventes de bottes et de souliers.

JUILLET

Antiquités: C'est un bon mois pour les encans à la campagne et les ventes dans les granges.

Électroniques: Les jours de déménagement apportent des ventes d'équipement audio et des aubaines d'été pour des articles audio portatifs.

Mode: il y a de très bons rabais dans l'achat des fourrures. Les magasins spécialisés dans les vêtements pour enfants tiennent leurs ventes à la mi-juillet. La plupart des centres commerciaux tiennent de grandes ventes de trottoir où l'on peut trouver beaucoup d'articles en liquidation.

Articles pour la maison: ventes dans les magasins à départements comme de la literie, meubles et appareils électro-ménagers. Mauvais temps pour magasiner dans les magasins spécialisés en appareils électro-ménagers car les gens qui viennent tout juste de déménager ont besoin de nouvelles choses.

Équipement récréatif: les ventes annuelles de bicyclettes commencent.

Voyages: il fait très chaud au Mexique en cette période de l'année, mais c'est une aubaine assurée jusqu'à la fin août.

AOÛT

Antiquités: les ventes à l'encan rurales et les ventes tenues dans des granges se poursuivent.

Automobiles: Les modèles de l'année précédente peuvent être négocier en préparation de la venue des nouveaux modèles à l'automne

Équipement électronique: les modèles d'équipement stéréophonique, de téléviseurs et de radios de cette année commencent à devenir moins chers, en prévision de l'arrivée des nouveaux modèles à l'automne.

Équipement récréatif: ventes de fin de saison pour l'équipement de golf et de tennis, les bicyclettes. Meilleure sélection pour l'équipement de hockey.

SEPTEMBRE

Antiquités: les maisons montréalaises de ventes à l'encan d'antiquités ouvrent la saison, qui se continue jusqu'en juin de l'année suivante (voir encans dans l'index). Les nettoyages de l'automne marquent le début des ventes de garage.

Automobiles: c'est l'arrivée des nouveaux modèles de voitures

Équipement électronique: les nouveaux modèles d'équipement stéréophonique, de téléviseurs et de radios sont arrivés et par conséquent, on réduit les prix sur ceux de l'année précédente. Les plus nouveaux modèles d'ordinateurs sont en magasin, à bons prix et rabais, à partir de septembre à décembre.

Équipement récréatif: surveillez les ventes d'équipement de hockey qui coïncident avec le début de la saison du hockey. On y trouve le meilleur choix d'équipement pour le soccer, rugby, ski, les planches à neige, les patins de fantaisie et les motoneiges. Ventes d'écoulement pour les bâteaux, l'équipement pour le tennis et baseball.

Voyages: Ventes de sièges des compagnies d'aviation, à la mi-septembre, pour les voyages débutant en octobre.

OCTOBRE

Automobiles: la plus grande sélection d'autos neuves, les pneus d'hiver et les chauffe-moteurs sont réduits afin d'encourager les ventes pré-hivernales, ventes de promotion pour les démarreurs à distance.

Équipement électronique: toutes les nouvelles lignes d'équipement sont disponibles en vue de la saison ou les gens commencent à réintégrer leur domicile pour les mois d'hiver.

Équipement récréatif: la meilleure sélection de skis continue ainsi que pour les patins de fantaisie. Ventes de bâteaux continuent ainsi que les articles pour le tennis. Quelques nouveaux modèles pour le tennis peuvent apparaître.

Voyages: Vérifier les bas prix pour l'Europe et les Caraïbes.

NOVEMBRE

Automobiles: Bonne sélection sur les modèles de l'année courante et des spéciaux sur les pneus d'hiver et les chauffe-moteurs.

Appareil de photo: tous les genres d'appareils de photo sont à prix réduit en vue de Noël et les accessoires d'appareils-photo pour la photographie d'intérieur sont souvent moins chers; accessoires de flash, équipement de chambre noire, etc. Regardez aussi les rabais offerts par les différentes compagnies de caméras.

Équipement électronique: les ventes d'avant-Noël d'équipement stéréophonique, de téléviseurs et d'audio portatif, débutent.

Immobilier: c'est une bonne période pour chercher les aubaines sur les maisons.

Équipement récréatif: Regardez pour les ventes de skis aux universités et ailleurs pour des ventes tôt, d'équipement de skis. Aubaines pour l'équipement de soccer et rugby.

Jouets: Surveillez les journaux pour la compétition dans les ventes de jouets.

DÉCEMBRE

Antiquités: plus de 200 vendeurs vous offrent un assortiment de meubles, de bijoux, d'argent et de porcelaine à l'exposition d'hiver d'antiquités de Montréal à la Place Bonaventure.

Automobiles: Un bon mois pour acheter car les vendeurs anticipent un hiver tranquile. Ventes de radios d'autos et de lecteurs de cassettes à offrir en cadeau.

Appareils-photo: ils sont à leur plus bas prix de l'année. Des rabais du manufacturier sont souvent offerts.

Équipement électronique: l'équipement stéréophonique, les téléviseurs et les articles audio portatifs, sont réduits pour la période d'achats de Noël. Les ordinateurs et accessoires ont des aubaines et rabais aussi.

Rénovations: il y a des rabais sur le peinturage d'intérieur, le sablage de planchers, le nettoyage de vitres, le lavage de murs et la rénovation de cuisine.

Impôt: c'est la meilleure période de l'année pour avoir son enfant car vous pouvez déclarer celui-ci comme personne à charge pour l'année entière qui vient de se terminer. Le 31 décembre est la date limite pour les investissements dans les programmes d'abris fiscaux, quoique ces investissements peuvent être faits à longueur d'année.

Immobilier: Les maisons sont moins invitantes de l'extérieur, les ventes sont lentes et les prix sont plus bas.

Jouets: La plupart des grands magasins tiennent des ventes de jouets avant Noël.

Après Noel: le lendemain de Noël et toute la dernière semaine de décembre, c'est la période où les magasins tiennent leurs ventes incroyables - toute la marchandise dont on s'attendait à vendre durant la période des Fêtes, est à écouler.

Table des mesures

Note: C'est avantageux d'écrire au crayon car les enfants ont tendance à grandir et le décor se transforme.

FORMATS ET DIMENSIONS

	blouse/ chemise	jupe/ pantalons	robe/ complet	chandail	chaussures	couleur préférée
mari						
femme						
enfant						
enfant						
enfant						
enfant						
mère						
père						
belle-mère						
beau-père						
soeur						
soeur						
frère						
frère						

Mesures des tables de: la salle à manger _____ la cuisine _____ autre _____

couleur principale = CP, coulour complémentaire = CC

pièce	dimensions	fenêtre 1	fenêtre 2	fenêtre 3	couleurs
cuisine					
salon					
salle à manger					
entrée					
salle de bain 1					
salle de bain 2					
chambre à coucher 1					
chambre à coucher 2					
chambre à coucher 3					
autre					

INDEX

Les pages avant 146 sont les magasins à rabais

Les pages avant 146 sont les magasins à rabais

Commentaires

Pour que ce livre soit à jour et puisse répondre de manière adéquate à vos besoins de magasinage, le fait de répondre aux questions suivantes serait grandement apprécié. Postez s'il-vous-plait vos réponses à:

Smart Shopping Montréal
Réponses du consommateur
Case Postale 3
Roxboro (Québec) H8Y 3E8

1. Lesquels de vos magasins préférés n'ont pas été mentionnés?

Nom: ....

Adresse: ....

Téléphone: ....

Commentaires: ....

....

....

Nom: ....

Adresse: ....

Téléphone: ....

Commentaires: ....

....

....

Nom: ....

Adresse: ....

Téléphone: ....

Commentaires: ....

....

....

2. Est-ce qu'on ou plusieurs des magasins décrits dans ce livre vous ont déçu?

Nom: ....

Adresse: ....

Téléphone: ....

Commentaires:..
....
....

Nom:...
Adresse:...
Téléphone:..
Commentaires:..
....
....

3. Avez-vous remarqué des changements? Par exemple, le magasin a-t-il déménagé ou est-il fermé, ou vend-il maintemant une autre sorte de marchandises?

Nom:...
Adresse:...
Téléphone:..
Commentaires:..
....
....

Nom:...
Adresse:...
Téléphone ....
Commentaires:..
....
....

4. Quels renseignements supplémentaires pourraient figurer dans une prochaine édition?

....
....
....
....
....
....
....
....
....

Merci pour les réponses,
Sandra Phillips

COUPON D'ESCOMPTE SPÉCIAL

Ce coupon vous donne droit à 50% de réduction sur un abonnement d'un an pour ce livre sur le site internet, ainsi que les changements de dernière heure:

www.smartshopping.net

Nom: _____

courriel: _____

S.V.P. découper et poster le chèque avec preuve d'achat à l'adresse du bas de la page.
Pour prix d'abonnement ou paiement par carte de crédit, S.V.P. visiter le site.
Valide jusqu'au 30 août 2005.

-------------------------------✂-------------------------------

Envoyez s'il-vous-plait un exemplaire de "Le Consommateur Averti Montréal" à l'adresse suivante. Ci-inclus la somme de $21.75 pour un exemplaire (frais de poste et taxes inclus). Faire votre chèque au nom de Sandra Phillips, s'il vous plait.

Nom: ....

Adresse: ....

Envoyez s'il-vous-plait un exemplaire de "Le Consommateur Averti Montréal" à l'adresse suivante. Ci-inclus la somme de $21.75 pour un exemplaire (frais de poste et taxes inclus). Faire votre chèque au nom de Sandra Phillips, s'il vous plait.

Nom: ....

Adresse: ....

Envoyez s'il-vous-plait un exemplaire de "Le Consommateur Averti Montréal" à l'adresse suivante. Ci-inclus la somme de $21.75 pour un exemplaire (frais de poste et taxes inclus). Faire votre chèque au nom de Sandra Phillips, s'il vous plait.

Nom: ....

Adresse: ....

Les demandes doivent être adressées à: **Smart Shopping Montreal**
Département des commandes postales
Case postale 3
Roxboro (Québec) H8Y 3E8

Notes